Silvia Kaiser, Udo Schmitz, Bernd Steinmann, Bernd Weidtmann

Herausgeber: Bernd Weidtmann

Wirtschaftsbezogene Qualifikationen

Basisqualifikation für Fachwirte und Fachkaufleute

Übungsbuch

1. Auflage

Bestellnummer 19052

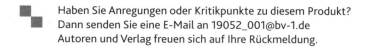
Haben Sie Anregungen oder Kritikpunkte zu diesem Produkt?
Dann senden Sie eine E-Mail an 19052_001@bv-1.de
Autoren und Verlag freuen sich auf Ihre Rückmeldung.

Bildnachweis
Oliver Wetterauer, Stuttgart: S. 107

www.bildungsverlag1.de

Bildungsverlag EINS GmbH
Hansestraße 115, 51149 Köln

ISBN 978-3-427-**19052**-3

© Copyright 2012: Bildungsverlag EINS GmbH, Köln
Das Werk und seine Teile sind urheberrechtlich geschützt. Jede Nutzung in anderen als den gesetzlich zugelassenen Fällen bedarf der vorherigen schriftlichen Einwilligung des Verlages.
Hinweis zu § 52a UrhG: Weder das Werk noch seine Teile dürfen ohne eine solche Einwilligung eingescannt und in ein Netzwerk eingestellt werden. Dies gilt auch für Intranets von Schulen und sonstigen Bildungseinrichtungen.

Inhaltsverzeichnis

Lösungen zu den Wiederholungsfragen

Modul 1: Volks- und Betriebswirtschaft

1	Volkswirtschaftliche Grundlagen	7
	Einführungsexkurs	7
1.1	Markt, Preis und Wettbewerb	11
1.2	Volkswirtschaftliche Gesamtrechnung	17
1.3	Konjunktur und Wirtschaftswachstum	21
1.4	Außenwirtschaft	31
2	Betriebliche Funktionen und deren Zusammenwirken	37
3	Existenzgründung und Unternehmensrechtsformen	39
3.1	Voraussetzungen der Existenzgründung	39
3.2	Gründungsphasen	40
3.3	Rechtsformen der Unternehmen	41
4	Unternehmenszusammenschlüsse	43

Modul 2: Rechnungswesen

1	Grundlegende Aspekte des Rechnungswesens	46
2	Finanzbuchhaltung	48
3	Kosten- und Leistungsrechnung	50
3.1	Einführung in die Kosten- und Leistungsrechnung	50
3.2	Kostenartenrechnung	51
3.3	Kostenstellenrechnung	53
3.4	Kostenträgerzeit- und Kostenträgerstückrechnung	54
3.5	Vergleich von Vollkosten- und Teilkostenrechnung	55
4	Auswertung der betriebswirtschaftlichen Zahlen	56
5	Planungsrechnung	58

Modul 3: Recht und Steuern

1	Rechtliche Zusammenhänge	60
1.1	Grundlagen des BGB	60
1.2	BGB Schuldrecht	61
1.3	BGB Sachenrecht	65
1.4	Handelsgesetzbuch	66
1.5	Arbeitsrecht	67
1.6	Grundsätze des Wettbewerbsrechts	72
1.7	Grundsätze des Gewerberechts	72
2	Steuern	73
2.1	Grundbegriffe des Steuerrechts	73
2.2	Unternehmensbezogene Steuern	74
2.3	Abgabenordnung	78

Modul 4: Unternehmensführung

1	Betriebsorganisation	80
1.1	Unternehmensleitbild, Unternehmensphilosophie, Unternehmenskultur und Corporate Identity	80
1.2	Strategische und operative Planung	80
1.3	Aufbauorganisation	83
1.4	Ablauforganisation	85
1.5	Analysemethoden	86

2	Personalführung	87
2.1	Zusammenhang zwischen Unternehmenszielen, Führungsleitbild und Personalpolitik	87
2.2	Arten von Führung	88
2.3	Führungsstile	89
2.4	Führen von Gruppen	90
2.5	Personalplanung	91
2.6	Personalbeschaffung und -auswahl	92
2.7	Personalanpassungsmaßnahmen	93
2.8	Entgeltformen	93
3	Personalentwicklung	95
3.1	Arten der Personalentwicklung	95
3.2	Potenzialanalyse	96
3.3	Kosten- und Nutzenanalyse der Personalentwicklung	97

Übungsteil: Aufgaben

Modul 1: Volks- und Betriebswirtschaft

1	Volkswirtschaftliche Grundlagen	98
	Einführungsexkurs	98
1.1	Markt, Preis und Wettbewerb	102
1.2	Volkswirtschaftliche Gesamtrechnung	106
1.3	Konjunktur und Wirtschaftswachstum	108
1.4	Außenwirtschaft	111
2	Betriebliche Funktionen und deren Zusammenwirken	113
3	Existenzgründung und Unternehmensrechtsformen	114
4	Unternehmenszusammenschlüsse	115

Modul 2: Rechnungswesen

1	Grundlegende Aspekte des Rechnungswesens	116
2	Finanzbuchhaltung	118
3	Kosten- und Leistungsrechnung	120
4	Auswertung der betrieblichen Zahlen	123
5	Planungsrechnung	124

Modul 3: Recht und Steuern

1	Rechtliche Zusammenhänge	125
1.1	Grundlagen des BGB	125
1.2	BGB Schuldrecht	126
1.3	BGB Sachenrecht	131
1.4	Handelsgesetzbuch	132
1.5	Arbeitsrecht	132
1.6	Grundsätze des Wettbewerbsrechts	136
2	Steuern	136

Modul 4: Unternehmensführung

1	Betriebsorganisation	140
2	Personalführung	146
3	Personalentwicklung	150

Übungsteil: Lösungen

Modul 1: Volks- und Betriebswirtschaft

1	Volkswirtschaftliche Grundlagen	152
	Einführungsexkurs	152
1.1	Markt, Preis und Wettbewerb	156
1.2	Volkswirtschaftliche Gesamtrechnung	160
1.3	Konjunktur und Wirtschaftswachstum	164
1.4	Außenwirtschaft	168
2	Betriebliche Funktionen und deren Zusammenwirken	172
3	Existenzgründung und Unternehmensrechtsformen	174
4	Unternehmenszusammenschlüsse	177

Modul 2: Rechnungswesen

1	Grundlegende Aspekte des Rechnungswesens	178
2	Finanzbuchhaltung	180
3	Kosten- und Leistungsrechnung	183
4	Auswertung der betrieblichen Zahlen	188
5	Planungsrechnung	189

Modul 3: Recht und Steuern

1	Rechtliche Zusammenhänge	190
1.1	Grundlagen des BGB	190
1.2	BGB Schuldrecht	190
1.3	BGB Sachenrecht	195
1.4	Handelsgesetzbuch	196
1.5	Arbeitsrecht	197
1.6	Grundsätze des Wettbewerbsrechts	200
2	Steuern	200

Modul 4: Unternehmensführung

1	Betriebsorganisation	206
2	Personalführung	213
3	Personalentwicklung	218

Musterklausuren

Modul 1: Volks- und Betriebswirtschaft

1	Aufgaben	222
2	Lösungen	223

Modul 2: Rechnungswesen

1	Aufgaben	227
2	Lösungen	230

Modul 3: Recht und Steuern

1 Aufgaben 236

2 Lösungen 237

Modul 4: Unternehmensführung

1 Aufgaben 240

2 Lösungen 241

Lösungen zu den Wiederholungsfragen

Modul 1: Volks- und Betriebswirtschaft

1 Volkswirtschaftliche Grundlagen

Einführungsexkurs

Lehrbuch Band 1, Seite 63

Aufgabe 1
Ein Bedürfnis wird vom Menschen als Mangel empfunden, und je nach Dringlichkeit strebt der Einzelne danach, dieses Bedürfnis zu befriedigen und damit den Mangelzustand zu beseitigen. Man kann Bedürfnisse unterscheiden nach
- Dringlichkeit: Existenz-, Kultur- oder Luxusbedürfnisse
- Art der Befriedigung: Individualbedürfnisse oder Kollektivbedürfnisse
- Bewusstheit: akute oder latente Bedürfnisse
- Gegenstand: materielle oder immaterielle Bedürfnisse

Aufgabe 2
Die Dringlichkeit eines Bedürfnisses ist abhängig von verschiedenen persönlichen und gesellschaftlichen Bedingungen wie Lebensstandard der Gesellschaft, Einkommen, Kultur, gesellschaftliche Wertevorstellung, technisches Niveau der Gesellschaft, individuelle Einstellung und sonstige Umweltbedingungen.

Aufgabe 3
Das Hungergefühl ist das Bedürfnis des Menschen. Wenn der Mensch diesen Mangelzustand dadurch konkretisiert, dass er den Hunger durch ein Käsebrötchen stillen will, und er über die Mittel verfügt, sich ein Brötchen zu beschaffen, spricht man von Bedarf. Die Nachfrage auf dem Markt entsteht durch den Entschluss, sich ein Käsebrötchen zu kaufen.

Aufgabe 4
Ein Teil des Bedarfs wird nicht auf dem Markt wirksam, da die Haushalte diesen Bedarf durch Eigenleistung decken.
Beispiel: Haushalte tapezieren ihr Wohnzimmer selbst.

Aufgabe 5
Freie Güter sind ausreichend bzw. unbegrenzt vorhanden, sie sind nicht knapp. Sie werden von der Natur konsumreif zur Verfügung gestellt. Aus diesem Grund sind sie nicht Gegenstand des Wirtschaftens und besitzen keinen Preis, da sie keinen Aufwand verursachen.

Aufgabe 6
a. indifferente Güter
b. substitutive Güter
c. substitutive Güter
d. substitutive Güter
e. komplementäre Güter

Aufgabe 7

Das ökonomische Prinzip entspricht dem menschlichen Drang, rationale Entscheidungen zu treffen. Die Knappheit der Güter zwingt den Menschen, Entscheidungen über die alternative Verwendung der verfügbaren Mittel zu treffen. Das Handeln nach dem ökonomischen Prinzip (Wirtschaftlichkeitsprinzip) ist Ausdruck der Wirtschaftlichkeit. Es tritt in zwei Formen auf:

Maximalprinzip	Minimalprinzip
Die Beteiligten versuchen, mit gegebenen Mitteln einen möglichst großen (maximalen) Erfolg zu erzielen: • Haushalte versuchen, mit gegebenem Einkommen die Güter zu kaufen, die ihren Nutzen maximieren (Nutzenmaximierung). • Betriebe setzen vorhandene Mittel so ein, dass der erzielbare Gewinn möglichst hoch ist (Gewinnmaximierung).	Die Beteiligten versuchen, einen vorgegebenen Erfolg mit möglichst geringen (minimalen) Mitteln zu erreichen. • Haushalte kaufen die benötigten Güter nach Preisvergleichen bei den preisgünstigsten Anbietern (Ausgabenminimierung). • Betriebe versuchen, einen geplanten Gewinn mit möglichst geringen Kosten zu erzielen (Kostenminimierung).

Aufgabe 8

- Familiäre Arbeitsteilung: Arbeitsteilung innerhalb der Familie, z. B. zwischen Mann und Frau
- berufliche Arbeitsteilung: Bildung von verschiedenen Berufen und Spezialisierung innerhalb der Berufe (Berufsspaltung)
- betriebliche Arbeitsteilung: Arbeitszerlegung einer Tätigkeit auf mehrere Teilleistungsprozesse, die jeweils auf eine Person oder Personengruppe zugeschnitten waren
- gesellschaftliche Arbeitsteilung: Einteilung der Volkswirtschaft in verschiedene Wirtschaftsbereiche wie z. B. Urerzeugung (z. B. Land- und Fortwirtschaft, Bergbau), Weiterverarbeitung (z. B. Industrie- oder Handwerksbetriebe) und Dienstleistungen (z. B. Handel, Telekommunikation)
- volkswirtschaftliche Arbeitsteilung: Einteilung der gesamtwirtschaftlichen Leistungserstellung in Primärsektor, Sekundärsektor und Tertiärsektor
- internationale Arbeitsteilung: Arbeitsteilung zwischen verschiedenen Volkswirtschaften

Aufgabe 9

Auswirkungen der Arbeitsteilung:

Vorteile für den Arbeitnehmer	Vorteile für den einzelnen Betrieb	Vorteile für die Volkswirtschaft	Vorteile für die Weltwirtschaft
• Einsatz und Förderung individueller Fähigkeiten • Verkürzung der Arbeitszeiten • Einkommenssteigerung	• kürzere Ausbildungs- und Anlernzeiten • verbesserte Maschinennutzung • Erhöhung der Produktivität • geringere Kosten	• bessere Versorgung mit Gütern • Spezialkenntnisse nützen der Allgemeinheit • Erhöhung des Lebensstandards	• absolute und komparative Kostenvorteile • Gütervielfalt • Erhöhung der Güterqualität
Nachteile für den Arbeitnehmer	**Nachteile für den einzelnen Betrieb**	**Nachteile für die Volkswirtschaft**	**Nachteile für die Weltwirtschaft**
• physische und psychische Schäden durch einseitige Arbeit • eingeschränkte berufliche Mobilität • Entfremdung der Arbeit	• Entstehung sozialer Spannungen durch unzufriedene und unausgeglichene Arbeitnehmer • wirtschaftliche Abhängigkeit von anderen Unternehmen	• Konzentration von Unternehmen • Strukturkrisen durch einseitige Wirtschaftsentwicklungen • Arbeitslosigkeit	• internationale Abhängigkeit • Arbeitslosigkeit • Verlust von Know-how

Aufgabe 10

Wirtschaftsbereiche/Sektoren:
- primärer Sektor (Urerzeugung; Land- und Forstwirtschaft, Fischerei, Bergbau, Energiegewinnung)
- sekundärer Sektor (Weiterverarbeitung; Industrie und Handwerk)

- tertiärer Sektor (Handel und Dienstleistungen)
- quartärer Sektor (öffentliche Haushalte)
- quintärer Sektor (private Haushalte)

Aufgabe 11
Zum tertiären Sektor gehören Betriebe des Großhandels, Einzelhandels und Außenhandels sowie Dienstleistungsbetriebe wie Betriebe des Kreditwesens, Versicherungen, Verkehrsbetriebe, Betriebe des Kommunikationswesens und Beratungsunternehmen.

Aufgabe 12
Der Landwirt nutzt den Produktionsfaktor Boden zum Anbau der Kartoffel. Der Bauer und die Kartoffeln verarbeitenden Betriebe setzen Maschinen ein, die zum Kapital zu rechnen sind. Die Menschen, die die Maschinen bedienen, setzen den Produktionsfaktor Arbeit ein.

Aufgabe 13
Die Produktionsfaktoren Arbeit und Boden werden als originäre (ursprüngliche) Produktionsfaktoren bezeichnet, da sie durch die Natur gegeben sind und nicht erst durch Kombination anderer Produktionsfaktoren entstehen.

Aufgabe 14
Die Eigenschaften des Produktionsfaktors Boden sind:
- Boden ist nicht vermehrbar, also absolut knapp.
- Boden ist nicht transportierbar.
- Das Eigentum an Boden ist übertragbar.

Aufgabe 15
Problembereiche des Produktionsfaktors Boden:
- Die ungleiche Verteilung der Rohstoffe führt in den einzelnen Ländern zu völlig unterschiedlichen Wirtschaftsstrukturen.
- Die Vorräte der wichtigsten Primärenergieträger gehen zur Neige. Dies wird zu technologischen Umstrukturierungen im Bereich der Energiewirtschaft führen.
- Eine zu intensive Nutzung des Bodens führt zu Bodenerosion.
- Die Verwendung von Pflanzenschutzmitteln führt zur langfristigen Vergiftung des Bodens, weil dieser nicht in der Lage ist, die eingebrachten Schadstoffe abzubauen. Außerdem gelangen die nicht abbaubaren Stoffe in das Grundwasser.
- Die Bewirtschaftung landwirtschaftlicher Flächen folgt nicht den Anforderungen eines ökologischen Gleichgewichts.
- Die Änderung der Nutzungsform des Bodens führt langfristig zu nicht überschaubaren Veränderungen in der Umwelt.

Aufgabe 16
Arten der Arbeit:

Unterscheidung nach ...	Arten	Beispiel
dem Anteil des körperlichen bzw. geistigen Einsatzes	• körperliche Arbeit • geistige Arbeit	Maurer, Landwirt Architekt, Journalist
der Rechtsstellung	• selbstständige Arbeit • unselbstständige Arbeit	Unternehmer, Freiberufler Arbeiter, Angestellte, Beamte
dem Grad der Ausbildung	• ungelernte Arbeit • angelernte Arbeit • gelernte Arbeit	Handlanger, Platzanweiser Monteur am Fließband Industriekaufmann/-frau
dem Grad der Weisungsbefugnis	• leitende, dispositve Arbeit • ausführende, exekutive Arbeit	Meister, Abteilungsleiter Sachbearbeiter, Arbeiter
dem Arbeitsinhalt	• repetitive Arbeit • kreative Arbeit	Fließbandarbeit, Akkordarbeit Werbegrafiker, Bildhauer

Aufgabe 17
Problemlösungen werden im Verkauf immer bedeutsamer. Deutschland ist bekannt für sein Knowhow. Die Deutschen melden die meisten Patente in Europa an. 18,5 % aller Anmeldungen weltweit stammen aus der Bundesrepublik. Die Unternehmen Philips und Siemens sind dabei besonders eifrig. Ohne schöpferische Arbeit wäre diese Position nicht möglich.

Aufgabe 18
Die Erwerbsquote stellt den Anteil der Erwerbspersonen an der Gesamtbevölkerung dar.

$$\text{Erwerbsquote} = \frac{(\text{Erwerbstätige} + \text{Erwerbslose}) \cdot 100}{\text{Gesamtbevölkerung}}$$

Aufgabe 19
Saisonale und konjunkturelle Arbeitslosigkeit unterscheiden sich durch die Ursache und die Dauer der Arbeitslosigkeit. Daraus ergeben sich auch unterschiedliche Ansätze zur Bekämpfung der Arbeitslosigkeit durch staatliche Maßnahmen.

Aufgabe 20
Sektorale Arbeitslosigkeit betrifft einzelne Branchen, deren Güter billiger importiert werden können oder überhaupt nicht mehr nachgefragt werden. Von diesen Veränderungen sind zumeist auch ganze Berufszweige betroffen:
Beispiel: Ein Bergarbeiter wird arbeitslos, weil die Nachfrage nach Kohle rückläufig ist.
Fluktuationsarbeitslosigkeit (auch als friktionelle AL bezeichnet) entsteht durch den Wechsel des Arbeitsplatzes. Sie besteht für die Dauer zwischen Aufgabe der alten Tätigkeit und der Aufnahme einer neuen Beschäftigung. Diese Form der Arbeitslosigkeit ist kurzfristig, kann freiwillig sein (z.B. Eigenkündigung) oder auch unfreiwillig durch Arbeitgeberkündigung.
Beispiele: Ein Auszubildender wird nach Abschluss der Ausbildung nicht vom Betrieb übernommen und ist bis zum Antritt der neuen Stelle arbeitslos.

Aufgabe 21
Kapital im volkswirtschaftlichen Sinn ist die Summe aller im Produktionsprozess eingesetzten Produktionsgüter, die ihrerseits in einem anderen Produktionsprozess hergestellt worden sind. Kapital wird als derivater (abgeleiteter) Produktionsfaktor bezeichnet.

Aufgabe 22
Voraussetzungen für die Kapitalbildung:
- Konsumverzicht (Sparen),
- produktive Anlage des Gesparten (Investieren)

Aufgabe 23
Bruttoinvestitionen umfassen den Wert aller Investitionen einer Volkswirtschaft, die einen Zuwachs an Sachgütern in allen Bereichen darstellen. Es handelt sich dabei um eine Stromgröße, die den Bestand an Kapital verändert.

Aufgabe 24
Betriebliche Bestandsmehrungen stellen positive Vorratsinvestitionen dar. Bestandsminderungen hingegen sind Desinvestitionen im Umlaufvermögen und werden statistisch als negative Investitionen erfasst.

Aufgabe 25
Nettoinvestitionen erhält man nach Abzug der Abschreibungen von den Bruttoinvestitionen. Sie verändern den Kapitalstock. Nettoinvestitionen setzen sich aus Nettoanlageinvestitionen und Vorratsinvestitionen zusammen.

Aufgabe 26
Einfacher Wirtschaftskreislauf:

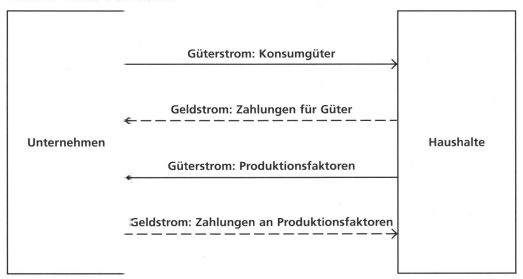

Aufgabe 27
Durch die Hinzunahme der Wirtschaftssektoren Staat (geschlossenes Modell) und des Auslands wird der einfache Wirtschaftskreislauf zum erweiterten Wirtschaftskreislauf (offenes Modell).

1.1 Markt, Preis und Wettbewerb

Lehrbuch Band 1, Seite 95 f.

Aufgabe 1
Als Markt bezeichnet man das Zusammentreffen von Angebot und Nachfrage. Es müssen also mindestens ein Anbieter und ein Nachfrager eines Gutes vorhanden sein.

Aufgabe 2
Der Arbeitsmarkt ist ein Faktormarkt. Zu den Besonderheiten des Arbeitsmarktes gehören folgende Sachverhalte:
- Arbeitskraft ist an den Menschen gebunden.
- Arbeitnehmer behält die Eigentumsrechte an sich selbst.
- Qualität des Arbeitnehmers ist häufig schwer zu beurteilen.
- Arbeit ist nicht nur Tauschvorgang, sondern Teil des Lebensinhaltes.
- Ergebnisse des Arbeitsmarktes sind häufig mit Werturteilen belegt.
- Spezifische Institutionen (Bundesagentur für Arbeit, Tarifparteien, Gesetzgeber) nehmen Einfluss auf den Markt.

Aufgabe 3
Prämissen des vollkommenen Marktes:
- Die gehandelten Güter sind homogene Güter, d. h., sie sind vollkommen gleichartig.
- Die Marktteilnehmer besitzen keinerlei Präferenzen, weder räumlich, zeitlich, sachlich noch persönlich.
- Alle Marktteilnehmer verfügen über eine lückenlose Kenntnis der Bedingungen des Marktes (vollkommene Markttransparenz).
- Es wird eine unendlich schnelle Anpassungsgeschwindigkeit der Marktteilnehmer bei Preisen und Mengen unterstellt (Fehlen von Time-Lags).

Aufgabe 4
Ein Oligopolist muss bei seinen absatzpolitischen Maßnahmen mit der Reaktion der Nachfrager und der anderen Anbieter rechnen, da seine Maßnahmen unmittelbar im Absatzbereich der Konkurrenten spürbar werden. Die Folge ist häufig eine relative Starrheit der Preise nach unten.

Aufgabe 5
Die Nachfrage wird als der am Markt auftretende Bedarf bezeichnet, d. h. die Menge an Gütern, die ein Wirtschaftssubjekt zu kaufen beabsichtigt, um seine Bedürfnisse zu befriedigen.

Aufgabe 6
In Anlehnung an den Wirtschaftskreislauf werden je nach nachfragenden Wirtschaftssektor folgende Nachfragearten unterschieden:
- Haushaltsnachfrage: Die Menge an Konsumgütern, die ein Haushalt zu kaufen beabsichtigt.
- Beispiel: Familie Schulz geht in den Supermarkt, um einen Sack Kartoffeln zu kaufen.
- Unternehmensnachfrage: Der Bedarf an Produktionsgütern wie Betriebsmittel oder Roh-, Hilfs- und Betriebsstoffen, den ein Unternehmen am Markt deckt, wird als Unternehmensnachfrage bezeichnet.
- Beispiel: Die Protec GmbH kauft eine Maschine zur Herstellung von Platinen.
- Staatsnachfrage: Die öffentlichen Haushalte treten als Nachfrager auf dem Markt auf, um z. B. ihren Bedarf an Gütern zum Bau und zur Unterhaltung von öffentlichen Einrichtungen zu decken.
- Beispiel: Die Gemeinde der Stadt Bad Driburg bestellt ein Trampolin für die Schulsporthalle.
- Auslandsnachfrage: Alle Güter, die Wirtschaftssubjekte aus anderen Volkswirtschaften im Inland kaufen wollen, zählen zur Auslandsnachfrage.

Aufgabe 7
Das Koordinatensystem des Marktes gibt auf der Abszisse (x-Achse) die Mengeneinheiten und auf der Ordinate den Preis an. Die typische Nachfragefunktion verläuft von links oben nach rechts unten, da die Nachfrager bei einem hohen Preis wenig nachfragen und bei einem niedrigen Preis viel nachfragen.

Aufgabe 8
Normale Nachfrage:
Ist der Preis eines Gutes niedrig, so ist die Nachfrage nach diesem Gut verhältnismäßig hoch bzw. ist der Preis hoch, so ist die Nachfrage dementsprechend gering (Gesetz der Nachfrage). Steigt der Preis für ein Gut, nimmt die Nachfrage, unter sonst gleichen Bedingungen (ceteris paribus), ab und umgekehrt. Bei der normalen Nachfrage verhalten sich also Preis (Ursache) und Nachfrage (Wirkung) umgekehrt proportional. Wie stark die jeweilige Nachfrageveränderung ist, lässt sich durch die Preiselastizität (E) der Nachfrage ermitteln. Die normale Nachfrage verläuft in der grafischen Betrachtung immer von oben links nach unten rechts. Je nach der Preiselastizität ist sie mehr oder weniger steil.

Anomale Nachfrage:
Es existieren Beispiele dafür, dass die Nachfrage sich nicht verhält, wie es das Gesetz der Nachfrage vorsieht. Bei einem solchen anomalem Nachfrageverhalten kann man beobachten, dass die Nachfrage steigt, wenn der Preis steigt und umgekehrt. Die anormale Nachfrage verläuft in der grafischen Betrachtung von oben rechts nach unten links. Je nach der Preiselastizität ist sie mehr oder weniger steil.

Aufgabe 9
Anormales Nachfrageverhalten liegt vor, wenn bei steigenden Preisen die Nachfrage steigt. Hierfür die folgenden Beispiele:
- Als Giffen-Effekt bezeichnet man das von dem englischen Nationalökonomen festgestellte anomale Nachfrageverhalten, dass bei steigendem Brotpreis die Nachfrage nach Brot in englischen Haushalten dennoch stieg. Die Grund ist, dass aufgrund des gestiegen Brotpreises die Haushalte auf teurere Nahrungsmittel verzichten und mehr Brot nachfragen.
- Bei bestimmten Gütern kann man beobachten, dass einige Wirtschaftssubjekte (Snobs) bei steigendem Preis mehr nachfragen, um sich sozial von der Masse abzuheben (auch als Snob-Effekt bezeichnet).
- Einige Wirtschaftssubjekte konsumieren demonstrativ umso mehr Güter, je höher der Preis wird, um ihre Kaufkraft zu zeigen (Prestigeeffekt, nach seinem Begründer als Veblen-Effekt bezeichnet).
- Hinter dem Qualitätsvermutungseffekt verbirgt sich die Annahme, dass gute Qualität teuer sein muss. So kann man feststellen, dass bei gleicher Qualität das teurere Produkt vermehrt nachgefragt wird.

Aufgabe 10
Die Nachfrage nach Medikamenten ist vollkommen unelastisch, da Medikamente lebenswichtig sein können und trotz steigender Preise gleich viel nachgefragt werden. Zudem sind viele Medikamente verschreibungspflichtig, d. h., die Nachfrage hängt davon ab, was die Ärzte verschreiben. Außerdem zahlt i. d. R. nicht der Nachfrager den vollen Preis, sondern die Krankenkasse.

Aufgabe 11
In welchem Umfang sich die Nachfrage verändert, wenn der Preis des Gutes steigt oder fällt, wird durch die Preiselastizität der Nachfrage (EN) gemessen. Sie errechnet sich aus dem Quotienten aus der prozentualen Mengenveränderung und der prozentualen Veränderung des Preises für das betreffende Gut.

Aufgabe 12
Je nach Art des anderen Gutes wird sich die Nachfrage nach einem Gut unter sonst gleichen Bedingungen, also auch bei konstantem Preis des Gutes, verändern, wenn der Preis des anderen Gutes sich verändert. Dies ist der Fall bei Substitutions- oder Komplementärgütern:
- Preisänderung eines Substitutionsgutes
  Da Substitutionsgüter sich gegenseitig ersetzen, wie z. B. Butter und Margarine oder Öl und Gas, führt ein Preisanstieg des Substitutionsgutes (Gut 2) zu einer Nachfrageerhöhung des zu betrachtenden Gutes (Gut 1) und somit zu einer Rechtsverschiebung der Nachfragekurve dieses Gutes, da bei konstantem Preis nun eine größere Menge des Gutes nachgefragt wird.
- Preisänderung eines Komplementärgutes
  Komplementärgüter, wie Auto und Reifen oder Fotoapparat und Film, ergänzen sich, d. h., sie stiften nur beim gemeinsamen Gebrauch einen Nutzen. Steigt der Preis eines Komplementärgutes (Gut 2), so geht dessen Nachfrage zurück, was eine gleichzeitige Nachfragesenkung beim anderen Gut (Gut 1) zur Folge hat. Dies führt zu einer Linksverschiebung der Nachfragefunktion des Gutes 1, da bei konstantem Preis dieses Gut weniger nachgefragt wird.

Aufgabe 13
In Normalfall wird davon ausgegangen, dass eine Einkommenserhöhung unter sonst gleichen Bedingungen zu einer Erhöhung der Konsumsumme und damit zu einer Erhöhung der Nachfrage nach einem Gut führt und umgekehrt. Es existieren jedoch Güter, sogenannte Sättigungsgüter, bei denen eine Einkommenserhöhung keine Nachfrageveränderung hervorruft, oder Güter, sogenannte inferiore Güter, bei denen es zu einem anomalen Nachfrageverhalten kommt, nämlich zu einem Nachfragerückgang bei steigendem Einkommen.

Bei Gütern, bei denen es keine Sättigungsgrenze gibt bzw. diese noch nicht erreicht ist, führt ein steigendes Einkommen zu einer Erhöhung der Nachfrage. Zu diesen Gütern gehören beispielsweise Textilien, Bücher und Fernreisen. In diesen Fällen führt die Einkommenserhöhung zu einer Rechtsverschiebung der Nachfragekurve.
Beispiel: Bei steigender Konsumsumme (Ursache) steigt die Nachfrage nach Software für PCs.

Ist bei einem Gut die Sättigungsgrenze erreicht, so führt eine Einkommenserhöhung zu keiner weiteren Nachfrageerhöhung, da jede weitere Konsumeinheit des Gutes keinen Nutzenzuwachs erbringt. Solche Güter sind z. B. Nahrungsmittel oder Medikamente.
Beispiel: Bei steigender Konsumsumme (Ursache) steigt zunächst die Nachfrage nach Waschpulver, stagniert aber, sobald die Sättigungsgrenze erreicht ist (Wirkung).

Aufgabe 14
Preiselastizität der Nachfrage:
In welchem Umfang sich die Nachfrage verändert, wenn der Preis des Gutes steigt oder fällt, wird durch die Preiselastizität der Nachfrage (E) gemessen. Sie misst das Verhältnis der prozentualen Mengenveränderung zur prozentualen Veränderung des Preises für das betreffende Gut. Für das normale Nachfrageverhalten müsste es daher rein mathematisch eine negative Elastizität ergeben. Allgemein wird sie jedoch in diesem Fall als positiver Wert dargestellt.
Beispiel: Ein Händler stellt fest, dass bei einer Preisänderung von 1,50 EUR auf 1,65 EUR seine Absatzmenge von 1.200 Stück auf 1.140 Stück zurückgeht. $E_N = 0,5$

Kreuzpreiselastizität:
In welche Richtung und wie stark sich die Nachfrage verändert, wenn sich der Preis eines anderen Gutes verändert, wird durch die Kreuzpreiselastizität ermittelt. Dabei ist zu beachten, dass die anderen Einflussfaktoren, auch der Preis des nachgefragten Gutes, konstant bleiben. Bei Substitutionsgütern wird man im Normalfall eine positive Kreuzpreiselastizität ermitteln, da der Preis des Gutes 2 und die Nachfrage des Gutes 1 entweder beide steigen oder beide sinken. Bei Komplementärgütern hingegen wird sich eine negative Kreuzpreiselastizität ergeben. Indifferente Güter besitzen aufgrund ihrer Unabhängigkeit voneinander eine Kreuzpreiselastizität von Null.
Beispiel: Eine Preissenkung für Blu-Ray-Laufwerke von 10 % führt zu einer Erhöhung der Nachfrage nach Software auf Blu-Rays um 15 % (Komplementärgüter). $E_K = -1,5$

Einkommenselastizität:
Wenn das Einkommen der Haushalte steigt, wird sich im Normalfall, wenn alle anderen Bedingungen konstant bleiben, auch die Nachfrage nach einem Gut erhöhen. Den Umfang der Nachfrageverschiebung misst man durch die Einkommenselastizität der Nachfrage, die in diesem Fall positiv ist. Es gibt jedoch auch Güterarten, bei denen diese Elastizität negativ ist. So sinkt z. B. die Nachfrage nach inferioren Gütern, wenn sich das Einkommen erhöht. Die Einkommenselastizität der nun vermehrt nachgefragten superioren Güter ist hingegen positiv. Der Grenzfall, eine Einkommenselastizität von Null, sind auch hier wieder Güter, deren Nachfrage vom Einkommen nicht beeinflusst wird, wie z. B. Güter, deren Sättigungsgrenze erreicht ist.

Beispiel: Bei einer Einkommenserhöhung von 5 % wird festgestellt, dass die Nachfrage nach Schmuck um 8 % steigt. $E_Y = 1,6$

Aufgabe 15
Gossensche Gesetze:
1. Gossensches Gesetz
    Im ersten Gossenschen Gesetz wird ausgesagt, dass der Grenznutzen eines Gutes bei fortlaufendem Konsum mit jeder konsumierten Gütereinheit ständig abnimmt, bis schließlich die Sättigung eintritt. Darüber hinaus konsumierte Einheiten können theoretisch in Abneigung übergehen (negativer Grenznutzen).

2. Gossensches Gesetz
    Mit einem gegebenen Einkommen ist dann ein Nutzenmaximum erreicht, wenn der Grenznutzen aller zuletzt beschafften Güterteilmengen gleich groß ist. Die so mit dem begrenzten Budget erlangten Gütereinheiten stellen den optimalen Verbrauchsplan dar. Der Grenznutzen für alle noch verbleibenden Güterteilmengen ist ebenfalls gleich groß, d.h., hätte das Wirtschaftssubjekt noch die Möglichkeit, eine Teilmenge zu konsumieren, wäre der zusätzliche Nutzengewinn bei allen Gütern gleich groß.

Aufgabe 16
Als Angebot werden die auf dem Markt zum Kauf bzw. Tausch bereitgestellten Leistungen bezeichnet, d.h. die Menge eines Gutes, die die Wirtschaftssubjekte zu verkaufen bereit sind.
Anbieter auf dem Gütermarkt sind im Wesentlichen Unternehmen. Aber auch Wirtschaftssubjekte aus anderen Wirtschaftssektoren können als Anbieter eines Gutes auf dem Markt auftreten. Beispiel: Ein privater Haushalt bietet den Teil der Apfelernte, die seinen Bedarf übersteigt, zum Kauf an.
Auch das Ausland oder der Staat treten auf bestimmten Märkten als bedeutende Anbieter auf.

Aufgabe 17
Anbieter bieten bei einem hohen Preis eine große Menge an. Bei einem geringen Preis ist das Gesamtangebot niedrig, da der Preis für den Anbieter wenig lukrativ ist bzw. einige Anbieter zu diesem Preis nicht anbieten können oder wollen. Die normale Angebotsfunktion verläuft somit von links unten nach rechts oben.

Aufgabe 18
Eine Verschiebung der Angebotsfunktion, wenn sich nicht der Preis des Gutes, sondern eine andere Einflussgröße des Angebots verändert. Allgemein verschiebt sich die Angebotsfunktion, wenn sich der Preis eines Substitutionsgutes oder eines Komplementärgutes, die Kosten für die Produktionsfaktoren, die Zahl der Anbieter oder das technische Know-how verändern.

Aufgabe 19
Die Angebotsfunktion definiert sich durch den Preis des Gutes und die entsprechende angebotene Menge des Gutes. Ändert sich der Preis, ergibt sich ein anderer Punkt auf der Funktion. Andere Einflussfaktoren sind in der Angebotsfunktion nicht definiert und deren Veränderung führt zu einer neuen Funktion.

Aufgabe 20
Bei vollständiger Konkurrenz bildet sich ein Gleichgewichtspreis, bei dem die angebotene Menge der nachgefragten Menge entspricht.

Aufgabe 21
Wenn das Angebot größer ist als die Nachfrage, spricht man von einem Angebotsüberhang oder Käufermarkt. In diesem Fall werden bei vollständiger Konkurrenz die Anbieter den Preis so lange senken und dabei Angebote ausschalten bzw. Nachfrage gewinnen, bis ein neuer Gleichgewichtspreis entstanden ist.
Ist das Angebot geringer als die Nachfrage, spricht man von einem Nachfrageüberhang oder Verkäufermarkt. Bei vollständiger Konkurrenz finden so lange Preiserhöhungen statt, bis durch Ausschalten von Nachfrage und Angebotszunahme ein neues Gleichgewicht entsteht.

Aufgabe 22
Entscheidungen der Marktsubjekte richten sich im Wesentlichen nach dem Marktpreis. Dabei erfüllt der auf einem Markt mit vollständiger Konkurrenz gebildete Gleichgewichtspreis wichtige Funktionen:
• Lenkungsfunktion (Allokationsfunktion)
    Der Preis dient der Verteilung der Produktionsfaktoren auf die einzelnen Wirtschaftsbereiche, da diese dort eingesetzt werden, wo sie am produktivsten bzw. am rentabelsten sind. Ein steigender

Preis führt zu zunehmender Produktion und damit zu zusätzlichem Einsatz der Produktionsfaktoren und umgekehrt.
- Markträumungsfunktion (Ausgleichsfunktion):
Der Gleichgewichtspreis führt zu einer Räumung des Marktes. Nicht kaufkräftige Nachfrage oder Nachfrager, die nicht bereit sind, zu diesem Preis zu kaufen, und nicht konkurrenzfähiges Angebot, d. h. Anbieter, für die der Gleichgewichtspreis zu niedrig ist, werden ausgeschaltet. Somit kommt es bei der Preisbildung zu einem Ausgleich der gegensätzlichen Interessen von Anbietern und Nachfragern. Zum Gleichgewichtspreis wird die gesamte angebotene Menge eines Gutes abgesetzt und die gesamte Nachfrage befriedigt.
- Signalfunktion
Der Gleichgewichtspreis signalisiert die Knappheit eines Gutes. Veränderungen der Nachfrage führen zu Preiserhöhungen, die den Anbietern zeigen, dass das Angebot zu gering ist, oder sie führen zu Preissenkungen, welche ein zu hohes Angebot kennzeichnen. Die Unternehmen werden ihre Ausbringungsmenge der geänderten Knappheitssituation anpassen.

Aufgabe 23
Auf einem unvollkommenen Markt werden die folgenden Bedingungen des vollkommenen Marktes wie folgt ausgeschaltet:
- Homogenität der Güter: Anbieter schaffen durch Veränderungen (Produktdifferenzierung) heterogene Güter, die die Bedürfnisse der Abnehmergruppen gezielter befriedigen sollen. Unterstützt wird dies durch geeignete Werbemaßnahmen.
- Fehlen von Präferenzen: Anbieter schaffen bewusst persönliche und sachliche Präferenzen durch den Einbau von Markenartikeln, durch räumliche und zeitliche Präferenzen oder durch ihre Vertriebspolitik.
- Vollständige Markttransparenz: Aufgrund der Größe der realen Märkte, der Anzahl der verschiedenen Produktvarianten, der technisch komplizierten Produkte und der fehlenden Informationszeit ist eine vollständige Markttransparenz für Anbieter und Nachfrager nicht erreichbar.
- Fehlen von Time-Lags (zeitlichen Verzögerungen): Reale Märkte sind i. d. R. keine Punktmärkte. d. h., Angebot und Nachfrage fallen zeitlich und räumlich auseinander. Die Produktionsfaktoren sind nicht mobil genug, um ohne zeitliche Verzögerung auf der Angebotsseite auf Marktveränderungen zu reagieren. Außerdem lassen sich Güter nicht oder nur unzureichend substituieren, sodass eine unendlich schnelle Anpassung an geänderte Marktdaten unmöglich ist.

Aufgabe 24
Mögliche Vorteile des Anbieters auf einem unvollkommenen Markt:
- Erzielung eines höheren Preises, d. h., der Preis muss nicht als Datum akzeptiert werden
- Preisdifferenzierung möglich
- Fehlen unmittelbarer Konkurrenten
- Gezielter Einsatz der Marketinginstrumente

Aufgabe 25
Folgende Arten der Preisdifferenzierung können unterschieden werden:
- Räumliche Preisdifferenzierung: An unterschiedlichen Orten wird eine Leistung zu unterschiedlichen Preisen angeboten.
Beispiel: Ein Autohersteller bietet seine Personenwagen im Ausland wesentlich günstiger an als im Inland.
- Zeitliche Preisdifferenzierung: Eine Leistung wird zu unterschiedlichen Zeitpunkten zu unterschiedlichen Preisen angeboten.
Beispiel: Happy-Hour-Preise, Bahnfahrten nach 9:00 Uhr sind günstiger.
- Persönliche Preisdifferenzierung: Bestimmte Personengruppen, z. B. Schüler, Studenten und Rentner, können eine Leistung günstiger beziehen als andere.
Beispiel: Die Mitarbeiter eines Textilherstellers erhalten die Produkte des Unternehmens wesentlich günstiger als betriebsfremde Personen.
- Preisdifferenzierung nach Verwendungszweck: Je nach Verwendungszweck eines Gutes werden unterschiedliche Preise erhoben.
Beispiel: Für Heizöl und Diesel werden unterschiedliche Preis verlangt.
- Preisdifferenzierung nach Käuferschicht: Die Produkte werden von den Anbietern je nach Käuferschicht, d. h. Marktsegment, zum Teil nur sehr geringfügig verändert, um sie dann zu verschiedenen Preisen anzubieten.
Beispiel: Ein Waschpulverhersteller bietet sein Waschpulver zum bekannten Markennamen wesentlich teurer an als in der No-Name-Verpackung.
- Preisdifferenzierung nach Absatzmenge: Je mehr ein Nachfrager bereit ist zu kaufen, desto niedriger wird der Stückpreis eines Gutes.

Beispiel: Ein Anbieter gewährt bei Abnahme großer Mengen eines Gutes einen Mengenrabatt, wobei er bei geringen Mengen einen Mindermengenzuschlag berechnet.

Aufgabe 26
In einem Oligopol sind folgende Preisstrategien der Anbieter denkbar:
- Ruinöse Konkurrenz: Der Oligopolist kann unter kurzfristigem Verzicht auf das Gewinnmaximierungsziel versuchen, durch Preissenkungen die Marktanteile seiner Konkurrenten zu gewinnen. Die anderen Anbieter werden darauf ihrerseits mit Preissenkungen reagieren müssen. Dies setzt sich solange fort, bis aufgrund der Kostensituation einzelne Oligopolisten vom Markt ausscheiden. Eventuell entsteht eine Monopolstellung, die allerdings bei späteren Preissteigerungen nicht haltbar ist, da der aggressive Oligopolist in der Regel selbst Verluste durch die von ihm eingeleitete Strategie erleidet. Aus diesem Grund ist dieses Verhalten kaum vorzufinden.
- Preisführerschaft: Häufig meiden Oligopolisten die Kampfsituation und schließen sich einem Preisführer an. Dieser Preisführer erhöht bzw. senkt seinen Preis und die anderen Oligopolisten folgen ihm. Der Preisführer wird von den anderen Abietern, z.B. aufgrund seiner Größe, seines Managements oder seiner Tradition anerkannt. Gelegentlich findet man auch einen ständigen Wechsel der Preisführerschaft vor, z.B. auf dem Benzinmarkt. Der Konkurrenzkampf wird hierbei verlagert auf die Qualitäts-, Service- und Werbepolitik.
- Preisabsprachen: Vereinzelt werden die Preis auch vertraglich oder mündlich (Frühstückskartelle) unter den Anbietern abgesprochen. Dies führt zu Kartellen, die als Kollektivmonopol gelten und bis auf wenige Ausnahmen gesetzwidrig sind.

Aufgabe 27
Ein Monopolist muss beachten, dass er bei Festlegung eines Preises die entsprechende Nachfrage akzeptieren muss oder er bei Bestimmung einer angestrebten Absatzmenge den entsprechenden Preis hinnehmen muss.

Aufgabe 28
Alle Staatseingriffe, die den Preismechanismus des Marktes nicht aufheben, sondern die Marktteilnehmer durch Veränderung der Marktbedingungen in ihrem Verhalten beeinflussen, werden als marktkonform bezeichnet. Bei marktkonformen Interventionen bildet sich also ebenfalls ein Gleichgewichtspreis und alle Funktionen des Gleichgewichtspreises werden erfüllt. Zum Schutz der Anbieter oder der Nachfrager kann der Staat marktkonforme Preis- oder Mengenbeeinflussung durchführen.

Wird der Preismechanismus des Marktes durch staatliche Eingriffe aufgehoben, sprechen wir von nichtmarktkonformen Maßnahmen. Die Folge ist in der Regel, dass auf dem Markt kein Gleichgewicht entsteht und dadurch die Selbststeuerung des Marktes nicht mehr gegeben ist. Bei nichtmarktkonformen Eingriffen diktiert der Staat dem Markt einen Preis oder eine Menge, die vom Marktgleichgewicht abweicht, um die Anbieter vor zu niedrigen oder die Nachfrager vor zu hohen Preisen zu schützen. Als Preismaßnahmen sind hierbei Höchst-, Mindest- oder Festpreise (Preisstopp) anzusehen. Zu den Mengenmaßnahmen zählen Investitionsverbote, Devisenbewirtschaftung, Export- oder Importverbote sowie Produktionsauflagen.

Aufgabe 29
Durch den Höchstpreis legt der Staat einen Preis fest, der unterhalb des Gleichgewichtspreises liegt, um die Nachfrager vor zu hohen Preisen zu schützen. Dieser Preis darf von den Anbietern nicht überschritten werden, er ist also eine Preisobergrenze. Anwendung können Höchstpreise dann finden, wenn aufgrund zu hoher Preise, verglichen mit den Einkommen, die Bedarfsdeckung der privaten Haushalte mit lebensnotwendigen Gütern gefährdet ist.
Folge des Höchstpreises ist ein Nachfrageüberhang, da der Höchstpreis stets unter dem Gleichgewichtspreis liegt und somit der Preis seine Ausschaltungs- bzw. seine Markträumungsfunktion verliert. Dieser Nachfrageüberhang zwingt den Staat zu einer Mengenregulierung.

Aufgabe 30
Zum Schutz der Anbieter vor zu niedrigen Preisen kann der Staat einen Preis oberhalb des Gleichgewichtspreises festsetzen, d.h., der Mindestpreis entspricht einer Preisuntergrenze, z.B. Märkte für landwirtschaftliche Erzeugnisse oder Kohle.

Aufgabe 31
Der Preis verliert seine Ausschaltungsfunktion, sodass der Markt nicht geräumt wird und ein Angebotsüberhang entsteht, der den Staat zwingt, die Nachfragelücke zu schließen.

Folgende Maßnahmen sind möglich:
- Der Staat begrenzt das Angebot durch Quotierung der Angebotsmenge (Milchquote) oder Zahlung von Prämien für freiwillige Angebotseinschränkung durch die Anbieter (Schlachtprämien, Prämien für Brachland).
- Der Staat versucht, durch Abnahmezwang oder durch Werbemaßnahmen die Nachfrage zu erhöhen.
- Der Staat kauft die Überschüsse auf und lagert sie ein. Wenn nun keine wesentliche Nachfrageerhöhung eintritt, führt dies dazu, dass der Staat die Überschüsse auf dem heimischen Markt nicht verkaufen kann und die bekannten Milchseen, Butter- und Schweinefleischberge entstehen. Dies führt allerdings zu enormen Kosten, was langfristig bewirkt, dass der Staat die gelagerten Güter vernichtet oder zu einem extrem niedrigen Preis auf dem Weltmarkt verkauft.

1.2 Volkwirtschaftliche Gesamtrechnung

Lehrbuch Band 1, Seite 114 f.

Aufgabe 1
Die volkswirtschaftliche Gesamtrechnung ist die Buchführung der Nation. Sie liefert die statistischen Grundlagen zur Kennzeichnung der gegenwärtigen wirtschaftlichen Situation, zur Beurteilung vergangener und zur Vorhersage zukünftiger Entwicklung der Wirtschaft.

Aufgabe 2
Die Erfassung der Transaktionen (wirtschaftlich bedeutsame Geschäftsvorgänge) in Euro nach dem Prinzip der doppelten Buchführung. Jeder Wirtschaftssektor des Wirtschaftskreislaufes (Unternehmen – Haushalte – Staat) besitzt verschiedene Konten, auf denen die entsprechenden Transaktionen gebucht werden. Die Sollseiten enthalten die der Kontenbezeichnung entsprechenden Ausgaben, die Habenseiten enthalten die der Kontenbezeichnung entsprechenden Einnahmen.
Die Wirtschaftsektoren Unternehmen, Haushalte und Staat besitzen danach folgende Konten:
- Kontengruppe 1: Produktionskonten
- Kontengruppe 2: Einkommensentstehungskonten
- Kontengruppe 3: Einkommensverteilungskonten
- Kontengruppe 4: Einkommensumverteilungskonten
- Kontengruppe 5: Einkommensverwendungskonten
- Kontengruppe 6: Vermögensänderungskonten
- Kontengruppe 7: Finanzierungskonten

Alle Transaktionen zwischen den inländischen Wirtschaftssubjekten und dem Ausland werden auf dem Konto 8 – übrige Welt (Auslandskonto) – erfasst.

Sektoren / Aktivitäten	Unternehmen	Staat	private Haushalte	Gesamtwirtschaft
Produktion	Produktionskonten			Nationales Produktionskonto
Einkommensverwendung	Einkommenskonten			Nationales Einkommenskonto
Vermögensbildung	Vermögensveränderungskonten			Nationales Vermögensänderungskonto
Kreditaufnahme/-gewährung	Kreditänderungskonten			Nationales Kreditänderungskonto
Auslandsbeziehungen	Zusammengefasstes Konto der übrigen Welt			Zusammengefasstes Konto der übrigen Welt

Aufgabe 3
Abschlusskonten sind:
- Nationales Produktionskonto
- Nationales Einkommenskonto
- Nationales Vermögensänderungskonto
- Nationales Kreditänderungskonto
- Konto der übrigen Welt (Zahlungsbilanz)

Aufgabe 4
Wird der Wert des BIP zu den jeweiligen Preisen der entsprechenden Rechnungsperiode ermittelt, spricht man vom nominellen BIP. Preissteigerungen wirken sich unmittelbar auf die Höhe des nominellen BIP aus.
Das reale BIP wird mit konstanten Preisen eines Basisjahres ermittelt. Dieses gibt, da Preissteigerungen unberücksichtigt bleiben, ein genaueres Abbild über die tatsächliche Entwicklung der gesamten wirtschaftlichen Leistungen.

Aufgabe 5
Das Bruttoinlandsprodukt (BIP) enthält den Wert der im Inland erbrachten Leistungen einer Rechnungsperiode, unabhängig davon, ob Inländer oder Ausländer daran beteiligt waren, d.h. die Berechnung erfolgt nach dem sogenannten Inlandskonzept.

Das Bruttonationaleinkommen (BNEK) erfasst den Geldwert aller Waren und Dienstleistungen, die innerhalb einer Volkswirtschaft in einer Rechnungsperiode von Inländern erbracht wurde. Beim Inlandskonzept werden die Einkommen und die Ausgaben nach dem Ort der Produktion, d.h. der Bundesrepublik Deutschland, erfasst, unabhängig von der Nationalität der Person, die die Transaktionen tätigt.
Beide Größen unterscheiden sich durch den Saldo der Erwerbs- und Vermögenseinkommen zwischen In- und Ausländern.

Aufgabe 6
Das BIP ist die zentrale Messgröße für die wirtschaftliche Gesamtleistung einer Volkswirtschaft. Die Entwicklung des realen BIP gibt Aufschluss über die Veränderung der Leistungsfähigkeit einer Volkswirtschaft. Das BIP gibt Auskunft über die konjunkturelle Entwicklung einer Volkswirtschaft. Das BIP dient als Wohlstandsindikator, d.h., es gibt Informationen über die Veränderung des Lebensstandards einer Volkswirtschaft. In der Politik dient das BIP als Grundlage für wirtschaftspolitische Entscheidungen.

Aufgabe 7
Das BIP kann durch die Entstehungs-, Verwendungs- und Verteilungsrechnung ermittelt werden.

Bei der Entstehungsrechnung werden bei der Ermittlung des BIP bzw. der verschiedenen Nationaleinkommensbegriffe zunächst die Werte der Produktionsergebnisse aus den sechs verschiedenen Wirtschaftsbereichen erfasst (Bruttoproduktionswerte):
- Land- und Forstwirtschaft, Fischerei
- produzierendes Gewerbe ohne Baugewerbe
- Baugewerbe
- Handel, Gastgewerbe, Verkauf
- Finanzierung, Vermietung, Unternehmensdienstleistungen
- öffentliche und private Dienstleister

Bei der Verwendungsrechnung wird das BIP von der Verbraucherseite ermittelt. Zu diesem Zweck wird mit Hilfe der Einkommensverwendungskonten der Wert der Güter und Dienstleistungen ermittelt, die in den einzelnen Wirtschaftssektoren verbraucht wurden:
- private Konsumausgaben
- Konsumausgaben des Staates
- Bruttoinvestitionen
- Außenbeitrag

Die Verteilungsrechnung geht von der Summe der inländischen Faktoreinkommen aus, die bei der Produktion von Gütern und Dienstleistungen innerhalb einer Wirtschaftsperiode entstanden sind (Volkseinkommen):
- Arbeitnehmereinkommen (Lohn und Gehalt)
- Einkommen aus Unternehmertätigkeit und Vermögen (Mieten, Pachten, Dividenden, Zinsen und Gewinne)

Aufgabe 8
Bei der Ermittlung der verschiedenen Sozialproduktbegriffe mit Hilfe der Entstehungsrechnung werden zunächst die Werte der Produktionsergebnisse aus verschiedenen Wirtschaftsbereichen ermittelt. Die Summe ergibt den Produktionswert. Der Produktionswert gibt den Wert der Verkäufe von Gütern und Dienstleistungen zuzüglich des Wertes der selbst erstellten Anlagen sowie der Bestandsveränderungen zu Marktpreisen an.
Subtrahiert man vom Produktionswert die Vorleistungen, um Doppel- bzw. Mehrfachzählungen zu verhindern, so erhält man die Bruttowertschöpfung. Das BIP erhält man, indem man die im Marktpreis enthaltenen Gütersteuern vom Bruttoproduktionswert subtrahiert und die Subventionen, die den Marktpreis verringert haben, addiert.

Aufgabe 9
Die Bruttowertschöpfung umfasst den Gesamtwert aller produzierten Waren und Dienstleistungen, abzüglich der sogenannten Vorleistungen, zu Marktpreisen. Es beinhaltet die in den Preisen berücksichtigten Gütersteuern und Subventionen.

Aufgabe 10
Die Verwendungsrechnung ermittelt zunächst das BIP aus der Summe von privatem Verbrauch, Staatsverbrauch, Bruttoinvestitionen und Außenbeitrag. Zum BIP werden dann der Saldo der Erwerbs- und Vermögenseinkommen zwischen In- und Ausland hinzugerechnet (= Bruttonationaleinkommen). Hiervon werden zunächst die Abschreibungen abgezogen (= Nettonationaleinkommen). Hiervon wird der Saldo Saldo aus Produktions- und Importabgaben und Subventionen abgezogen (= Volkseinkommen). Das Volkseinkommen setzt sich zusammen aus der Summe der Arbeitnehmerentgelte (Einkommen aus nichtselbstständiger Tätigkeit: Lohn und Gehalt) und die Einkommen aus Unternehmertätigkeit und Vermögen (Mieten, Pachten, Zinsen, Dividenden, Gewinne).

Aufgabe 11
Berechnung der Nettoinvestitionen:

Bruttoinvestitionen	550 Mrd. EUR
− Abschreibungen auf Anlagevermögen	200 Mrd. EUR
− Abschreibungen auf Vorratsinvestitionen	75 Mrd. EUR
= Nettoinvestitionen	275 Mrd. EUR

Aufgabe 12
Wachstum in Deutschland:

2000	2001	2002	2003	2004	2005	2006	2007	2008	2009	2010
+3,1	+1,5	+0,0	−0,4	+1,2	+0,7	+3,7	+3,3	+1,1	−5,1	+3,7

Bis auf die Jahre 2003 und 2009 war die Bundesrepublik Deutschland eine wachsende Volkswirtschaft.

Aufgabe 13
Der Außenbeitrag ist die Differenz zwischen Export und Import (Export − Import). Der Saldo wird in der Zahlungsbilanz mithilfe der Handels- und der Dienstleistungsbilanz ermittelt.

Aufgabe 14
Als Wachstum wird die Veränderung des Bruttosozialprodukts zu Marktpreisen zwischen zwei Wirtschaftsperioden bezeichnet. Die Wachstumsrate ist die prozentuale Veränderung in der Regel zwischen dem Berichtsjahr und dem Vorjahr.
- Wachstumsrate = (BSP (Jahr 1) − BSP (Jahr 2)) : BSP (Jahr 1) · 100
- Nominales Wachstum
- Wird das Bruttosozialprodukt zu den Marktpreisen der jeweiligen Wirtschaftsperioden, also das nominale Bruttosozialprodukt, zur Berechnung des Wachstums herangezogen, so spricht man vom nominalen Wachstum. Diese Kennziffer ist jedoch unbrauchbar, da in diesem Fall das Wachstum durch Preisveränderungen beeinflusst sein kann.
- Reales Wachstum
- Um eine aussagekräftige Kennziffer zu erhalten wird das reale Wachstum ermittelt, indem man die Veränderung des realen Bruttosozialproduktes, d.h. zu Preisen eines Basisjahres, misst.

Aufgabe 15
Das Wachstum ist eine häufig angewendete Kennziffer, um die wirtschaftliche Leistungsfähigkeit und den Wohlstandszuwachs einer Volkswirtschaft zu beurteilen. Dabei geht man davon aus, dass bei konstanter Bevölkerungszahl eine Erhöhung des realen Bruttosozialproduktes, d.h. genauer eine Erhöhung des realen Bruttosozialproduktes pro Kopf, nicht nur eine Erhöhung der wirtschaftlichen Leistung, sondern auch eine Wohlstandsmehrung bedeutet, da durch den Zuwachs an bereitgestellten Sachgütern und Dienstleistungen mehr Bedürfnisse befriedigt werden konnten.

Aufgabe 16
Berechnung des nominalen Wachstums:

$$\boxed{\frac{(2.476,8 - 2.374,5) \cdot 100}{2.374,5} = 4,31\,\%}$$

Berechnung des realen Wachstum (Überschlagsrechnung):
Nominales Wachstum − Preisniveauanstieg = Reales Wachstum
4,31 % − 1 % = 3,31 %

Aufgabe 17
Wenn das reale Wachstum positiv ist, erhöht sich der Wohlstand innerhalb der Volkswirtschaft und umgekehrt.

Aufgabe 18
Die Hauptkritikpunkte sind:
- In die Berechnung des realen Bruttosozialprodukts und damit des realen Wachstums fließen wohlstandsmindernde Leistungen ein und erhöhen das Wachstum, da sie über den Markt gegen Geld abgegeben werden. Zu diesen Leistungen gehören z.B. die sozialen Kosten, d.h. die Kosten, die der Allgemeinheit durch die Beseitigung der Schäden der Umweltbelastung entstehen. Das Problem ist also, dass das Wachstum keine Aussage darüber macht, wie diese Steigerung der wirtschaftlichen Aktivität zustande gekommen ist.
- Zum anderen ist eine Vielzahl wohlstandsmehrender Leistungen nicht in der Berechnung enthalten, da sie nicht über den Markt gegen Geld abgegeben werden. Hierzu gehören insbesondere Arbeiten im Haushalt, Nachbarschaftshilfe und Heimwerkertätigkeiten. Ebenso fehlt auch die Schwarzarbeit, da die Transaktionen nicht offiziell über den Markt laufen.
- Wachstum an sich macht keine Aussage über die Verteilung der erbrachten Leistungen. So fließt eventuell ein beachtlicher Teil dieser Leistungen in das Ausland bzw. können auch erhebliche soziale und regionale Diskrepanzen bestehen, die dafür sorgen, dass nur ein Teil der Wirtschaftssubjekte in den Genuss eines Nutzenzuwachses kommt.
- Langlebige Gebrauchsgüter der privaten Haushalte fließen in der Wirtschaftsperiode, in der sie angeschafft wurden, in vollem Umfang in die Berechnung ein, obwohl sie über mehrere Wirtschaftsperioden Nutzen stiften.
- Eine Erhöhung der Bevölkerungszahl wird nur dann berücksichtigt, wenn man das Wachstum pro Kopf berechnet, denn ein Zuwachs der Bevölkerung bedeutet auch eine Zunahme der Bedürfnisse.

Aufgabe 19
Samuelson bezieht sich bei der Aussage auf die umfangreiche Kritik am BIP als Wohlstandsindikator, die zeigt, dass das BIP zwar aufgrund der genauen Buchführung der VGR exakt ermittelt wird, aber dabei das Ziel der Messung, die Beurteilung des Wohlstands, außer Acht lässt. Alternativen Berechnungen wird vorgeworfen, dass sie zu viele Schätzungen enthalten und damit nicht genau sind. Samuelson weist darauf hin, dass diese Berechnungen jedoch dem Ziel, den Wohlstand zu messen, eher gerecht werden.

Aufgabe 20
Der Anteil der Konsumausgaben am verfügbaren Einkommen wird als Konsumquote bezeichnet. Der Anteil der Ersparnisse am verfügbaren Einkommen stellt die Sparquote dar. Konsumquote und Sparquote ergeben zusammen 100 %.

Aufgabe 21
Volkswirtschaftlich betrachtet kann eine gerechte Einkommensverteilung durch folgende Prinzipien verwirklicht werden:
- Leistungsprinzip: Das Volkseinkommen ist dann gerecht verteilt, wenn sich die Einkommenshöhe am Beitrag der eingesetzten Leistung am Sozialprodukt richtet.
- Bedarfsprinzip: Das Volkseinkommen ist dann gerecht verteilt, wenn es sich nach dem Bedarf der Wirtschaftssubjekte richtet, d.h., wenn es nach sozialen Gesichtspunkten verteilt wird.
- Gleichheitsprinzip (Nivellierungsprinzip): Das Volkseinkommen ist dann gerecht verteilt, wenn jedes Wirtschaftssubjekt den gleichen Anteil erhält.

Aufgabe 22
Die primäre Verteilung des Volkseinkommens vollzieht sich über den Markt, d.h., sie richtet sich nach dem Anteil der Leistung am Bruttoinlandsprodukt. Sie vollzieht sich nach dem Leistungsprinzip.

Aufgabe 23
Bei der funktionellen Einkommensverteilung stellt die Verteilung des Volkseinkommens die an der Leistungserstellung beteiligten Produktionsfaktoren dar, unabhängig von den Einkommensbeziehern. Das Statistische Bundesamt in Wiesbaden gliedert in diesem Zusammenhang das Volkseinkommen in Einkommen aus unselbstständiger Arbeit (Erwerbseinkommen) und Einkommen aus Unternehmertätigkeit und Vermögen (Vermögenseinkommen).

Die personelle Einkommensverteilung erfasst die Verteilung des Volkseinkommens auf die einzelnen Haushalte, unabhängig von der Einkommensquelle. Dabei ist zu berücksichtigen, dass der einzelne Haushalt auch mehrere verschiedene Einkommensquellen besitzen kann, z.B. Einkommen aus unselbstständiger Arbeit bzw. selbstständiger Arbeit, aus Vermietung und Verpachtung und aus Kapitalvermögen.

Aufgabe 24
Der Anteil der Einkommen aus Unternehmertätigkeit und Vermögen am Volkseinkommen wird als Gewinnquote bezeichnet.

$$\text{Gewinnquote} = \frac{\text{Einkommen aus Unternehmertätigkeit und Vermögen} \cdot 100}{\text{Volkseinkommen}}$$

Aufgabe 25

$$\text{Gewinnquote} = \frac{(1.897{,}84 \cdot 1.262{,}87)}{1.897{,}84} = 33{,}46\,\%$$

Aufgabe 26
Als Sekundärverteilung wird die Umverteilung des Primäreinkommens durch den Staat verstanden. Der Staat greift hierbei korrigierend in die Einkommensverteilung ein, um eine gerechtere Einkommensverteilung zu ermöglichen.

1.3 Konjunktur und Wirtschaftswachstum

Lehrbuch Band 1, Seite 152 f.

Aufgabe 1
Wirtschaftliche Schwankungen treten kurzfristig, mittelfristig und langfristig auf. Die mittelfristigen Schwankungen im Auslastungsgrad einer Volkswirtschaft werden als Konjunktur bezeichnet. Der wichtigste Indikator ist das BIP. Zu beobachten sind darüber hinaus Schwankungen anderer ökonomischer Größen wie Preisniveau, Beschäftigung, Produktion, Investitionen etc.
Die Ursachen für wirtschaftliche Schwankungen versucht man, durch Konjunkturtheorien zu erklären.
- Exogene Theorien machen äußere, d.h. nicht im marktwirtschaftlichen System verankerte, Gründe für konjunkturelle Schwankungen verantwortlich.
- Endogene Theorien sehen die Schwankungen ökonomischer Aktivitäten durch innerökonomische Gesetzmäßigkeiten verursacht, d.h., diese Theorien gehen davon aus, dass die Ursachen für Kojunkturschwankungen im Aufbau des marktwirtschaftlichen Systems begründet sind.

Aufgabe 2
Unterscheidungen:

	Kurzfristige Schwankungen	Mittelfristige Schwankungen	Langfristige Schwankungen
Bezeichnung	saisonale Schwankungen	Konjunkturzyklus	Kondratjew-Zyklus
Dauer	ca. drei Monate	3 bis 11 Jahre	50 bis 60 Jahre

	Kurzfristige Schwankungen	**Mittelfristige Schwankungen**	**Langfristige Schwankungen**
Ursache	Witterung	endogene oder exogene Störungen	Innovationen
Umfang	einzelne Branchen	Gesamtwirtschaft	Weltwirtschaft
Vorhersehbarkeit	vorhersehbar, planbar	nur bedingt vorhersehbar	nicht vorhersehbar

Aufgabe 3
Als Konjunkturschwankungen werden die regelmäßig wiederkehrenden mittelfristigen Schwankungen des realen Wirtschaftswachstums bezeichnet. Der Konjunkturzyklus besitzt einen wellenförmigen Verlauf, der sich in vier Phasen einteilen lässt. Er erstreckt sich über einen Zeitraum von 7 bis 11 Jahren.

Aufgabe 4
Konjunkturzyklus:

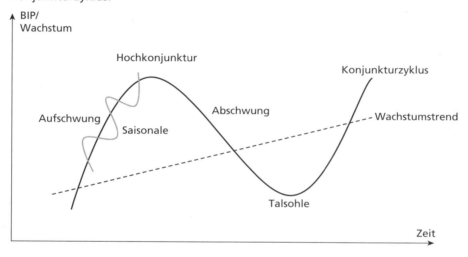

Aufgabe 5
Konjunkturphasen:

Aufschwung (Expansion)	Im Aufschwung kommt es zu einer Zunahme der wirtschaftlichen Aktivitäten. Die optimistischen Zukunftserwartungen der Wirtschaftssubjekte, die niedrigen Preise und Zinsen führen zu einer Zunahme der Produktion und infolge dessen zu steigenden Investitionen, einer Zunahme der Beschäftigung und der Einkommen. Gegen Ende der Aufschwungphase trifft die steigende Nachfrage aufgrund des Erreichens der Kapazitätsgrenzen nicht mehr auf ein elastisches Angebot, was Preiserhöhungen zur Folge hat, zunächst in der Investitionsgüterindustrie, später in der Konsumgüterindustrie.
Hochkonjunktur (Boom)	In der Hochkonjunktur kommt es zu einer Überhitzung der Konjunktur. Da die Unternehmen ihre Kapazitätsgrenzen erreicht haben, ist das Angebot vollkommen unelastisch und die überhöhte Nachfrage hat nur noch Preissteigerungen zur Folge. Aufgrund der steigenden Preise und der hohen Beschäftigung existieren gesteigerte Lohn- und Gehaltsforderungen bzw. auch eine gesteigerte Bereitschaft zu Arbeitskämpfen. Da jedoch die Löhne und Gehälter mit Verzögerungen hinter den Preissteigerungen zurückbleiben, sinkt aufgrund fehlender Kaufkraft die Nachfrage. Die Stimmung der Wirtschaftssubjekte wandelt sich in Skepsis. Der Abschwung wird eingeleitet.

Abschwung (Rezession)	Die zunächst in der Investitionsgüterindustrie zurückgehende Nachfrage hat Kurzarbeit, Entlassungen und eine Verringerung der Einkommen zur Folge. Dadurch setzt sich diese Entwicklung auch auf dem Konsumgütermarkt fort. Das Ansteigen der Arbeitslosenquote, geringere Lohn- und Gehaltszuwächse und Gewinne sowie Stillstand oder Senkung der Preise sind weitere Kennzeichen der zunehmenden Absatzschwierigkeiten der Unternehmen. Die Stimmung der Wirtschaftssubjekte ist pessimistisch.
Talsohle (Depression)	Der Tiefstand ist gekennzeichnet durch hohe Arbeitslosenquoten und niedriges Volkseinkommen. Durch die zu geringe Nachfrage sind die Produktionskapazitäten nicht ausgelastet und die Lager überfüllt. Dadurch entsteht Druck auf die Preise und die Löhne. Die Zahl der Konkurse ist hoch. Die geringen Gewinnerwartungen führen dazu, dass kaum investiert wird, obwohl die Zinsen sinken. Die Stimmung in der Wirtschaft ist depressiv. Schließlich schaffen jedoch die niedrigen Zinsen, Lohn- und Rohstoffkosten wieder günstige Voraussetzungen für die Produktion, was dann schließlich einen erneuten Aufschwung einleitet.

Aufgabe 6
Zur Konjunkturpolitik zählen alle Maßnahmen, die den Konjunkturverlauf beeinflussen mit dem Ziel, Schwankungen zu minimieren und ein gleichmäßiges Wachstum zu ermöglichen. Das Stabilitätsgesetz von 1967 nennt im § 1 die Ziele der Konjunkturpolitik. Zu den Instrumenten gehören die Fiskalpolitik, Geldpolitik, Außenwirtschaftspolitik und Einkommenspolitik.

Aufgabe 7
Im Aufschwung steigen die Konjunkturindikatoren Auslastungsgrad, Preise, private Nachfrage, Beschäftigung, Zinsen, Produktion, Löhne und Gehälter sowie Investitionen.

Aufgabe 8
Exogene Theorien sehen die Ursachen für wirtschaftliches Schwanken in Einflüssen von außerhalb des marktwirtschaftlichen Systems. Vertreter dieser Theorien halten das System an sich für stabil. Als Ursachen unterschiedlicher wirtschaftlicher Zustände einer Volkswirtschaft werden Kriege, Naturkatastrophen, Entdeckung von neuen Rohstoffquellen, bedeutende technische Erfindungen, Veränderungen der Bevölkerungszahl oder Zukunftserwartungen der Wirtschaftssubjekte angeführt. Endogene Theorien erklären die Schwankungen als Fehlentwicklungen des marktwirtschaftlichen Systems.

Aufgabe 9
Hauptziele des Stabilitätsgesetzes (§ 1 StWG von 1967)
- hoher Beschäftigungsstand
- Preisniveaustabilität
- stetiges, angemessenes Wachstum
- außenwirtschaftliches Gleichgewicht

Aufgabe 10
Weitere Ziele des magischen Sechsecks sind
- eine gerechte Einkommensverteilung und Bildung von Vermögen und
- eine lebenswerte Umwelt.

Aufgabe 11
Die Preisniveaustabilität wird häufig neben dem hohen Beschäftigungsstand als Primärziel bezeichnet. Die Preise beeinflussen die Kaufkraft der Einkommen. Ändert sich der Wert des Geldes durch eine Inflation (allgemeiner Anstieg des Preisniveaus) oder durch eine Deflation (allgemeines Absinken des Preisniveaus), besteht die Gefahr, dass das Geld seine Funktionen verliert. Diese sind:
- Tauschmittelfunktion,
- Zahlungsmittelfunktion (Wertübertragungsfunktion),
- Wertmaßstabsfunktion (Rechenmittelfunktion),
- Wertaufbewahrungsfunktion.

Steigen die Preise, sinkt die reale Kaufkraft des Geldes. Zudem führen starke Anstiege des Preisniveaus dazu, dass Gläubiger von Forderungen, also auch Sparer, an Kaufkraft verlieren. Bei einer Deflation sind Schuldner die Verlierer. Preisniveaustabilität ist also wichtig für das gesellschaftliche Gleichgewicht.

Preisniveauanstiege sind bei vollkommener Konkurrenz Folge eines Nachfrageanstiegs bei gleichbleibendem Angebot. Die Aussicht auf höhere Gewinne veranlasst Unternehmer zu investieren, was zu nicht genutzten Kapazitäten und damit zum Abschwung führen kann (Überinvestitionstheorie).

Aufgabe 12
Der Warenkorb dient der Berechnung des Verbraucherpreisindex (VPI) des Statistischen Bundesamts in Wiesbaden. Er enthält Waren und Dienstleistungen, die als repräsentativ für die Konsumwelt in Deutschland gelten. Die Güterzusammenstellung des Warenkorbs wird alle 5 Jahre aktualisiert, damit verändertes Konsumverhalten berücksichtigt werden kann. Mithilfe von repräsentativen Stichproben erforscht das Statistische Bundesamt bei rund 60.000 Haushalten die Konsumgewohnheiten und ermittelt zur Preisniveaubestimmung durch ca. 600 Mitarbeiter in 188 Gemeinden etwa 300.000 Einzelpreise pro Monat. Im März 2008 wurde der Warenkorb auf das Basisjahr 2005 umgestellt. Der Warenkorb zur Ermittlung des VPI enthält etwa 750 Waren und Dienstleistungen, die in 12 Gütergruppen eingeteilt werden.

Aufgabe 13
Als Inflation wird ein Prozess anhaltender Preisniveauanstiege bzw. ein Sinken der Kaufkraft des Geldes bezeichnet. Es liegt eine Überversorgung der Wirtschaft mit Geld vor. Deflation ist ein Prozess anhaltender Preisniveausenkungen bzw. ein Steigen der Kaufkraft des Geldes. Es liegt eine Unterversorgung der Wirtschaft mit Geld vor.

Aufgabe 14
- Nachfrageinflation: Sie liegt vor bei einer Erhöhung der Gesamtnachfrage durch private Haushalte, den Staat, Unternehmen und das Ausland bei gleichbleibendem Angebot. Entsprechend ergeben sich folgen Inflationsarten:
  – Konsuminflation: Die Erhöhung der Gesamtnachfrage geht hierbei von den privaten Haushalten aus, die ihre erhöhte Nachfrage nach Konsumgütern durch Auflösen von Ersparnissen, Abbau von Vermögen oder durch Verschulden finanzieren, wobei es zu einer zusätzlichen Geldschöpfung kommt.
  – Investitionsinflation: Kreditfinanzierte Erhöhung der Unternehmensnachfrage nach Investitionsgütern, die eine zusätzliche Geldschöpfung verursacht, führt ebenfalls zur Inflation.
  – Fiskalinflation: Aus konjunkturpolitischen Erfordernissen erhöht der Staat seine Nachfrage, die er durch zusätzliche Verschuldung bei der Bundesbank oder den Bürgern finanziert, was sich preistreibend auswirken kann.
  – Importierte Inflation: Wenn bei festen Wechselkursen die Auslandsnachfrage zunimmt, sodass ein Exportüberschuss entsteht, dann verknappen sich im inländischen Wirtschaftskreislauf die Güter bei gleichzeitiger Erhöhung der Geldmenge durch die Zahlungen aus dem Ausland.
- Angebotsinflation: Bei der Angebotsinflation werden die Unternehmen bei einer Verschlechterung ihrer Kostensituation versuchen, dies über eine Anhebung der Preise auszugleichen (Kosteninflation), oder sie führen Preiserhöhungen durch, um ihre Gewinnsituation zu verbessern (Gewinninflation). Dies ist insbesondere der Fall, wenn die Unternehmen über die notwendige Marktmacht verfügen, um die Preissteigerungen durchzusetzen, wie z.B. im Angebotsoligopol oder -monopol.
- Geldmengebedingte Inflation: Übersteigt die nachfragewirksame Geldmenge das Güterangebot, so führt dies u. U. zu einer Inflation.

Aufgabe 15

$$\text{Arbeitslosenquote} = \frac{\text{Arbeitslose} \cdot 100}{\text{Erwerbspersonen}}$$

Aufgabe 16
Die Zahl der offenen Stellen besagt nicht, dass Arbeitslose diese Stellen auch besetzen könnten, da regionale oder qulitative Anforderungen eventuell von den Arbeitssuchenden nicht erfüllt werden können. Dieses Situation wird als Mismatch am Arbeitsmark bezeichnet.

Aufgabe 17
Einzelwirtschaftliche Folge von Arbeitslosigkeit ist, dass Menschen ihr Auskommen nicht selbst erwirtschaften können. Dies gehört jedoch zu den grundlegenden Bedürfnissen des Menschen, durch das er Selbstbestätigung erfährt. Die Lebensqualität sinkt durch Arbeitslosigkeit.
Gesamtwirtschaftlich gesehen bedeutet Unterbeschäftigung eine geringe Auslastung des Produktionspotenzials, d. h., es könnten zusätzliche Güter erzeugt werden, die wiederum mehr Bedürfnisse befriedigen könnten. Außerdem gehen durch Arbeitslosigkeit wertvolle Qualifikationen verloren, wodurch die Fertigungskapazität selbst schrumpft. Der soziale Frieden könnte aufgrund auseinanderklaffender Lebensbedingungen gefährdet sein. Es kommt zu zunehmender Kriminalität, Suiziden und Alkoholmissbrauch.

Aufgabe 18
Der Außenbeitrag wird als Differenz zwischen den Ausfuhren und den Einfuhren von Gütern und Dienstleistungen in einer Volkswirtschaft ermittelt. Berechnet wird diese Größe als Saldo aus Handels- und Dienstleistungsbilanz; diese beiden Bilanzen bilden die Leistungsbilanz im engeren Sinne. Der Außenbeitrag fließt in die Verwendungsrechnung zur Ermittlung des BIP ein.

Aufgabe 19
Das Wachstum einer Volkswirtschaft wird als prozentuale Veränderung des BIP gegenüber dem Vorjahr berechnet. Je nachdem, ob das nomiale BIP oder das reale BIP zugrunde liegt, spricht man von nominalem oder realem Wachstum.

Aufgabe 20
Da es fast nicht möglich ist, alle vier Ziele gleichzeitig zu erfüllen, spricht man vom magischen Viereck. Es gibt einige Ziele, bei denen es zu einem Zielkonflikt kommen kann.

Aufgabe 21
Der klassische Zielkonflikt besteht zwischen der Preisniveaustabilität und dem Beschäftigungsstand. Je niedriger die Preisentwicklung ist, desto größer ist die Arbeitslosigkeit und umgekehrt. Anhand von Vergangenheitswerten lässt sich einwandfrei feststellen, dass eine Abnahme der Arbeitslosigkeit häufig mit einem Anstieg der Preise einherging. Man spricht dann gelegentlich davon, dass die zunehmende Beschäftigung durch Inflation erkauft wurde. Weitere Zielkonflikte bestehen zwischen den Zielen der kurzfristigen Preisniveaustabilität und dem Wirtschaftswachstum, dem Wirtschaftswachstum und dem Umweltschutz sowie zwischen den Zielen Wirtschaftwachstum und außenwirtschaftliches Gleichgewicht.

Aufgabe 22
Zur EZB gehören folgende Organe:
- der EZB-Rat als wichtigstes Beschlussorgan der EZB mit sechs Mitgliedern des Direktoriums sowie den Präsidenten der nationalen Zentralbanken der 17 Länder des Euroraums,
- das Direktorium als vom Europäischen Rat mit qualifizierter Mehrheit ausgewählten Personen: Präsident, Vizepräsident und vier weitere Mitglieder,
- der erweiterte EZB-Rat, bestehend aus den 27 Präsidenten der nationalen Zentralbanken der EU-Mitgliedstaaten sowie dem Präsidenten und dem Vizepräsidenten der EZB.

Aufgabe 23
Zur Geldpolitik gehören alle Maßnahmen, die der Steuerung der Geldmenge einer Volkswirtschaft dienen. Zu dem Maßnahmenbereich gehören die Ständigen Fazilitäten, die Offenmarktpolitik und Mindestreservepolitik.

Aufgabe 24
Die Gesamtheit aller in einer Volkswirtschaft vorhandenen Zahlungsmittel wird als Geldmenge bezeichnet. Sie wird allgemein mit dem Buchstaben M (= money) gekennzeichnet. Zahlungsmittel, die sich im Besitz der Deutschen Bundesbank befinden, zählen nicht zur Geldmenge.

Aufgabe 25
Man unterscheidet die primäre und die sekundäre Geldschöpfung. Von primärer Geldschöpfung spricht man, wenn die Zentralbank Geld in Umlauf bringt. Als sekundäre Geldschöpfung bezeichnet man die Buchgeldschöpfung durch die Geschäftsbanken. Diese Erhöhung der Geldmenge entsteht dadurch, dass die Geschäftsbanken Kredite vergeben. Voraussetzung für diese Kreditvergaben ist, dass die Geschäftsbanken über eine ausreichende Liquidität verfügen, die sie z. B. durch die Einlagen der Kunden erhalten oder durch Refinanzierung bei der Zentralbank. Vergebene Kredite gelangen letztlich ebenfalls zum Teil oder gänzlich in das Bankensystem als Einlage zurück.

Aufgabe 26
Die Erhöhung der Geldmenge geschieht durch Ankauf eines aktiven Postens (Wertpapier, Immobilie, Devisen) durch die Zentralbank, die sie entweder mit Bargeld (Bargeldschöpfung) oder durch Einräumung von Sichtguthaben (Kreditschöpfung) bezahlt. Beispiel: Die EZB kauft von einer Bank Wertpapiere in Höhe von 1 Mio. EUR. Da sie dem Verkäufer das Geld aushändigt, ist die umlaufende Geldmenge des Wirtschaftskreislaufs um 1 Mio. EUR gestiegen.

Aufgabe 27
Grundsätzlich ja. Die Notenbank hat jedoch zum Ziel, die Geldmenge so zu steuern, dass das Preisniveau stabil bleibt. Um dieses Ziel zu erreichen, ist eine extreme Geldmengenausweitung unmöglich. Außerdem hängen einige Instrumente der Geldpolitik vom Verhalten anderer Marktteilnehmer wie den Banken ab. Geldschöpfung auf Basis der Kreditvergabe an Banken hängt von der Geldnachfrage der Banken ab. So kann es in einer Rezession sein, dass trotz niedriger Zinsen die Banken keine Kredite aufnehmen, da sie keinen Geldbedarf haben. Eine so beabsichtigte Konjunktubelebung bleibt aus. („Die Pferde stehen an der Tränke, aber sie saufen nicht", wie es der ehemalige Wirtschaftsminister Karl Schiller formulierte.)

Aufgabe 28
Die EZB kann verlangen, dass die Banken einen Teil ihrer Einlagen bei ihr hinterlegen müssen. Dies nennt man Mindestreserve. Verzinst werden diese Mindestreserven mit dem Zinssatz der Einlagenfazilität.

Aufgabe 29
Wenn sich der Mindestreservesatz erhöht, sinkt die Geldmenge. Dies könnte zur Inflationsbekämpfung eingesetzt werden. Eine Senkung des Mindestreservesatzes bedeutet, dass die Geldmenge steigt und eine Belebung der Konjunktur möglich ist.

Aufgabe 30
Banken können sich am Ende des Tages über Nacht bei der EZB Geld leihen. Der Zinssatz für diese Spitzenrefinanzierungsfazilität ist relativ hoch und stellt die Obergrenze der Geldmarktsätze dar. Andere Banken haben Geldüberschüsse, die sie als Einlagenfazilität bei der EZB über Nacht zu einem geringen Zinssatz anlegen können. Dieser Zinssatz ist die Untergrenze der Geldmarktsätze. Die geldanbietenden und die geldnachfragenden Großbanken handeln nun untereinander und vereinbaren einen Zinssatz zwischen den Zinssätzen für die Einlagen- und die Spitzenrefinanzierungsfazilität.

Aufgabe 31
Der Spitzenrefinanzierungssatz gehört zu den Leitzinsen. Eine Senkung des Spitzenrefinanzierungssatzes bedeutet, dass sich die Refinanzierung der Banken verbilligt, da auch die Geldmarktsätze sinken werden. Die Banken werden die Zinssenkung im Idealfall an ihre Kunden weitergeben, was allgemein eine Erhöhung der Kreditnachfrage zur Folge hat. Die Geldmenge wird steigen, die Wirtschaft wird belebt.

Aufgabe 32
Im Rahmen der Hauptrefinanzierungsgeschäfte kauft die EZB von den Banken Wertpapiere an, und die Banken verpflichten, sich die Wertpapiere nach Ablauf einer Woche zurückzukaufen. Hauptrefinanzierungeschäfte führt die EZB jede Woche durch, sodass jede Woche ein Geschäft startet und gleichzeitig eines endet. Um die Geldmenge zu erhöhen, erhöht die EZB das Volumen der Wertpapieraufkäufe gegenüber der Vorwoche oder sie hebt den (Mindest-)Zinssatz an. Um die Geldmenge einzuschränken, senkt sie das Volumen bzw. den Zinssatz.

Aufgabe 33
Die Stärken der Geldpolitik liegen in der Schnelligkeit der Entschlüsse und deren Umsetzung (keine Time-Lags) sowie in ihrer Unabhängigkeit von politischen Einflüssen. Als Grundlage stehen der Notenbank umfangreiche Daten durch die ständige Erhebung von Daten bei den Banken zur Verfügung. Jedoch bestehen auch einige Wirkungshemnisse geldpolitischer Entscheidungen:
- Da die geldpolitischen Instrumente im Wesentlichen die Bankenliquidität bzw. die Refinanzierungskosten der Kreditinstitute beeinflussen, kann dies, falls die Kreditinstitute diese Kosten nicht durch veränderte Zinssätze an ihre Kunden weitergeben, zur Wirkungslosigkeit der Maßnahmen führen.
- Restriktive Maßnahmen können ihre Wirkung verlieren, wenn die Geschäftsbanken ausreichend liquide Mittel besitzen oder sich anderweitig beschaffen können.
- Die private Kreditnachfrage hängt in hohem Maße auch von der Einstellung der Wirtschaftssubjekte ab.
- Die Wirkung der geldpolitischen Instrumente kann allenfalls die kreditfinanzierte Nachfrage beeinflussen.

Aufgabe 34
Fiskalpolitik ist ein Instrument der Wirtschaftspolitik und umfasst Maßnahmen der Ein- und Ausgabenpolitik des Staates.

Aufgabe 35
Als Ziel der Fiskalpolitik wird ein stetig angemessenes Wirtschaftswachstum angestrebt, um konjunkturelle Schwankungen zu mindern. Weitere Ziele sind ein hoher Beschäftigungsstand, ein stabiles Preisniveau, gerechte Einkommensverteilung und eine lebenswerte Umwelt.

Aufgabe 36
Globalsteuerung bedeutet, dass die Maßnahmen der Fiskalpolitik makroökonomische Größen wie Investitionen, Konsum, Spartätigkeit oder Geldmenge beeinflussen. Es wird häufig als Gießkannenprinzip umschrieben.

Aufgabe 37
Antizyklische Fiskalpolitik bedeutet, dass die Wirtschaft gegen den Konjunkturzyklus beeinflusst wird, um Schwankungen zu mindern. Dies bedeutet, dass im Boom konjunkturdämpfende Maßnahmen ergriffen werden und in der Rezession eine Konjunkturbelebung stattfindet.

Aufgabe 38
Ausgaben des Staates sind:
- öffentliche Sachausgaben z.B. im Bereich Verkehr, Energie und Gesundheit,
- öffentliche Ausgaben zur Erzeugung immateriellen Kapitals z.B. für Erziehung,
- öffentliche Ausgaben für institutionelle Infrastruktur z.B. für Verwaltung, Sicherheit,
- Militärausgaben,
- öffentlicher Verbrauch,
- Sozialtransfers wie Sozialhilfe, Wohngeld und Kindergeld,
- Subventionen,
- Zinszahlungen für staatliche Kreditaufnahme,
- Finanzinvestitionen.

Diese Ausgaben werden im Wesentlichen durch Steuern finanziert. Daneben gehören Gebühren, Beiträge und Erwerbseinkünfte zu den staatlichen Einnahmen.

Aufgabe 39
Der Staat kann durch Variation der Staatseinnahmen, insbesondere der Steuern, die Konjunktur beeinflussen. Hebt der Staat die Steuern an, wirkt dies konjunkturdämpfend. Durch Senkung der Staatseinnahmen soll eine Konjunkturbelebung bewirkt werden.

Aufgabe 40
Zur Konjunkturbelebung erhöht der Staat seine Ausgaben durch zusätzliche Investitionen bzw. Beschleunigung von Bauvorhaben, um die volkswirtschaftliche Nachfrage anzukurbeln. Eine Senkung der Ausgaben durch Aussetzen oder Verschieben öffentlicher Ausgaben, insbesondere staatlicher Investitionen, führt zu einer Dämpfung der volkswirtschaftlichen Nachfrage.

Aufgabe 41
Deficit spending bezeichnet die staatliche Kreditaufnahme zur Finanzierung staatlicher Maßnahmen zur Konjunkturpolitik.

Aufgabe 42

Politikbereich	Aufgaben	Beispiel
Wettbewerbspolitik	Die Wettbewerbspolitik soll im Interesse der Verbraucher und Unternehmen einen möglichst unbeschränkten Wettbewerb gewährleisten und nachhaltig sichern. Funktionierender Wettbewerb ist eine wesentliche Voraussetzung für Wachstum und Beschäftigung.	• Verbot wettbewerbsbeschränkender Vereinbarungen • Missbrauchsaufsicht über marktbeherrschende Unternehmen • Fusionskontrolle innerhalb der EU

Politikbereich	Aufgaben	Beispiel
Strukturpolitik	Ziel der Strukturpolitik ist die Vermeidung bzw. Überwindung von Strukturkrisen, die das gesamtwirtschaftliche Gleichgewicht stören. Strukturpolitik umfasst daher alle staatlichen Maßnahmen, um die vorhandene Wirtschaftsstruktur den rapiden wirtschaftlichen und technischen Veränderungen anzupassen.	• regionale Strukturpolitik durch Maßnahmen der Investitionsförderung • sektorale Strukturpolitik durch Subventionen und Steuervergünstigungen bestimmter Wirtschaftszweige
Umweltpolitik	Die Umweltpolitik hat zum Ziel, eine lebenswerte Umwelt durch Verbesserung der Umweltqualität, Verringerung der Umweltbelastung und Schonung der natürlichen Umwelt und der natürlichen Ressourcen zu sichern.	• Umweltauflagen • Umweltabgaben • finanzielle Unterstützung von Umweltschutzmaßnahmen • Förderung des Umweltbewusstseins
Verteilungspolitik	Die Verteilungspolitik soll eine angemessene Verteilung von Einkommen und Vermögen ermöglichen. Zu diesem Zweck führt der Staat z.B. eine Umverteilung der Primäreinkommen durch.	Transferzahlungen • Sozialhilfe • Wohngeld • Kindergeld

Aufgabe 43
Um eine Rezession zu verhindern, kann der Staat die Nachfrage beleben, indem er seine Einnahmen durch Steuersenkung verringert und gleichzeitig seine Ausgaben durch Beschleunigung von staatlichen Investitionen erhöht. Finanziert werden kann das so entstehende Haushaltdefizit durch Auflösung der Konjunkturausgleichsrücklage oder durch zusätzliche Schuldenaufnahme (deficit spending).

Aufgabe 44
Fiskalismus vs. Monetarismus:

	Fiskalismus	Monetarismus
Hauptvertreter	John Maynard Keynes	Milton Friedman
Theoretischer Ansatz	Der Fiskalismus geht in seinem Ansatz davon aus, dass die Nachfrage entscheidend ist für den wirtschaftlichen Erfolg und die Entwicklung der Konjunktur. Befürwortet wird eine antizyklische Steuerung der volkswirtschaftlichen Nachfrage durch staatliche Maßnahmen.	Der Monetarismus vertraut auf die Selbstheilungskräfte des Marktes. Lediglich eine konjunkturneutrale Geldmengenregulierung, angepasst an das zu erwartende Wachstum und den zu akzeptierenden Preisniveauanstieg, sind notwendig, um ein volkswirtschaftliches Gleichgewicht zu ermöglichen.

Aufgabe 45
Fiskalisten gehen von der Annahme aus, dass das marktwirtschaftliche System in sich instabil ist und ein Eingreifen des Staates notwendig ist. Monetaristen glauben an die Selbstheilungskräfte des Marktes, die zu einem Gleichgewicht auf allen Märkten führen.

Aufgabe 46
Unter Beschäftigungspolitik, auch als Arbeitsmarktpolitik bezeichnet, versteht man alle Maßnahmen, die eine regulierende Funktion auf das Zusammenspiel von Arbeitsangebot und Arbeitsnachfrage in einer Volkswirtschaft haben. Träger der Beschäftigungspolitik sind neben dem Staat, vertreten insbesondere durch das Bundesministerium für Arbeit und Soziales, die Bundesagentur für Arbeit und die Tarifparteien. Maßnahmen:

Beschäftigungspolitiken in der EU	
Klassische Ansätze	**Neuere Ansätze**

• Passive Maßnahmen
  – Erwerbsunfähigkeitsrente
• Quotenregelung
• Kündigungsschutz
• Lohnkostenzuschüsse, Steuervorteile
• Arbeitsplatzanpassung
• Rehabilitation, Umschulung
  – spezielle Kurse, Einrichtungen
• Werkstätten für behinderte Menschen
• Sonderbereich
	• Aktive Maßnahmen
	  – Unterstützung bei der Stellensuche und Bewerbung
	  – Arbeitserfahrung, Zeitarbeit
	• Antidiskriminierungsgesetze
	• Aufklärungskampagnen
	• Maßgeschneiderte Angebote
	  – unterstützte Beschäftigung
	  – individueller Assistenzplan
	• Ausbildung und Lernen
	  – im Betrieb
	• Querschnittsbereich

Aufgabe 47

Aktive Arbeitsmarktpolitik	Passive Arbeitsmarktpolitik
Die aktive Arbeitsmarktpolitik hat zum Ziel, Arbeitslose durch nicht-materielle Unterstützung zur (Wieder-)Eingliederung in den Arbeitsmarkt zu helfen. Instrumente der aktiven Arbeitsmarktpolitik: • Förderung der beruflichen Weiterbildung (z.B. Finanzierung von Umschulungen) • staatliche Investitionen • subventionierte Beschäftigung (z.B.) • Mobilitätsförderung (z.B. Bezahlung von Fahrt- oder Umzugskosten)	Die passive Arbeitsmarktpolitik soll die materiellen Schäden bei den betroffenen Personen und ihren Angehörigen abmildern, sie erbringt kompensatorische Leistungen. Instrumente der passiven Arbeitsmarktpolitik: • Lohnersatzleistungen bei kurz- und mittelfristiger Arbeitslosigkeit (Arbeitslosengeld I) • Hilfe zum Lebensunterhalt bei Langzeitarbeitslosigkeit oder fehlendem Anspruch auf Lohnersatzleistungen (Arbeitslosengeld II) • Insolvenzausfallgeld • Kurzarbeitergeld

Aufgabe 48
Maßnahmen des Hartz-Konzeptes:
- Minijobs sind geringfügige oder kurzfristige Beschäftigungen, wenn ein Beschäftigungsverhältnis mit einer geringen absoluten Höhe des Arbeitsentgelts (zurzeit 400,00 EUR) besteht.
- JobCenter sind Einrichtungen, die von der Kommune allein oder gemeinsam mit der Bundesagentur für Arbeit gebildet werden. Ihre Aufgabe ist es, Leistungen nach dem Sozialgesetzbuch (ALG II) zu gewähren und durch das Prinzip des Förderns und Forderns den betroffenen Personen die Möglichkeit zu eröffnen, ihren Lebensunterhalt künftig aus eigenen Kräften bestreiten zu können.
- JobFloater sind ein Instrument zur Finanzierung definitiv neuer Arbeitsplätze.
- Existenzgründungen werden staatlich durch Gründungszuschüsse gefördert. So wurden im Jahr 2005 etwa 250.000 Arbeitslose bei der Aufnahme einer selbstständigen Tätigkeit unterstützt. Nach Schätzungen scheitern allerdings 20 bis 30 % dieser Existenzgründungen.
- Personal-Service-Agenturen (PSA) sind durch die Neuorganisation der Arbeitsverwaltung entstanden. Sie dienen der Vermittlung von Arbeitslosen in Zeitarbeit mit dem Ziel der Übernahme in eine zeitlich unbefristete Beschäftigung. Die PSA sind eigenständige Organisationseinheiten und arbeiten für das Arbeitsamt und in dessen Auftrag. Die PSA stellen Arbeitslose bei sich ein und verleihen diese zeitlich befristet an Unternehmen.
- Die Regeln in Bezug auf die Zumutbarkeit für Arbeitslose, eine Arbeit anzunehmen, wurden durch das Hartz-Konzept wesentlich verschärft. Dies gilt insbesondere für geografische, materielle, funktionale und soziale Kriterien bei der Wahl einer neuen Arbeitsstelle.
- Sperrzeiten für die Zahlung von Arbeitslosengeld werden differenzierter nach verschiedenen Tatbeständen eingesetzt.

Aufgabe 49

Nachfrageorientierte (antizyklische) Wirtschaftspolitik	
Kernaussage: Die volkswirtschaftliche Gesamtnachfrage ist entscheidend für den wirtschaftlichen Erfolg. Nachgefragt wird nur durch entsprechendes Einkommen. Wenn dieses steigt, steigt auch die Nachfrage, und damit kann die konjunkturelle Situation verbessert werden.	
Konjunktursituation: Rezession	Konjunktursituation: Boom
Staatliche Maßnahmen: • Steuersenkungen (= Erhöhung der kaufkräftigen Nachfrage) • Erhöhung der Staatsnachfrage, z. B. durch Baumaßnahmen	Staatliche Maßnahmen: • Steuererhöhungen (= Abschöpfung von kaufkräftiger Nachfrage) • Verringerung der staatlichen Ausgaben
Angebotsorientierte Wirtschaftspolitik	
Kernaussage: Das gesamtwirtschaftliche Angebot ist entscheidend für den wirtschaftlichen Erfolg und eine nachhaltige konjunkturelle Verbesserung. Das Credo lautet: Jedes Angebot schafft sich seine Nachfrage selbst. Wenn es den Unternehmern gut geht, werden sie investieren, Arbeitsplätze schaffen und Waren produzieren.	
Aufgaben des Staates:	Aufgaben der Tarifpartner:

• Gestaltung eines Steuersystems, das positive Bedingungen für die Unternehmen schafft:
  – großzügige Abschreibungsmöglichkeiten
  – Stärkung der Eigenkapitalbasis durch niedrige Besteuerung der einbehaltenen Gewinne
• Abbau der hohen Staatsverschuldung
• Fördermittel für Forschung und Entwicklung
	• maßvolle Lohnabschlüsse, nicht über dem Produktivitätszuwachs der Branche;
	• Senkung der tarifbedingten Lohnnebenkosten, wie Urlaubsgeld, Zuschläge etc.

Aufgabe 50
Die unterschiedlichen Zielsetzungen führen zu offensichtlichen Zielkonflikten zwischen ökonomischen Notwendigkeiten und ökologischen Anforderungen. Die Vorstellungen der Menschen in den Industrienationen von ihrem materiellen Wohlstand und gleichzeitigen Sehnsüchten nach einer intakten Umwelt führen damit stets zu einem „Ja – aber":
- Bei der Produktion von Gütern werden Rohstoffe und Energie benötigt, aber die Vorräte an Rohstoffen und Energieträgern auf der Erde sind begrenzt.
- Die Herstellung von Produkten sowie der Gütertransport setzen den Verbrauch von Energie voraus. Dabei entstehen Schadstoffe, die emittiert werden, aber die Emissionen wie Kohlendioxyd und Spurengase führen weltweit zur Aufheizung der Erdatmosphäre.
- Die arbeitsteilige Produktion verlangt – vorzugsweise – Einwegpackungen, aber Verpackungs- und industrieller Abfall müssen entsorgt werden. Durch den Gehalt an Kunststoffen und deren Zersetzungsprozesse gehen von Müllhalden zukünftige Gefahren für die Umwelt aus.
- Neue landwirtschaftliche Anbauflächen können durch die Rodung von Regenwäldern gewonnen werden, alte Anbauflächen durch Großplantagen extensiver genutzt werden, aber die Regenwälder sind ein Stabilisierungsfaktor des globalen Klimas.

Aufgabe 51
Die Maßnahmen der staatlichen Umweltpolitik lassen sich in marktkonforme und marktkonträre Instrumente unterscheiden.
Marktkonforme Maßnahmen:
- Abgaben, z. B. Ökosteuern und Sonderabgaben,
- staatliche Zuschüsse, z. B. Subventionen für umweltschonende Produktionsverfahren,
- Umwelthaftungsrecht,
- Umweltstrafrecht

Marktkonträre Maßnahmen:
- Auflagen, z. B. Ge- oder Verbote,
- Vorgabe von Grenzwerten, z. B. in Autoabgasen,
- Emissionshandel

1.4 Außenwirtschaft

Lehrbuch Band 1, Seite 174 f.

Aufgabe 1
Die Außenwirtschaft eines Landes beinhaltet die Gesamtheit aller wirtschaftlichen Beziehungen zwischen den Wirtschaftssubjekten im Inland und den Wirtschaftssubjekten im Ausland.

Aufgabe 2
Kein Land kann alle Güter, die den Wohlstand eines Landes steigern, selbst erstellen. Aus diesem Grund sind Länder auf Handel mit anderen Ländern angewiesen.

Aufgabe 3
Außenwirtschaft ist notwendig,
- weil unterschiedliche klimatische Rahmenbedingungen zu Anbauschwerpunkten in Land- und Forstwirtschaft führen;
- weil die Rohstoffvorkommen und Energievorräte ungleich über die Erde verteilt sind;
- weil die einzelnen Länder der Erde verschiedene Wirtschaftsstrukturen haben und unterschiedlichen technologischen Entwicklungen unterliegen. Freie außenwirtschaftliche Beziehungen sollen diese Unterschiede ausgleichen, tun dies jedoch nicht immer;
- um Kosteneinsparungen zu ermöglichen.

Aufgabe 4
In Deutschland spielt der Export eine wichtige Rolle und macht einen großen Anteil am Bruttoinlandsprodukt (BIP) aus.
„Die deutsche Wirtschaft ist in hohem Maße exportorientiert und damit auch exportabhängig. Mehr als jeder fünfte Arbeitsplatz in Deutschland hängt vom Export ab. Gleichzeitig ist Deutschland als rohstoffarmes Land auch auf Importe angewiesen – vor allem im Energiebereich. 2008 wurden etwa 35 Prozent der Inlandsnachfrage durch Importe abgedeckt. Wie hoch die Bedeutung des Außenhandels für Deutschland ist, zeigt auch die Außenhandelsquote. Die Außenhandelsquote entspricht dem prozentualen Anteil des Warenexports und -imports eines Staates/einer Region am jeweiligen Bruttoinlandsprodukt (BIP). Weltweit stieg die Außenhandelsquote von 19,7 Prozent im Jahr 1970 auf 53,2 Prozent im Jahr 2008." (Quelle: Bundeszentrale für politische Bildung)

Aufgabe 5
Freihandel bedeutet den vollkommenen Verzicht auf rechtliche oder wirtschaftliche Beschränkungen der Handelsbeziehungen zwischen den verschiedenen Volkswirtschaften. Grundgedanke ist die Theorie der internationalen Arbeitsteilung, d.h. Wohlstandssteigerung durch Freihandel. Der Freihandel ist aus diesem Grund auch vielfach das Ziel internationaler Abkommen wie des Internationalen Zoll- und Handelsabkommens (GATT, heute WTO) oder der Europäischen Union (EU).
Protektionismus ist der Schutz der Binnenwirtschaft vor negativen außenwirtschaftlichen Einflüssen. Die Binnenwirtschaft soll durch Erschwerung des Imports, z.B. durch Einfuhrzölle, mengenmäßige Beschränkung der Einfuhr, Einfuhrverbote bestimmter Leistungen oder Subventionierung bestimmter binnenwirtschaftlicher Branchen, vor Billigimporten und damit vor konjunkturellen Nachteilen geschützt werden.

Aufgabe 6
Die Erzielung von absoluten und komparativen Kostenvorteilen sind Gründe für die internationale Arbeitsteilung. Außerdem können Unterschiede in den klimatischen Bedingungen, den Rohstoffvorkommen oder den Fachkenntnissen zu internationalem Handel führen.

Aufgabe 7
Absolute Kostenvorteile besitzt ein Land, dass die absolut geringeren Kosten (= Arbeitsaufwand) für die Produktion eines Gutes hat. Somit spezialisiert sich das Land auf die Produktion dieses Gutes und importiert ein Gut, bei dem es höhere Kosten hat.

Beispiel: Nicaragua kann Bananen billiger produzieren als die USA, die USA können Mais billiger produzieren als Nicaragua. Nicaragua produziert folglich nur noch Bananen und exportiert einen Teil davon in die USA. Die USA produzieren nur noch Mais und exportieren einen Teil davon nach Nicaragua.

Aufgabe 8
Komparative Kostenvorteile entstehen, wenn ein Staat zwei oder mehr Güter billiger herstellt als ein anderes Land, aber es durch die Spezialisierung auf die Herstellung des Gutes, bei dem ihm

vergleichsweise geringere Kosten entstehen, Kostenvorteile erlangt. Dies ist sinnvoll, wenn die Kostendifferenzen zwischen den beteiligten Ländern unterschiedlich hoch ausfallen.

Beispiel: Japan produziert Drucker mit einem Arbeitsaufwand von 4,5, Deutschland mit 8 Stunden. Japan produziert Stereoanlagen mit einem Arbeitsaufwand von 6,5, Deutschland mit 5,5. Japan hat also einen absoluten Kostenvorteil bei beiden Gütern. Für Japan kann es dennoch sinnvoll sein, wenn sie keine Stereoanlagen herstellen und für beide Länder die Drucker produzieren, weil sie dann einen komparativen Kostenvorteil erzielen.

Aufgabe 9
Der Staat besitzt grundsätzlich preis-, mengen-, währungspolitische und integrations- und entwicklungspolitische Instrumente.

Aufgabe 10
Maßnahmen staatlicher Außenwirtschaftpolitik:

Maßnahme	Beispiele
preispolitische Maßnahmen	Zölle: Einfuhr-, Ausfuhr-, Transitzölle
	Exportsubventionen im Schiffsbau
mengenpolitische Maßnahmen	Einfuhr-, Ausfuhrverbote
	Einfuhrkontingente
währungspolitische Maßnahmen	Auf- oder Abwertung der Inlandswährung
	Beschränkungen des Zahlungsverkehrs

Aufgabe 11
Die Europäische Union ist ein Staatenbund aus gegenwärtig 27 Staaten. Der Europäische Binnenmarkt ist der Markt mit dem größten Bruttoinlandsprodukt der Welt. Der Euro gilt in 17 EU-Ländern als gemeinsame Währung. Die EU strebt langfristig über die wirtschaftliche Integration hinaus schrittweise auch eine politische Union an. Der Vertrag über eine Europäische Union (EUV) lässt offen, wie eine umfassende Union der Völker Europas gestaltet werden soll.

Aufgabe 12
Argumente für und gegen die europäische Integration:

Pro	Kontra
• höhere Wachstumsraten des BIP und positive Impulse für den Arbeitsmarkt • Erweiterung der Produktionskapazitäten und günstigere Herstellung der Produkte • Kooperation von Unternehmen aus verschiedenen Ländern • Verbesserung der europäischen Position auf dem Weltmarkt • Ausgleich der z. T. krassen wirtschaftlichen Unterschiede zwischen armen und reichen Regionen • länderübergreifende Hilfe für sozial schwache Bevölkerungsgruppen zum Abbau sozialer Spannungen • abgestimmtes Verhalten bei der Reduzierung von grenzüberschreitenden Schadstoffen • Freizügigkeit für Wohnen, Studieren, Arbeiten, Reisen und Gewerbe • Unangreifbarkeit der gemeinsamen Währung EURO	• hohe Risiken für den Arbeitsmarkt durch Freizügigkeit der Arbeit und damit verbundenen Einsatz billiger Arbeitskräfte • hohe Schwerfälligkeit durch die Tatsache, dass einzelne Länder ihr Veto einlegen können und das Europaparlament keine wirkliche Gesetzgebungskompetenz hat • riesiger Zentralstaat, wobei die Einzelstaaten immer mehr entmachtet werden • keine oder unzureichende Kontrolle der „Zentrale Brüssel" • Verlust der nationalen Identität • hohe Kosten durch die Existenz und den weiteren Aufbau einer umfassenden Bürokratie • Verlust der Stabilität der gemeinsamen Währung durch Einflüsse der wirtschaftlich schwächeren Partner und deren nachhaltiges Verfehlen der Stabilitätskriterien, insbesondere durch Überschuldung

Aufgabe 13

Europäischer Rat (Rat der Staats- und Regierungschefs)	Er setzt sich aus den Staats- und Regierungschefs der Mitgliedsstaaten sowie aus dem Präsidenten der Europäischen Kommission zusammen. Er hat eine zentrale Rolle bei der zukunftsweisenden Gestaltung der EU und ist weisungsberechtigt gegenüber dem Ministerrat. Einmal pro Halbjahr findet ein Treffen statt. Der Sitz ist in Brüssel.
Europäisches Parlament (Legislative)	Das Europäische Parlament mit Sitz in Straßburg besteht aus Abgeordneten, die in den einzelnen Ländern gewählt worden sind. Das EU-Parlament ist mit dem EU-Rat als Gesetzgeber tätig und teilt sich mit ihm die Haushaltsbefugnisse. Er übt die demokratische Kontrolle über die EU-Organe aus und benennt die Mitglieder der Europäischen Kommission. Tagungsstätten sind Brüssel und Straßburg.
Europäische Kommission (Exekutive)	Die Europäische Kommission mit Sitz in Brüssel ist ein überstaatliches Organ. Sie gilt allgemein als Exekutivorgan der EU. Die EU-Kommission ist die Regierung der EU und unterbreitet Rat und Parlament Vorschläge für neue Rechtsvorschriften, setzt die EU-Politik um, verwaltet den Haushalt, sorgt für Einhaltung des EU-Rechts und handelt internationale Verträge aus. Ihre Mitglieder werden alle vier Jahre von den Regierungen der Mitgliedsländer ernannt. Sie verfügen je nach Sachverhalt abgestuft über das Recht zur Initiative, zur Exekutive und zur Kontrolle.

Aufgabe 14
Die Eurōpäische Zentralbank hat im Zusammenhang mit der Außenwirtschaft folgende Aufgaben:
- Festlegung und Durchführung der Geldpolitik,
- Durchführung von Devisengeschäften,
- Verwaltung der offiziellen Währungsreserven der Mitgliedstaaten,
- Versorgung der Volkswirtschaft mit Geld, insbesondere die Förderung eines reibungslosen Zahlungsverkehrs.

Aufgabe 15
Die vier Grundfreiheiten der EU stellen die Grundlage des Binnenmarktes dar. Dazu gehören:
- Dienstleitungsverkehrsfreiheit,
- Kapitalverkehrsfreiheit,
- Personenverkehrsfreiheit,
- Warenverkehrsfreiheit.

Aufgabe 16
Die Besonderheiten der EWWU spiegeln sich in den drei Stufen der EU nieder:
- 1. Stufe (1990 bis 1993): In dieser Stufe begann der **freie Kapitalverkehr** und die Staaten der EU stimmten ihre jeweilige Wirtschaftspolitik aufeinander ab, um eine größere Anpassung der wirtschaftlichen Ergebnisse zu erzielen. In diese Phase fiel auch der Beginn des Binnenmarktes.
- 2. Stufe (1994 bis 1998): In dieser Phase mussten sich alle EU-Staaten bemühen, bestimmte Aufnahmebedingungen zu erfüllen, die sogenannten **Konvergenzkriterien**: Preisstabilität, Haushaltsdisziplin, Zinsniveau und Währungsstabilität.
- 3. Stufe (1999 bis 2002): Die **Europäische Zentralbank (EZB)** nahm am 01.01.1999 ihre Arbeit auf. Mit Beginn dieser Stufe wurde festgelegt, in welchem Verhältnis jede Landeswährung in EURO eingetauscht wird. Dieser Kurs blieb bestehen. Damit ist die **EWWU** geschaffen. Ab 01.01.2002 wurden in den Ländern der **EWWU** EURO-Noten ausgegeben.

Aufgabe 17
Inzwischen hat sich gezeigt, dass zahlreiche Länder nicht in der Lage sind, diese Kriterien einzuhalten, insbesondere durch eine ausufernde Staatsverschuldung. So entwickelte sich seit 2008 die „Eurokrise", die vor allem zwei Probleme zu lösen hat: die mangelnde Haushaltsdisziplin mehrerer Länder sowie die Stabilität des Euro.

Aufgabe 18
- Die Internationale Bank für Wiederaufbau und Entwicklung, kurz Weltbank genannt, hat ihren Sitz in Washington D. C. und wurde 1945 gegründet. Zu den Aufgaben der Weltbank gehören die Förderung der wirtschaftlichen Entwicklung der Mitgliedstaaten, die Förderung der privaten ausländischen Investitionen durch Garantieübernahme oder Darlehen, die Ausdehnung des internationalen Handels und die Aufrechterhaltung des Gleichgewichts der Zahlungsbilanzen.

- Der Internationale Währungsfonds IWF (engl.: International Monetary Fund IMF) ist eine Sonderorganisation der UNO, die gemeinsam mit der Weltbank 1945 gegründet wurde. Der IWF strebt eine enge Zusammenarbeit der Mitgliedsländer auf währungspolitischem Gebiet an. Inzwischen sind mehr als 160 Staaten Mitglieder dieser Einrichtung. Der Sitz des IWF ist Washington/USA.

Aufgabe 19
Aufgaben der OECD:
- Koordinierung der Wirtschaftspolitik der Mitglieder, insbesondere der Konjunktur- und Währungspolitik
- Koordinierung der Entwicklungshilfe der angeschlossenen Länder mit dem Ziel, ein angemessenes Wachstum in den Entwicklungsländern zu sichern

Zur Verwirklichung dieser Ziele übernimmt die OECD folgende Einzelaufgaben:
- Erstellung von Empfehlungen für die Wirtschaftspolitik der nationalen Regierungen,
- Förderung des Wirtschaftswachstums und der Produktivität der angeschlossenen Länder,
- Liberalisierung des Außenhandels durch den Abschluss von multilateralen Handelsabkommen,
- Herausgabe von statistischen Berichten über die wirtschaftliche Entwicklung,
- Erstellung von Leitlinien und Modellen für die Lösung zukunftsweisender Problemstellungen.

Aufgabe 20
Zu den Zielen und Aufgaben der WTO gehören die Förderung des Wohlstands der Mitgliedstaaten durch Intensivierung des internationalen Güteraustauschs, der Abbau der Zölle und der nicht-tarifären Handelshemmnisse, die Schlichtung von Handelskonflikten zwischen einzelnen Ländern oder Wirtschaftsgemeinschaften und die Einführung von Importbeschränkungen eines Landes nur nach gemeinsamer Beratung. Die WTO folgt in ihren Beschlüssen folgenden Prinzipien:
- Gegenseitigkeit,
- Liberalisierung,
- Nicht-Diskriminierung.

Aufgabe 21
Die Zahlungsbilanz erfasst wertmäßig alle wirtschaftlichen Transaktionen zwischen Inländern und Ausländern innerhalb einer Periode (Monat, Jahr). Damit liefert die Zahlungsbilanz Daten über die ökonomische Verflechtung einer Volkswirtschaft mit dem Ausland. Inländer ist in dem Zusammenhang jede Person und jede Wirtschafteinheit (z. B. Unternehmen), die ihren gewöhnlichen Aufenthaltsort oder Geschäftssitz in dem Bezugsland hat, über das berichtet wird.

Aufgabe 22
Teilbilanzen der Zahlungsbilanz:
- Handelsbilanz
- Dienstleistungsbilanz
- Bilanz der Erwerbs- und Vermögenseinkommen
- Übertragungsbilanz
- Bilanz der Vermögensübertragung
- Kapitalbilanz
- Devisenbilanz

Aufgabe 23
Eine aktive Zahlungsbilanz liegt vor, wenn die Zahlungsmittelzuflüsse aus Güterexporten und Kapitalimporten größer sind als die Zahlungsmittelabflüsse aus Güterimporten und Kapitalexporten. Man spricht von einem Zahlungsbilanzüberschuss.

Aufgabe 24
- Die Handelsbilanz erfasst alle Warenexporte und Warenimporte.
- Die Dienstleistungsbilanz erfasst den Wert aller Exporte und Importe von Dienstleistungen. Man spricht auch von sogenannten unsichtbaren Ex- bzw. Importen. Zu diesen Transaktionen zählen z. B. der Reiseverkehr und die Transportleistungen, Kapitalerträge sowie Gebühren für Lizenzen und Patente, Bauleistungen und Montagen.
- Die Übertragungsbilanz enthält alle Transaktionen ohne direkte Gegenleistung, d. h. alle geleisteten unentgeltlichen Übertragungen. Sie wird deshalb auch Schenkungsbilanz genannt. Hierzu zählen z. B. private Übertragungen wie Überweisungen ausländischer Arbeitskräfte an die Familien im Ausland. Zu den öffentlichen Übertragungen sind Wiedergutmachungsleistungen, Beiträge an internationale Organisationen, staatliche Entwicklungs- und Militärhilfe zu zählen.

Aufgabe 25
Die Kapitalbilanz erfasst den Kapitalverkehr mit dem Ausland. Sie beinhaltet die grenzüberschreitenden Transaktionen gegliedert nach Direktinvestitionen, Wertpapieren, Finanzderivaten, übrigem Kapitalverkehr sowie der Veränderung von Währungsreserven zu Transaktionswerten. In der Kapitalbilanz werden im Aktiv die transaktionsbedingten Veränderungen der Forderungen an das Ausland (deutsche Anlagen im Ausland) gebucht, im Passiv stehen die entsprechenden Veränderungen der Verbindlichkeiten gegenüber dem Ausland (ausländische Anlagen im Inland). Ein Aktivsaldo in der Kapitalbilanz steht für einen Netto-Kapitalexport (Abfluss von Kapital), ein Passivsaldo zeigt, dass es zu einem Netto-Kapitalimport gekommen ist.

Aufgabe 26
Die Devisenbilanz, heute als Bilanz der Veränderung der Währungsresenen bezeichnet, ist seit 2006 Teilbilanz der Kapitalbilanz. Hier verbucht die Zentralbank Gold und Devisen (auf fremde Geldeinheiten lautende Zahlungsmittel), Kredite an ausländische Zentralbanken sowie die Reserveposition beim Internationalen Währungsfonds (IWF) und die Sonderziehungsrechte (SZR). Letztere sind internationale Zahlungsmittel (Buchgeld) im Verkehr zwischen den Währungsbehörden. Die Transaktionen werden gemäß doppelter Buchführung erfasst.
- Die Aktivseite enthält Vorgänge, die Zahlungseingänge (in Euro) bedeuten (z. B. Export von Waren und Diensten, Import von Kapital, Devisenverkäufe der Zentralbank).
- Die Passivseite verzeichnet Aktionen, die zu Zahlungsausgängen führen (z. B. Import von Waren und Dienstleistungen, Transferzahlungen an das Ausland, Export von Kapital und Devisenkäufe).

Aufgabe 27
Der Wechselkurs ist der Preis für ausländische Währung, ausgedrückt in inländischen Währungseinheiten. Er spiegelt das Tauschverhältnis zweier Währungen wider und somit den Außenwert des inländischen Geldes. Der Geldkurs wird verwendet, wenn die Banken ausländische Währungseinheiten verkaufen (Verkaufskurs). Der Ankauf ausländischer Währungseinheiten durch die Banken erfolgt zum Briefkurs (Ankaufskurs). Der Briefkurs ist höher als der Geldkurs. Die Differenz ist die Handelsspanne der Bank.

Aufgabe 28
Devisen sind buchgeldmäßige Zahlungsmittel, die auf ausländische Währungseinheiten lauten, wie z. B. Guthaben bei ausländischen Banken. Zu den Sorten zählen ausländische Banknoten und Münzen. Banken handeln jedoch nur mit Banknoten oder Goldmünzen. Devisen werden offiziell an der Devisenbörse bzw. am Devisenmarkt gehandelt.

Aufgabe 29
Importeure von Waren und Dienstleistungen sowie Nachfrager nach Devisen zu Spekulations-, Reisezwecken und Kapitalexporteure sind Nachfrager von Devisen. Exporteure von Waren und Dienstleistungen, Anbieter von Devisen aus Spekulationsgeschäften und Kapitalimporteure sind Anbieter von Devisen.

Aufgabe 30
Konvertibilität ist das Recht, einheimische oder fremde Währungen frei und ohne Beschränkungen zu tauschen. Sie ist die Grundlage eines liberalen Außenhandels im Sinne der internationalen Arbeitsteilung und flexibler Wechselkurse.

Aufgabe 31
In einem System flexibler Wechselkurse bildet sich der Wechselkurs als Gleichgewichtskurs zwischen Devisenangebot und -nachfrage. Durch Veränderungen des Devisenangebots oder der Devisennachfrage ist der Wechselkurs ständigen Schwankungen unterworfen. Weder der Staat noch die Bundesbank greifen bei diesem System in die Wechselkursbildung ein, andernfalls spricht man von einem „verschmutztem Floating".

Aufgabe 32
Bei einer **Abwertung** der heimischen Währung sinkt der Außenwert des Geldes, d. h., der Wechselkurs steigt.

Beispiel: Ein Importeur bezieht Rohstoffe aus Amerika für 1.000,00 USD. Vor der Abwertung galt 1,00 EUR = 1,40 USD, d. h., der Importeur musste 714,29 EUR aufwenden. Nach der Abwertung gilt 1,00 EUR = 1,30 USD, d. h., nun muss der Importeur 769,23 EUR aufwenden.

Aufgabe 33

Bewertung des Systems flexibler Wechselkurse	
Vorteile	**Nachteile**
• Der Zahlungsbilanzausgleich erfolgt ohne Eingriffe der Notenbank. • Keine importierte Inflation, da keine Geldmengenausweitung durch Devisenkäufe. • Das außenwirtschaftliche Ziel ist automatisch erreicht, was die Konzentration auf andere Wirtschaftsziele erleichtert. • Internationale Ungleichgewichte werden verhindert.	• Die Unternehmen haben eine unsichere Kalkulationsgrundlage aufgrund ständig sich ändernder Wechselkurse. • Eine Aufgabe des außenwirtschaftlichen Ziels zugunsten anderer Ziele wie z. B. Vollbeschäftigung ist nicht möglich. • Im Welthandel kann u. U. Unsicherheit durch Zufallsverluste bzw. -gewinne erzeugt werden.

Aufgabe 34
Bei festen Wechselkursen erfolgt der Austausch durch den Staat bzw. die Notenbank. Es erfolgt eine Devisenbewirtschaftung (-kontrolle, -zwangswirtschaft), d.h. eine Politik, bei welcher der Staat den Devisenhandel zum Teil oder vollkommen reguliert, um eine Lenkung des Außenhandels vorzunehmen. Deviseneinnahmen müssen hierbei an den Staat abgegeben werden, der die Devisen dann den Devisennachfragern zuteilt.

Aufgabe 35
Eine langfristige Überbewertung der heimischen Währung hat zur Folge, dass die Währungsreserven der Notenbank aufgezehrt werden, da ein ständiger Nachfrageüberhang existiert. Dies führt zur internationalen Zahlungsunfähigkeit des Landes. Falls das Land keine Devisenbewirtschaftung betreibt, muss eine Abwertung, d.h. Anhebung des Wechselkurses, stattfinden.

Aufgabe 36

Bewertung des Systems fester Wechselkurse	
Vorteile	**Nachteile**
• Die Unternehmen besitzen eine feste Kalkulationsgrundlage, da keine Wechselkursschwankungen vorliegen. • Die Beeinflussung des Außenhandels zugunsten binnenwirtschaftlicher Ziele ist möglich.	• Es besteht die Gefahr der Inflation bei steigenden Preisen im Ausland. • Ständige Ungleichgewichte auf dem Devisenmarkt führen u. U. zu Inflation oder Zahlungsunfähigkeit. • Es erfolgt kein automatischer Zahlungsbilanzausgleich.

Aufgabe 37
Das System für feste Wechselkurse mit Bandbreiten ist eine Kombination fester und flexibler Wechselkurse. In diesem System vereinbaren die Länder der entsprechenden Währungen ein festes Verhältnis zu einer Leitwährung. Hieraus lassen sich dann Leitkurse der Währungen untereinander ableiten. Innerhalb bestimmter Abweichungen von diesem Leitkurs, d.h. innerhalb bestimmter Bandbreiten, dürfen die Wechselkurse flexibel schwanken.

Liegt der Wechselkurs nicht mehr innerhalb dieser Bandbreite, sind die betreffenden Notenbanken durch Kauf oder Verkauf der entsprechenden Währung zum Eingreifen (intervenieren) verpflichtet, um den Wechselkurs wieder in die Bandbreite zu bringen.

2 Betriebliche Funktionen und deren Zusammenwirken

Lehrbuch Band 1, Seite 204 f.

Aufgabe 1
Allen gemeinsam ist, dass sie Kunden und Lieferanten haben, dass sie Waren und Betriebsmittel sowie Arbeitskräfte benötigen, um Leistungen zu erstellen. Sie haben eine Leitung und müssen sich für eine Unternehmensform entscheiden.

Aufgabe 2
Wertschöpfung ist die Gesamtleistung eines Unternehmens, meist in Form der Umsatzerlöse abzüglich der Vorleistungen, die für diese Leistungen eingesetzt werden müssen.

Aufgabe 3
Die Wertschöpfungskette eines Unternehmens wird definiert als die Summe der Stationen/Funktionen eines Unternehmens, die an der Wertschöpfung beteiligt sind. Dazu gehören primär die Funktionen Forschung und Entwicklung, Produktion, Vertrieb und Logistik.

Aufgabe 4
Ausführende Arbeit, Betriebsmittel wie Maschinen und Grundstücke, Werkstoffe wie Roh-, Hilfs- und Betriebsstoffe

Aufgabe 5
Die Unternehmensführung als dispositiver Faktor hat die Aufgabe der Zielsetzung, der Planung, der Entscheidung, der Organisation und der Kontrolle.

Aufgabe 6
Die Leitung hat die Aufgabe, die originären Produktionsfaktoren in der Weise einzusetzen und zu kombinieren, dass unter wirtschaftlichen Aspekten eine marktfähige Leistung erzielt wird.

Aufgabe 7
Auslastung der Kapazitäten, Minimierung der Durchlaufzeiten, Optimierung der betrieblichen Produktionsprozesse, Minimierung der Kosten, geringe Schadstoffbelastung der Umwelt

Aufgabe 8
Der Begriff „Fertigung" ist enger gefasst als der Begriff „Produktion" und bezeichnet nur die industrielle Leistungserstellung. Produktion meint allgemein betriebswirtschaftlich und volkswirtschaftlich die Leistungserstellung.

Aufgabe 9
Produktentwicklung, Produktionsprogrammplanung, Produktionsplanung und -steuerung

Aufgabe 10
Produktionsplanung: Materialbedarfsplanung, Termin- und Kapazitätsplanung, Ablaufplanung; Produktionskontrolle: Termin-, Qualitäts- und Kostenkontrolle

Aufgabe 11
Absatzprogramm ist das, was ein Betrieb anbietet und für den Markt bereitstellt. Produktionsprogramm ist das, was ein Betrieb selbst herstellt.

Aufgabe 12
Die Logistik hat die Aufgabe, die richtigen Güter in der richtigen Menge in der richtigen Art und Güte zur richtigen Zeit am richtigen Ort bereitzustellen.

Aufgabe 13
Beschaffungslogistik, Lagerlogistik, Produktionslogistik, Absatzlogistik, Entsorgungslogistik, Informationslogistik

Aufgabe 14
Die logistische Kette beschreibt den Weg, den Waren, Produkte und Informationen auf dem Weg vom Lieferanten bis zum Kunden durchlaufen. Sie ist weitgehend identisch mit der Wertschöpfungskette.

Aufgabe 15
Leistungsziele, z.B. die rechtzeitige Bereitstellung der Werkstoffe für die Produktion; Kostensenkungsziele, z.B. die Senkung des Materialverbrauchs; ökologische Ziele, z.B. die Vermeidung oder Verringerung von Material und Verpackung

Aufgabe 16
Produktionslogistik: Zentrale Aufgaben dieses Bereichs der Logistik sind die Versorgung der Produktion mit Material und die Steuerung des Produktionsprozesses vom Start der Produktion bis zur Übergabe der fertigen Produkte an die Absatzlogistik.
Absatzlogistik: Dieser Bereich beinhaltet die Gestaltung und Steuerung aller Prozesse, die notwendig sind, um die Produkte von einem Industrie- oder Handelsunternehmen zu dessen Kunden zu bringen.

Aufgabe 17
Die Entsorgungslogistik hat z.B. die Aufgabe, Abfälle als unerwünschte Nebenprodukte zu sammeln, zu sortieren, zu verpacken, zu lagern und abzutransportieren. Dabei arbeitet die Entsorgungslogistik in umgekehrter Richtung zur normalen Logistikkette.

Aufgabe 18
Der Logistikbegriff ist umfassender: Während das Transport- bzw. Lagerwesen zumeist nur auf einen Betrieb bzw. ein Unternehmen begrenzt ist, schließt die Logistik die Kunden und Lieferanten und deren Lager- und Transportwesen mit ein.

Aufgabe 19
Das Marketing hat im Wesentlichen folgende Aufgaben: Märkte aufzuspüren, d.h. festzustellen, ob es für bestehende Produkte des Unternehmens neue Märkte gibt oder ob es Märkte gibt, auf die sich das Unternehmen mit neuen Produkten einstellen kann, Märkte zu schaffen, d.h. bisher nicht befriedigte Bedürfnisse von potenziellen Käufern zu erforschen, um diese mit geeigneten Produkten zu befriedigen sowie Märkte zu entwickeln, d.h. bestehende Märkte durch neue Produkte und Dienstleistungen zu erweitern und zu festigen.

Aufgabe 20
Quantitative Ziele: Erhöhung bzw. Erweiterung von Absatzvolumen, Marktanteil, Kundenzahl und Distributionsgrad;
qualitative Ziele: Kundenzufriedenheit schaffen, Bekanntheitsgrad erhöhen, positives Image aufbauen, Aufbau von Markentreue

Aufgabe 21
Die Bedeutung des Marketings liegt darin, dass die meisten Märkte heute Käufermärkte sind. Das bedeutet, dass die Bedürfnisse der Konsumenten durch eine wachsende Anzahl von Anbietern befriedigt werden. Hinzu kommt, dass die Sättigung in einer zunehmenden Anzahl von Märkten zu einem hohen Wettbewerbsdruck führte und führt. Die Globalisierung mit ihrer Folge von Billigangeboten aus Niedriglohnländern tut ein Übriges dazu, die Märkte dynamisch zu verändern. Darauf müssen Unternehmen mit den Instrumenten des Marketing reagieren.

Aufgabe 22
Dem Marketing stehen folgende absatzpolitischen Instrumente zur Verfügung: Marktforschung, Produktpolitik, Kommunikationspolitik, Kontrahierungspolitik und Distributionspolitik.

Aufgabe 23
Werbung, Verkaufsförderung, Public Relation, Sponsoring

Aufgabe 24
Der Kontrahierungspolitik umfasst alle Maßnahmen zur Gestaltung der „Kontrakte", also der Verträge zwischen Unternehmen und Kunden. Es werden somit alle Bedingungen gestaltet, die den geldlichen Ausgleich für den Kauf festlegen.

Aufgabe 25
Die Aufgaben des Rechnungswesens umfassen die Bereiche Buchführung und Bilanz, Kosten- und Leistungsrechnung, Statistik und Planung.

Aufgabe 26
Externes Rechnungswesen: Erstellung von Bilanz und GuV für verschiedene Adressaten außerhalb des Unternehmens.

Internes Rechnungswesen: Erstellung von Kalkulationen, Deckungsbeitragsrechnungen oder Planungsrechnungen für den internen Gebrauch.

Aufgabe 27
Während das Rechnungswesen im Wesentlichen Daten erfasst, aufbereitet und kontrolliert, hat das Controlling die Aufgabe, auf Basis dieses Zahlenmaterials analysierend und steuernd in den Betriebsablauf einzugreifen, Empfehlungen auszusprechen und Veränderungsprozesse anzustoßen.

Aufgabe 28
Schrumpfende Märkte, steigende Kundenansprüche und Globalisierung führen zu einem verschärften Wettbewerb und verringern die Gewinnmargen. Das Controlling hat hier die Aufgabe, Prozesse und Produkte auf ihre Wirtschaftlichkeit hin zu analysieren und einen Beitrag zu leisten, um das das Unternehmen strategisch und operativ neu auszurichten.

Aufgabe 29
Planung als Vorschaurechnung, Kontrolle als Vergleichsrechnung zwischen Plan- und Ist-Werten, Steuerung als Beeinflussung des zielorientierten Verhalten des Managements, Information mit der Bereitstellung von aufbereiteten Zahlen durch ein wirkungsvolles Berichtswesen und Koordination durch die Verbindung der einzelnen Instrumente des Controlling und die Kommunikation zwischen den Funktionsbereichen.

Aufgabe 30
Personalplanung, -beschaffung, -einsatz, -entwicklung, -betreuung, -verwaltung.

Aufgabe 31
Weil der Faktor Arbeit aufgrund des demografischen Faktors immer mehr zu einem knappen Gut wird und in zukünftigen dynamischen Märkten nur Unternehmen überleben können, die mit gut ausgebildetem und motiviertem Personal ausgestattet sind.

Aufgabe 32
Liquidität: Jederzeitige Zahlungsbereitschaft des Unternehmens sicherstellen.
Rentabilität: Höhe der Zinsbelastung minimieren und die Finanzierungsstruktur optimieren.
Dispositionsfreiheit: Erhaltung der Entscheidungsfreiheit durch Vermeidung einer zu starken Abhängigkeit von einem Kapitalgeber und Schaffung von Finanzierungsreserven.

Aufgabe 33
Die Finanzwirtschaft erfüllt folgende Aufgaben: Finanzierung durch Beschaffung finanzieller Mittel, Finanzplanung durch die vorausschauende Darstellung der Zahlungsströme und Sicherstellung der Zahlungsbereitschaft, Investition durch die wirtschaftlich sinnvolle Bindung finanzieller Mittel in Vermögen bzw. Geldkapital.

Aufgabe 34
Finanzierung ist ein Vorgang der Mittelbeschaffung, Investition ist ein Vorgang der Mittelverwendung. Finanzierung und Investition folgen damit aufeinander und sind untrennbar miteinander verbunden. Ohne Finanzierung keine Investition.

Aufgabe 35
Hier ist betriebsbezogen der Weg der Entstehung einer Dienstleistung oder eines Sachgutes von der Beschaffung über die Leistungserstellung bis hin zur Vermarktung unter Einbeziehung des Personalwesens, des Rechnungswesens und der Finanzwirtschaft zu erläutern.

3 Existenzgründung und Unternehmensrechtsformen

3.1 Voraussetzungen der Existenzgründung

Lehrbuch Seiten Band 1, Seite 212

Aufgabe 1
Es sollten Überlegungen zu den Marktchancen, der Wettbewerbsfähigkeit, dem Kapitalbedarf und der Finanzierung sowie dem Standort des geplanten Unternehmens angestellt werden.

Aufgabe 2
a. Schuhfachgeschäft: Nähe zum Absatzmarkt, Miethöhe;
b. großer Möbelmarkt: Wettbewerb vor Ort, Verkehrsanbindung, Kundendichte;
c. Hersteller für Präzisions-Chronometer: vorhandenes Fachpersonal, Personalkosten;
d. Hotel: Touristendichte oder Bedarf an Übernachtungen, Attraktivität der Umgebung oder der Stadt

Aufgabe 3
Gewerbefreiheit bedeutet das Recht, dass jede Person an jedem Ort und zu jeder Zeit im Rahmen der gesetzlichen Bestimmungen einer gewerblichen Betätigung nachgehen kann. Ausnahmen ergeben sich aus der Erlaubnispflicht für bestimmte Gewerbe (z.B. Apotheker), der Nachweispflicht für Sachkunde und Zuverlässigkeit (z.B. für Gaststätten) und der fachlichen Voraussetzungen (z.B. für bestimmte handwerkliche Gewerbe).

Aufgabe 4
Berufskenntnisse, Marktkenntnisse, Kenntnisse der Informationstechnologie und der wesentlichen rechtlichen und steuerlichen Grundlagen für ein Unternehmen

Aufgabe 5
Die persönliche Kompetenz eines Menschen zeigt sich z.B. in seiner moralischen Festigkeit, Geradlinigkeit und der kommunikativen Kompetenz. Damit ist er noch kein Unternehmer. Ein Unternehmer benötigt darüber hinaus noch Fähigkeiten auf den Feldern Zielsetzung, Entscheidung, Planung und Organisation und Personalführung.

3.2 Gründungsphasen

Lehrbuch Band 1, Seite 220

Aufgabe 1
Geschäftsidee, Beratung, Erstellung eines Businessplans, Umsetzung des Businessplans

Aufgabe 2
Eine Beratung vor der Unternehmensgründung ist aus folgenden Gründen sinnvoll:
- Es geht u. U. um eine Menge finanzieller Mittel, die nicht nur vom Gründer selbst, sondern auch von anderen Personen kommen. Eine Insolvenz würde dieses Geld vernichten.
- Niemand überblickt einen Markt besser als gute, erfahrene externe Berater.
- Viele „Fußangeln" rechtlicher oder steuerlicher Art sind einem Existenzgründer häufig nicht bekannt.

Aufgabe 3
Der Businessplan ist eine umfangreiche Darstellung eines unternehmerischen Vorhabens und baut auf der Geschäftsidee auf. Er besteht aus Angaben zu wesentlichen Bereichen des zu gründenden Unternehmens, wie Angaben zum Produkt, zu Vertrieb und Marketing sowie zu Organisation und Personal. Auch muss der Unternehmensgründer wesentliche Angaben zu seiner Person machen.

Aufgabe 4
Die Erstellung eines Businessplans hat folgende Vorteile:
- Er dient zur systematischen Klärung der Gedanken und Intentionen.
- Er ist ein Fahrplan für die spätere Geschäftsgründung.
- Er dient den Banken als Grundlage zur Beurteilung, ob überhaupt Fremdmittel bereitgestellt werden.
- Er ist eine „Prüfliste", anhand derer geprüft werden kann, ob in dem Vorhaben logische oder fachliche Fehler enthalten sind oder ob Angaben fehlen.

Aufgabe 5
Informationen zu folgenden Punkten: Person des Gründers, Produkt/Dienstleistung, Marktsituation, Standort, geplante Marketingmaßnahmen, Rechtsform, Organisationsstruktur, Chancen und Risiken, Finanzierung

Aufgabe 6
Der Businessplan sollte im Absatzbereich Angaben zu dem Produkt, der Preispolitik, den potenziellen Kunden und dem Wettbewerb machen, weil jedes Unternehmen vom Markt lebt. Der Finanzierungsbereich sollte möglichst genaue Angaben über den Kapitalbedarf, die Finanzierungsstruktur und die Finanzierungsquellen machen, weil das Unternehmen ohne eine solide Finanzierung zum Scheitern verurteilt ist.

Aufgabe 7
Die beiden Szenarien stellen den jeweils günstigsten Verlauf (best case) und den denkbar schlechtesten Verlauf (worst case) des Unternehmens dar. Die Szenarien dienen dazu, die Risiken möglichst genau einzuschätzen und ggf. für den schlimmsten Fall vorzusorgen bzw. ihn zu vermeiden.

Aufgabe 8
Gewerbeamt, das die Anmeldung i. d. R. an verschiedene andere Behörden weiterreicht

Aufgabe 9
Finanzamt, IHK/Handwerkskammer, Berufsgenossenschaft, Handelsregister, Gewerbeaufsichtsamt, Agentur für Arbeit, Sozialversicherung, ggf. Gesundheitsamt

3.3 Rechtsformen der Unternehmen

Lehrbuch Band 1, Seite 243 f.

Aufgabe 1
Sachaufgabe, Firma, Haftung, Eigenkapitalaufbringung, Geschäftsführung und Vertretung, Mitbestimmung, Management, steuerliche Gesichtspunkte

Aufgabe 2
Rechte: alleiniges Recht der Geschäftsführung und Vertretung nach außen, alleiniger Gewinnanspruch, alleinige Entscheidung über die Beendigung des Unternehmens;
Pflichten: alleinige Aufbringung des Kapitals, alleinige Belastung mit einem Verlust, unbeschränkte Haftung für die Schulden des Unternehmens

Aufgabe 3
Notwendige Erweiterung der Eigenkapitalbasis, Erhöhung der fachlichen Kompetenz, Verteilung der Arbeit und der Verantwortung, Regelung der Nachfolge oder Erbfall

Aufgabe 4
Personengesellschaft mit mindestens zwei Gesellschaftern, die unbeschränkt mit ihrem Privat- und Geschäftsvermögen haften

Aufgabe 5
Anmeldung zum Handelsregister Abteilung A in beglaubigter Form

Aufgabe 6
Rechte: Geschäftsführung, Vertretung, Kontrolle, Privatentnahmen, Gewinnanteil;
Pflichten: Leistung der Einlagen, Geschäftsführung, Verlustbeteiligung, Wettbewerbsverbot

Aufgabe 7
Die Gesellschafter haften unbeschränkt, unmittelbar und solidarisch.

Aufgabe 8
Bei den Gesellschaftern individuell als Einkünfte aus Gewerbebetrieb im Rahmen der Einkommensteuer

Aufgabe 9
Zwei oder mehr Gesellschafter, von denen mindestens ein Gesellschafter unbeschränkt und mindestens ein Gesellschafter nur mit seiner Kapitaleinlage haftet

Aufgabe 10
Gewinnanteil, Widerspruchsrecht bei ungewöhnlichen Geschäften, Informationsrecht, Prüfungsrecht, Kündigungsrecht, Anteilsrecht am Liquidationserlös

Aufgabe 11
Komplementäre unbegrenzt, Kommanditisten begrenzt auf die Einlage

Aufgabe 12
Jeder Gesellschafter erhält vorab einen Anteil am Gewinn in Höhe von 4 % seiner Kapitaleinlage, der Rest ist in einem angemessenen Verhältnis aufzuteilen. Wollen die Gesellschafter Konflikte vermeiden, ist es ratsam, im Gesellschaftsvertrag klare Regelungen zu vereinbaren.

Aufgabe 13
Sie können keine Firma führen und werden nicht in das Handelsregister eingetragen.

Aufgabe 14
Durch Vertrag, der formlos geschlossen werden kann, also sogar auch durch konkludentes Handeln

Aufgabe 15
Sie haben ein gemeinsames Ziel, das sie durch Leistung ihrer Beiträge (jeder fährt für eine bestimmte Zeit) fördern.

Aufgabe 16
Ein Kapitalgeber stellt einem Kaufmann eine vertraglich vereinbarte Summe in der Weise zur Verfügung, dass dies nach außen nicht erkennbar wird und er einen vereinbarten Anteil am Gewinn erhält.

Aufgabe 17
Das Steuerrecht unterscheidet zwischen dem typischen stillen Gesellschafter des Handelsrechts und dem atypischen stillen Gesellschafter; letzterer hat, sofern er nach Vertrag am Geschäftswert, Zuwachsvermögen und Liquidationserlös beteiligt ist, keine Forderungen gegenüber der Insolvenzmasse. Die Gewinne des stillen Gesellschafters sind im ersten Fall Einkünfte aus Kapitalvermögen, im zweiten Fall Einkünfte aus Gewerbebetrieb.

Aufgabe 18
Der typische stille Gesellschafter kann im Insolvenzfall seinen Anteil als Forderung an die Insolvenzmasse anmelden.

Aufgabe 19
Kapitalgesellschaften sind selbstständig steuerpflichtig, die Haftung ist grundsätzlich auf die Einlagen begrenzt, es gibt i.d.R. keine oder nur eine geringe persönliche Verbindung zwischen Kapitaleignern und Gesellschaft und sie handeln durch ihre Organe.

Aufgabe 20
Die Aktiengesellschaft ist eine Gesellschaft mit eigener Rechtspersönlichkeit, für deren Verbindlichkeiten nur das Gesellschaftsvermögen haftet. Die Gesellschafter sind mit Anteilen an dem in Aktien zerlegten Grundkapital der Gesellschaft beteiligt.

Aufgabe 21
Die Aktie ist eine Urkunde, in der die Mitgliedschaft in einer AG verbrieft ist. Sie ist zugleich ein Wertpapier, das dem Inhaber folgende Rechte gewährt:
• Anspruch auf eine Dividende (Gewinnanteil);
• Teilnahme-, Auskunfts- und Stimmrecht in der Hauptversammlung;
• Bezug junger Aktien bei Kapitalerhöhungen;
• Anteil am Liquidationserlös bei Auflösung der AG.

Aufgabe 22
Stammaktien sind gewöhnliche Aktien ohne Vorrechte. Vorzugsaktien sind mit Vorrechten ausgestattet. Stimmrechtslose Vorzugsaktien haben kein Stimmrecht, sind jedoch mit bestimmten Vorzügen ausgestattet.

Aufgabe 23
Inhaberaktien werden durch Einigung und Übergabe weitergegeben und sind damit frei veräußerbar. Namensaktien sind im Aktienregister (Aktienbuch) der Gesellschaft eingetragen, zu ihrer Übertragung bedarf es eines Übertragungsvermerks (Indossament) und der Umschreibung im Aktienregister. Vinkulierte Namensaktien sind wie Namensaktien zu behandeln sind, zu ihrer Übertragung bedarf es allerdings zusätzlich der Genehmigung durch die Gesellschaft.

Aufgabe 24
Geschäftsführung und Vertretung, Berichterstattung gegenüber dem Aufsichtsrat und der Hauptversammlung, Aufstellung des Jahresabschlusses, Einberufung der Hauptversammlung

Aufgabe 25
Drittelparität nach dem BetrVG von 1952, eingeschränkte Parität nach dem Mitbestimmungsgesetz von 1976, volle Parität nach dem Montanmitbestimmungsgesetz von 1951

Aufgabe 26
Kontrolle des Vorstands, Kontrolle des Jahresabschlusses, Einberufung einer außerordentlichen Hauptversammlung

Aufgabe 27
Nach der Anzahl der von den Aktionären gehaltenen stimmberechtigten Aktien, im Normalfall durch einfache Mehrheit; Satzungsänderungen bedürfen der qualifizierten Mehrheit von mindestens 75 % der Aktien.

Aufgabe 28
Leitung der Gesellschaft, Vertretung der Gesellschaft, Aufstellung des Jahresabschlusses, Einberufung der Gesellschafterversammlung

Aufgabe 29
Sobald mehr als 500 Arbeitnehmer im Unternehmen beschäftigt sind

Aufgabe 30
Bei der KGaA muss mindestens einer der Gesellschafter ein Vollhafter sein. Der oder die Komplementäre bilden den Vorstand. Die Beschlüsse der Hauptversammlung bedürfen der Zustimmung durch die Komplementäre für diejenigen Angelegenheiten, für die auch bei der KG die Zustimmung aller Gesellschafter erforderlich ist.

Aufgabe 31
Sie erfolgt in zwei Schritten:
1. Schritt: Gründung einer GmbH als Vollhafter.
2. Schritt: GmbH und mindestens ein Kommanditist gründen die GmbH & Co. KG.

Aufgabe 32
Die Genossenschaft ist eine Gesellschaft mit nicht geschlossener Mitgliederzahl (Genossen), die die Förderung des Erwerbs oder der Wirtschaft ihrer Mitglieder oder deren soziale und kulturelle Belange mittels eines gemeinschaftlichen Geschäftsbetriebs fördert, ohne dass diese persönlich für die Verbindlichkeiten der Gesellschaft haften (juristische Person).

Aufgabe 33
Die Partnerschaftsgesellschaft ist eine Gesellschaft, in der sich Angehörige freier Berufe zur Ausübung ihrer Tätigkeit zusammenschließen. Sie ist kein Handelsgewerbe im Sinne des HGB. Es können nur natürliche Personen Angehörige einer Partnerschaft sein.

4 Unternehmenszusammenschlüsse

Lehrbuch Band 1, Seite 256

Aufgabe 1
Verbesserung des Wettbewerbs, Verbesserung der Absatzposition, Verringerung des unternehmerischen Risikos, Finanzierungsvorteile, Sicherung der Arbeitsplätze, Senkung von Kosten

Aufgabe 2
Horizontal: Unternehmen der gleichen Wirtschaftsstufe; vertikal: Unternehmen der vor- oder nachgelagerten Wirtschaftsstufe; diagonal: Unternehmen aus unterschiedlichen, nicht zusammenhängenden Bereichen

Aufgabe 3
Kooperation: Unternehmen arbeiten auf der Basis von Absprachen und Verträgen zusammen, behalten aber ihre rechtliche Eigenständigkeit, z. B. in einer Werbe- oder Arbeitsgemeinschaft.
Konzentration: Unternehmen schließen sich zusammen und geben dabei ihre wirtschaftliche und rechtliche Selbstständigkeit auf, z. B. indem zwei Unternehmen fusionieren oder ein Unternehmen sich an einem anderen Unternehmen wesentlich beteiligt.

Aufgabe 4
Arbeitsgemeinschaft: lose Form der Zusammenarbeit, Unternehmen behalten weitgehend ihre wirtschaftliche Selbstständigkeit;
Konsortium: zweckgebundene, zumeist befristete enge Zusammenarbeit auf vertraglicher Basis, die zur Durchführung eines bestimmten Geschäfts erfolgt

Aufgabe 5
Ein Kartell ist ein vertraglicher Zusammenschluss von Unternehmen des gleichen Wirtschaftszweigs, die rechtlich selbstständig bleiben, aber einen Teil ihrer wirtschaftlichen Selbstständigkeit aufgeben. Der grundlegende Zweck ist die Verbesserung der Wettbewerbsposition der Mitglieder bis hin zur völligen Ausschaltung des Wettbewerbs.

Aufgabe 6
Preiskartell, Konditionenkartell, Gebietskartell, Rationalisierungskartell, Krisenkartell, Kalkulationskartell

Aufgabe 7
Kartelle sind grundsätzlich verboten. Dieses Verbot bezieht sich insbesondere auf Preis-, Kalkulations- und Rabattkartelle, Kontingentierungskartelle, Ein- und Ausfuhrkartelle sowie Syndikate, weil diese Arten in besonderer Weise geeignet sind, den Wettbewerb einzuschränken oder auszuschließen. Von diesem Verbot gibt es Ausnahmen, z.B. für Mittelstandskartelle, Normungs- und Typungskartelle.

Aufgabe 8
Gemeinsame Werbung, gemeinsame Ausbeutung von Rohstoffvorkommen, gemeinsame Nutzung von Produktionsanlagen, Austausch von Erfahrungen, gemeinsame Durchführung von Verwaltungsarbeiten

Aufgabe 9
In Form einer BGB-Gesellschaft, weil sie unkompliziert, ohne nennenswerte Kosten und ohne bürokratische Hürden zu gründen und schließlich auch wieder auflösbar sind.

Aufgabe 10
Austausch von technischem und wirtschaftlichem Wissen, Senkung des unternehmerischen Risikos, Senkung von Kosten, Ausgleich von Über- oder Unterkapazitäten, Stärkung der Position gegenüber Mitbewerbern

Aufgabe 11
Der Konzern ist ein Zusammenschluss von Unternehmen, die ihre rechtliche Selbstständigkeit (Unternehmensform) behalten, ihre wirtschaftliche Selbstständigkeit aber zugunsten einer einheitlichen Leitung aufgegeben haben.

Aufgabe 12
Zweck dieser Verbindung kann die Erhöhung der Finanzkraft oder die Verbesserung der Marktsituation durch eine bessere Abstimmung der wirtschaftlichen Interessen der Konzernunternehmen sein.

Aufgabe 13
Unterordnungskonzern: Es gibt eine Mutter- und eine Tochtergesellschaft, hier besteht ein Unterordnungsverhältnis.
Gleichordnungskonzern: Mehrere rechtlich selbstständige Unternehmen werden unter einer einheitlichen Leitung zusammengefasst, ohne dass diese Unternehmen rechtlich voneinander abhängig sind.

Aufgabe 14
Zunächst werden auf dem Aktienmarkt verdeckt so viele Anteile des zu übernehmenden Unternehmens erworben, bis das übernehmende Unternehmen den verbleibenden Aktionären ein Übernahmeangebot macht, mit dem die restlichen Anteile erworben werden. Der Vorstand der übernommenen Gesellschaft hat dann zumeist keine Möglichkeiten mehr, die Übernahme zu verhindern.

Aufgabe 15
Neubildung eines Unternehmens, in dem beide vorher bestehenden Unternehmen aufgehen, oder ein Unternehmen geht in dem anderen Unternehmen auf.

Aufgabe 16
Vorteile: Chancen zur verbesserten Expansion, Produktion größerer Stückzahlen, Entwicklung neuer Produktionsverfahren, breitere Streuung der Risiken
Nachteile: Nutzung von Synergieeffekten führt meistens zu Entlassungen, nicht zueinander passende Unternehmenskulturen führen zu Reibungsverlusten, Konzentration von Marktmacht mit Preisnachteilen für die Verbraucher, Preisdiktate gegenüber Lieferanten aufgrund der Nachfragemarktmacht

Aufgabe 17
Das Joint Venture ist eine Kooperationsform, bei der mindestens zwei selbstständige Unternehmen zur gemeinschaftlichen und i.d.R. dauerhaften Durchführung eines wirtschaftlichen Projekts zusammenarbeiten.

Aufgabe 18
Beim Equity Joint Venture beteiligen sich zwei rechtlich selbstständige Unternehmen an einem gemeinsamen, neu gegründeten Unternehmen. Beim Contractual Joint Venture bestehen nur vertragliche Beziehungen zwischen den Partnern, die die Kosten-, Risiko- und Gewinnverteilung regeln.

Aufgabe 19
Die meisten Joint Ventures werden auf internationaler Basis gegründet. Wesentliche Motive für ein internationales Joint Venture sind die Nutzung der Kenntnisse der politischen und gesellschaftlichen Besonderheiten sowie die lokale Marktkenntnis des Partnerunternehmens.

Aufgabe 20
Unternehmen schließen sich mit anderen zusammen, um ihre Wettbewerbsposition zu verbessern, das unternehmerische Risiko zu mindern und sich Know-how und Aufträge aus anderen Unternehmen zu sichern.

Aufgabe 21
Konzentrationen führen für die Verbraucher langfristig zu Preissteigerungen, zu nachteiliger politischer Einflussnahme auf die Gesetzgebung und zu intransparenten Märkten, für die Arbeitnehmer bedeutet die Konzentration u.U. Entlassungen, Rationalisierungsdruck und eine schlechtere Position für Betriebsräte und Gewerkschaften.

Modul 2: Rechnungswesen

1 Grundlegende Aspekte des Rechnungswesens

Lehrbuch Band 1, Seite 280 f.

Aufgabe 1
Buchführung und Bilanz, Kosten- und Leistungsrechnung, Statistik, Planung

Aufgabe 2
Externes Rechnungswesen: Buchführung und Bilanz richten sich nicht nur an die Unternehmensleitung, sondern es gibt eine Reihe von externen Interessenten, die sich für diesen Bereich interessieren, z. B. Finanzamt, Banken, Gläubiger.
Internes Rechnungswesen: Hier werden Zahlen verarbeitet, die primär den internen Adressaten, vor allem der Geschäftsführung, vorgelegt werden. Das interne Rechnungswesen umfasst die Gebiete KLR, Statistik und Planung und ihre Ergebnisse richten sich primär an das Management des Unternehmens.

Aufgabe 3
Das interne Rechnungswesen hat folgende Aufgaben: Dokumentation, Bereitstellung von Informationen, Kontrollfunktion und Vorbereitung von Entscheidungen.

Aufgabe 4
Die Buchführung muss klar und übersichtlich sein, sie muss fortlaufend und lückenlos sein, sie muss zeitnah erfolgen und periodengerecht sein, sie muss inhaltlich richtig sein und nachprüfbar sein.

Aufgabe 5
Das bedeutet, dass sich ein sachkundiger Dritter (Steuerprüfer, Wirtschaftsprüfer) innerhalb eines angemessenen Zeitraums einen Überblick über die Buchführung verschaffen kann. Zu diesem Zweck müssen die Belege vollständig sein und die Buchführungsunterlagen den gesetzlichen Fristen entsprechend ordnungsgemäß aufbewahrt werden.

Aufgabe 6
Die Buchführung ist dann periodengerecht, wenn die Aufwendungen und Erträge dem Geschäftsjahr zugeordnet werden, in dem sie auch tatsächlich entstanden sind.

Aufgabe 7
Steuerliche Folgen: Die Besteuerungsgrundlagen werden geschätzt, es erfolgt eine Umkehrung der Beweislast, und es gibt steuerliche Zwangsmaßnahmen. Zivil- und strafrechtlich: Die Buchführung verliert ihre Beweiskraft, der Tatbestand des Insolvenzvergehens ist u. U. erfüllt, Wirtschaftsprüfer versagen das Testat.

Aufgabe 8
Buchführungspflichtig nach dem Handelsrecht sind alle Kaufleute, ob im Handelsregister eingetragen oder nicht, mit Ausnahme der Kleinunternehmer, die nicht im HR eingetragen sind, sowie aller Einzelkaufleute, die die Voraussetzungen des § 241a HGB erfüllen.

Aufgabe 9
Buchführungspflichtig sind alle Kaufleute, die bereits nach dem HGB Bücher führen müssen, sowie alle, die mehr als 500.000,00 EUR Umsatz machen oder einen Gewinn von mehr als 50.000,00 EUR im Wirtschaftsjahr ausweisen.

Aufgabe 10
Formeller Bilanzansatz: Hier wird die Frage beantwortet, ob ein Wirtschaftsgut überhaupt bilanziert werden muss.
Materieller Bilanzansatz: Hier wird die Frage beantwortet, mit welchem Wert der Gegenstand bewertet werden soll.

Aufgabe 11
Das Wirtschaftgut muss dem bilanzierenden Unternehmen zuzurechnen sein, und es muss grundsätzlich aktivierungs- oder passivierungsfähig sein.

Aufgabe 12

Bilanzierungsgebote	Wirtschaftsgüter, die dem Bilanzierenden zuzurechnen sind, sind auch bei ihm zu bilanzieren.	Aktivseite: Maschinen und Betriebsausstattung im Eigentum Passivseite: Verbindlichkeiten gegenüber Lieferanten
Bilanzierungsverbote	Wirtschaftgüter, die dem Bilanzierenden wirtschaftlich nicht zuzurechnen sind, dürfen nicht von ihm bilanziert werden.	Aktivseite: Aufwendungen für die Gründung eines Unternehmens Passivseite: Rückstellung für eine künftige Investition
Bilanzierungswahlrechte	Es besteht ein Wahlrecht, ob der Bilanzierende das Wirtschaftsgut bilanziert oder nicht.	Aktivseite: Damnum Passivseite: Hier existieren keine Wahlrechte mehr.

Aufgabe 13
Ein Grundsatz, der sich aus § 5 (1) EStG ergibt. Danach ist bei Gewerbetreibenden, die aufgrund gesetzlicher Vorschriften verpflichtet sind, Bücher zu führen, grundsätzlich das Betriebsvermögen anzusetzen, das nach den handelsrechtlichen Vorschriften auszuweisen ist. Mithin ist grundsätzlich die Handelsbilanz maßgeblich für die Steuerbilanz.

Aufgabe 14
Handelsbilanz: Prinzip der nominellen Kapitalerhaltung; Prinzip des Gläubigerschutzes; Prinzip des Schutzes der Gesellschafter;
Steuerbilanz: Periodengerechte Gewinnermittlung; Widerspiegelung der tatsächlichen wirtschaftlichen Verhältnisse

Aufgabe 15
Bilanzklarheit, Bilanzwahrheit, Bilanzidentität, Bilanzkontinuität, Einzelbewertung, Periodenabgrenzung, Grundsatz der Unternehmensfortführung, Werterhellungsprinzip

Aufgabe 16
Das Vorsichtsprinzip soll insbesondere die Gläubiger und Anteilseigner schützen. Es wird erwartet, dass bei der Aufstellung des Jahresabschlusses alle bis dahin erkennbaren Risiken und drohenden Verluste berücksichtigt werden. Zu diesem Zweck sollen die Vermögenspositionen möglichst niedrig, die Schulden hingegen möglichst hoch bewertet werden, um nicht etwa einen Gewinn auszuweisen, der (noch) nicht realisiert wurde.

Aufgabe 17
Nicht realisierte Gewinne dürfen nicht ausgewiesen werden, z.B. Buchgewinne bei Wertpapieren, nicht realisierte Verluste müssen ausgewiesen werden, z.B. drohende Devisenkurssteigerungen bei Fremdwährungsverbindlichkeiten.

Aufgabe 18
Anschaffungskosten, Herstellungskosten, Börsen- oder Marktpreis

Aufgabe 19
Für die Bewertung des nicht abnutzbaren Anlagevermögens gilt das gemilderte Niederstwertprinzip.

Aufgabe 20
Nutzung, Zeitablauf, technischer Fortschritt, wirtschaftliche Überalterung

Aufgabe 21
Lineare und degressive Abschreibung sowie Abschreibung nach Leistungseinheiten

Aufgabe 22
Die lineare Abschreibung erfolgt in gleichen Jahresbeträgen, die degressive Abschreibung erfolgt in fallenden Jahresbeträgen.

Aufgabe 23
Die Anschaffungskosten werden durch die Menge der theoretisch möglichen Leistungseinheiten geteilt. Sodann wird jede Abschreibungseinheit mit den jährlich anfallenden Leistungseinheiten multipliziert.

Aufgabe 24
In den von der Finanzverwaltung herausgegebenen Abschreibungstabellen, in denen die Zeiten der betriebsgewöhnlichen Nutzungsdauer ausgewiesen werden.

Aufgabe 25
Es gilt das strenge Niederstwertprinzip. Der Sinn liegt darin, dass das Umlaufvermögen nur kurz im Unternehmen verbleibt und wenig Zeit bleibt, dass sich der Wert wieder „aufholt".

Aufgabe 26
Gleichartige Vermögensgegenstände können zu Gruppen zusammengefasst werden. Dies ist eine Ausnahme des Prinzips der Einzelbewertung.

Aufgabe 27
FiFo: First in first out, LiFo: Last in first out

Aufgabe 28
LiFo-Prinzip: Der Verbrauch wird mit Preisen der zuletzt gekauften Waren bewertet.

Aufgabe 29
Bei einer Bewertung nach dem FiFo-Prinzip kommt man bei steigenden Preisen zu einer höheren Bewertung.

Aufgabe 30
Es gibt einwandfreie Forderungen, zweifelhafte Forderungen und uneinbringliche Forderungen.

Aufgabe 31
Pauschalwertberichtigungen: Die gesamten Forderungen werden pauschal um einen wahrscheinlichen Wert korrigiert.
Einzelwertberichtigungen: Einzelne Forderungen, deren Einbringung zweifelhaft ist, werden mit der voraussichtlichen Ausfallquote wertberichtigt.

Aufgabe 32
Verbindlichkeiten werden mit dem voraussichtlich höheren Wert angesetzt (Höchstwertprinzip).

2 Finanzbuchhaltung

Lehrbuch Band 1, Seite 307 f.

Aufgabe 1
Gesellschafter, Kapitalmarkt, Gläubiger, Fiskus, Arbeitnehmer, Öffentlichkeit

Aufgabe 2
Bereich Buchführung und Bereich Bilanzierung

Aufgabe 3
Grundbuch: Alle Buchungen werden in chronologisch richtiger Reihenfolge erfasst.
Hauptbuch: Alle Buchungen werden in sachlich richtiger Weise auf den Sachkonten erfasst.

Aufgabe 4
Bestandkonten: Bank, Maschinen, Verbindlichkeiten; Erfolgskonten: Materialaufwendungen, Miete, Umsatzerlöse

Aufgabe 5
Debitorenbuchhaltung: Forderungen aus Lieferungen und Leistungen; Kreditorenbuchhaltung: Verbindlichkeiten aus LuL; Lagerbuchführung: Materialbestandskonten; Anlagenbuchhaltung: Anlagekonten

Aufgabe 6
In der Debitorenbuchhaltung wird für jeden Kunden ein Namenskonto geführt, in der Kreditorenbuchhaltung wird für jeden Lieferanten ein Namenskonto geführt.

Aufgabe 7
Im Bereich Buchführung die Erfassung aller Geschäftsfälle durch Prüfung, Kontierung und Buchung, die Abstimmung von Konten, Bereitstellung von Beweismitteln etc.; im Bereich Jahresabschluss die Ermittlung des periodischen Erfolgs, die Aufstellung von GuV und Bilanz, ggf. noch des Anhangs sowie die Bereitstellung von Auswertungen für die Finanzbehörden und das Management.

Aufgabe 8
Durch einen Jahresabschluss wird die wirtschaftliche Situation des Unternehmens zu einem bestimmten Zeitpunkt, dem Bilanzstichtag, dargestellt und der Erfolg des Unternehmens im abgelaufenen Geschäftsjahr gemessen.

Aufgabe 9
Minimal: Bilanz und GuV, maximal: zusätzlich noch aus Anhang und Lagebericht

Aufgabe 10
Der Anhang enthält Erläuterungen und zusätzliche Übersichten zu Bilanz und GuV.

Aufgabe 11
Der Lagebericht informiert über die Entwicklung des Unternehmens und der Branche sowie über Umstände, die für die Zukunft des Unternehmens von Bedeutung sein können.

Aufgabe 12
Inventur ist die Tätigkeit der Bestandaufnahme, Inventar ist das Verzeichnis aller Vermögensteile und Schulden.

Aufgabe 13
Stichtagsinventur, verlegte Inventur, permanente Inventur

Aufgabe 14
Permanente Inventur: Zum Bilanzstichtag wird auf die Ergebnisse der Lagerbuchführung zurückgegriffen. Es werden also keine Ist-Bestände, sondern Buchbestandsmengen erfasst bzw. übernommen. Dazu besteht jedoch die Verpflichtung, jede Buchposition mindestens einmal pro Geschäftsjahr auf ihre Übereinstimmung mit dem Ist-Bestand zu überprüfen.

Aufgabe 15
Vermögensübersicht, Übersicht der Schulden, Ermittlung des Reinvermögens

Aufgabe 16
Inventar: tabellarisch, detailliert und mit der Position Reinvermögen;
Bilanz: in Kontenform, zusammengefasst und mit der Position Eigenkapital

Aufgabe 17
Anlagevermögen: Alle Gegenstände, die dem Unternehmen langfristig dienen sollen;
Umlaufvermögen: Alle Gegenstände, die nur kurzfristig im Unternehmen sind und starken Schwankungen unterliegen können;
Aktive Rechnungsabgrenzungsposten: Zahlungen im alten Jahr für Aufwendungen, die erst das folgende Jahr betreffen

Aufgabe 18
Warenbestände, Forderungen und liquide Mittel

Aufgabe 19
Immaterielle Vermögensgegenstände sind im Wesentlichen entgeltlich erworbene Rechte wie Konzessionen oder Lizenzen sowie ein Geschäfts- oder Firmenwert.

Aufgabe 20
Wertpapiere im Anlagevermögen, wenn sie langfristiger Natur sind, wie z.B. Beteiligungen; Wertpapiere im Umlaufvermögen, wenn sie kurzfristigen Zwecken dienen, z.B. als kurzfristige Liquiditätsreserve

Aufgabe 21
Rücklagen sind Teile des Eigenkapitals;
Rückstellungen sind Verbindlichkeiten, die dem Grunde nach feststehen, nicht aber der Höhe und Fälligkeit nach;
Verbindlichkeiten sind Verpflichtungen, die sich aus schuldrechtlichen Verträgen ergeben;
passive Rechnungsabgrenzungsposten sind Einnahmen, denen erst im folgenden Jahr Erträge gegenüberstehen.

Aufgabe 22
In fünf Teilen: Gezeichnetes Kapital, Kapitalrücklage, Gewinnrücklage, Gewinn-/Verlustvortrag, Jahresüberschuss

Aufgabe 23
Aktiv-Tausch, Passiv-Tausch, Aktiv-Passiv-Mehrung, Aktiv-Passiv-Minderung

Aufgabe 24
Aktiv-Tausch: Zwei oder mehr Aktiv-Positionen werden „getauscht", z.B. Kauf eines Computers gegen Bankscheck: Mehrung des Kontos BuG, Minderung des Kontos Bank;
Passiv-Tausch: Zwei oder mehr Passiv-Konten werden „getauscht", z.B. eine langfristige Verbindlichkeit wird in eine Beteiligung umgewandelt: Eigenkapital erhöht sich, langfristige Verbindlichkeiten nehmen ab.

Aufgabe 25
Bei einer Aktiv-Passiv-Mehrung erhöhen sich je ein Aktiv-Konto und ein Passiv-Konto. Die Bilanzsumme nimmt zu, die Bilanz „verlängert" sich.

Aufgabe 26
Auf den Erfolgskonten werden erfolgswirksame, d.h. auf den Gewinn des Unternehmens einwirkende Vorfälle gebucht, z.B. Aufwendungen und Erträge.

Aufgabe 27
Beispiele für Aufwandkonten: Miete, Materialaufwendungen, Gehälter, Fremdleistungen

Aufgabe 28
Erträge stellen einen Wertzuwachs im Unternehmen dar und erhöhen den Gewinn des Unternehmens.

Aufgabe 29
Beispiele für Erträge: Zinserträge, Umsatzerlöse, Mieterträge, Erträge aus Wertpapieren

Aufgabe 30
Über das GuV-Konto

Aufgabe 31
Gesamtkostenverfahren: Beim Gesamtkostenverfahren werden zunächst die verschiedenen Leistungen zusammengestellt: Umsatzerlöse, Eigenleistungen und Bestandsveränderungen werden ermittelt. Davon werden alle Aufwendungen abgezogen, die in der Periode bei der betrieblichen Leistungserstellung entstanden sind (Gesamtkosten). Umsatzkostenverfahren: Das Umsatzkostenverfahren verzeichnet als Leistungen lediglich die Umsatzerlöse. Diesen Umsatzerlösen werden dann nur diejenigen Kosten gegenübergestellt, die für die tatsächlich verkauften Produkte angefallen sind (Umsatzkosten).

3 Kosten- und Leistungsrechnung

3.1 Einführung in die Kosten- und Leistungsrechnung

Lehrbuch Band 1, Seite 320

Aufgabe 1
Das externe Rechnungswesen (GuV und Bilanz) ist an externe Adressaten gerichtet, deren Interesse auf Informationen nach rechtlichen Vorgaben (Jahresabschluss mit Anlagen) liegt. Das interne Rechnungswesen (Kosten- und Leistungsrechnung) ist an interne Adressaten gerichtet, deren Interesse auf Informationen im Zusammenhang mit dem eigentlichen betrieblichen Leistungsprozess liegt.

Aufgabe 2
Die Aussage ist nicht richtig. Die Kosten- und Leistungsrechnung, als internes Rechnungswesen, unterliegt gerade keinen rechtlichen Vorschriften.

Aufgabe 3
Wesentliche Aufgaben: Ermittlung des Betriebsergebnisses, Kalkulation von Verkaufspreisen auf Basis von Selbstkosten, Wirtschaftlichkeitskontrolle, Bestandsbewertung und entscheidungsbezogene Informationsaufbereitung

Aufgabe 4
Zielsetzung der Kosten- und Leistungsrechnung ist die möglichst vollständige und verursachungsgerechte Erfassung von Kosten und Leistungen der betrieblichen Leistungserstellung in einer gewählten Abrechnungsperiode.

Aufgabe 5
Aufwand: Jeglicher Werteverbrauch einer bestimmten Abrechnungsperiode in einem Unternehmen
Ertrag: Jeglicher Wertezuwachs einer bestimmten Abrechnungsperiode in einem Unternehmen

Aufgabe 6
Kosten: Bewerteter Werteverbrauch einer bestimmten Abrechnungsperiode zum Zwecke der betrieblichen Leistungserstellung;
Leistung: Bewerteter Wertezuwachs in einer bestimmten Abrechnungsperiode als Ergebnis der betrieblichen Leistungserstellung
Abgrenzung: Es handelt sich um betriebsbezogene Größen im Zusammenhang mit der Leistungserstellung.

Aufgabe 7
Leistungsarten: Absatzleistung, Lagerleistung, Eigenleistung und unentgeltliche Privatentnahmen von Erzeugnissen

Aufgabe 8
Die Zielsetzung der Abgrenzungsrechnung ist die Abgrenzung der Aufwendungen und Erträge aus der unternehmensbezogenen Erfolgsrechnung als Kosten und Leistungen sowie als neutrale Aufwendungen und Erträge und die damit verbundene kostenrechnerische Korrektur über die kalkulatorischen Kosten zur Ermittlung des Ergebnisses des betrieblichen Leistungsprozesses (Betriebsergebnis) im Rahmen der Betriebsergebnisrechnung.

Aufgabe 9
Die Aussage ist richtig, da Leistungen in ein Verhältnis mit den damit verbundenen Kosten gesetzt werden und ein Kennziffernwert größer als eins die Wirtschaftlichkeit des betrieblichen Leistungsprozesses zum Ausdruck bringt.

3.2   Kostenartenrechnung

Lehrbuch Band 1, Seite 329

Aufgabe 1
Die Grundkosten und Leistungen können aus der Finanzbuchhaltung übernommen werden.

Aufgabe 2
Anderskosten liegen vor, wenn Aufwendungen und die daraus resultierenden Kosten sich in der Höhe unterscheiden. Zusatzkosten liegen vor, wenn den entstandenen Kosten keine Aufwendungen gegenüberstehen.

Aufgabe 3
Kalkulatorische Kostenarten: Kalkulatorische Abschreibungen, kalkulatorische Zinsen, kalkulatorische Wagnisse, kalkulatorischer Unternehmerlohn und kalkulatorische Mieten

Aufgabe 4
Merkmale, die die Abschreibungen als Anderskosten gegenüber den bilanziellen Abschreibungen in die Betriebsergebnisrechnung einfließen lassen: Anzahl der abzuschreibenden Anlagegüter, Abschreibungsgrundlage, Abschreibungszeitraum und Abschreibungsmethode

Aufgabe 5
Der im GuV-Konto ausgewiesene Zinsaufwand bezieht sich auf den Zinsdienst für das genutzte Fremdkapital. Die Zinsen für eine alternative Anlage des Eigenkapitals finden keine Berücksichtigung (Opportunitätskosten = Kosten des entgangenen Gewinns durch die Alternativanlage). Durch die Ermittlung des betriebsnotwendigen Kapitals und der damit verbundenen kalkulatorischen Zinsen wird dieser Tatsache Rechnung getragen.
Schema zur Berechnung der kalkulatorischen Zinsen:

Betriebsnotwendiges Anlagevermögen + Betriebsnotwendiges Umlaufvermögen
= Betriebsnotwendiges Vermögen − Abzugskapitel (Zinslos zur Verfügung stehendes Fremdkapital)
= Betriebsnotwendiges Kapital · durchschnittlicher Zinssatz für langfristige Darlehen
= Kalkulatorische Zinsen

Betriebsnotwendiges Anlagevermögen: Anlagegüter, die im Rahmen des betrieblichen Leistungsprozesses gebraucht werden. Sie fließen mit ihrem kalkulatorischen Restwert (Anschaffungskosten abzüglich kalkulatorischer Abschreibung) in die Berechnung ein.
Betriebsnotwendiges Umlaufvermögen: Gegenstände des Umlaufvermögens, die im Rahmen des betrieblichen Leistungsprozesses verbraucht werden. Sie fließen mit ihrem durchschnittlich gebundenen Wert in die Berechnung ein.
Abzugskapital: Zinsfreies Fremdkapital, das im Rahmen des betrieblichen Leistungsprozesses zur Verfügung steht (Verbindlichkeiten aus Lieferungen und Leistungen, Anzahlungen auf Forderungen aus Lieferungen und Leistungen, Rückstellungen, zinsfreie Darlehen)

Aufgabe 6
Ein kalkulatorischer Unternehmerlohn muss im Rahmen der Kosten- und Leistungsrechnung von Kapitalgesellschaften nicht berücksichtigt werden, da die entsprechenden Führungspersonen Gehälter beziehen. Diese Gehälter stellen Aufwendungen in der Geschäftsbuchhaltung dar. Sie stellen Zweckaufwendungen dar, da sie dem betrieblichen Zweck dienen, und gehen somit als Kosten (Grundkosten) in die Betriebsergebnisrechnung ein. Bei Personengesellschaften ist jedoch die Berücksichtigung des kalkulatorischen Unternehmerlohns notwendig. Die Arbeitsleistung der Gesellschafter wird hier über den Unternehmensgewinn „entlohnt". Diese Entlohnung erfolgt über den Absatzmarkt und die dort realisierten Preise. Bei der Festsetzung der Marktpreise für die erbrachten Leistungen fließt die Entlohnung der unternehmerischen Leistung mit als Kostenfaktor in die Kalkulation und die Betriebsergebnisrechnung ein. Diesem kalkulatorischen Unternehmerlohn stehen keine Aufwendungen gegenüber; daher handelt sich um Zusatzkosten, die im Rahmen der Verkaufspreiskalkulation zusätzlich berücksichtigt werden müssen.

Aufgabe 7
Die Berücksichtigung einer kalkulatorischen Miete bei Personengesellschaften ist dann notwendig, wenn dem Betrieb von Inhabern oder Gesellschaftern kostenfrei private Räumlichkeiten zur betrieblichen Nutzung zur Verfügung gestellt werden. Dieser Ansatz der Zusatzkosten dient in erster Linie der Vergleichbarkeit mit anderen Gesellschaftsformen der gleichen Branche.

Aufgabe 8
Die Kriterien der Kostengliederung sind: Produktionsfaktor, Kostenträger, Beschäftigungsänderung, Zeitbezug sowie Bezugsgrundlage.

Aufgabe 9
Wichtige Kostenarten: Werkstoffkosten (Rohstoffe, Hilfsstoffe, Betriebsstoffe, Zulieferteile, Handelsware, Verschleißteile), Arbeitskosten (Löhne, Gehälter, soziale Abgaben, Aufwendungen für Altersversorgung, sonstige Personalaufwendungen), Kapitalkosten (Abschreibungen, Zinsen, Gebühren), Dienstleistungskosten (Mieten, Pachten, Lizenzen, Beratung) sowie Beitrags- und Steuerkosten (Kammern, Verbände, betriebliche Steuern)

Aufgabe 10
Normalkosten sind durchschnittliche Istkosten mehrerer zurückliegender Perioden. Normalkosten werden für Vorkalkulationen genutzt. Istkosten sind die in einer Abrechnungsperiode tatsächlich angefallenen Kosten. Istkosten werden für Nachkalkulationen genutzt.

Aufgabe 11
Fixe Kosten fallen in gleicher Höhe unabhängig vom Beschäftigungsgrad an. Variable Kosten fallen in unterschiedlicher Höhe abhängig vom Beschäftigungsgrad an. Fixe und variable Kosten unterscheiden sich somit in ihrem Reaktionsverhalten auf Beschäftigungsänderungen.

Aufgabe 12
Kostenarten, die Einzelkosten darstellen, fließen direkt in die Kostenträgerrechnung ein. Kostenarten, die Gemeinkosten darstellen, fließen über die Kostenstellenrechnung über Zuschlagssätze in die Kostenträgerrechnung ein.

3.3 Kostenstellenrechnung

Lehrbuch Band 1, Seite 339

Aufgabe 1
Eine Kostenstelle ist der betriebliche Ort, an dem die Kosten anfallen. Unterschieden werden die Kostenstellen nach Verrechnungsgesichtspunkten in Haupt- und Hilfskostenstellen.
Hauptkostenstellen sind die Orte, an denen die Gemeinkosten entstehen.
Hilfskostenstellen erbringen Leistungen für andere Kostenstellen. Die damit verbundenen Kosten werden über eine innerbetriebliche Leistungsverrechnung auf die betroffenen Kostenstellen umgelegt. Die Umlage erfolgt so lange, bis die Gemeinkosten aller Hilfskostenstellen auf die Gemeinkosten der Hauptkostenstellen umgelegt sind.

Aufgabe 2
Der Betriebsabrechnungsbogen (BAB) wird im Rahmen der Kostenstellenrechnung eingesetzt, um die Gemeinkosten auf die Hauptkostenstellen zu verteilen und Gemeinkostenzuschlagssätze auf die jeweiligen Einzelkosten der Hauptkostenstellen zu ermitteln.

Aufgabe 3
Hauptkostenstellen: Materialbereich (Materialkosten), Fertigungsbereich (Fertigungskosten), Verwaltungsbereich (Verwaltungskosten) und Vertriebsbereich (Vermarktungskosten)
Allgemeine Kostenstellen: Betriebseigene Energieversorgung, Kantine
Hilfskostenstelle einer Hauptkostenstelle: Werkzeugbau für die Fertigung

Aufgabe 4
Kostenstelleneinzelkosten: Gemeinkosten, die den Kostenstellen direkt über Belege zugeordnet werden können;
Kostenstellengemeinkosten: Gemeinkosten, die den Kostenstellen indirekt über Verteilungsschlüssel zugeordnet werden können;
Der Unterschied liegt in der Zuordnungsmethode der Gemeinkostenarten auf die Kostenstellen: direkt über Belege oder indirekt über Verteilungsschlüssel.

Aufgabe 5
Die Gemeinkosten werden in einem ersten Schritt (primäre Gemeinkostenverteilung) auf alle Kostenstellen (Hilfs- und Hauptkostenstellen) verteilt.
Die Gemeinkosten der Hilfskostenstellen werden in einem zweiten Schritt (sekundäre Gemeinkostenverteilung) auf die Hauptkostenstellen verteilt, da nur für diese Kostenstellen Zuschlagssätze ermittelbar sind.

Aufgabe 6
Gemeinkostenzuschlagssätze dienen dazu, die Gemeinkosten, genauso wie die Einzelkosten, den Kostenträgern so zuzurechnen, wie diese die Gemeinkosten in den Kostenstellen verursacht haben.

Aufgabe 7
Die regelmäßige Gegenüberstellung von Ist- und Normalkosten erfolgt, um Kostenabweichungen (Kostenentwicklungen) allgemein und je Hauptkostenstelle festzustellen, Gründe der Kostenabweichungen zu analysieren und abschließend geeignete Maßnahmen der Kostenkorrektur einzuleiten.

Aufgabe 8
Gründe für Kostenabweichungen: Preisänderungen bei den Gemeinkosten, Änderungen des Beschäftigungsgrades sowie Verbrauchsänderungen bei den Werkstoffen bzw. Fertigungszeiten

3.4 Kostenträgerzeit- und Kostenträgerstückrechnung

Lehrbuch Band 1, Seite 360

Aufgabe 1
Beim Umsatzergebnis werden die Netto-Verkaufserlöse den Selbstkosten des Umsatzes auf Basis von Normalkosten gegenübergestellt.
Beim Betriebsergebnis wird die Kostendeckung aus dem Betriebsabrechnungsbogen (Normalkosten) berücksichtigt.
Der Unterschied liegt in der Kostengrundlage der Ergebnisrechnung: Das Umsatzergebnis errechnet sich auf Basis von Normalkosten, das Betriebsergebnis auf Basis von Istkosten.

Aufgabe 2
Schema der Zuschlagskalkulation:

1	Fertigungsmaterial (Einzelkosten)
2	Materialgemeinkosten
3	**Materialkosten (1 + 2)**
4	Fertigungslöhne (differenziert nach Fertigungskostenstellen)
5	Fertigungsgemeinkosten (differenziert nach Fertigungskostenstellen)
6	Sondereinzelkosten der Fertigung
7	**Fertigungskosten (4 + 5 + 6)**
8	**Herstellkosten des Kostenträgers (3 + 7)**
9	Verwaltungsgemeinkosten
10	Vertriebsgemeinkosten
11	Sondereinzelkosten des Vertriebs
12	**Selbstkosten des Kostenträgers (8 + 9 + 10 + 11)**
13	Gewinnzuschlag (v. H.)
14	**Barverkaufspreis (12 + 13)**
15	Vertriebsprovision (i. H.)
16	Skonto (Kundenskonto) (i. H.)
17	**Zielverkaufspreis (14 + 15 + 16)**
18	Rabatt (Kundenrabatt) (i. H.)
19	**Listenverkaufspreis des Kostenträgers (17 + 18)**

Aufgabe 3
Eine Kalkulation auf Basis von Maschinenstundensätzen ist dann begründet, wenn die Maschinenkosten als Gemeinkosten einen hohen Anteil der Gesamtkosten darstellen. Damit wird dem Ziel der Kosten- und Leistungsrechnung, einer möglichst genauen und verursachungsgerechten Kostenverteilung, Rechnung getragen.
Der Maschinenstundensatz ergibt sich als Quotient aus den gesamten Maschinenkosten und der Gesamtlaufzeit der Maschine in der betrachteten Abrechnungsperiode.

Aufgabe 4
Die einstufige Divisionskalkulation wird bei der Massenfertigung ohne Bestandsveränderungen an unfertigen und fertigen Erzeugnissen, die mehrstufige Divisionskalkulation bei der Massenfertigung mit Bestandsveränderungen an unfertigen und fertigen Erzeugnissen verwendet.

Aufgabe 5
Die Äquivalenzziffernkalkulation wird bei der Sortenfertigung, bei der eine Verhältnismäßigkeit der Kosten der einzelnen Varianten vorliegt, angewendet.
Die Durchführungsschritte dieses Kalkulationsverfahrens sind:
- Zuordnung der Äquivalenzziffern zu den verschiedenen Sorten,
- Ermittlung von Recheneinheiten zur Vergleichbarkeit der verschiedenen Sorten,
- Berechnung der Stückkosten je Recheneinheit,
- Berechnung der Selbstkosten je Stück für jede Sorte,
- Berechnung der Gesamtkosten je Sorte.

Aufgabe 6
Vorwärtskalkulation: dient zur Ermittlung des Verkaufspreises bei gegebenen Selbstkosten.
Rückwärtskalkulation: dient zur Ermittlung des Bezugspreises bei gegebenem Verkaufspreis.
Differenzkalkulation: dient zur Ermittlung des Stückgewinns als Differenz aus Barverkaufspreis und Selbstkosten.

Aufgabe 7
Der Gewinn wird von Hundert auf die Selbstkosten zur Berechnung des Barverkaufspreises aufgeschlagen.
Alle weiteren Aufschläge (Kundenskonto, Vertriebsprovision, Kundenrabatt) sind in Hundert zu rechnen, damit der Gewinn in seiner kalkulierten Höhe bestehen bleibt.

3.5 Vergleich von Vollkosten- und Teilkostenrechnung

Lehrbuch Band 1, Seite 374

Aufgabe 1
Die Vollkostenrechnung verrechnet die durch den betrieblichen Leistungsprozess in einer Abrechnungsperiode angefallenen Kosten in voller Höhe auf die Kostenträger. Die Teilkostenrechnung teilt die Kosten in fixe und variable Kosten auf. Fixe Kosten werden dabei als nicht beeinflussbare Kosten angesehen, da sie unabhängig vom Beschäftigungsgrad sind.
Hier setzt die Kritik an der Vollkostenrechnung an, die die fixen Kosten über die Gemeinkosten mit in die Gemeinkostenzuschlagssätze einfließen lässt, was dazu führt, dass bei Variation der Einzelkosten die fixen Kosten über die Proportionalisierung der Gemeinkostenzuschlagssätze sich beschäftigungsabhängig ändern.

Aufgabe 2
Einsatzmöglichkeiten der Deckungsbeitragsrechnung als Teilkostenrechnungssystem:
- Durchführung von Betriebs- bzw. Stückergebnisrechnungen
- Gewinnschwellenermittlung
- Festlegung von Preisuntergrenzen
- Entscheidungshilfe für die Annahme von Zusatzaufträgen
- Optimierung des Produktionsprogramms
- Entscheidungshilfe für den Eigenbezug oder die Fremdfertigung

Aufgabe 3
Schema zur Berechnung des Stückdeckungsbeitrags:

Stückerlös (p)
− variable Stückkosten (k_v)
= Stückdeckungsbeitrag (db)
− Stückfixe Kosten (k_f)
= Stückergebnis (be)

Erläuterung: Zur Ermittlung des Stückergebnisses wird der Stückdeckungsbeitrag als Differenz aus Stückerlös und den mit der Produktion verbundenen variablen Stückkosten errechnet.
Die fixen Kosten werden durch die produzierte und abgesetzte Produktstückzahl dividiert, um die stückfixen Kosten zu erhalten. Diese werden dann vom Stückdeckungsbeitrag abgezogen.
Es ist zu beachten, dass sich mit Variation des Beschäftigungsgrades (Produktionsmenge) die stückfixen Kosten ändern (Fixkostendegression) und daraus andere Stückergebnisse resultieren.

Aufgabe 4
Mathematische Herleitung zur Berechnung der Gewinnschwellenmenge:
An der Gewinnschwellenmenge entspricht der Erlös (Leistung) den damit verbundenen Kosten.

$E(x_{BEP}) = K(x_{BEP})$ mit x_{BEP} als Gewinnschwellenmenge

$$p \cdot x_{BEP} = K_f + K_v = K_f + k_v \cdot x_{BEP}$$
$$p \cdot x_{BEP} - k_v \cdot x_{BEP} = K_f$$
$$(p - k_v) \cdot x_{BEP} = K_f \quad | \quad p - k_v = db$$
$$(p - k_v) \cdot x_{BEP} = K_f \quad | \quad p - k_v = db$$
$$db \cdot x_{BEP} = K_f$$
$$x_{BEP} = K_f : db$$

Variablenerläuterung: $E(x_{BEP})$ = Erlöse Gewinnschwellenmenge, $K(x_{BEP})$ = Kosten Gewinnschwellenmenge, p = Stückerlös, x_{BEP} = Gewinnschwellenmenge, K_f = Fixkosten gesamt, k_v = variable Stückkosten
Erläuterung: Die Gewinnschwellenge ist die Menge, deren Stückdeckungsbeiträge ausreichen, die fixen Kosten zu decken.

Aufgabe 5
Spielen freie Produktionskapazitäten bei der Produktion keine Rolle, bestimmt sich die Produktionsreihenfolge der zu produzierenden Produkte nach deren absoluten Deckungsbeiträgen (Stückdeckungsbeiträgen) in absteigender Reihenfolge. Spielen Engpässe bei den Produktionskapazitäten bei der Produktion eine Rolle, bestimmt sich die Produktionsreihenfolge der produzierbaren Produkte nach deren relativen Deckungsbeiträgen in absteigender Reihenfolge, bis die knappen Produktionskapazitäten ausgeschöpft sind bzw. die verbleibende Restkapazität nicht mehr ausreicht, weitere Produkte zu produzieren.

Aufgabe 6
Der relative Deckungsbeitrag wird als Quotient des absoluten Deckungsbeitrags und der Produktionszeit pro Stück ermittelt.

Aufgabe 7
Ein Zusatzauftrag ist ein Auftrag, der unter dem normalen Verkaufspreis abgewickelt werden soll.

Aufgabe 8
Voraussetzungen für die Annahme eines Zusatzauftrags sind, dass ausreichend freie Produktionskapazitäten zur Verfügung stehen und dass mit dem durch den Zusatzauftrag erzielten Erlös eine Verbesserung des Betriebsergebnisses (Gewinnsteigerung bzw. Verlustverringerung) möglich ist.
Das Entscheidungskriterium ist somit das durch den Zusatzauftrag positiv veränderte Betriebsergebnis.

Aufgabe 9
Bei freien Kapazitäten ist die Eigenfertigung eines Produkts dem Fremdbezug dann vorzuziehen, wenn die variablen Herstellkosten unter dem Einstandspreis des Fremdbezugs liegen.
Bei ausgelasteten Kapazitäten ist die Eigenfertigung eines Produkts dem Fremdbezug dann vorzuziehen, wenn die variablen Herstellkosten zuzüglich des Deckungsbeitrages eines eliminierten Produkts unter dem Einstandspreis des Fremdbezugs liegen.

4 Auswertung der betriebswirtschaftlichen Zahlen

Lehrbuch Band 1, Seite 387

Aufgabe 1
Die betriebliche Statistik beinhaltet alle Verfahren, Methoden und technischen Einrichtungen, mit deren Hilfe das betriebliche Geschehen zahlenmäßig erfasst und analysiert werden kann.

Aufgabe 2
Die Aufgaben der betrieblichen Statistik bestehen darin,
- das innerbetriebliche Zahlenmaterial systematisch zu sammeln;
- das gesammelte Zahlenmaterial zu sortieren und zu selektieren;
- das Zahlenmaterial in tabellarischer und grafischer Form aufzubereiten;
- mithilfe dieser Tabellen und Schaubilder innerbetriebliche Entwicklungen zu vergleichen und zu analysieren.

Aufgabe 3
Management, Gesellschafter, Abteilung Controlling, Betriebsrat

Aufgabe 4
Das Berichtswesen sollte folgenden Anforderungen genügen. Es sollte
- sich auf die wesentlichen Informationen beschränken,
- nur die für den Empfänger relevanten Informationen enthalten,
- für den Empfänger verständlich und rasch zu lesen sein,
- in einem wiederkehrenden Rhythmus erfolgen,
- möglichst zeitnah zum Periodenende vorliegen.

Aufgabe 5
Banken, statistische Ämter, interessierte Öffentlichkeit, Lieferanten und Kunden in begrenztem Umfang

Aufgabe 6
Betriebliche Kennzahlen stellen betriebliche Tatbestände dar, indem sie eine große Zahl von Einzelinformationen so verdichten, dass dadurch komplexe Sachverhalte dargestellt werden können.

Aufgabe 7
Die Aufgaben von Kennzahlen im Unternehmen sind vielfältig. Mit Kennzahlen
- lässt sich die Entwicklung im Zeitablauf auf der Basis von Zeitreihenanalysen beurteilen;
- kann der aktuelle Standort des Unternehmens im Wettbewerb durch den Vergleich mit Branchenkennzahlen oder mit Kennzahlen anderer Unternehmen genauer bestimmt werden;
- wird die Basis für unternehmerische Entscheidungen geschaffen;
- können unternehmerische Zielsetzungen formuliert werden, z. B. als Rentabilitätsziele.

Aufgabe 8
Absolute Kennzahlen (z. B. bestimmte Wertgrößen, wie Umsatzerlöse, Kostenpositionen) und relative Kennzahlen, in denen Zahlen zueinander in Beziehung gesetzt werden

Aufgabe 9
Als Gliederungszahlen, Messzahlen, Indexzahlen, Beziehungszahlen

Aufgabe 10
Indexzahlen entstehen durch den Vergleich gleichartiger Zahlen mit unterschiedlichem Zeitbezug. Indexzahlen beziehen sich immer auf einen Basiszeitpunkt, z. B. auf ein Jahr in der Vergangenheit. Dieses wird gleich 100 gesetzt, um so die Entwicklung im Zeitverlauf gegenüber dem Basiszeitpunkt analysieren zu können.

Aufgabe 11
Zeitvergleiche, Betriebsvergleiche

Aufgabe 12
Ein Kennzahlensystem ist eine nach bestimmten Kriterien geordnete Menge von Kennzahlen, die in einer Beziehung zueinander stehen und über das gesamte Unternehmen oder seine Teilbereiche eine relativ geschlossene und rasche Übersicht bieten.

Aufgabe 13
Rentabilität ist das Verhältnis des erzielten Gewinns zu dem dafür eingesetzten Kapital, ausgedrückt in Prozent.

Aufgabe 14
Er zeigt, ob und in welchem Umfang sich der Einsatz des Kapitals gelohnt hat. Die Rentabilität stellt für das Management eine wichtige Zielgröße dar.

Aufgabe 15
Die Eigenkapitalrentabilität ist das Verhältnis des erzielten Gewinns zum eingesetzten Eigenkapital, ausgedrückt in Prozent.

Aufgabe 16
Die Gesamtkapitalrentabilität ist die Summe aus dem erzielten Gewinn und den gezahlten Fremdkapitalzinsen im Verhältnis zum eingesetzten Gesamtkapital (EK + FK), ausgedrückt in Prozent.

Aufgabe 17
Unternehmerrentabilität = Eigenkapitalrentabilität,
Unternehmensrentabilität = Gesamtkapitalrentabilität

Aufgabe 18
Umsatzrentabilität = Gewinn · 100 / Umsatzerlöse

Aufgabe 19
Der Leverage-Effekt besagt: Ist die Rentabilität des Gesamtkapitals größer als der aktuelle Fremdkapitalzins, so lohnt sich der weitere Einsatz von Fremdkapital, weil hierdurch die Eigenkapitalrentabilität gesteigert werden kann.

Aufgabe 20
ROI = Umsatzrentabilität (vor Zinsen) · Kapitalumschlag
Der Zusammenhang ergibt sich durch folgende betriebswirtschaftliche Überlegung: Wenn es einem Unternehmen gelingt, den Kapitalumschlag bei gleich bleibenden Umsatzerlösen zu erhöhen, benötigt es weniger Kapital, und damit erhöht sich die Kapitalrentabilität.

5 Planungsrechnung

Lehrbuch Band 1, Seite 396

Aufgabe 1
Planung ist die gedankliche Vorwegnahme dessen, was zukünftig gewollt ist.

Aufgabe 2
Nach dem Zeithorizont, nach dem Umfang und nach dem Inhalt.

Aufgabe 3
Sie verfolgt eine gedankliche Durchdringung und Erfassung der betrieblichen Zukunft. Damit ist klar, dass möglichst keine Handlungsfelder dem Zufall überlassen bleiben sollen.
Sie bietet bei rationaler Betrachtung und Vorgehensweise eine bestmögliche Vorschau auf die Zukunft des Unternehmens mit positiven und negativen Aspekten. Damit schafft sie für die Unternehmensführung einen Handlungsspielraum auch in Krisensituationen.
Sie dient mit Zahlen als Grundlage für Entscheidungen, die in die Zukunft wirken.
Sie dient als Grundlage zur Lenkung der betrieblichen Realisation, ist also gewissermaßen eine Handlungsanweisung für die Mitarbeiter.

Aufgabe 4
Jede Planung ist immer zukunftsbezogen.
Jede Planung muss Annahmen über die Rahmenbedingungen machen, sogenannte Planungsprämissen.
Jede Planung ist mit einem mehr oder weniger großen Grad an Unsicherheit behaftet.

Aufgabe 5
Werteplanung: Sie enthält konkrete betriebliche Planwerte, die erreicht werden sollen.
Maßnahmenplanung: Sie enthält die Maßnahmen, mit denen die Planwerte erreicht werden sollen.
Beispiel: Ein Absatzplan sieht vor, die Telefonverkäufe um 8 % im kommenden Jahr zu steigern. Die erforderliche Maßnahme dazu könnte sein, alle Telefonverkäufer in Verkaufsgesprächen zu schulen.

Aufgabe 6
Alle betrieblichen Teilpläne sind voneinander abhängig. Ein Teilplan kann nicht verändert werden, ohne dass dies Rückwirkung auf andere Teilpläne hätte.

Aufgabe 7
Interdependenzen können sich inhaltlich oder zeitlich ergeben.

Aufgabe 8
Planungshorizont: Zeitraum, für den geplant wird. Planperiode: Kann gleich dem Planungshorizont sein oder kürzer, z. B. bei einer rollierenden Planung.

Aufgabe 9
Strategische, taktische und operative Planung

Aufgabe 10
Strategische Planung: langfristig für 3 bis 5 Jahre; Operative Planung: kurzfristig bis zu einem Jahr

Aufgabe 11
Bei der zyklischen Planung wird eine feste Planperiode gewählt, an der sich eine gleich lange Planperiode anschließt (Planperiode = Planungshorizont).
Bei der rollierenden Planung ist die Planperiode kürzer als der Planungshorizont, der verbleibende Teil des alten Planungshorizonts wird neu geplant.

Aufgabe 12
Top-down-Planung: Planung von oben nach unten auf der Basis von Vorgaben der Geschäftsleitung;
Bottom-up-Planung: Planung von unten nach oben und Zusammenfassung und Verdichtung der Pläne auf höchster Ebene;
Gegenstrom-Planung: Vorgaben der Geschäftsleitung werden auf den operativen Ebenen auf ihre Realisierbarkeit geprüft und ggf. korrigiert wieder nach oben weitergeben.

Aufgabe 13
Das Gegenstrom-Verfahren nutzt die Vorteile der Bottom-up- und der Top-down-Planung und „vereint" praktisch beide Verfahren.

Modul 3: Recht und Steuern

1 Rechtliche Zusammenhänge

1.1 Grundlagen des BGB

Lehrbuch Band 2, Seite 17

Aufgabe 1
Rechtssubjekte sind Personen, Rechtsobjekte sind Gegenstände des Rechtsverkehrs

Aufgabe 2
Rechtssubjekte werden untergliedert in natürliche Personen (Menschen) und juristische Personen; Rechtsobjekte in körperliche Gegenstände (Sachen) und unkörperliche Gegenstände (Rechte, Forderungen).

Aufgabe 3
Beziehungen von Personen und Sachen, die sogenannten „dinglichen Rechte"

Aufgabe 4
Rechtsfähigkeit ist die Fähigkeit, Träger von Rechten (z.B. Eigentumsrecht) und Pflichten (z.B. Steuerpflicht) zu sein.

Aufgabe 5
Rechtsfähig sind alle natürlichen Personen ab Vollendung der Geburt bis zum Tod und alle juristischen Personen von der Gründung bis zur Auflösung.

Aufgabe 6
Geschäftsfähigkeit ist die Fähigkeit natürlicher Personen, rechtswirksame Willenserklärungen abgeben und somit Rechtsgeschäfte tätigen zu können.

Aufgabe 7
In Geschäftsunfähige (Kinder unter 7 Jahren und dauernd Geisteskranke), beschränkt Geschäftsfähige (Personen ab 7 und unter 18 Jahren) und voll Geschäftsfähige (alle anderen)

Aufgabe 8
Ein Rechtsgeschäft ist die gewollte Herbeiführung einer ganz bestimmten Rechtsfolge durch Abgabe von einer oder mehreren Willenserklärungen.

Aufgabe 9
Untergliederung nach Anzahl der erforderlichen Willenserklärungen: einseitige Rechtsgeschäfte (mit empfangsbedürftiger oder nicht empfangsbedürftiger Willenserklärung) und mehrseitige Rechtsgeschäfte.

Aufgabe 10
Eine empfangsbedürftige Willenserklärung (WE) wird wirksam
- bei anwesendem Empfänger mit Vernehmen der mündlichen WE bzw. Übergabe der schriftlichen WE,
- bei abwesendem Empfänger mit dem Zugang, d.h. sobald die Willenserklärung in den Machtbereich des Empfängers gelangt ist und unter normalen Umständen mit dem Zugang der Willenserklärung zu rechnen ist.

1.2 BGB Schuldrecht

Lehrbuch Band 2, Seiten 59 bis 61

Aufgabe 1
Die rechtlichen Beziehungen zwischen Personen (Rechte und Pflichten, die in einem Schuldverhältnis bestehen)

Aufgabe 2
Wenn ein Gläubiger berechtigt ist, von einem Schuldner eine Leistung zu fordern; die Leistung kann auch in einem Unterlassen bestehen.

Aufgabe 3
Schuldverhältnisse entstehen durch Rechtsgeschäfte oder kraft Gesetzes (z.B. in Fällen von unerlaubter Handlung).

Aufgabe 4
Inhalts-, Form- und Abschlussfreiheit

Aufgabe 5
Beispiele: Abschlusszwang für Stromversorgungsunternehmen, Textform für den Widerruf von Verbrauchergeschäften, Schriftform für Bürgschaftserklärungen von Nicht-Kaufleuten, Regelungen in Arbeitsverträgen (z.B. Kündigungsfristen, Urlaubstage) unterliegen nicht der freien Vereinbarung

Aufgabe 6
Textform, Schriftform, handschriftliche Form, notarielle Beglaubigung der Unterschrift, notarielle Beurkundung des gesamten Vertragsinhalts

Aufgabe 7
Wenn die Vertragsklauseln vom Verwender der AGB vorformuliert werden und für eine Vielzahl von Verträgen verwendet werden sollen

Aufgabe 8
Der Verwender muss spätestens bei Vertragsschluss ausdrücklich oder per Aushang auf die AGB hingewiesen haben, er muss der anderen Seite die Möglichkeit geben, in zumutbarer Weise von den AGB Kenntnis zu nehmen und die andere Partei muss ihr Einverständnis zur Geltung der AGB geben.

Aufgabe 9
Überraschende Klauseln, mit denen der Vertragspartner nicht zu rechnen braucht; Klauseln, die gegen Treu und Glauben verstoßen; die in den §§ 308 und 309 BGB ausdrücklich genannten Klauseln

Aufgabe 10
Der Vertrag bleibt im Übrigen wirksam, an die Stelle der unwirksamen AGB-Klausel tritt die entsprechende gesetzliche Bestimmung.

Aufgabe 11
Durch zwei im Wesentlichen übereinstimmende Willenserklärungen (Antrag und Annahme)

Aufgabe 12
Zum Erlöschen des Antrags kommt es durch:
- Ablehnung des Antrags (§ 146 BGB);
- Überschreiten der gesetzlichen oder einer gesetzten Annahmefrist (§§ 147, 148 BGB);
- Abänderungen bei der Annahme (§ 150 (2) BGB);
- rechtzeitigen Widerruf des Antrags (§ 130 (1) BGB).

Aufgabe 13
Die Auftragsbestätigung (z.B. nach einer Bestellung) führt erst zum Entstehen des Vertrags; das kaufmännische Bestätigungsschreiben bestätigt einen unter Kaufleuten mündlich bereits zustande gekommenen Vertrag.

Aufgabe 14
Darunter versteht man die Verpflichtung zur Rücksichtnahme auf die Bedürfnisse und Interessen des Vertragspartners.

Aufgabe 15
Ein Vertrag kann aus folgenden Gründen von vornherein nichtig sein:
- Geschäftsunfähigkeit (§ 105 BGB);
- beschränkte Geschäftsfähigkeit, falls die Zustimmung des gesetzlichen Vertreters fehlt und keine Ausnahme vorliegt;
- Dissens, d.h. die Willenserklärungen stimmen nicht überein;
- Formmängel;
- Verträge, die einen Verstoß gegen ein gesetzliches Verbot oder die guten Sitten beinhalten;
- Scheingeschäfte (Geschäfte, deren Inhalt in Wirklichkeit gar nicht gewollt ist);
- Scherzgeschäfte (offensichtlich nicht ernst gemeinte Willenserklärungen).

Aufgabe 16
Wegen Irrtums oder weil der Vertrag nur zustande kam, weil der Vertragspartner arglistig getäuscht oder widerrechtlich bedroht wurde.

Aufgabe 17
Den Ablauf einer gesetzlich festgelegten Frist; danach hat der Schuldner ein dauerndes Leistungsverweigerungsrecht.

Aufgabe 18
Die regelmäßige Verjährungsfrist beträgt 3 Jahre; Beginn der regelmäßigen Verjährungsfrist ist der Schluss des Jahres, in dem der Anspruch entstanden bzw. fällig geworden ist und der Gläubiger Kenntnis hatte oder hätte haben müssen über die Person des Schuldners und die anspruchsbegründenden Umstände.

Aufgabe 19
Besondere Verjährungsfristen gelten z.B. bei Ansprüchen auf Herausgabe des Eigentums (30 Jahre) oder bei titulierten Ansprüchen (30 Jahre) oder bei Ansprüchen wegen Sachmängeln (2 Jahre).

Aufgabe 20
Durch die Anerkennung des Anspruchs seitens des Schuldners und durch die Beantragung oder Vornahme von Vollstreckungshandlungen durch den Gläubiger.

Aufgabe 21
Die Hemmung der Verjährung bewirkt die Verlängerung der Verjährungsfrist um den Zeitraum, in dem die Verjährung gehemmt ist. Es kommt zur Hemmung der Verjährung bei schwebenden Verhandlungen zwischen den Vertragsparteien, Rechtsverfolgungsmaßnahmen des Gläubigers, Leistungsverweigerungsrechten des Schuldners und höherer Gewalt.

Aufgabe 22
Die örtliche Zuständigkeit der Gerichte

Aufgabe 23
Die Haftung des Herstellers für Schäden, die als Folge eines Fehlers seiner Produkte entstehen.

Aufgabe 24
Bei Personenschäden Haftungshöchstgrenze 85 Mio. EUR; Sachschäden sind nur zu ersetzen für Schäden an anderen Sachen als dem Produkt selbst; die beschädigte Sache muss gewöhnlich für den Privatgebrauch bestimmt sein und verwendet werden; und die Selbstbeteiligung beträgt hier 500,00 EUR.

Aufgabe 25
Der Kaufvertrag ist nur ein Verpflichtungsgeschäft, bei dem aber z.B. im Zeitpunkt des Vertragsschlusses noch kein Eigentum übergeht. Dies geschieht erst im Rahmen des Erfüllungsgeschäfts, wenn also der Verkäufer die Ware und der Käufer das Geld übergibt und übereignet und somit die Verpflichtungen erfüllt werden.

Aufgabe 26
Der Verkäufer schuldet die Übergabe und die Verschaffung des Eigentums an einer mangelfreien Ware; der Käufer schuldet die Annahme der Ware und die Zahlung des Kaufpreises.

Aufgabe 27
Kauf einer beweglichen Sache, bei dem der Käufer Verbraucher und der Verkäufer Unternehmer ist.

Aufgabe 28
Sachmangel = Abweichung von der vertraglich vereinbarten Beschaffenheit bzw. Eignung für eine bestimmte Verwendung oder – bei fehlender Vereinbarung – eine Abweichung von der üblichen Beschaffenheit bzw. Eignung; außerdem Montagefehler des Verkäufers, Montagefehler des Käufers aufgrund einer fehlerhaften Anleitung, die Lieferung einer anderen Sache als der gekauften, die Lieferung einer zu geringen Menge;
Rechtsmangel = wenn die verkaufte Sache nicht frei ist von Rechten, die Dritte gegen den Käufer geltend machen können.

Aufgabe 29
Der Käufer muss bei Mängeln dem Verkäufer in der Regel zunächst die Möglichkeit zur Nacherfüllung geben, bevor er das Recht auf Minderung, Rücktritt oder Schadensersatz geltend machen kann.

Aufgabe 30
Die Ersatzlieferung ist ein gesetzlicher Anspruch des Käufers beim Vorliegen von Sachmängeln, Umtausch beruht hingegen auf Kulanz des Verkäufers, wenn der Käufer aus subjektiven Gründen eine andere Ware haben will.

Aufgabe 31
Beim Kauf beweglicher Sachen in 2 Jahren ab Ablieferung; beim Kauf von Bauwerken und Bauteilen, die für Bauwerke verwendet wurden, in 5 Jahren; bei arglistig verschwiegenen Mängeln in 3 Jahren ab Schluss des Jahres, in dem Kenntnis vom Mangel erlangt wurde bzw. werden musste (regelmäßige Verjährungsfrist)

Aufgabe 32
Gesetzlich ist die Haftung des Verkäufers für Mängel ausgeschlossen:
- für die Mängel, die der Käufer bei Vertragsabschluss kennt bzw. die ihm infolge grober Fahrlässigkeit unbekannt geblieben sind;
- beim zweiseitigen Handelskauf, wenn der Käufer der Prüf- bzw. Rügepflicht nicht nachkommt.

Aufgabe 33
Gewährleistung ist die gesetzlich vorgeschriebene Haftung des Verkäufers bei Mängeln, Garantie ist die zusätzliche, freiwillige Haftung des Verkäufers oder eines Dritten für eine bestimmte Beschaffenheit oder Haltbarkeit.

Aufgabe 34
Vertrag, der unter ausschließlicher Nutzung von Fernkommunikationsmitteln wie Briefen, Katalogen, Telefonanrufen, E-Mails, Rundfunk, Telediensten und Mediendiensten (Internet) zustande kommt.

Aufgabe 35
Dem Verbraucher steht bei Fernabsatzverträgen ein 14-tägiges Widerrufsrecht zu; der Widerruf geschieht durch Erklärung in Textform oder Rücksendung der Ware. Die Widerrufsfrist beginnt nicht vor Erfüllung bestimmter Informationspflichten und dem etwaigen Wareneingang beim Empfänger. Das Widerrufsrecht erlischt spätestens sechs Monate nach Vertragsschluss bzw. Wareneingang; es erlischt nicht, wenn der Verbraucher nicht ordnungsgemäß über das Widerrufsrecht belehrt wurde. Das Widerrufsrecht ist in bestimmten Fällen ausgeschlossen, z.B. bei Waren, die auf den Kunden speziell zugeschnitten sind, oder bei vom Verbraucher entsiegelten CDs.

Aufgabe 36
Der Vermieter ist verpflichtet, dem Mieter den Gebrauch der Mietsache während der Mietzeit zu gewähren; der Mieter muss dem Vermieter den vereinbarten Mietzins zahlen.

Aufgabe 37
Geschuldet wird beim Dienstvertrag eine Leistung, ein vertragsgemäßes Bemühen, beim Werkvertrag wird im Gegensatz dazu die Herbeiführung eines bestimmten Arbeitsergebnisses, also ein Erfolg, geschuldet.

Aufgabe 38
Nach Werkvertragsrecht steht dem Unternehmer per Gesetz ein Unternehmerpfandrecht zu. Besteht das Werk in der Herstellung einer beweglichen Sache, kommt zur Sicherung ein gesetzliches Zurückbehaltungsrecht oder ein vertraglicher Eigentumsvorbehalt in Frage. Der Unternehmer eines Bauwerks kann – wenn der Auftraggeber gleichzeitig der Grundstückseigentümer ist – für seine Forderung die Eintragung einer Sicherungshypothek verlangen. Jeder Bauhandwerker kann zudem eine Sicherheitsleistung (z.B. Bankbürgschaft) verlangen.

Aufgabe 39
Der Darlehensgeber verpflichtet sich, dem Darlehensnehmer entweder Geld oder vertretbare Sachen auf Zeit zu überlassen. Der Darlehensnehmer ist verpflichtet, nach Ablauf der Zeit eine Sache gleicher Art und Güte zurückzugeben.

Aufgabe 40
Ein miet- oder pachtähnliches Vertragsverhältnis, bei dem einem Leasingnehmer ein von ihm gewünschtes Leasingobjekt (z.B. ein Kfz) vom dem Leasinggeber zur Nutzung gegen Entgelt zur Verfügung gestellt wird

Aufgabe 41
Unmöglichkeit der Leistung, Schuldnerverzug, Gläubigerverzug, Schlechtleistung (Mängel)

Aufgabe 42
Der Erfüllungsort ist der Ort, an dem Schuldner rechtzeitig das zur Leistung Erforderliche tun muss. Er wird bestimmt durch Vereinbarung oder sonstige Umstände, aus denen sich der Erfüllungsort ergibt, ansonsten durch § 269 BGB, wonach der Erfüllungsort der Sitz des jeweiligen Schuldners ist.

Aufgabe 43
Holschuld: Erfüllungsort beim Schuldner, Schickschuld: ebenfalls, aber es liegt zusätzlich eine Versendungsvereinbarung vor; Bringschuld: Erfüllungsort beim Gläubiger

Aufgabe 44
Man unterscheidet grundsätzlich zwischen materiellen Schäden (Vermögensschäden) und immateriellen Schäden (Nichtvermögensschäden). Bei den Vermögensschäden wird weiter unterschieden zwischen Vermögensschäden, die auftreten als Folge einer Verletzung der in § 823 (1) BGB genannten „absoluten" Rechte, und reinen Vermögensschäden.

Aufgabe 45
Objektive Unmöglichkeit (niemand ist in der Lage, die geschuldete Leistung zu erbringen) und subjektive Unmöglichkeit (nur der Schuldner ist nicht in der Lage, die Leistung zu erbringen)

Aufgabe 46
Der Schuldner wird von seiner Leistungspflicht frei, verliert aber auch den Anspruch auf die Gegenleistung. Hat der Schuldner die Unmöglichkeit verschuldet, kann der Gläubiger Schadensersatz statt der Leistung verlangen.

Aufgabe 47
Schuldnerverzug tritt i. d. R. mit Mahnungszugang beim Schuldner ein.
Verzugseintritt ohne Mahnung:
- wenn die Fälligkeit vertraglich nach Kalender bestimmt oder bestimmbar ist;
- bei endgültiger, ernsthafter Leistungsverweigerung durch den Schuldner („Selbstinverzugsetzung");
- im Falle von Entgeltforderungen auch mit dem Ablauf von 30 Tagen (also am 31. Tag) nach Rechnung und Fälligkeit. Ist der Schuldner Verbraucher, muss er allerdings vorher in der Rechnung auf diese Rechtsfolge hingewiesen worden sein.

Aufgabe 48
Der Gläubiger kann vom Schuldner neben der Erfüllung den sog. „Schadensersatz neben der Leistung" (auch „Verzugsschaden") verlangen, der alle Kosten umfasst, die aufgrund des Verzugs entstanden sind. Außerdem ist beim Zahlungsverzug die Geldschuld ab Verzugseintritt zu verzinsen. Nach Ablauf einer angemessenen Nachfrist kann der Gläubiger auch zurücktreten oder unter Ablehnung der Leistung einen Schadensersatz statt der Leistung verlangen.

Aufgabe 49
Wenn eine angebotene, ordnungsgemäße Leistung zur rechten Zeit, am rechten Ort durch einen leistungsfähigen Schuldner vom Gläubiger nicht angenommen wird

Aufgabe 50
Die Haftung für eine unerlaubte Handlung nach den §§ 823 ff. BGB.

1.3 BGB Sachenrecht

Lehrbuch Band 2, Seite 75 f.

Aufgabe 1
Eigentum ist die rechtliche Herrschaft über eine Sache, Besitz ist die tatsächliche Herrschaft über eine Sache.

Aufgabe 2
Durch Einigung und Übergabe (§ 929 Satz 1 BGB)

Aufgabe 3
Eigentumserwerb vom Nichteigentümer ist möglich, wenn der Veräußerer vom Eigentümer dazu ermächtigt war oder wenn der Erwerber den Veräußerer gutgläubig für den Eigentümer hält (nicht möglich bei abhanden gekommenen Sachen).

Aufgabe 4
Der Eigentumserwerb ist hierbei kein Rechtsgeschäft, er erfolgt durch eine tatsächliche Handlung:
- Grundstücksverbindung nach § 946 BGB: Werden bewegliche Sachen zu einem wesentlichen Bestandteil eines Grundstücks, wird der Eigentümer des Grundstücks Eigentümer der mit dem Grundstück verbundenen Sache.
- Verbindung beweglicher Sachen miteinander (§ 947 BGB): Werden bewegliche Sachen wesentliche Bestandteile einer anderen Sache, so werden die bisherigen Eigentümer Miteigentümer dieser Sache. Falls eine der Sachen als Hauptsache anzusehen ist, wird deren Eigentümer Alleineigentümer.
- Verarbeitung (§ 950): Wer durch Verarbeitung von Sachen eine neue Sache herstellt, wird Eigentümer der neuen Sache.

Aufgabe 5
Der einfache Eigentumsvorbehalt ist die Vereinbarung, dass der Verkäufer bis zur vollständigen Bezahlung Eigentümer der Ware bleibt. Der einfache Eigentumsvorbehalt geht unter bei Weiterverkauf an einen Dritten (mit Ermächtigung bzw. bei Gutgläubigkeit), wenn die gelieferte Sache wesentlicher Bestandteil eines Hauses oder Grundstücks wird oder bei Verbindung oder Verarbeitung der gelieferten Ware.

Aufgabe 6
Beim erweiterten Eigentumsvorbehalt behält sich der Verkäufer sein Eigentum auch an den schon bezahlten Waren vor, bis alle Waren bezahlt sind. Beim verlängerten Eigentumsvorbehalt werden vom Käufer (z.B. Händler) diejenigen Forderungen an den Verkäufer (z.B. Lieferant) im Voraus abgetreten, die der Käufer durch die Weiterveräußerung der Waren erwerben wird.

Aufgabe 7
Verpfändung: Gläubiger wird Besitzer, Schuldner bleibt Eigentümer;
Sicherungsübereignung: Gläubiger wird Eigentümer, Schuldner bleibt Besitzer

Aufgabe 8
Der Gläubiger muss das Sicherungsgut lagern und der Schuldner kann es nicht nutzen.

Aufgabe 9
Der Schuldner behält das Sicherungsgut in seinem Besitz, daher ist für den Gläubiger keine Lagerung erforderlich und der Schuldner kann das Sicherungsgut weiterhin zur Umsatzerzielung nutzen; aus den Erlösen kann das Darlehen getilgt werden.

Aufgabe 10
Die Hypothek ist an das Bestehen einer bestimmten Forderung gebunden, die Grundschuld nicht.

Aufgabe 11
Bei den Realkrediten erfolgt die Sicherung des Kredits durch eine Sache („dingliche Sicherung"), bei den Personalkrediten dient die Bonität von Personen als Sicherheit.

Aufgabe 12
Bei einer Bürgschaft verpflichtet sich ein Bürge gegenüber einem Gläubiger (Kreditgeber), für die Erfüllung der Verbindlichkeiten eines Schuldners (Hauptschuldner) einzustehen.

Aufgabe 13
Bei einer Ausfallbürgschaft hat der Bürge das Recht der „Einrede der Vorausklage", d.h. er kann die Befriedigung des Gläubigers verweigern, solange nicht der Gläubiger eine Zwangsvollstreckung gegen den Hauptschuldner erfolglos versucht hat; bei einer selbstschuldnerischen Bürgschaft hat der Bürge das Recht der Einrede der Vorausklage nicht.

Aufgabe 14
Beim Zessionskredit überträgt der Schuldner (Kreditnehmer) einem Gläubiger (Kreditgeber) vertraglich Forderungen, die er gegen Dritte („Drittschuldner") hat.

Aufgabe 15
Bei einem Insolvenzverfahren handelt es sich um ein Gesamtvollstreckungsverfahren in das Vermögen eines Schuldners durch die Verwertung der Gesamtheit des Vermögens mit Ausnahme der unpfändbaren Gegenstände („Insolvenzmasse").

Aufgabe 16
Verbraucherinsolvenzverfahren: natürliche Personen, d.h. Verbraucher und ehemalige Selbstständige und Kleingewerbetreibende, sofern diese weniger als 20 Gläubiger und keine Verbindlichkeiten gegenüber Arbeitnehmern haben;
Regelinsolvenzverfahren: juristische Personen und natürliche Personen, die bei Insolvenzantrag selbstständig tätig sind oder die selbstständig tätig waren, wenn noch Verbindlichkeiten gegenüber Arbeitnehmern bestehen, oder bei mehr als 19 Gläubigern

Aufgabe 17
Zahlungsunfähigkeit, drohende Zahlungsunfähigkeit, Überschuldung bei juristischen Personen

Aufgabe 18
Aussonderung: Beim Gemeinschuldner befindliches fremdes Eigentum wird an den jeweiligen Eigentümer zurückgegeben. (Im Gegensatz dazu werden bei der Absonderung Gegenstände vorweg zu Geld gemacht und der Gläubiger erhält den Erlös.)

Aufgabe 19
Zunächst Versuch der außergerichtlichen Einigung mit den Gläubigern. Gelingt dies nicht: gerichtliches Schuldenbereinigungsverfahren; dazu stellt der Schuldner einen Antrag auf Insolvenzeröffnung; bevor das Insolvenzverfahren eröffnet wird, prüft das Gericht die Erfolgsaussichten eines gerichtlichen Schuldenbereinigungsplans und stellt gegebenenfalls diesen den Gläubigern zu. Scheitert auch der gerichtliche Einigungsversuch, wird das Verbraucherinsolvenzverfahren eröffnet. Ist das Insolvenzverfahren abgeschlossen und sind noch Restforderungen offen, besteht für natürliche Personen die Möglichkeit, von den im Insolvenzverfahren nicht erfüllten Schulden befreit zu werden (Restschuldbefreiung). Der Restschuldbefreiung geht eine sechs Jahre dauernde „Wohlverhaltensphase" voraus.

1.4 Handelsgesetzbuch

Lehrbuch Band 2, Seite 83

Aufgabe 1
Istkaufmann: jeder, der ein Gewerbe betreibt, es sei denn, es handelt sich um ein Kleingewerbe.

Aufgabe 2
Unter Gewerbe versteht man jede erlaubte, auf Gewinn ausgerichtete, auf gewisse Dauer angelegte, selbstständige Tätigkeit mit Ausnahme der freien Berufe.

Aufgabe 3
Ja, durch die freiwillige Eintragung in das Handelsregister.

Aufgabe 4
Kapitalgesellschaften (GmbH, AG und KGaA) sind Kaufmann aufgrund ihrer Rechtsform.
Besonderheit: Sie sind auch dann Kaufmann, wenn kein Gewerbe betrieben wird.

Aufgabe 5
Ein Scheinkaufmann ist jemand, der durch sein Auftreten im Geschäftsverkehr den Eindruck erweckt, er sei Kaufmann (Rechtsschein). Er wird von der Rechtsprechung im Hinblick auf die belastenden Folgen der Kaufmannseigenschaft behandelt wie ein Kaufmann; die Vorschriften des Handelsrechts werden also nur gegen, nicht aber für den Scheinkaufmann angewandt.

Aufgabe 6
Firma = Name eines Kaufmanns, unter dem er seine Geschäfte betreibt

Aufgabe 7
Firmenzusatz, Firmenwahrheit und -klarheit, Firmenöffentlichkeit, Firmenausschließlichkeit

Aufgabe 8
… amtliches Verzeichnis aller Kaufleute eines Amtsgerichtsbezirkes

Aufgabe 9
Grundsätzlich tut die Eintragung nur Tatsachen kund, die bereits entstanden sind (= „deklaratorische" bzw. „rechtsbezeugende" Wirkung). In einigen Fällen jedoch werden die Tatsachen erst mit der Eintragung wirksam (= „konstitutive" bzw. „rechtserzeugende" Wirkung).

Aufgabe 10
Die Geschäftsführungsbefugnis bestimmt das rechtliche Dürfen im Innenverhältnis, d.h. im Verhältnis der Gesellschafter untereinander. Die Vertretungsmacht bestimmt dagegen das rechtliche Können im Außenverhältnis, z.B. gegenüber Kunden, Lieferanten und Banken.

Aufgabe 11
Handlungsvollmachten: Erteilung per ausdrücklicher Erklärung oder Duldung, geschieht durch den Kaufmann oder seine Stellvertreter und kann nicht per Handelsregistereintrag bekannt gemacht werden; Prokura: kann nur ausdrücklich, nie durch Duldung und nur durch den Geschäftsinhaber erteilt werden. Die Erteilung einer Prokura kann und muss ins Handelsregister eingetragen werden.

Aufgabe 12
Die Generalvollmacht ermächtigt zu allen gewöhnlichen Geschäften eines derartigen Unternehmens, die Prokura zu allen „gerichtlichen und außergerichtlichen", d.h. zu allen gewöhnlichen und außergewöhnlichen Handlungen, die der Betrieb (irgend-)eines Handelsgewerbes mit sich bringt.

Aufgabe 13
Der Handelsvertreter ist bei der Vermittlung oder dem Abschluss von Verträgen ständig für einen anderen tätig; der Handelsmakler ist nur bei der Vermittlung von bestimmten Verträgen tätig, und dies nicht ständig für eine bestimmte Person. Der Kommissionär kauft oder verkauft Waren oder Wertpapiere im eigenen Namen, jedoch für Rechnung eines anderen.

1.5 Arbeitsrecht

Lehrbuch Band 2, Seite 119 bis 121

Aufgabe 1
Das individuelle Arbeitsrecht regelt die Beziehungen zwischen Arbeitgebern und Arbeitnehmern. Dazu zählt die Ausgestaltung der zwischen den Parteien ausgehandelten Verträge. Das kollektive Arbeitsrecht regelt die Beziehungen zwischen Arbeitgebern oder Arbeitgeberverbänden einerseits und Zusammenschlüssen der Arbeitnehmer (Gewerkschaften oder Betriebsräte) andererseits.

Aufgabe 2
Da das Arbeitsschutzrecht sich insbesondere auf die Beziehungen zwischen dem einzelnen Arbeitnehmer und dem Arbeitgeber auswirkt, gehört es zum individuellen Arbeitsrecht, gleichwohl ist es öffentliches Recht und nicht zwischen den beiden Parteien verhandelbar.

Aufgabe 3
Nach dem Günstigkeitsprinzip darf eine Vereinbarung oder Vorschrift nur dann für einen Arbeitnehmer gelten, wenn es auf der nächsthöheren Stufe keine für ihn günstigere Regelung gibt.

Aufgabe 4
Der Arbeitsvertrag ist ein privatrechtlicher Vertrag zur Begründung eines Schuldverhältnisses über die entgeltliche und persönliche Erbringung einer Dienstleistung zwischen Arbeitgeber und Arbeitnehmer.

Aufgabe 5
Der Arbeitsvertrag definiert aufgrund der übereinstimmenden Willenserklärungen der Vertragspartner die Bedingungen für das zukünftige Arbeitsverhältnis zwischen Arbeitgeber und Arbeitnehmer und begründet dieses.

Aufgabe 6
Er ist dauerhaft persönlich und wirtschaftlich abhängig, arbeitet unselbstständig und fremdbestimmt und unterliegt dem Direktions- und Weisungsrecht des Arbeitgebers.

Aufgabe 7
Weil keines der genannten Merkmale zutrifft

Aufgabe 8
Sie sind meist selbstständige Unternehmer, allerdings wirtschaftlich von ihrem – häufig einzigen – Auftraggeber abhängig, jedoch nicht in die Organisation eingebunden, und haben die Möglichkeit der freien Zeiteinteilung.

Aufgabe 9
Abschlussfreiheit: Niemand kann zum Abschluss eines Arbeitsvertrages gezwungen werden.
Formfreiheit: Der Arbeitsvertrag bedarf keiner besonderen Form und kann grundsätzlich sogar mündlich geschlossen werden.
Inhaltsfreiheit: Unter Wahrung der üblichen zwingenden Rechtsvorschriften kann der Inhalt z. B. in Bezug auf die Tätigkeit, die Arbeitszeiten und die Bezahlung frei vereinbart werden.

Aufgabe 10
Wenn er im Irrtum, aufgrund von Übermittlungsfehlern oder unter einer widerrechtlichen Drohung abgeschlossen wurde

Aufgabe 11
Ein eventuell entstandenes faktisches Arbeitsverhältnis kann sofort (ohne Kündigung) beendet werden. Eine ggf. entstandene Leistung des „Arbeitnehmers" ist zu bezahlen.

Aufgabe 12
Die **normale** Version eines Arbeitsvertrags begründet ein unbefristetes Vollzeitarbeitsverhältnis mit Bedingungen, die in vollem Umfang den tariflichen Bedingungen entsprechen. Das **befristete Arbeitsverhältnis** gilt als für eine bestimmte Zeit geschlossen. Das **Teilzeit-Arbeitsverhältnis** verpflichtet den Arbeitnehmer, nur an einem Bruchteil der tariflichen Wochenarbeitszeit zu arbeiten. Die Lage der Arbeitszeit kann unterschiedlich geregelt sein. Das **Berufsausbildungsverhältnis** beinhaltet vorwiegend die Ausbildung eines Auszubildenden nach dem BBiG, nicht jedoch eine definierte Arbeitsleistung. Bei einem **Minijob-Arbeitsverhältnis** arbeitet der Arbeitnehmer monatlich für ein Entgelt, das 400,00 EUR im Monat nicht überschreitet.

Aufgabe 13
Arbeitnehmer: Arbeitspflicht, Treuepflicht, Haftung für Schäden, sofern vorsätzlich oder durch grobes Verschulden verursacht, sowie bestimmte Pflichten über das Vertragsende hinaus;
Arbeitgeber: Entgeltzahlung, Beschäftigung, Fürsorgepflicht

Aufgabe 14
Arbeitspflicht ist die Hauptleistung aus dem Arbeitsvertrag; Inhalt, Ort und Umfang der Tätigkeit richten sich grundsätzlich nach dem vereinbarten Arbeitsvertrag; der Arbeitnehmer unterliegt dem Weisungsrecht des Arbeitgebers; die Zuweisung niedriger bezahlter Arbeit ist nicht zulässig; der Arbeitnehmer schuldet das pflichtgemäße Bemühen, aber nicht grundsätzlich den Erfolg wie beim Werkvertrag.

Aufgabe 15
Die Treuepflicht ist eine Nebenpflicht aus dem Arbeitsvertrag, unter der eine Reihe von allgemeinen Pflichten zusammengefasst sind, z. B. Pflicht zur Abwehr von Schäden vom Unternehmen etwa durch Anzeige drohender Gefahren, Pflicht zur Verschwiegenheit vor allem über Betriebsgeheimnisse, Verbot der Annahme von Schmiergeldern, Wettbewerbsverbot und Verbot der Abwerbung von Kunden, Pflicht zur Erhaltung des Betriebsfriedens.

Aufgabe 16
Ein Arbeitsvertrag ist kein schuldrechtlicher Vertrag wie jeder andere, denn gerade beim Arbeitsvertrag machen neben der Leistung des Arbeitnehmers eine Reihe von anderen Faktoren den Erfolg der Arbeit aus, z.B. bestehende Arbeitsanweisungen, ablaufende Prozesse, Kollegen, Vorgesetzte, zur Verfügung stehende Arbeitsmittel, Kunden und Lieferanten des Unternehmens. Grundvoraussetzung für eine Haftung ist deshalb eine schuldhafte Pflichtverletzung des Arbeitnehmers.

Aufgabe 17
Leichte Fahrlässigkeit: Eine Kellnerin in einem Restaurant vertauscht zwei Weinflaschen und schenkt einem Gast den falschen Wein ein.
Mittlere Fahrlässigkeit: Ein Facharbeiter stellt eine Maschine entgegen einer vorhandenen Checkliste falsch ein. Daraufhin ergibt sich eine Fehlproduktion von 500 Kunststoffteilen.
Grobe Fahrlässigkeit: Ein Facharbeiter lässt entgegen der ausdrücklichen Anweisung eine Maschine für die Länge einer Raucherpause unbeaufsichtigt und verursacht einen Maschinenschaden von 3.000,00 EUR.

Aufgabe 18
Der Arbeitnehmer haftet hier unbeschränkt.

Aufgabe 19
Beim innerbetrieblichen Schadensausgleich teilen sich Arbeitgeber und Arbeitnehmer den Schaden in einem der Situation und der Art des Verschuldens angemessenen Verhältnis.

Aufgabe 20
Zeitlohn, wie Wochenlohn, Monatslohn oder Gehalt; Leistungslohn, wie Akkordlohn oder Prämienlohn; Gehalt, Sonderzuwendungen, wie Urlaubs- oder Weihnachtsgeld; Zulagen/Zuschläge, wie Schmutz- oder Erschwerniszulagen oder Überstundenzuschläge; Sachbezüge, wie Pkw-Überlassung oder verbilligte Produkte des Unternehmens.

Aufgabe 21
Arbeitsausfall, Annahmeverzug des Arbeitgebers, für gesetzliche Feiertage, Erholungsurlaub und Krankheit des Arbeitnehmers

Aufgabe 22
Wird ein Arbeitnehmer, dessen Arbeitsverhältnis mindestens vier Wochen ununterbrochen besteht, durch Arbeitsunfähigkeit infolge Krankheit an seiner Arbeitsleistung verhindert, ohne dass ihn ein Verschulden trifft, hat er nach § 3 EntgFG Anspruch auf Entgeltfortzahlung durch den Arbeitgeber für längstens sechs Wochen. Bei Unfällen ist zu prüfen, ob ein Verschulden des Arbeitnehmers vorliegt.

Aufgabe 23
Der Arbeitgeber beschäftigt den Arbeitnehmer nicht mehr, obwohl der Arbeitnehmer seine Arbeitskraft anbietet. Dies ist regelmäßig bei Freistellung des Arbeitnehmers der Fall. Der Arbeitnehmer hat in diesem Fall das Recht auf volle Weiterzahlung der Bezüge.

Aufgabe 24
Zur Fürsorgepflicht gehört das Treffen von Vorkehrungen zum Schutz des Arbeitnehmers, um Gefahren für Leben und Gesundheit von ihm abzuwenden. Daneben muss der Arbeitgeber im Rahmen seiner Möglichkeiten Sorge tragen für den Schutz des Eigentums, der Ehre und der Gleichbehandlung.

Aufgabe 25
Tod des Arbeitnehmers, Liquidation des Unternehmens, Ablauf einer Befristung, Aufhebungsvertrag, Kündigung

Aufgabe 26
Befristete Arbeitsverträge sind grundsätzlich nur zulässig, wenn sie durch einen sachlichen Grund gerechtfertigt sind oder das Gesetz eine Befristung ohne sachliche Gründe zulässt.

Aufgabe 27
Hierbei handelt es sich um ein Arbeitsverhältnis zwischen einem Arbeitgeber und seinem Arbeitnehmer, das auf mehreren befristeten Arbeitsverträgen basiert, die in der Weise aneinander „gekettet" werden, dass mit Fristablauf eines Arbeitsvertrages die Frist des nächsten Arbeitsvertrages beginnt. Solche Arbeitsverträge sind grundsätzlich unzulässig.

Aufgabe 28
Ein Aufhebungsvertrag ist eine schuldrechtliche Vereinbarung zwischen Arbeitgeber und Arbeitnehmer, in der beide übereinkommen, das Arbeitsverhältnis zu einem vereinbarten Zeitpunkt zu beenden. Das Arbeitsverhältnis ist mit Eintritt des vereinbarten Zeitpunkts beendet.

Aufgabe 29
Eine Kündigung ist eine einseitige, empfangsbedürftige Willenserklärung, die auf die Beendigung eines Dauerschuldverhältnisses mit Wirkung für die Zukunft gerichtet ist.

Aufgabe 30
Die Kündigung wird erst wirksam mit ihrem Zugang beim jeweiligen Empfänger. Der Zugang der Kündigung muss vom Kündigenden bewiesen werden, sofern der Gekündigte den Zugang bestreitet. Genau darin liegt das Problem. Im Prinzip kann der Beweis nur durch eine Empfangsbestätigung oder persönliche Übergabe unter Zeugen erbracht werden.

Aufgabe 31
Sofern in dem Betrieb ein Betriebsrat existiert, bedarf sowohl die ordentliche als auch die außerordentliche Kündigung der Anhörung des Betriebsrates. Eine ohne Anhörung des Betriebsrates ausgesprochene Kündigung ist nichtig. Der Betriebsrat kann einer ordentlichen Kündigung innerhalb von einer Woche, einer außerordentlichen Kündigung unverzüglich, spätestens jedoch innerhalb von drei Tagen schriftlich unter Angabe von Gründen widersprechen. Der Anhörungsbogen an den Betriebsrat muss alle relevanten Informationen als Entscheidungsgrundlage enthalten. Sofern der Betriebsrat bei einer ordentlichen Kündigung widerspricht, hat der Arbeitnehmer ein Recht auf Weiterbeschäftigung bis zur Entscheidung des Arbeitsgerichts im Rahmen eines Kündigungsschutzprozesses.

Aufgabe 32
Die ordentliche Kündigung erfolgt unter Einhaltung der gesetzlichen, vertraglichen oder tarifvertraglichen Kündigungsfrist; die außerordentliche (fristlose) Kündigung kann erfolgen, wenn ein wichtiger Grund vorliegt.

Aufgabe 33
Strafbare Handlungen; Arbeitsverweigerung oder mutwillige Zerstörung von Arbeitsgeräten; grobe Beleidigungen sowie rassistische Äußerungen; sexuelle Belästigung am Arbeitsplatz; Vornahme vorsätzlicher falscher Spesenabrechnung; eigenmächtiger Urlaubsantritt (Selbstbeurlaubung); gravierender Verstoß gegen ein Wettbewerbsverbot

Aufgabe 34
Betriebsgröße: Vor dem 01.01.2004: mehr als fünf Arbeitnehmer; nach dem 31.12.2003: mehr als zehn Arbeitnehmer; Dauer des Arbeitsverhältnisses zum Zeitpunkt der Kündigung: sechs Monate

Aufgabe 35
Nach § 1 KSchG ist eine Kündigung grundsätzlich nur dann sozial gerechtfertigt und damit rechtswirksam, wenn sie durch Gründe, die in der Person oder in dem Verhalten des Arbeitnehmers liegen, oder durch dringende betriebliche Erfordernisse, die einer Weiterbeschäftigung des Arbeitnehmers in diesem Betrieb entgegenstehen, bedingt ist.

Aufgabe 36
Die Abmahnung ist eine vom Arbeitgeber ausgesprochene förmliche Missbilligung wegen der Verletzung arbeitsvertraglicher Pflichten durch den Arbeitnehmer, verbunden mit der Nennung arbeitsrechtlicher Konsequenzen im Wiederholungsfall. Der Arbeitgeber muss bestimmte formale Voraussetzungen beachten, z.B. konkrete Beschreibung des Fehlverhaltens, zeitnahe Erteilung, klare Aussage über arbeitsrechtliche Konsequenzen etc.

Aufgabe 37
Werdende Mütter, Schwerbehinderte, Auszubildende, Betriebsratsmitglieder, Wehrdienstleistende

Aufgabe 38
Pflichten des Ausbildenden: Vermittlung der notwendigen Fertigkeiten nach dem Ausbildungsrahmenplan, kostenlose Überlassung von Ausbildungsmitteln, Beachtung der Vorschriften des Jugendarbeitsschutzes und des Unfallschutzes, Freistellung für Berufsschule und andere Ausbildungsmaßnahmen, Bereitstellung geeigneter Ausbilder und Ausbildungsstätten;

Pflichten des Auszubildenden: Aneignung von Fertigkeiten und Kenntnissen, pflegliche Behandlung von Maschinen und Einrichtungen, Besuch der Berufsschule, sorgfältige Ausführung übertragener Arbeiten, Führung von Ausbildungsnachweisen, Wahrung von Betriebsgeheimnissen, Beachtung der Betriebsordnung

Aufgabe 39
Der Betriebsrat und der Arbeitgeber arbeiten zum Wohl der Arbeitnehmer und des Betriebs zusammen. Der Betriebsrat hat die Einhaltung der im Betrieb geltenden Betriebsvereinbarungen, Tarifverträge und Gesetze zu überwachen sowie bei arbeitsrechtlichen Auseinandersetzungen zwischen Arbeitgeber und Belegschaft zu vermitteln.

Aufgabe 40
Informationsrechte: z.B. über die Personalplanung oder über die wirtschaftliche Situation des Betriebes;
Vorschlags- und Beratungsrechte: z.B. über die Gestaltung der Arbeitsplätze und der Sozialräume oder bei Betriebsänderungen;
Mitwirkungsrechte: z.B. bei Einstellungen, Versetzungen, Kündigungen;
Mitbestimmungsrechte: Lage der Arbeitszeit und der Pausen, Urlaubsplanung, betriebliche Berufsbildung

Aufgabe 41
Wenn Arbeitgeber und Betriebsrat in einer mitbestimmungspflichtigen Angelegenheit keine Einigung erzielen, kann jeder Verhandlungspartner die Einsetzung einer Einigungsstelle verlangen. Diese dient zur Beilegung von Streitigkeiten zwischen Arbeitgeber und Betriebsrat im Rahmen der erzwingbaren Mitbestimmung. Der Spruch der Einigungsstelle ist verbindlich. Die Parteien müssen sich dieser Entscheidung unterwerfen.

Aufgabe 42
Sofern sich Arbeitgeber und Betriebsrat über eine die Mitarbeiter betreffende Angelegenheit geeinigt haben, können sie dies in einer Betriebsvereinbarung schriftlich fixieren. Die Inhalte können alle Bereiche des betrieblichen Geschehens betreffen.

Aufgabe 43
Die Tarifautonomie untersagt dem Staat eine direkte Einflussnahme auf die Ergebnisse der Verhandlungen zwischen den Tarifparteien. Die Tarifpartner sind in ihren Entscheidungen hinsichtlich des Abschlusses von Tarifbedingungen völlig autonom, d.h. unabhängig.

Aufgabe 44
Lohn- und Gehaltstarifverträge, Manteltarifverträge, Rahmentarifverträge

Aufgabe 45
Sicherheitsbeauftragter, Arbeitgeber, Betriebsrat und Arbeitnehmer selbst

Aufgabe 46
Gewerbeaufsichtsämter und Berufsgenossenschaften

Aufgabe 47
Die Arbeitsplätze für Schwerbehinderte müssen leidensgerecht ausgestattet sein. Schwerbehinderte genießen einen erweiterten Kündigungsschutz, sie haben einen Anspruch auf zusätzlichen Urlaub von fünf Arbeitstagen.

Aufgabe 48
Jugendliche befinden sich zumeist noch in einer körperlichen und seelischen Entwicklung. Zudem ist ihre Belastbarkeit eingeschränkt. Aus diesem Grund sieht das Gesetz zahlreiche Schutzvorschriften vor.

Aufgabe 49
Die wesentlichen Regeln sehen vor, dass während der Schwangerschaft und bis zu vier Monate nach der Entbindung sowie während der Elternzeit keine Kündigung erfolgen darf, dass für werdende Mütter grundsätzlich ein Beschäftigungsverbot gilt, wenn Gefahren für die Schwangere oder das Kind bestehen, dass Schwangere während der letzten sechs Wochen der Schwangerschaft und acht Wochen nach der Entbindung überhaupt nicht beschäftigt werden dürfen, dass nach der Entbindung eine Elternzeit von 36 Monaten genommen werden kann, die wahlweise der Mutter oder dem Vater zusteht. In dieser Zeit wird für maximal 14 Monate ein Elterngeld gezahlt.

1.6 Grundsätze des Wettbewerbsrechts

Lehrbuch Band 2, Seite 127 f.

Aufgabe 1
Zum einen aus dem Recht gegen den unlauteren Wettbewerb, das die anderen Marktteilnehmer vor unlauteren Verhaltensweisen schützen soll; wichtigste gesetzliche Grundlage: Gesetz gegen den unlauteren Wettbewerb (UWG); zum anderen aus dem Recht gegen Wettbewerbsbeschränkungen, das die Existenz von Wettbewerb sicherstellen soll; Grundlage: Gesetz gegen Wettbewerbsbeschränkungen (GWB)

Aufgabe 2
Schleichwerbung, unwahre Behauptungen über Mitbewerber, Herabsetzung von Mitbewerbern, Zuwiderhandlungen gegen gesetzliche Mussvorschriften, gezielte Behinderung von Mitbewerbern

Aufgabe 3
Sie ist nur unter bestimmten Umständen unzulässig, z.B. wenn sie unwahre Behauptungen enthält. Auch wahre Angaben sind unlauter, wenn z.B. der Vergleich die Waren oder Leistungen oder das Unternehmen eines Mitbewerbers herabsetzt bzw. verunglimpft.

Aufgabe 4
Wer unlautere geschäftliche Handlungen vornimmt, kann von Mitbewerbern, von bestimmten Verbänden, den Industrie- und Handelskammern und den Handwerkskammern auf Beseitigung und auf Unterlassung in Anspruch genommen werden; geschädigten Mitbewerber stehen außerdem Schadensersatzansprüche zu. Wurde durch eine vorsätzliche Zuwiderhandlung ein Gewinn auf Kosten einer Vielzahl von Abnehmern erzielt, kann der Verletzer von den o. g. Verbänden und Kammern zur Herausgabe des Gewinns gezwungen werden, der dann dem Bundeshaushalt zufließt (Gewinnabschöpfungsanspruch).

Aufgabe 5
Bei einer Kartellvereinbarung vereinbaren rechtlich selbstständig bleibende Unternehmen ein gemeinschaftliches Handeln in bestimmten Bereichen, z.B. im Hinblick auf Preise und Konditionen.

Aufgabe 6
Die Missbrauchsaufsicht bei Marktbeherrschung und die Kontrolle von Unternehmenszusammenschlüssen („Fusionskontrolle").

Aufgabe 7
Wenn es als Anbieter oder Nachfrager keinem wesentlichen Wettbewerb ausgesetzt ist oder wenn es eine überragende Marktstellung hat aufgrund eines hohen Marktanteils, besonderer Finanzkraft, besonderen Zugangs zu Absatz- und Beschaffungsmärkten.

Aufgabe 8
Ein geplanter Zusammenschluss von Unternehmen muss ab einer bestimmten Umsatzhöhe der beteiligten Unternehmen beim Bundeskartellamt angemeldet werden; das Bundeskartellamt kann den Zusammenschluss untersagen, wenn durch den Zusammenschluss eine marktbeherrschende Stellung begründet bzw. verstärkt wird.

1.7 Grundsätze des Gewerberechts

Lehrbuch Band 2, Seite 127

Aufgabe 1
Der Gewerbeordnung unterliegt nur, wer ein Gewerbe betreibt.

Aufgabe 2
Bei Vorliegen eines berechtigten Interesses werden Auskünfte aus dem Gewerberegister über Namen, Betriebsanschrift und angezeigte Tätigkeit des jeweiligen Gewerbes erteilt. Für die Mitteilung weiterer Daten ist der Nachweis eines rechtlichen Interesses (z.B. Anspruchsverfolgung) notwendig.

Aufgabe 3
Dass jedermann frei ist, selbstständig ein Gewerbe auszuüben, solange die Tätigkeit nicht verboten ist

Aufgabe 4
Erlaubnisfrei ist ein Gewerbe, das mit der Gewerbeanmeldung beim Gewerbeamt ohne weitere Prüfung sofort begonnen werden kann. Erlaubnispflichtige Gewerbe können erst nach Erteilung der behördlichen Genehmigung (Konzession) begonnen werden, für die i. d. R. bestimmte Nachweise erforderlich sind (Beispiele: Gaststättengewerbe, Handel mit Arzneimitteln). Überwachungsbedürftige Gewerbe sind an und für sich erlaubnisfrei, die zuständige Behörde überprüft aber die persönliche Zuverlässigkeit des Gewerbetreibenden (Beispiele: Detekteien, Schlüsseldienste).

Aufgabe 5
Zum Beispiel Gewerbeordnung, Lebensmittelhygiene-Verordnung, Jugendschutzgesetz, Jugendarbeitsschutzgesetz

2 Steuern

2.1 Grundbegriffe des Steuerrechts

Lehrbuch Band 2, Seite 140

Aufgabe 1
Steuern sind *Geldleistungen*, die *keine Gegenleistung* für eine besondere Leistung darstellen und von einem *öffentlich-rechtlichen Gemeinwesen allen* auferlegt werden, bei denen der *Tatbestand* zutrifft, an den das Gesetz die Leistungspflicht knüpft; die Erzielung von Einnahmen kann Nebenzweck sein.
Gebühren sind Zahlungen für besondere Leistungen einer öffentlichen Körperschaft oder für die (freiwillige oder erzwungene) Inanspruchnahme von öffentlichen Einrichtungen.
Abgaben werden zum Ausgleich einer indirekten Leistung erhoben und stellen einen Aufwandsersatz für die mögliche Inanspruchnahme einer konkreten Leistung einer öffentlichen Einrichtung dar.

Aufgabe 2
Prinzip der Leistungsfähigkeit, Sozialstaatsprinzip, Prinzip der Gesetzmäßigkeit und Prinzip der Gleichmäßigkeit der Besteuerung

Aufgabe 3
Steuerpflichtiger: Er verwirklicht den Tatbestand der steuerlichen Leistungspflicht.
Steuerschuldner: Bei ihm wird der Tatbestand realisiert, an den das Gesetz die Steuerpflicht knüpft.
Steuerzahler: derjenige, der die Steuern zahlt;
Steuerträger: derjenige, der durch die Steuer wirtschaftlich belastet wird

Aufgabe 4
Bemessungsgrundlage ist die Wert- oder Mengengröße, die das Steuerobjekt quantifiziert.

Aufgabe 5
Steuersatztarif: Hier wird die Steuer in Prozent oder Promille von der Bemessungsgrundlage berechnet, z. B. 19 % Umsatzsteuer.
Steuerbetragtarif: Hier wird die Steuer als Betrag pro Einheit der mengen- oder wertmäßigen Bemessungsgrundlage berechnet, z. B. Kfz-Steuer 6,75 EUR je 100 cm³ in der Emissionsklasse 4.

Aufgabe 6
6. Der Grenzsteuersatz gibt die zusätzliche Steuer für die jeweils letzte Einheit der Bemessungsgrundlage an, z. B. x % für die nächsten 100,00 EUR.

Aufgabe 7
Freibetrag: der Betrag, der von der Bemessungsgrundlage abgezogen wird und damit steuerfrei bleibt;
Freigrenze: der Betrag, bis zu dem die Bemessungsgrundlage steuerfrei bleibt; wird sie überschritten, fällt die Steuer für den gesamten Betrag an.

Aufgabe 8
Besitzsteuern: Versteuert werden das Einkommen und das Vermögen;
Verkehrssteuern: Versteuert werden alle Vermögensübertragungen, z. B. Grunderwerbsteuer.
Verbrauchssteuern: Versteuert wird der Konsum bestimmter Güter, z. B. Tabaksteuer.

Aufgabe 9
Direkte Steuern: Einkommensteuer, Kraftfahrzeugsteuer;
Indirekte Steuern: Umsatzsteuer, Mineralölsteuer

Aufgabe 10
Quellensteuer: Die Steuer wird an der Quelle der Einkünfte abgeschöpft, z. B. Abgeltungssteuer.
Veranlagungssteuer: Die Steuerberechnung setzt eine Steuererklärung des Steuerpflichtigen und eine Veranlagung voraus.

2.2 Unternehmensbezogene Steuern

Lehrbuch Band 2, Seite 168 f.

Aufgabe 1
Durchlaufende Posten: Lohnsteuer, Umsatzsteuer;
Abzugsfähige Betriebsausgaben: Kfz-Steuer, Versicherungssteuer, Grundsteuer, Gewerbesteuer;
Aktivierungspflichtige Steuern: Grunderwerbsteuer, Zölle

Aufgabe 2
Beschränkt steuerpflichtig sind alle natürlichen Personen, die im Inland weder einen Wohnsitz noch einen gewöhnlichen Aufenthaltsort haben, mit ihrem Einkommen im Inland. Unbeschränkt steuerpflichtig sind alle natürlichen Personen mit einem Wohnsitz oder dauernden Aufenthaltsort im Inland.

Aufgabe 3
Steuergegenstand der Einkommensteuer sind sieben verschiedene Einkünfte. Zu den Gewinneinkunftsarten zählen Einkünfte aus selbstständiger Tätigkeit, aus Gewerbebetrieb und aus Land- und Forstwirtschaft. Zu den Überschusseinkunftsarten zählen Einkünfte aus nichtselbstständiger Tätigkeit, aus Kapitalvermögen, aus Vermietung und Verpachtung und sonstige Einkünfte (wiederkehrende Bezüge, Unterhaltsleistungen, private Veräußerungsgeschäfte).

Aufgabe 4
Berechnungsschema:

Einzelne Einkünfte
Summe der Einkünfte
− diverse Freibeträge, z. B. für Altersentlastung, Alleinerziehende, Land- und Forstwirte
= Gesamtbetrag der Einkünfte
− Verlustrücktrag/Verlustvortrag
− Vorsorgeaufwendungen und Sonderausgaben
− außergewöhnliche Belastungen
− Abzugsbetrag zur Förderung des Wohneigentums
= Einkommen
− Freibeträge für Kinder, falls günstiger als Kindergeld
− Härteausgleich
= zu versteuerndes Einkommen

Aufgabe 5
Werbungskosten für Einkünfte aus nichtselbständiger Tätigkeit: Fahrtkosten zur Arbeit, Arbeitsmittel;
Werbungskosten für Einkünfte aus Vermietung und Verpachtung: Abschreibungen, Schuldzinsen, Versicherungsbeiträge

Aufgabe 6
Sonderausgaben sind Aufwendungen der privaten Lebensführung, die weder Betriebsausgaben noch Werbungskosten noch außergewöhnliche Belastungen sind, die jedoch aus wirtschaftlichen, politischen oder kulturellen Gründen zu einem bestimmten Teil vom Gesamtbetrag der Einkünfte abgesetzt werden können, sofern sie den Sonderausgaben-Pauschbetrag überschreiten.

Aufgabe 7
Vorsorgeaufwendungen für die Altersvorsorge (z.B. Beiträge zur Rentenversicherung) und sonstige Vorsorgeaufwendungen (z.B. Beiträge zur Arbeitslosenversicherung, Kranken-, Pflege- und Unfallversicherung)

Aufgabe 8
Außergewöhnliche Belastungen sind Aufwendungen, die einem Steuerpflichtigen zwangsläufig und in größerem Umfang erwachsen als der überwiegenden Mehrzahl der Steuerpflichtigen gleicher Einkommens- und Vermögensverhältnisse und gleichen Familienstandes. Zwangsläufig bedeutet, dass der Steuerpflichtige sich diesen Aufwendungen aus rechtlichen, tatsächlichen oder sittlichen Gründen nicht entziehen kann.

Aufgabe 9
Berechnung der tariflichen Einkommensteuer
∓ Korrekturposten
= festzusetzende Steuer
− Vorauszahlungen und anzurechnende Steuerzahlungen
− Einkommensteuernachzahlung oder -erstattung

Aufgabe 10
Die Körperschaftssteuer ist die Steuer auf das Einkommen der inländischen juristischen Personen. Besteuert wird der Gewinn auf Basis der Steuerbilanz.

Aufgabe 11
Körperschaftssteuer: Einheitlich und unabhängig von der Höhe des Gewinns werden 15 % erhoben. Einkommensteuer: Der Steuertarif ist abhängig von der Höhe des zu versteuernden Einkommens. Eingebaut ist eine sog. Progressionszone.

Aufgabe 12
Die Gewerbesteuer (GewSt) ist eine Steuer, die auf den Gewerbeertrag aller inländischen Gewerbebetriebe erhoben wird. Der Gewerbesteuer unterliegt jeder stehende Gewerbebetrieb, soweit er im Inland betrieben wird.

Aufgabe 13
Von der Systematik der Steuereinteilung her ist die Gewerbesteuer eine *direkte Steuer*, da der Steuerschuldner die Steuerbelastung selbst trägt; eine *Ertragsteuer*, da sich die Höhe der Steuer nach dem Gewinn richtet; eine *Real- oder Sachsteuer*, da der Gewerbebetrieb besteuert wird.

Aufgabe 14
Bemessungsgrundlage der Gewerbesteuer ist der Gewerbeertrag. Er bemisst sich nach dem Gewinn aus Gewerbebetrieb mit folgenden Korrekturen:

Gewinn aus Gewerbebetrieb (Gewinn) gem. EStG bzw. KStG
+ Hinzurechnungen
− Kürzungen
= maßgebender Gewerbeertrag (vor Verlustabzug)
− Gewerbeverlust aus Vorjahren
= **Gewerbeertrag** (abzurunden auf volle 100,00 EUR)

Aufgabe 15
Kürzungsbeträge: Gewinnanteile aus einer Mitunternehmerschaft, Dividenden aus einer wesentlichen Beteiligung an einer Kapitalgesellschaft; Hinzurechnungsbeträge: 20 % der Mieten und Leasinggebühren für bewegliche Anlagegüter, 25 % der Entgelte für Rechteüberlassungen und Lizenzen

Aufgabe 16
Der Gewerbeertrag wird vom zuständigen Finanzamt ermittelt, erhoben wird die Steuer jedoch von der zuständigen Gemeinde unter Berücksichtigung bestimmter Freibeträge und des individuellen Hebesatzes der Gemeinde.

Aufgabe 17
Der Hebesatz ist ein Prozentsatz, mit dem die Gewerbesteuer aufgrund des Steuermessbetrages festgesetzt und erhoben wird. Er wird von der zuständigen Gemeinde festgesetzt.

Aufgabe 18
Gewerbeertrag · Steuermesszahl · Hebesatz = Gewerbesteuerschuld

Aufgabe 19
Die Kapitalertragssteuer wird auch als Abgeltungssteuer bezeichnet, weil sie zu dem Zeitpunkt entsteht und abgegolten wird, in dem die Kapitalerträge dem Gläubiger zufließen, also demjenigen, dem die Erträge zustehen, d.h. dem Sparer oder Anleger.

Aufgabe 20
Die Kapitalertragsteuer ist eine besondere Erhebungsform der Einkommensteuer, ähnlich wie die Lohnsteuer.

Aufgabe 21
Die sachliche Steuerpflicht besteht für steuerpflichtige laufende Erträge, wie Zinsen, Dividenden und Erträge aus Fonds, sowie für Gewinne aus Veräußerungsgeschäften von Anlagepapieren, z.B. realisierte Kursgewinne von Aktien, Obligationen oder Fondpapieren.

Aufgabe 22
Mit der Anwendung der Abgeltungssteuer ist die Steuerschuld von 25 % beglichen. Solche Kapitalerträge müssen nicht mehr in der Einkommensteuererklärung angegeben werden. Dies ist besonders günstig für Steuerpflichtige mit einem hohen Einkommen, die im Normalfall einen persönlichen Steuersatz von mehr als 25 % zahlen. Personen mit einem niedrigeren persönlichen Steuersatz können die abgezogene Abgeltungssteuer als Vorauszahlung bei der Einkommensteuererklärung geltend machen und erhalten ggf. eine teilweise Rückerstattung.

Aufgabe 23
Es wird im Ergebnis pro Wirtschaftsstufe immer nur der hier erzielte Mehrwert als Differenz zwischen den erzielten Erlösen und den Vorleistungen besteuert.

Aufgabe 24
Steuerpflichtiger und Steuerschuldner sind die Unternehmen, Steuerträger ist der Endverbraucher.

Aufgabe 25
Steuerbar sind folgende Umsätze:
- Lieferungen und sonstigen Leistungen, die ein Unternehmer im Inland gegen Entgelt im Rahmen seines Unternehmens ausführt;
- die Einfuhr von Gegenständen im Inland (Einfuhrumsatzsteuer);
- der innergemeinschaftliche Erwerb im Inland gegen Entgelt.

Aufgabe 26
Verkäufe zwischen Privatpersonen (keine Unternehmer), unentgeltliche Leistungen eines Handwerkers für seinen Nachbarn (ohne Entgelt), selbst erstellte Anlagegüter (entgeltlose sonstige Leistung)

Aufgabe 27
Bei der Berechnung nach vereinbarten Entgelten mit Ablauf des Voranmeldungszeitraums, in dem die Leistungen ausgeführt wurden; bei der Berechnung nach vereinnahmten Entgelten mit Ablauf des Voranmeldungszeitraums, in dem das Entgelt vereinnahmt worden ist

Aufgabe 28
Vorsteuer ist die dem Unternehmer von anderen Unternehmern in Rechnung gestellte Umsatzsteuer.

Aufgabe 29
Die Voraussetzungen für den Vorsteuerabzug sind der Empfang der Leistung für das Unternehmen sowie der Besitz einer ordnungsgemäßen Rechnung, ausgestellt durch den leistenden Unternehmer, oder eines vergleichbaren Dokuments. Als Vereinfachung ist zugelassen, in Rechnungen bis zu 150,00 EUR nur den Steuersatz anzugeben. Der Unternehmer kann dann den Vorsteuerbetrag selbst errechnen.

Aufgabe 30
Zahllast ist die Differenz zwischen der vereinnahmten oder vereinbarten Umsatzsteuer und der anderen Unternehmern gezahlten Umsatzsteuer (Vorsteuer).

Aufgabe 31
Umsatzsteuervoranmeldung: Periodisch (monatlich oder vierteljährlich) zu erfolgende Anmeldung der in diesem Zeitraum getätigten Umsätze und Ausweis der auf diesen Zeitraum entfallenden Vorsteuer. Die derart ermittelte Zahllast ist bis zum 10. des Folgemonats an das Finanzamt zu überweisen.
Umsatzsteuererklärung: Erfolgt nach Ablauf des Kalenderjahres mit den ggf. korrigierten Beträgen. Ein sich ergebender Differenzbetrag wird überwiesen oder zurückgefordert.

Aufgabe 32
Die Grundsteuer wird auf das Eigentum an Grundstücken und deren Bebauung erhoben.

Aufgabe 33
Die Berechnungsgrundlage der Grundsteuer ist der vom zuständigen Finanzamt festgestellte Einheitswert. Auf dieser Basis wird anhand der Grundsteuermesszahl ein Grundsteuermessbetrag ermittelt. Dieser wiederum wird mit dem Hebesatz der Gemeinde multipliziert. Das Ergebnis ist die Grundsteuerschuld.

Aufgabe 34
Der Erwerb eines inländischen Grundstücks zum Zweck des Eigentümerwechsels

Aufgabe 35
Erwerb durch den Ehegatten des Veräußerers; Schenkung eines Grundstücks unter Auflagen; Erwerb eines zum Nachlass gehörenden Grundstücks durch Miterben zum Zweck der Teilung

Aufgabe 36
Steuerschuldner der Grunderwerbsteuer sind im Normalfall die an einem Erwerbsvorgang beteiligten Personen.

Aufgabe 37
Bezahlt der Steuerschuldner die Grunderwerbsteuer, erhält er im Gegenzug vom Finanzamt eine Unbedenklichkeitsbescheinigung. Ohne diese Bescheinigung erfolgt keine Eigentumsumschreibung, da die Grundbuchämter gesetzlich dazu verpflichtet sind, vorher die Unbedenklichkeitsbescheinigung zu verlangen.

Aufgabe 38
Die Schenkungsteuer ergänzt die Erbschaftssteuer. Das hängt damit zusammen, dass durch Schenkungen des Erblassers vor seinem Todesfall u. U. die Erbschaftssteuer gemindert werden könnte.

Aufgabe 39
Hausrat einschließlich Wäsche und Kleidungsstücke beim Erwerb durch Ehegatten und Kinder sowie übliche Gelegenheitsgeschenke, ferner
- Zuwendungen unter Lebenden zum Zwecke des angemessenen Unterhalts oder zur Ausbildung der bedachten Personen,
- Grundbesitz oder Teile vom Grundbesitz, Kunstgegenstände, Kunst- und wissenschaftliche Sammlungen, wenn die Erhaltung dieser Gegenstände im öffentlichen Interesse liegt und die jährlichen Kosten in der Regel die erzielten Einnahmen übersteigen,
- Grundbesitz oder Teile von Grundbesitz, der für Zwecke der Volkswohlfahrt der Allgemeinheit ohne gesetzliche Verpflichtung zur Benutzung zugänglich gemacht ist und dessen Erhaltung im öffentlichen Interesse liegt, wenn die jährlichen Kosten in der Regel die erzielten Einnahmen übersteigen

Aufgabe 40
Für Betriebe, die mehr als 20 Arbeitnehmer beschäftigen, gelten folgende Möglichkeiten, für die sich der Erwerber unwiderruflich entscheiden muss:
- Im Regelfall bleiben 85 % des Wertes als Verschonungsabschlag des vererbten Betriebsvermögens sowie bestimmte Anteile an Kapitalgesellschaften von der Erbschaftsteuer befreit.
  Voraussetzungen:
    - In einem Zeitraum von fünf Jahren darf die Jahreslohnsumme nicht niedriger als das Vierfache der durchschnittlichen Jahreslohnsumme des Betriebes in den letzten fünf Jahren vor dem Erbfall sein;
    - das Verwaltungsvermögen darf nicht mehr als 50 % des gesamten Betriebsvermögens betragen.

- Im Optionsmodell kann der Erwerber sich für eine Behaltensfrist von sieben Jahren entscheiden. Er erreicht dann einen Verschonungsabschlag von 100 %, was auf eine komplette Befreiung von der Erbschaftssteuer hinausläuft. Voraussetzungen:
    - Erreichen des Siebenfachen der Ausgangslohnsumme;
    - Verwaltungsvermögen nicht mehr als 10 % des Betriebsvermögens

Aufgabe 41
Steuerklasse I = Ehegatten und Kinder sowie Enkel; Steuerklasse II: Eltern und Großeltern, Geschwister und Neffen etc., Steuerklasse III: Freunde und eingetragene Lebenspartner

Aufgabe 42
Um besondere Härten auszugleichen; so sind z.B. eingetragene Lebenspartner zwar in der schlechtesten Steuerklasse eingeordnet, erhalten aber – anders als Freunde – einen sehr hohen Freibetrag von 500.000,00 EUR zuerkannt.

2.3 Abgabenordnung

Lehrbuch Band 2, Seite 173

Aufgabe 1
Die Abgabenordnung (AO) regelt das Steuerverfahrensrecht. Sie enthält alle grundlegenden und für alle Steuerarten geltenden Regeln über das Besteuerungsverfahren.

Aufgabe 2
Das Steuerschuldrecht definiert die wesentlichen Grundsätze im Verhältnis zwischen Staat und Steuerschuldner. Hier werden der Begriff des Steuerpflichtigen sowie seine Pflichten und die seiner gesetzlichen Vertreter bzw. der Verfügungsberechtigten geklärt.

Aufgabe 3
Die „allgemeinen Verfahrensvorschriften" beinhalten die grundlegenden Vorschriften über das Steuerverwaltungsverfahren, insbesondere über die Beteiligten am Verfahren, die Besteuerungsgrundsätze, die Möglichkeiten der Beweiserhebung, Fristen und Termine sowie die Verwaltungsakte.

Aufgabe 4
Führung von Büchern und Aufzeichnungen sowie die Abgabe von Steuererklärungen

Aufgabe 5
Die Finanzbehörde hat die Pflicht, die Besteuerungsgrundlagen zu schätzen, wenn die Besteuerungsgrundlagen nicht ermittelt oder berechnet werden können, wenn Bücher oder Aufzeichnungen nicht vorliegen oder wenn die Bücher oder Aufzeichnungen der Besteuerung nicht zu Grunde gelegt werden können.

Aufgabe 6
Die Vorschriften beziehen sich insbesondere auf die Fälligkeit der Steuerschuld, die Stundung, den Tag der Zahlung, die Reihenfolge der Tilgung, die Aufrechnung, den Erlass der Steuerschuld, die Verjährung der Zahlungspflicht, die Verzinsung von Steuerschulden, die Erhebung von Säumniszuschlägen und die Erbringung von Sicherheitsleistungen.

Aufgabe 7
Die Zwangsvollstreckungsmöglichkeiten der Finanzbehörden müssen sich nicht auf die Regeln der Zivilprozessordnung stützen, weil es sich hier um öffentliches Recht handelt.

Aufgabe 8
Die Vollstreckung ist ohne gerichtliche Vollstreckungstitel möglich. Grundlage der Vollstreckung ist hier ein Verwaltungsakt, z.B. ein Steuerbescheid.

Aufgabe 9
Er kann einen Einspruch gegen den Steuerbescheid einlegen.

Aufgabe 10
Im Normalfall ist die Ablehnung eines Einspruchs die Voraussetzung für eine Klage vor dem Finanzgericht.

Aufgabe 11
Steuerhinterziehung ist eine Straftat, wenn mit einem Vorsatz gehandelt wurde. Steuerverkürzung ist eine Ordnungswidrigkeit, wenn die Steuerverkürzung aufgrund einer Fahrlässigkeit des Steuerpflichtigen erfolgt ist.

Aufgabe 12
Darunter ist zu verstehen, dass der Steuerstraftäter seine Tat bei den Finanzbehörden selbst anzeigt, bevor die Behörde selbst ermittelnd tätig geworden ist. Die Selbstanzeige führt im Ergebnis zu Straffreiheit. Voraussetzung ist, dass der Täter seine Tathandlung korrigiert (d.h.; unrichtige oder unvollständige Angaben berichtigt oder ergänzt oder unterlassene Angaben nachholt) und die hinterzogene Steuer entrichtet.

Modul 4: Unternehmensführung

1 Betriebsorganisation

1.1 Unternehmensleitbild, Unternehmensphilosophie, Unternehmenskultur und Corporate Identity

Lehrbuch Band 2, Seite 183

Aufgabe 1
Das Unternehmensleitbild ist eine Erklärung über das Selbstverständnis und die Grundprinzipien eines Unternehmens.

Aufgabe 2
Das Unternehmensleitbild sollte die Mission, die Vision und die Werte des Unternehmens nach außen transportieren.

Aufgabe 3
Die Mission umschreibt den Auftrag eines Unternehmens in der Gesellschaft. Die Vision ist das Bild einer Vorstellung, die auf die Zukunft bezogen ist. Die Werte sind die Vorstellungen über Eigenschaften von Personen und deren Beziehungen.

Aufgabe 4
Eine Unternehmensphilosophie ist das oberste Wertesystem als Weltanschauung eines Unternehmens. Sie gibt Auskunft über das Gesellschaftsbild, das Menschenbild sowie den Bezug des Unternehmens zum Wettbewerb.

Aufgabe 5
Während die Unternehmensphilosophie eher einen theoretischen Ansatz und ein postuliertes Wertesystem darstellt, ist die Unternehmenskultur das gelebte Wertesystem, das sich täglich in den Aktionen des Unternehmens und seiner Mitglieder nach innen und außen darstellt.

Aufgabe 6
Corporate Identity ist die eigenständige und daher unverwechselbare Identität bzw. Persönlichkeit eines Unternehmens. Typische Strukturmerkmale sind Corporate Behaviour, Corporate Communication und Corporate Design.

Aufgabe 7
Corporate Governance ist die Gesamtheit aller internationalen und nationalen Regeln, Vorschriften und Grundsätze, die für Unternehmen gelten und bestimmen, wie dieses geführt und überwacht wird. In Deutschland sind die Corporate-Governance-Grundsätze im so genannten Coporate-Governance-Kodex fixiert worden.

1.2 Strategische und operative Planung

Lehrbuch Band 2, Seite 205 f.

Aufgabe 1
Planung ist die gedankliche Vorwegnahme zukünftigen wirtschaftlichen Handelns und beinhaltet damit die Vorbereitung der Gestaltung zukünftiger Strukturen, Prozesse und Ereignisse.

Aufgabe 2
S.M.A.R.T. ist ein Akronym und bedeutet:

S für spezifisch-konkret (präzise und eindeutig formuliert)
M für messbar (quantitativ oder qualitativ)
A für attraktiv (positiv formuliert, motivierend)
R für realistisch (das Ziel muss für den Mitarbeiter erreichbar sein)
T für terminiert (bis wann? in welchem Zeitraum?)

Aufgabe 3
Sie verfolgt die gedankliche, d. h. rationale Durchdringung und Gestaltung der betrieblichen Zukunft, sie dient als Grundlage zur Lenkung des betrieblichen Geschehens und sie ist ein Vergleichsmaßstab, an dem die erreichten Ist-Werte gemessen werden können.

Aufgabe 4
Planung hat gestaltenden Charakter und ist ein rationaler Prozess, Planung muss Annahmen über mögliche Rahmenbedingungen machen und ist mit einem mehr oder weniger großen Grad an Unsicherheit behaftet, deshalb muss sie Raum für Improvisation geben.

Aufgabe 5
Strategische Planung ist langfristig mit einem Planungshorizont von ca. 3 bis 5 Jahren, in Großunternehmen u. U. auch bis 10 Jahre. Inhaltlich befasst sich die strategische Planung mit grundsätzlichen und wegweisenden Bereichen.
Taktische Planung ist eine mittelfristige Planung mit einem Horizont von 1 bis 3 Jahren. Inhaltlich befasst sie sich mit den grundlegenden Maßnahmen, die geeignet sind, die strategischen Ziele zu erreichen.
Operative Planung ist eine kurzfristige Planung mit einem Planungshorizont von bis zu einem Jahr. Es ist eine Detailplanung, die für alle Mitarbeiter und das Management eine Art Handlungsanweisung für die kommenden Monate abgibt.

Aufgabe 6
Strategien basieren auf dem Leitbild des Unternehmens. Sie sind vorwiegend auf das ganze Unternehmen ausgerichtet, legen die grundlegenden Geschäftsfelder der Unternehmung langfristig fest, haben sehr weit reichende Konsequenzen in Bezug auf die Bindung der Ressourcen, beziehen sich immer auf die Mitbewerber im Markt und berücksichtigen deshalb die Stärken und Schwächen des Unternehmens im Verhältnis zu den Mitbewerbern. Strategien berücksichtigen die Chancen und Risiken, die sich aus der aktuellen und – möglichen – zukünftigen Umweltsituation ergeben. Strategien haben eine hohe Bedeutung für die zukünftige Vermögens- und Ertragslage eines Unternehmens.

Aufgabe 7
Potenzialanalyse (SWOT-Analyse); Produktlebenszyklus-Analyse; Portfolio-Analyse; Benchmarking; Balanced Scorecard

Aufgabe 8
Interne Analyse der Stärken und Schwächen eines Unternehmens; externe Analyse der Chancen und Risiken des Marktes

Aufgabe 9
Die beiden Ebenen werden einander in einer Matrix gegenübergestellt, sodass sich vier Felder ergeben, aus denen sich Strategien für das Unternehmen ableiten lassen.

Kombination von Chancen und Stärken	Kombination von Chancen und Schwächen
Kombination von Gefahren und Stärken	Kombination von Gefahren und Schwächen

Aufgabe 10
In der **Einführungsphase** wird das Produkt mit hohem Werbeaufwand in den Markt gebracht. Die Umsätze steigen allmählich an, übersteigen jedoch nicht die bisherigen Aufwendungen, sodass auch in dieser Phase weiterhin Verluste auflaufen.
In der **Wachstumsphase** nimmt der Bekanntheitsgrad des Produktes zu und der Umsatz steigt progressiv an. Weitere Werbung beschleunigt dieses Wachstum.
In der **Reifephase** steigt der Umsatz auch noch an und erreicht gegen Ende sein Maximum. Das Produkt ist jetzt technisch ausgereift. Die Herstellkosten sind niedrig. Das Produkt wirft in dieser Phase die höchsten Gewinne ab. Allerdings wird der Wettbewerb härter.

In der **Sättigungsphase** hat das Produkt kein Wachstum mehr. Der Umsatz und der Gewinn gehen zurück. In dieser Phase wird versucht, durch einen Produktrelaunch die Lebensphase zu verlängern.
In der **Rückgangsphase (Degenerationsphase)** nimmt aufgrund der Marktsättigung sowie durch Geschmackswandel der Umsatz stark ab. Die Verbraucher wenden sich neuen Produkten zu. Das Produkt ist in der Verlustzone und das Unternehmen muss über die Herausnahme des Produkts aus dem Markt entscheiden.

Aufgabe 11
Die Portfolio-Analyse bietet Informationen über den relativen Marktanteil sowie das Marktwachstum der vom Unternehmen vertriebenen Produktfelder/Produktgruppen/Produkte. Die einzelnen Produktfelder werden innerhalb der durch die zwei Dimensionen entstehenden vier strategischen Felder positioniert und ihr Umsatz durch maßstabsgetreu eingezeichnete Kreise dargestellt. Für jedes dieser vier Felder gibt es eine Normstrategie, die je nach spezifischer Situation des Produktfelds variiert werden kann.

Aufgabe 12
Question Marks: Das Geschäftsfeld sollte zu einem Star weiter entwickelt werden. Normstrategie: Investieren und weiter entwickeln.
Stars: Die Stars sollten möglichst lange in dieser Position gehalten werden. Für sie müssen Investitionen in Marketing und Produktion getätigt werden. Normstrategie: Investieren.
Cash Cows: Die Cash Cows, zu Deutsch Melkkühe, verdienen gegenwärtig viel Geld. Normstrategie: Position halten und Erträge abschöpfen.
Poor Dogs: Die Poor Dogs sind als „arme Hunde" am Ende ihres Produktlebenszyklus angekommen. Normstrategie: Innovation oder Eliminierung.

Aufgabe 13
Benchmarking ist eine kontinuierliche Vergleichsanalyse von Produkten (Dienstleistungen), Prozessen und Methoden des eigenen Unternehmens mit denen des besten Konkurrenten. Zweck ist es, die Leistungslücke zum führenden Unternehmen in der Branche systematisch zu schließen. Die Analyse sollte in folgenden Schritten erfolgen:
- Auswahl des Objekts, das analysiert und verglichen werden soll. Das kann ein Produkt, eine bestimmte Methode oder ein Geschäftsprozess sein.
- Festlegen der zu überprüfenden Vergleichswerte und Auswahl eines oder mehrerer Vergleichsunternehmen
- Datengewinnung entweder über Sekundärinformationen oder Sichtung von Primärinformationen (z. B. Einblick in Originalunterlagen, Dokumentationen, Zeichnungen, Betriebsbesichtigungen)
- Diagnose der Leistungslücken und ihrer möglichen Ursachen
- Schließung der Lücken durch Entwicklung und Anwendung eines eigenen Best Practice

Aufgabe 14

Merkmale	Strategische Planung	Operative Planung
Führungsebene	oberste Führung	alle Ebenen
Planungshorizont	3–10 Jahre	bis 1 Jahr
Unsicherheitsgrad	hoch	eher gering
Ausrichtung	langfristige Existenzsicherung	Rentabilität und Liquidität
Art der Probleme	unstrukturiert	strukturiert, sich wiederholend
Detailliertheit	global, wenig detailliert	detailliert
Planungsgegenstand	strategische Geschäftseinheiten	funktionsbezogene Teilpläne

Aufgabe 15
Bei der Top-down-Planung werden auf der obersten Hierarchiestufe die wesentlichen Ziele für die Planperiode formuliert und dann von oben nach unten „heruntergebrochen". Nachteilig ist hier, dass diese Ziele u. U. unrealistisch sind und dies sich nur auf den unteren Planungsebenen feststellen lässt. Bei der Bottom-up-Planung werden die Teilpläne auf der unteren Stufe des Unternehmens entwickelt und dann nach oben hin weiter verdichtet. Nachteilig wirkt sich aus, dass die unterschiedlichen Bereiche einen hohen Grad an Kommunikation benötigen, um die Teilpläne untereinander abzustimmen, und dass die verdichteten Teilpläne u. U. nicht in der Lage sind, das gesamtunternehmerische Zielniveau zu erreichen.

Aufgabe 16
Das Top-Management beginnt mit der Formulierung der Gesamtziele für die kommende Planperiode. In mehreren Schritten werden diese Ziele als Teilpläne bis zur unteren Ebene heruntergebrochen. In der unteren Ebene findet dann ein Prozess der Prüfung, Identifikation und Plausibilitätsprüfung statt. Anschließend erfolgt eine Verdichtung der so geprüften Teilpläne stufenweise nach oben, um zu sehen, ob die Gesamtzielsetzungen tatsächlich erreicht werden.

Aufgabe 17
Ein integratives Managementsystem fasst Methoden und Instrumente zur Einhaltung von Anforderungen aus verschiedenen Managementbereichen in einem einheitlichen System zusammen. Diese dienen den Grundsätzen der Corporate Governance, d.h. der Formulierung von Grundsätzen einer positiven Unternehmensführung.

Aufgabe 18
Qualität, Umwelt, Arbeitsschutz, Finanzen, Informatik

Aufgabe 19
Für ein vollständiges Managementsystem sollten vorhanden sein: Handbuch, Anweisungen, Dokumentationen, Schulungen, Audits.

Aufgabe 20
Der PDCA-Zyklus beschreibt einen Prozess in vier Schritten: plan, do, check, act.

Aufgabe 21
Qualitätsmanagement oder QM bezeichnet alle systematisch durchgeführten Maßnahmen zur Verbesserung von Produkten, Prozessen oder Dienstleistungen eines Unternehmens.

Aufgabe 22
Kundenorientierung, Verantwortlichkeit der Führung, Einbeziehung der beteiligten Personen, prozessorientierter Ansatz, systemorientierter Managementansatz, kontinuierliche Verbesserung, sachbezogener Entscheidungsfindungsansatz, Lieferantenbeziehungen zum gegenseitigen Nutzen

Aufgabe 23
Stetige Verbesserung der umweltbezogenen Aspekte im betrieblichen Ablauf, der Umweltauswirkungen und der Umweltleistung, Einbeziehen der Mitarbeiterinnen und Mitarbeiter in den kontinuierlichen Verbesserungsprozess, interne und externe Kommunikation des Engagements im Umweltschutz, Einhaltung aller umweltrelevanten Rechts- und Verwaltungsvorschriften, Verhinderung von Unfällen und Notfallsituationen und die Planung von Notfallmaßnahmen

Aufgabe 24
Arbeitsschutzmanagementsysteme (AMS) sind ein wirksames Instrument zur Verbesserung des Arbeitsschutzes. Sie haben das Ziel, die Anzahl der Arbeitsunfälle zu senken und die Gesundheit der Mitarbeiter zu verbessern.

Aufgabe 25
Erstellung einer Arbeitsschutzpolitik durch das Management, Planung von geeigneten Maßnahmen, Verwirklichung der Maßnahmen im Betrieb, Überprüfung der Maßnahmen, Bewertung durch das Management, Zertifizierung

1.3 Aufbauorganisation

Lehrbuch Band 2, Seite 220 f.

Aufgabe 1
Vorhandensein von Elementen, die zusammenwirken sollen; System von Regeln; Beachtung des ökonomischen Prinzips; dynamischer Prozess

Aufgabe 2
Aufbauorganisation: Gliederung des Unternehmens, die Ordnung von Zuständigkeiten und die Festlegung der Beziehungen der Organisationseinheiten untereinander;
Ablauforganisation: Regelung der Arbeitsprozesse hinsichtlich Ort, Zeit, Sachmittel und Reihenfolge der einzelnen Tätigkeiten, Bestimmung und Abstimmung von Terminen, Fragen der Arbeitsplatzgestaltung

Aufgabe 3
Organisationsanlässe können sich aus der wirtschaftlichen, technologischen oder soziologischen Entwicklung des Unternehmens ergeben.

Aufgabe 4
Die Aufbauorganisation hat die Aufgabe, den Rahmen zu schaffen, in dem das angestrebte Sachziel optimal erreicht werden kann.

Aufgabe 5
Verrichtung, Objekt, Rang, Phase, Zweckbeziehung

Aufgabe 6
Hier erfolgt die Zusammenfassung sachlogisch zusammenhängender Teilaufgaben zu Aufgabenkomplexen im Hinblick auf ihre Erfüllung durch einen Aufgabenträger. Ergebnis der Aufgabensynthese ist die Bildung von Stellen und Abteilungen.

Aufgabe 7
Die Stelle ist die kleinste organisatorische Einheit. Der Arbeitsplatz ist der Ort, an dem der Stelleninhaber seine Arbeit verrichtet. Ein Stelleninhaber kann an mehreren Arbeitsplätzen arbeiten, umgekehrt können sich zwei oder mehrere Stellen einen Arbeitsplatz teilen.

Aufgabe 8
Eine Instanz ist eine Stelle mit Leitungsbefugnis.

Aufgabe 9
Abteilungsbildung nach Objekten, z.B. Produkten oder Produktgruppen
Abteilungsbildung nach Verrichtungen, z.B. Einkauf, Verkauf, Produktion
Abteilungsbildung nach Phasen, z.B. Planung, Realisation, Kontrolle

Aufgabe 10
Eine Betriebspyramide zeigt die verschiedenen Leitungsebenen eines Unternehmens auf.

Aufgabe 11
Ein Leitungssystem beschreibt die Weisungsbeziehungen der übergeordneten zu den untergeordneten Stellen sowie die Berichtswege der untergeordneten zu den übergeordneten Stellen für die Kontrollinformationen.

Aufgabe 12
Art der Tätigkeiten, Schwierigkeitsgrad der Tätigkeiten, fachliche Eignung der Mitarbeiter, fachliche und persönliche Eignung der Führungskraft

Aufgabe 13
Zentralisierung des Einkaufs bedeutet, dass eine Einkaufsabteilung im Unternehmen existiert, in der alle Einkaufsvorgänge zentriert werden. Dezentralisierung des Einkaufs bedeutet, dass in allen Abteilungen/Bereichen die erforderlichen Einkäufe dezentral abgewickelt werden.

Aufgabe 14
Bezeichnung der Stelle, Eingliederung in die Aufbauorganisation, Stellvertretung, Ziele der Stelle, Aufgaben, Verantwortlichkeiten, Befugnisse, Anforderungen an den Stelleninhaber

Aufgabe 15
Die Stellenbeschreibung kann mehrfach verwendet werden: Sie ist Basis für Ausschreibungen, Gesprächsgrundlage für Einstellungsgespräche, Information für den Stelleninhaber, Grundlage für die Erstellung von Zeugnissen, Übersicht über die Tätigkeitsbereiche der Mitarbeiter für Vorgesetzte.

Aufgabe 16
Sie sind relativ starr, engen evtl. den Handlungsspielraum von Mitarbeitern ein und müssen bei dynamisch wachsenden Unternehmen u. U. häufig geändert werden.

Aufgabe 17
Ein Organigramm ist eine grafische Darstellung des organisatorischen Aufbaus eines Unternehmens. Sie stellt das Leitungssystem des Unternehmens dar und liefert Informationen über die Anordnung von Stellen/Abteilungen, die Weisungsbefugnisse, Dienstwege sowie die Berichtswege.

Aufgabe 18
Das Einliniensystem ist ein Leitungssystem, in dem jeder Mitarbeiter nur einen Vorgesetzten hat und es nur einen Dienstweg für Anordnungs- und Kontrollinformationen gibt.
Vorteile: klarer und übersichtlicher Aufbau, genaue Kompetenzabgrenzung, klare Zuordnung der Verantwortung;
Nachteile: Dienstweg u. U. zu lang und schwerfällig, Instanzen sind fachlich und qualitativ u. U. überlastet.

Aufgabe 19
Das Mehrliniensystem hat zu viele Nachteile: unklare Kompetenzabgrenzung, Weisungskonflikte, unklare Verantwortlichkeiten, Verunsicherung der Mitarbeiter, erheblicher Koordinationsaufwand.

Aufgabe 20
Das Stab-Linien-System basiert auf dem Einliniensystem und führt zusätzlich Stabsstellen oder Stabsabteilungen ein, die die Linieninstanzen beraten und entlasten sollen. Vorteile: Die Struktur und Vorteile des Einliniensystems bleiben erhalten. Die Linieninstanzen werden für das Tagesgeschäft erheblich entlastet. Die Entscheidungsfähigkeit der Linien wird durch die Entlastung und Beratung erhöht.

Aufgabe 21
Linieninstanzen beraten und entlasten, Entscheidungen vorbereiten

Aufgabe 22
In Großunternehmen mit sehr heterogenen Geschäftsfeldern bietet sich die Spartenorganisation an. Gründe: große Marktnähe und klare Zuordnung der Verantwortung über den erzielten Gewinn der Sparten.

Aufgabe 23
Der funktionsbezogene Weisungsweg und der objektbezogene Weisungsweg werden kombiniert. Damit wird erreicht, dass sowohl die Funktionen ihre Ziele verfolgen können (z. B. günstig einkaufen, gute Vertriebsstrukturen aufbauen, wirtschaftlich produzieren) und gleichzeitig die Objekte des Unternehmens (z. B. Produkte oder Projekte) nicht aus dem Fokus geraten.

Aufgabe 24
Unterschiedliche Produkte oder Produktgruppen bedürfen der besonderen Betreuung, z. B. durch Produktmanager. Diese können jedoch nur im Rahmen einer objektbezogenen Weisungsstruktur operieren und tätig werden.

1.4 Ablauforganisation

Lehrbuch Band 2, Seite 224

Aufgabe 1
Die Ablauforganisation hat die Aufgabe, die Leistungsprozesse im Betrieb möglichst optimal hinsichtlich Funktion (Tätigkeit), Raum, Zeit und Sachmitteln zu gestalten.

Aufgabe 2
Ein Geschäftsprozess ist eine bestimmte Menge von logisch aufeinander folgenden und damit zusammengehörigen Aktivitäten, die gemeinsam eine Leistung (Produkt/Dienstleistung) für die Kunden des Unternehmens erzeugen. Dabei ist eine Aktivität als eine Arbeitseinheit anzusehen, die von einem Stelleninhaber durchgeführt wird, die jedoch als Einzelleistung keinen Wert für den Kunden darstellt.

Aufgabe 3
Kernprozesse sind Geschäftsprozesse, in denen die Wertschöpfung des Unternehmens erfolgt. Dabei werden sie von den unterstützenden Prozessen begleitet, die keinen direkten Nutzen einbringen, aber notwendig sind. Managementprozesse haben die Aufgabe der Planung, Gestaltung und Steuerung der Kernprozesse und der unterstützenden Prozesse.

Aufgabe 4
Die Ablauforganisation verfolgt einerseits die Minimierung der Durchlaufzeiten (Prozessbeschleunigung) und anderseits eine hohe Auslastung der Kapazitäten. Diese beiden Ziele stehen in einem Zielkonflikt zueinander.

Aufgabe 5
Zunächst müssen die Ziele formuliert werden, dann muss der aktuelle Ist-Zustand erfasst und dargestellt werden. Daran schließt sich eine Bewertung des Ist-Zustands an. In der nächsten Phase wird der neue Arbeitsprozess geplant. Daran schließt sich die Realisierungsphase an, zunächst als Probelauf. Dieser Phase folgt die Kontrolle, in der überprüft wird, ob sich der Prozess so dauerhaft installieren lässt oder ob noch Änderungen erforderlich sind.

Aufgabe 6
Verrichtung, Objekt, Rang, Phase, Zweckbeziehung, Sachmittel, Zeit, Raum, Aufgabenträger; damit werden die klassischen Fragen beantwortet: Welche Tätigkeit wird an welchem Objekt mit welchem Sachmittel, wann und wo von wem erledigt?

Aufgabe 7
Arbeitsablaufbeschreibung, Arbeitsablaufdiagramm, Funktionendiagramm, Flussdiagramm, Balkendiagramm, Netzplan

Aufgabe 8
Eine Arbeitsablaufbeschreibung zerlegt einen komplexen Arbeitsprozess in Verrichtungen bzw. Teilvorgänge und ordnet diesen die Funktionsarten Bearbeitung, Transport, Prüfung, Verzögerung, und Lagerung zu sowie die geplante oder verbrauchte Zeit. Anhand der Zuordnungen kann der Organisator den jeweiligen Zeitverbrauch nach Funktionsarten zusammenfassen und Rationalisierungspotenziale erkennen.

Aufgabe 9
Ein Funktionendiagramm ordnet einzelne Aktivitäten den an einem Prozess oder in einer Abteilung beteiligten Stellen in Form einer zweidimensionalen Matrix zu. Das Funktionendiagramm verknüpft auf diese Weise die Geschäftsprozesse der Ablauforganisation mit den Zuständigkeiten und Strukturen der Aufbauorganisation.

Aufgabe 10
Ein Flussdiagramm wird zur Darstellung von Abläufen oder Tätigkeiten in ihrer logischen zeitlichen Abfolge verwendet. Die Darstellung erfolgt durch Symbole, die mit Pfeilen verbunden werden.

Aufgabe 11
Während das Balkendiagramm die geplante Dauer, die geplanten Anfangs- und Endtermine sowie die zeitlichen Abhängigkeiten von Tätigkeiten auf einer horizontalen Zeitachse grafisch erfasst, lassen sich durch einen Netzplan noch zusätzlich früheste und späteste Anfangs- und Endtermine darstellen sowie ein kritischer Pfad als zeitlicher Engpassweg durch den gesamten Verlauf eines Projekts oder einer komplexen Aufgabe ermitteln. Außerdem differiert die Darstellungsweise. Sie kann beim Netzplan in Symbolen, Pfeilen für die Abhängigkeiten, aber auch tabellarisch dargestellt werden.

Aufgabe 12
Der kritische Pfad zeigt alle Vorgänge auf, bei denen sowohl der Gesamtpuffer als auch der freie Puffer gleich 0 sind. Kommt es bei einem dieser Vorgänge zu einer Verzögerung, verzögert sich der gesamte Zeitplan um die Überschreitung bei dem einen Vorgang.

1.5 Analysemethoden

Lehrbuch Band 2, Seite 247

Aufgabe 1
Methoden der Befragung: Fragebogenmethode, Interviewmethode;
Methoden der Beobachtung: Multi-Moment-Verfahren, Dauerbeobachtung

Aufgabe 2
Fragebogen: große Anzahl von Befragten, Möglichkeit der Standardisierung von Fragen;
Interview: geringe Anzahl der Befragten, Möglichkeit für den Interviewer, genauer nachzufragen und komplexere Problematiken zu erfassen

Aufgabe 3
Festlegung der möglichen Beobachtungen, Festlegung der Standorte der Beobachtung, Liste der Beobachtungszeitpunkte, Beobachtungen durchführen und notieren, Auswertung

Aufgabe 4
Die Dokumentenanalyse dient der Erhebung und Analyse von im Rahmen eines Geschäftsprozesses benötigten Unterlagen zum Zwecke der Systemanalyse oder Geschäftsprozessmodellierung.

Aufgabe 5
Nur zufriedene Kunden kaufen ein zweites und drittes Mal oder werden Dauerkunden. Nur wenn das Unternehmen über die Zufriedenheit gesicherte Daten hat, kann es daran arbeiten, diesen Erfolgsfaktor positiv zu beeinflussen.

Aufgabe 6
Nach einem Verkaufsvorgang kann das Unternehmen je nach Verfügbarkeit der Kundendaten Telefonbefragungen, Online-Befragungen, schriftliche oder direkte mündliche Befragungen durchführen sowie Reklamationsstatistiken auswerten.

Aufgabe 7
Wertanalyse ist eine funktionsgerichtete und systematische Untersuchungsmethode, mit deren Hilfe Möglichkeiten entwickelt werden, um den vom Kunden erwarteten Wert eines Erzeugnisses mit den geringsten Kosten herzustellen.

Aufgabe 8
Funktion des Produkts – Nutzen des Produkts – Kosten der Herstellung des Produkts

Aufgabe 9
Vorbereitende Maßnahmen – Ermitteln des Ist-Zustandes – Prüfen des Ist-Zustandes – Ermittlung von Lösungen – Prüfen der Lösungen – Vorschlag und Verwirklichung der Lösung

Aufgabe 10
Der Gebrauchswert ergibt sich durch Eigenschaften wie Zweckmäßigkeit, Sicherheit, Zuverlässigkeit, der Geltungswert ergibt sich durch Eigenschaften wie Prestige, Mode, Schönheit.

Aufgabe 11
Zahlenmaterial des Unternehmens in der Weise aufzuarbeiten und darzustellen, dass Vergleiche mit früheren Perioden, innerbetriebliche und außerbetriebliche Vergleiche möglich sind.

Aufgabe 12
Tabellen und grafische Darstellungen

Aufgabe 13
Linien- oder Kurvendiagramme dienen häufig zur Veranschaulichung von Entwicklungen; Balken- oder Säulendiagramme eignen sich für Vergleiche absoluter oder relativer Werte; Kreis- oder Tortendiagramme werden für die Struktur eines Gesamtwerts gewählt; Flächendiagramme in Rechteck-, Dreieck- oder Quadratform dienen dazu, einige wenige Zahlenwerte miteinander zu vergleichen.

2 Personalführung

2.1 Zusammenhang zwischen Unternehmenszielen, Führungsleitbild und Personalpolitik

Lehrbuch Band 2, Seite 254

Aufgabe 1
Das Führungsleitbild eines Unternehmens macht Aussagen darüber, von welchem Menschenbild das Unternehmen ausgeht, welcher Führungsstil gepflegt werden soll und mit welchen Führungstechniken gearbeitet wird. Das Führungsleitbild ist integraler Bestandteil des Unternehmensleitbilds.

Aufgabe 2
Die Personalpolitik beinhaltet das Setzen von Zielen im Personalbereich eines Unternehmens und die Festlegung von Maßnahmen, um die gesetzten Ziele zu erreichen.

Aufgabe 3
Vorgesetzte, Unternehmensleitung, Betriebsrat, Gewerkschaften, Gesetzgeber, Rechtsprechung, Öffentlichkeit, Mitarbeiter

Aufgabe 4
Wirtschaftliche Ziele: optimaler Einsatz der Mitarbeiter, Senkung der Personalkosten;
soziale Ziele: Erhaltung der Gesundheit der Mitarbeiter, Sicherung der Qualifikation und des Einkommens der Mitarbeiter

Aufgabe 5
Personalmarketing: Personalplanung und Personalbeschaffung;
Personalentwicklung: Personaleinsatz, Qualifikation und Motivation; Personalorganisation

Aufgabe 6
Die Personalführung beinhaltet die ziel- und ergebnisorientierte Steuerung des Verhaltens von Mitarbeitern mit der Absicht, die Ziele des Unternehmens so weit wie möglich mit denen der Mitarbeiter in Übereinstimmung zu bringen.

Aufgabe 7
Das Unternehmensleitbild mit seinem darin enthaltenen Führungsleitbild beeinflusst die Zielbildung des Unternehmens, konkretisiert in der Unternehmenspolitik. Beide wirken auf die Personalpolitik ein. Hier werden unter Beachtung der ökonomischen und gesellschaftlichen Rahmenbedingungen die personalpolitischen Ziele entwickelt, nach denen die Personalführung und das Personalmanagement zu verfahren haben.

2.2 Arten von Führung

Lehrbuch Band 2, Seite 267

Aufgabe 1
Führung ist die zielorientierte, wechselseitige und soziale Einflussnahme auf Personen zur Erfüllung gemeinsamer Aufgaben.

Aufgabe 2
Jede Führungskraft hat eine Position inne, die mit formaler Autorität ausgestattet ist. Führung beinhaltet das Anstoßen von Aktivitäten und das Steuern und Überwachen dieser Aktivitäten. Führung erfordert damit die gezielte Steuerung und Gestaltung des Handelns anderer Personen. Führung erfolgt durch die Beeinflussung der Einstellung und des Verhaltens von Einzelpersonen, der Interaktion in Gruppen und zwischen Gruppen mit dem Zweck, gemeinsam die unternehmerischen Ziele zu erreichen. Führung soll Menschen dazu zu bringen, in Bezug auf die Zielerreichung zu kooperieren. Führung ist das erwartete und realisierte Ergebnis der sozialen Interaktion zwischen der Führungskraft und ihrem Mitarbeiter.

Aufgabe 3
Zielsetzung, Planung, Entscheidung, Organisation der Realisation, Kontrolle

Aufgabe 4
Der Führungsstil ist eine dauerhaft gezeigte Verhaltensweise einer Führungskraft (Wie wird geführt?). Die Führungstechniken beschreiben Verfahren zum Zweck der konkreten Ausgestaltung von Führung (Nach welcher Methode geht eine Führungskraft vor?). Führungsmittel sind jene Mittel, Verfahren und Instrumente, die von Führungskräften fallweise eingesetzt werden, um ihre Führungsaufgaben zu erfüllen (Womit führt die Führungskraft im Einzelfall?).

Aufgabe 5
Kommunikation, Kooperation, Information, Partizipation, Beurteilung, Entwicklung, Arbeitsbedingungen, Motivation

Aufgabe 6
Motivation ist die Summe der Beweggründe eines Mitarbeiters, die sein Verhalten bestimmen.

Aufgabe 7
Die Bedürfnispyramide nach A. Maslow stellt die Bedürfnisse des Menschen stufenweise dar: Ausgehend von den physiologischen Bedürfnissen über die Sicherheitsbedürfnisse, die sozialen Bedürfnisse, die Bedürfnisse nach Wertschätzung erreicht man die höchste Stufe, die Bedürfnisse nach Selbstverwirklichung. Maslow ging davon aus, dass erst die Bedürfnisse auf den unteren Stufen befriedigt sein müssen, bevor ein Mensch Bedürfnisse der jeweils höheren Stufe verspürt.

Aufgabe 8
Hygienefaktoren sind extrinsische Arbeitsbedingungen, wie angenehmer Arbeitsplatz, leistungsgerechte Entlohnung, Respekt, Höflichkeit. Motivatoren dagegen beschreiben intrinsische Arbeitsbedingungen, wie Arbeitsinhalte, Erfolgserlebnisse, Anerkennung, Verantwortung. Der Zusammenhang ergibt sich daraus, dass die Hygienefaktoren erst „stimmen" müssen, bevor die Motivatoren wirken können. Sind die Hygienefaktoren nicht erfüllt, ist der Mitarbeiter unzufrieden; sind sie erfüllt, ist er nicht mehr unzufrieden, aber noch nicht motiviert. Hier müssen zusätzlich die Motivatoren wirken.

Aufgabe 9
Anforderungsgerechte Tätigkeiten, Anerkennung von Leistungen, offene und ehrliche Gespräche, Möglichkeit der Einflussnahme auf den Arbeitsplatz und die Arbeit, angenehmes Klima im Team etc.

Aufgabe 10
Grundlegende Elemente des Management by Objectives sind:
das gemeinsam zu erarbeitende Zielsystem, das aus Abteilungs- und Mitarbeiterzielen besteht;
die Organisation, mit der die Kompetenz- und Verantwortungsbereiche klar festgelegt sind;
das Kontrollsystem zur Ermittlung und Analyse von Soll-Ist-Abweichungen.

Aufgabe 11
Das System entspricht den Bedürfnissen der Mitarbeiter nach Gestaltungsspielraum; Ziele, Wünsche und Vorstellungen von Mitarbeitern werden einbezogen; Ziele der Mitarbeiter werden mit den Zielen des Unternehmens sinnvoll verknüpft; Leistungsbereitschaft, Verantwortungsbewusstsein und Teamgeist werden gefördert; Identifikation der Mitarbeiter mit den Zielen des Unternehmens wird gesteigert.

Aufgabe 12
Management by Delegation bedeutet zu Deutsch „Führung durch Bevollmächtigung" ist eine Führungstechnik, bei der delegierbare Aufgaben durch einen Vorgesetzten an seine Mitarbeiter übertragen werden.

Aufgabe 13
Was soll getan werden? Wer soll es tun? Wie soll die Aufgabe erledigt werden? Womit soll die Aufgabe erledigt werden? In welcher Zeit oder bis wann soll die Aufgabe erledigt werden?

Aufgabe 14
Die Führung nach dem Ausnahmeprinzip bedeutet, dass dem Mitarbeiter ein Handlungsspielraum vorgegeben wird, in dem dieser sich bewegen kann. Sobald eine Situation auftritt, in der der Spielraum über- oder unterschritten wird, muss der Vorgesetzte um eine Entscheidung gebeten werden.

Aufgabe 15
Die Zielvorgaben können unrealistisch sein, weil sie nicht vereinbart, sondern zugewiesen werden. Die fremdbestimmten Zielvorgaben, die damit verbundenen ständigen Kontrollen und die geringen Entfaltungsmöglichkeiten demotivieren die Mitarbeiter.

2.3 Führungsstile

Lehrbuch Band 2, Seite 276

Aufgabe 1
Der Begriff Führungsstil bezeichnet ein verlässliches, von aktuellen Situationen unabhängiges Verhaltensmuster einer Führungskraft, das zugleich deren Grundeinstellungen gegenüber den ihr unterstellten Menschen zum Ausdruck bringt.

Aufgabe 2
Im Wesentlichen lassen sich Führungsstile nach den betrachteten Dimensionen unterscheiden. So gibt es eindimensionale, zweidimensionale und mehrdimensionale Führungsstile.

Aufgabe 3
Beim autoritären Führungsstil werden die für die Abteilung relevanten Aktivitäten vom Vorgesetzten allein gestaltet. Er fragt die Mitarbeiter weder nach ihrer Meinung, noch bezieht er sie in den Entscheidungsprozess ein. Da der Vorgesetzte in allen Belangen alleine entscheidet, findet die Delegation nur in der Form statt, dass die Mitarbeiter zu reinen Befehlsempfängern werden. Der Vorgesetzte gibt vor, wer was, wann, wo und wie zu tun hat.

Beim kooperativen Führungsstil bezieht der Vorgesetzte seine Mitarbeiter in das Betriebsgeschehen mit ein. Er erlaubt nicht nur Diskussionen, er fördert sie und verlangt die Meinung der Mitarbeiter. Er erwartet sachliche Unterstützung. Ein kooperativer Führungsstil zeichnet sich dadurch aus, dass die Führungskraft und ihre Mitarbeiter sowohl an der Entwicklung von Ideen, als auch an der Umsetzung gemeinsam arbeiten.

Aufgabe 4
Als Nachteile eines Laissez-faire-Führungsstils können auftreten: mangelnde Disziplin, Kompetenzstreitigkeiten und Rivalitäten zwischen Mitarbeitern, Unordnung und Durcheinander, Bildung konkurrierender informeller Gruppen, Benachteiligung von Außenseitern.

Aufgabe 5
Ein patriarchalischer Führungsstil basiert auf der Führungskraft als „Vaterfigur" mit der damit verbundenen Autorität, Strenge und gleichzeitiger Güte und Fürsorge für die Mitarbeiter. Er ist durch ein klares Über- und Unterordnungsverhältnis gekennzeichnet.
Ein charismatischer Führungsstil zeichnet sich durch eine große persönliche Ausstrahlung des Vorgesetzten aus, diese Vorgesetzten sind in der Lage, ihre Mitarbeiter zu begeistern. Die charismatische Führung kann Zuversicht vermitteln und Dinge nach vorne bringen. Die Untergebenen werden vom Vorgesetzten in emotionaler Hinsicht abhängig.

Aufgabe 6
Das zweidimensionale Verhaltensgitter geht von zwei Dimensionen der Führung aus: Der Aufgabenorientierung und der Mitarbeiterorientierung. Durch diese beiden Dimensionen lassen sich je nach dem Grad der Orientierung (von 1 bis 9) des Vorgesetzten am Mitarbeiter oder an den Aufgaben unterschiedliche Führungsstile beschreiben.

Aufgabe 7
Ein situativer Führungsstil passt sich je nach Situation und Mitarbeitertyp an und entwickelt damit unterschiedliche Handlungsstrategien.

2.4 Führen von Gruppen

Lehrbuch Band 2, Seite 286

Aufgabe 1
Eine Gruppe ist eine erkennbare, strukturierte, andauernde Gesamtheit von Personen, die gemäß sozialer Normen, Interessen und Werte im Streben nach gemeinsamen Zielen wechselseitig aufeinander abgestimmte Rollen spielen.

Aufgabe 2
Eine Sammlung von mehreren Personen; diese Personen verfolgen bestimmte gemeinsame Ziele; die Mitglieder stehen zueinander in einer Beziehung; zwischen den Mitgliedern muss eine Interaktion möglich sein; die Interaktion folgt bestimmten Regeln; die Gruppe besteht relativ dauerhaft; die Gruppe entwickelt gemeinsame Normen und Werte; den Gruppenmitgliedern werden bestimmt Rollen zugewiesen; die Gruppe entwickelt ein mehr oder weniger starkes Wir-Gefühl.

Aufgabe 3
Forming als Orientierungsphase, storming als Konfrontationsphase, norming als Kooperationsphase, performing als Wachstumsphase

Aufgabe 4
Zusammensetzung der Gruppe, Gruppenkohäsion, Außenverhältnis, Gruppenart, Gruppengröße, Gruppenrollen, sozialer Status

Aufgabe 5
Eine Rolle ist die Gesamtheit der einem Gruppenmitglied innerhalb der Gruppe zugeschriebenen Erwartungen, Werte und Verhaltensweisen.

Aufgabe 6
Der informelle Gruppenführer, der Macher, der Organisator, der Mitläufer, der Vermittler, der Opponent, der Clown, der Sündenbock, der Außenseiter

Aufgabe 7
Ein gruppendynamischer Prozess ergibt sich durch die Wirkung der Kräfte, die in Gruppen durch die Beziehungen der Mitglieder untereinander entstehen, sowie durch die Kontakte verschiedener Gruppen untereinander.

Aufgabe 8
Gruppendenken ist gekennzeichnet durch einen starken Zusammenhalt in einer Gruppe, deren Mitglieder ihre eigene Meinung hintanstellen zugunsten einer beobachteten oder vermeintlichen Gruppenmeinung. Unter Gruppendenken entstandenen Entscheidungen mangelt es häufig an kritischer Distanz.

Aufgabe 9
Gruppenzwang bedeutet, dass die in der Gruppe vorherrschende Meinung übernommen wird und deren Mitglieder sich anders verhalten, als sie das als Individuum tun würden. Sie befürchten Sanktionen anderer Gruppenmitglieder.

Aufgabe 10
Ein Gruppenkonflikt liegt vor, wenn mindestens zwei Konfliktparteien, die voneinander abhängig sind, mit Nachdruck versuchen, unvereinbare Pläne oder Ziele zu verwirklichen, und sich dabei ihrer Gegnerschaft bewusst sind.

Aufgabe 11
Zielkonflikt, Verteilungskonflikt, Bewertungskonflikt, Beziehungskonflikt

Aufgabe 12
Marketing und Vertrieb sind sich darüber einig, dass die Umsätze steigen müssen. Das Marketing plant dafür eine neue Werbekampagne, der Vertrieb ist dagegen der Meinung, dieses Ziel durch eine Steigerung der Verkaufsförderungsaktionen zu erreichen. Es wird nicht in Frage gestellt, dass beide Maßnahmen umsatzerhöhende Wirkung haben. Aber die Bewertung der Maßnahmen in Bezug auf den Erfolg ist unterschiedlich.

Aufgabe 13
Indem sie versucht, sich – ähnlich wie bei dem situationsbezogenen Führungsstil – auf die Besonderheiten der einzelnen Gruppenmitglieder mit ihren Rollen und ihrem Status einzustellen und diese entsprechend „angemessen" zu führen.

2.5 Personalplanung

Lehrbuch Band 2, Seite 296

Aufgabe 1
Die Personalplanung hat die Aufgabe der gedanklichen Vorwegnahme des im Personalbereich zukünftig Gewollten. Dazu gehört vor allem die Ermittlung des Personalbedarfs in qualitativer und quantitativer Hinsicht.

Aufgabe 2
Personalbedarfsplanung, Personalbeschaffungsplanung, Personaleinsatzplanung, Personalanpassungsplanung, Personalentwicklungsplanung, Personalkostenplanung

Aufgabe 3
Brutto-Personalbedarf = Gesamtheit des Personals, das zur Wahrnehmung aller Aufgaben zu einem bestimmten Zeitpunkt oder in einem bestimmten Zeitraum benötigt wird;
Netto-Personalbedarf = Brutto-Personalbedarf abzüglich des voraussichtlich vorhandenen Personalbestandes (zu einem bestimmten Zeitpunkt)

Aufgabe 4
Extern: Markterwartungen, saisonale Einflüsse, Konjunktur; intern: Absatzplan, Produktionsplan, Prozessabläufe, Auslastungsgrad

Aufgabe 5
Schätzverfahren, Kennzahlenmethode, Delphi-Methode, Trendextrapolation, Stellenplanmethode

Aufgabe 6
Bestand am Anfang einer Periode − geplante bzw. bereits feststehende Abgänge + geplante bzw. feststehende Zugänge = voraussichtlicher Personalbestand am Ende der betrachteten Periode

Aufgabe 7
Stellenplan, Stellenbesetzungsplan, Personalstatistik

Aufgabe 8
Ziel einer qualitativen Personalbedarfsplanung ist die Ermittlung der fachlichen und persönlichen Eigenschaften, die in der Zukunft im Unternehmen benötigt werden, um die gesetzten Ziele zu erreichen.

Aufgabe 9
Das Anforderungsprofil für eine Stelle fasst alle wesentlichen Fähigkeiten, Fertigkeiten und ggf. Belastungen zusammen, denen der betreffende Stelleninhaber gerecht werden muss.

Aufgabe 10
Allgemeine Anforderungen, Kenntnismerkmale, geistige Anforderungen, Verhaltensmerkmale, körperliche Anforderungen, Führungseigenschaften

2.6 Personalbeschaffung und -auswahl

Lehrbuch Band 2, Seite 306

Aufgabe 1
Die Personalbeschaffung hat die Aufgabe, den im Rahmen der Personalplanung festgestellten Personalbedarf dem Unternehmen zum richtigen Zeitpunkt in der richtigen Menge am richtigen Ort möglichst kostengünstig zur Verfügung zu stellen.

Aufgabe 2
Interne Quellen: interne Stellenausschreibung, Versetzung und Umbesetzung, Übernahme aus Ausbildung, Umwandlung von befristeten in unbefristete Arbeitsverhältnisse, von Teilzeit- in Vollzeit-Arbeitsverhältnisse, Übernahme von Zeitarbeitnehmern;
externe Quellen: Arbeitsagentur, Stellenanzeigen, Internet, Zeitarbeitsfirmen, Hochschulmarketing

Aufgabe 3
Informationen bzw. Angaben über: das werbende Unternehmen, die freie Stelle, die erforderlichen Voraussetzungen/Anforderungen, Leistungen des Unternehmens, Bewerbungsunterlagen

Aufgabe 4
Personalanforderung, Personalwerbung, 1. Vorauswahl der Bewerbungsunterlagen, ggf. zusätzliche Informationsbeschaffung, 2. Vorauswahl durch Analyse des Anschreibens, des Lebenslaufs und der Zeugnisse, ggf. Tests oder Assessment-Center, 3. Vorauswahl, Bewerbungsgespräch, Entscheidung und endgültige Auswahl

Aufgabe 5
Vereinheitlichung der Informationsbasis des Unternehmens, bessere Vergleichbarkeit, Schließung von Lücken in den Angaben von Bewerbern

Aufgabe 6
Ein Bewerbungsschreiben sollte folgende Elemente enthalten: Motivation für die Bewerbung, Grund für die Bewerbung, Hinweis auf Auseinandersetzung mit dem Unternehmen.

Aufgabe 7
Formaler Aufbau, klare Gliederung, Lücken, berufliche Entwicklung, zusätzliche Angaben

Aufgabe 8
Intelligenztests, Belastungstests, Wissenstests, psychologische Tests, fachliche Tests

Aufgabe 9
Ein Assessment-Center ist ein diagnostisches Beurteilungsverfahren, bei dem das Verhalten mehrerer Teilnehmer durch mehrere Beobachter in verschiedenen beruflichen Anforderungssituationen beobachtet und hinsichtlich der Anforderungskriterien bewertet wird.

Aufgabe 10
Präsentation, Gruppendiskussion und Gruppenarbeit, Postkorbübung, Rollenspiele, Interviews

Aufgabe 11
Das Einstellungsinterview ist zumeist das letzte Glied in der Kette der Auswahlverfahren. Es soll dem Fachvorgesetzten und dem Personalreferenten einen persönlichen Eindruck von dem Bewerber verschaffen und den Beteiligten die Gelegenheit geben, letzte Fragen zu klären.

Aufgabe 12
Generell dient ein Fragerecht des Arbeitgebers nur zur Klärung aller für das konkrete Arbeitsverhältnis erforderlichen Tatsachen. Fragen, die darüber hinausgehen, sind unzulässig. So darf nicht nach einer Schwangerschaft, nach einer Behinderung, nach dem allgemeinen Gesundheitszustand, der Religionszugehörigkeit und der Zugehörigkeit zu einer Partei oder Gewerkschaft gefragt werden.

2.7 Personalanpassungsmaßnahmen

Lehrbuch Band 2, Seite 311

Aufgabe 1
Erhalt des aktuellen Personalbestandes, Reduzierung des Personalbestandes

Aufgabe 2
Abbau von Überstunden, Einstellungsstopp, Flexibilisierung der Arbeitszeit, vorgezogener Urlaub, Reduzierung der Arbeitszeit, Angebot von Teilzeit, Kurzarbeit, innerbetriebliche Umbesetzungen

Aufgabe 3
Vorzeitiger Ruhestand, Ausnutzung der Fluktuation, Aufhebungsverträge, Abbau von Personalleasing, Beschäftigungsgesellschaften, Outplacement

Aufgabe 4
Überstundenstopp und Abbau von Überstunden: Diese Maßnahme hat eine direkte Wirkung im Produktionsbereich und bei auftragsbezogenen Tätigkeiten. Es werden keine Sonderschichten mehr gefahren.
Einstellungsstopp: Das Unternehmen entschließt sich, keine neuen Arbeitnehmer mehr einzustellen. Ein etwaiger Personalbedarf muss durch Umsetzung zufriedengestellt werden.
Flexibilisierung der Arbeitszeit/Arbeitszeitkonten: Sofern das Unternehmen bereits eine Betriebsvereinbarung über die Flexibilisierung vereinbart hat, ist es denkbar, dass über Arbeitszeitkonten und Arbeitszeitkorridore der Jahresarbeitszeit kurzfristige Kapazitätsanpassungen und Reduzierungen unproduktiver Arbeitszeiten erreicht werden können.

Aufgabe 5
Unternehmen, die die Kosten dafür tragen können, gründen für die entlassenen Arbeitnehmer eine Beschäftigungs- und Qualifizierungsgesellschaft mit dem Ziel, den Personalabbau für die Mitarbeiter sozialverträglich zu gestalten. Das kündigende Unternehmen zahlt seinen früheren Mitarbeitern nicht nur eine Abfindung, sondern bietet ihm über Transfer- und Qualifizierungsleistungen neue Beschäftigungschancen auf dem ersten Arbeitsmarkt an.

Aufgabe 6
Hier wird versucht, Mitarbeitern, die das Unternehmen verlassen müssen, bei der beruflichen Neuorientierung zu helfen. Dies kann erfolgen durch Veränderungsberatung, psychologische und praktische Hilfestellung in Form des Coachings sowie Vermittlung von Kontakten. Outplacement wird primär bei Führungskräften angewendet, insbesondere um hohe Abfindungen, Klagen und den damit verbundenen Imageverlust zu verhindern.

2.8 Entgeltformen

Lehrbuch Band 2, Seite 322

Aufgabe 1
Leistung, Arbeitswert, Marktsituation, rechtliche Aspekte, soziale Aspekte

Aufgabe 2
Gesetze (z. B. BGB), Tarifverträge, ggf. Betriebsvereinbarungen und den Arbeitsvertrag

Aufgabe 3
Arbeitswertstudien dienen der Bewertung eines Arbeitsplatzes und stellen damit eine Säule für die Bestimmung der Lohnhöhe dar. Im Rahmen solcher Arbeitswertstudien werden die vorhandenen Arbeitsplätze analysiert, beschrieben und anschließend anhand von Anforderungsarten bewertet.

Aufgabe 4
Das Genfer Schema weist geistige und körperliche Anforderungen sowie Umgebungseinflüsse und Verantwortung als Anforderungsarten aus und differenziert die ersten drei jeweils noch einmal nach Können und Belastung.

Aufgabe 5
Bei den summarischen Verfahren erfolgt eine Bewertung der Arbeit als Ganzes. Die einzelnen Anforderungsarten finden nur global Berücksichtigung. Bei den analytischen Verfahren erfolgt eine detaillierte Bewertung nach den verschiedenen Anforderungsarten des Arbeitsplatzes.

Aufgabe 6
Lohngruppenverfahren

Aufgabe 7
Leistungsfähigkeit und Leistungswille

Aufgabe 8
Der Leistungsgrad drückt die Ist-Leistung eines Mitarbeiters aus, in ein prozentuales Verhältnis gesetzt zur Normalleistung.

Aufgabe 9
Einfache Abrechnung, Überschaubarkeit für den Arbeitnehmer, geeignet für Dauerarbeit und Dauerleistung bei niedrigem Arbeitstempo

Aufgabe 10
Zu einem vereinbarten Grundlohn, der nicht unter dem Tariflohn liegen darf, wird planmäßig ein zusätzliches Entgelt als Prämie gewährt, dessen Höhe auf einer messbaren Mehrleistung des Arbeitnehmers beruht.

Aufgabe 11
Mengenleistungsprämie, Qualitätsprämie, Terminprämie, Nutzungsprämie, Ersparnisprämie

Aufgabe 12
Der Akkordrichtsatz ergibt sich aus dem tariflichen Mindestlohn zuzüglich eines Akkordzuschlags von 10 bis 25 %, der betriebsindividuell verhandelt und festgelegt ist.

Aufgabe 13
Stückgeldakkord und Stückzeitakkord

Aufgabe 14
Leistungsanreize, vermindertes Risiko bei Minderleistung des Arbeitnehmers, konstante Lohnkosten je Stück oder Arbeitsvorgang (Kalkulationsvorteil)

Aufgabe 15
Für Mitarbeiter mit einer verkäuferischen oder vermittelnden Tätigkeit, die einen bestimmten Grad an Eigeninitiative voraussetzt und die den Mitarbeitern die Möglichkeit bietet, bei hohem persönlichem Einsatz einen entsprechenden Verdienst zu erzielen (Anreizsystem).

Aufgabe 16
Anteil am Bilanzgewinn, Beteiligung am Eigenkapital über die Ausgabe von Aktien, Beteiligung am Fremdkapital über die Ausgabe von Genussscheinen

Aufgabe 17
Hoher Identifikationsgrad, Leistungsanreize, verbessertes Betriebsklima

3 Personalentwicklung

3.1 Arten der Personalentwicklung

Lehrbuch Band 2, Seite 336 f.

Aufgabe 1
Verbesserung und Aufrechterhaltung der fachlichen und persönlichen Qualifikationen, Training von Nachwuchskräften, Sicherung des zukünftigen Fach- und Führungskräftebestandes und Bindung von Mitarbeitern, Sicherung der Wettbewerbsfähigkeit, Vermittlung von Schlüsselqualifikationen, Unabhängigkeit vom externen Arbeitsmarkt, Verminderung der Personalbeschaffungskosten

Aufgabe 2
Ausbildung, insbesondere berufliche Ausbildung, Fort- und Weiterbildung, innerbetriebliche Förderung

Aufgabe 3
Die wesentliche Aufgabe der Berufsausbildung ist es, die notwendigen Fachkenntnisse und Fähigkeiten zu vermitteln, um eine berufliche Handlungsfähigkeit zu erlangen.

Aufgabe 4
Auszubildende darf nur einstellen, wer persönlich dazu geeignet ist. Persönlich nicht geeignet ist, wer nach dem Jugendarbeitsschutzgesetz (§ 25 JArbSchG) Kinder und Jugendliche nicht beschäftigen darf, weil er z.B. innerhalb der letzten fünf Jahre wegen eines Verbrechens zu einer Freiheitsstrafe von mindestens zwei Jahren oder wegen eines Sittlichkeitsdelikts verurteilt worden ist. Außerdem ist persönlich ungeeignet, wer wiederholt oder schwer gegen das Berufsbildungsgesetz, die Handwerksordnung oder die aufgrund dieser Gesetze erlassenen Vorschriften verstoßen hat.

Aufgabe 5
Personen, die weder fachlich noch persönlich geeignet sind, dürfen nicht ausbilden. Fachlich geeignet ist, wer die erforderlichen beruflichen und arbeitspädagogischen Fertigkeiten, Kenntnisse und Fähigkeiten besitzt, die für die Vermittlung der Ausbildungsinhalte erforderlich sind. Grundsätzlich muss der Ausbilder die Abschlussprüfung in einer dualen Berufsausbildung bestanden haben, die dem zu vermittelnden Ausbildungsberuf entspricht.

Aufgabe 6
Die Berufsausbildung findet im praktischen Bereich im Lernort Betrieb statt, die theoretische Ausbildung hingegen im Lernort Berufsschule.

Aufgabe 7
Dauer der Ausbildung: Diese sollte nicht mehr als drei und nicht weniger als zwei Jahre betragen.
Bezeichnung des Ausbildungsberufes, der anerkannt wird;
Berufsbild: Hierbei handelt es sich um einen Überblick über die Kenntnisse, Fähigkeiten und Fertigkeiten, die erworben werden.
Ausbildungsrahmenplan als nähere Beschreibung des Berufsbilds und des zeitlichen Ablaufs;
Prüfungsanforderungen mit Inhalten der Zwischen- und Abschlussprüfung bzw. Gesellenprüfung

Aufgabe 8
In einem Ausbildungsverbund können zwei oder mehrere Betriebe im Verbund zusammenwirken und gemeinsam die von der Ausbildungsordnung festgelegten Ausbildungsinhalte vermitteln. Die Verantwortlichkeit der beteiligten Betriebe für die Ausbildungszeit insgesamt wie auch für die einzelnen Abschnitte muss sichergestellt sein.

Aufgabe 9
Die berufliche Fortbildung soll die in einem Ausbildungsberuf erworbenen Qualifikationen erhalten, erweitern, der technischen Entwicklung anpassen oder so ausbauen, dass ein beruflicher Aufstieg möglich wird.

Aufgabe 10
Erhaltungsfortbildung, Erweiterungsfortbildung, Anpassungsfortbildung

Aufgabe 11
Job-Enrichment ist eine Maßnahme der Arbeitsgestaltung, mit der die Tätigkeit eines Mitarbeiters interessanter und abwechslungsreicher gestaltet werden soll. Eine Ausweitung des Arbeitsbereichs kann durch zusätzliche Kompetenzen und qualitativ höherwertige Aufgaben erreicht werden.
Job-Enlargement ist eine Maßnahme, bei der einer ursprünglich von einem Mitarbeiter ausgeübten Tätigkeit noch weitere Arbeitselemente mit dem gleichen Anforderungsniveau angegliedert werden, die ihr bisher vor- oder nachgelagert waren. Der Tätigkeitsspielraum wird damit erweitert, nicht die Arbeitsbelastung.

Aufgabe 12
Systematischer Arbeitsplatzwechsel zur Vermeidung von Arbeitsmonotonie und einseitiger Belastung, systematischer und geplanter Arbeitsplatzwechsel zur Entfaltung und Vertiefung der Fachkenntnisse von Mitarbeitern oder zur Einarbeitung und Weiterentwicklung von Führungskräften

Aufgabe 13
Counseling beinhaltet die aufgabenbezogene Steuerung und Begleitung von Veränderungsprozessen von Mitarbeitern anhand geplanter und überwachter Formen der Arbeitsdurchführung. Beim Coaching besteht die Aufgabe einer dazu bestimmten Person darin, durch eine individuelle Betreuung der Mitarbeiter auf deren Leistungsverhalten einzuwirken. Durch Coaching soll ein Ausgleich zwischen den Anforderungen des Unternehmens und den Bedürfnissen der Mitarbeiter erreicht werden.

Aufgabe 14
Mentoring ist die Funktion einer erfahrenen Person, des Mentors, die ihre organisatorischen Erfahrungen und ihr fachliches Wissen über das Unternehmen oder die Branche an eine unerfahrene Person, den Mentee oder Protegé, weitergibt.

Aufgabe 15
Ziel- und Leistungsorientierung, Kommunikation im Team, Teamorganisation, Engagement und Verantwortung, Teamführung, organisatorische Einbettung im Unternehmen

Aufgabe 16
Start eines neuen Teams, Vorbereitung von neuen Aufgaben, Vorgesetztenwechsel, Störungen in der Zusammenarbeit, inhaltliche Konflikte

Aufgabe 17
Vertrauen schaffen, Spielregeln überprüfen, Erwartungen klären, Selbstverständnis klären, Konfliktfähigkeit verbessern, Ziele transparent machen

3.2 Potenzialanalyse

Lehrbuch Band 2, Seite 345

Aufgabe 1
Die berufliche Handlungskompetenz ist die Fähigkeit des einzelnen Mitarbeiters, sich in beruflichen und gesellschaftlichen Situationen sachgerecht, angemessen und sozial verantwortlich zu verhalten.

Aufgabe 2
Fachkompetenz, Methodenkompetenz, Sozialkompetenz, Reflexionskompetenz, Veränderungskompetenz

Aufgabe 3
Fachkompetenz: berufliches Wissen, Fachkenntnisse, Fertigkeiten, Arbeitstempo, Leistungsbereitschaft; Methodenkompetenz: Ausdrucksfähigkeit, Innovationsfähigkeit, Führungskompetenz, Kostenbewusstsein, Handhabung von Hilfsmitteln

Aufgabe 4
Sequenzielle Analyse: Hier wird untersucht, ob ein Mitarbeiter für eine nächsthöhere Stelle in der Hierarchie geeignet ist.
Absolute Analyse: Hier wird untersucht, welche Kompetenzen absolut vorhanden sind, welche davon Mängel aufweisen und verbesserungsbedürftig sind und welche voll ausgebildet sind.

Aufgabe 5
Erstellen von Anforderungsprofilen, Intelligenztests, Persönlichkeitstests, Assessment-Center, Interview/Fördergespräche, Leistungserfassung, Leistungsbewertung, systematische Beurteilungsverfahren

Aufgabe 6
Mit der Personalbeurteilung sollen Informationen über die Leistungen (= Leistungsbeurteilung) und/oder die Potenziale (= Potenzialbeurteilung) von Mitarbeitern gewonnen, verarbeitet, ausgewertet und besprochen werden.

Aufgabe 7
Festlegung der Beurteilungskriterien, Planung der Beobachtungen, Sammlung von Beobachtungsdaten und deren Beschreibung, Bewerten der Daten und Erstellen einer Beurteilung, Durchführung des Beurteilungsgesprächs

Aufgabe 8
Z. B. Arbeitsgüte, Arbeitsmenge, Organisation und Planung, Engagement, Selbstständigkeit, Zusammenarbeit, Ergebnis des Arbeitsbereichs, Personalführung

Aufgabe 9
Gesprächseröffnung, positive Ergebnisse, negative Ergebnisse, Stellungnahme des Mitarbeiters, Ursachenanalyse, Lösungsmöglichkeiten diskutieren, Abschluss des Gesprächs

Aufgabe 10
Halo-Effekt, Fehler des ersten Eindrucks, Tendenzfehler, Egoismus des Vorgesetzten, situative Beurteilungsfehler, selektive Wahrnehmung, Sympathie/Antipathie

3.3 Kosten- und Nutzenanalyse der Personalentwicklung

Lehrbuch Band 2, Seite 348

Aufgabe 1
Die Personalentwicklung muss sich an der Maxime einer Optimierung der Kosten und Leistungen ausrichten, also an der Wirtschaftlichkeit. Da Personalentwicklung ein großer Kostenfaktor ist, müssen die anfallenden Kosten anhand des erreichten Nutzens überprüft werden.

Aufgabe 2
Ausbildungsvergütungen, Arbeitsentgelt für die ausgefallene Arbeitszeit der Teilnehmerinnen und Teilnehmer sowie deren Vertretungen, Seminargebühren und Reisekosten, Kosten für Räume, Verpflegung, Arbeitsunterlagen, Honorare für Referenten, Prüfungsgebühren, Kosten für die Planung und die Umsetzung von PE-Maßnahmen

Aufgabe 3
Unmittelbar nach der Maßnahme bewerten die Teilnehmer die Trainingsinhalte, die Methoden, das Arbeitsmaterial, die Anwendbarkeit der Maßnahme und die Rahmenbedingungen. Die Zufriedenheit kann sehr leicht mit Feedback-Bewertungen gemessen werden.

Aufgabe 4
Der Lernerfolg einer PE-Maßnahme zeigt sich in der Erweiterung von Wissen, Fertigkeiten und Fähigkeiten.

Aufgabe 5
Weil es keine eindeutige Wenn-dann-Beziehung zwischen PE-Maßnahme und Verhaltensänderung gibt.

Aufgabe 6
Eine theoretische Größe, die das Verhältnis des Erfolgs einer PE-Maßnahme zu den für die PE-Maßnahme aufgewendeten Mitteln ins Verhältnis setzt

Aufgabe 7
Weil der Lernerfolg einer PE-Maßnahme sich nicht in einer konkreten Wertgröße ausdrücken lässt.

Aufgabe 8
Verbesserung der Kommunikation im Team/Unternehmen, verbesserte Arbeitsqualität, geringere Reklamationen, verminderte Unfallquote, geringere Krankenstände, Verkürzung von Entscheidungsprozessen, verbesserte Meetings

Übungsteil: Aufgaben

Modul 1: Volks- und Betriebswirtschaft

1 Volkswirtschaftliche Grundlagen

Einführungsexkurs

Aufgabe 1
Die bekannteste Theorie darüber, wie Bedürfnisse untereinander zusammenhängen, dürfte von dem Amerikaner Maslow stammen. Er behauptet, dass bestimmte Bedürfnisse erst entstehen, wenn andere befriedigt sind. Auf diese Weise ergibt sich eine Hierarchie der Bedürfnisse: „Höhere" Bedürfnisse entstehen, wenn „niedrigere" Bedürfnisse befriedigt sind.
a. Was versteht man unter einem Bedürfnis?
b. Unterscheiden Sie verschiedene Bedürfnisarten.
c. Nennen Sie fünf Faktoren, von denen die Bedürfnisse der Menschen beeinflusst werden.

Aufgabe 2
„Im Paradies wären keine Ökonomen notwendig gewesen!"
a. Nehmen Sie Stellung zu dieser Aussage und erklären Sie dabei den Begriff des Wirtschaftens.
b. Welche Eigenschaften haben freie und wirtschaftliche Güter gemeinsam und wodurch unterscheiden sie sich?

Aufgabe 3
Dienstleistungen gewinnen in modernen Volkswirtschaften immer mehr an Bedeutung. Bearbeiten Sie die folgenden Aufgaben unter Verwendung von Beispielen aus dem Dienstleistungsbereich.
a. Erläutern Sie die Begriffe Substitution- und Komplementärgut. Geben Sie Beispiele aus dem Dienstleistungsbereich.
b. Was versteht man unter homogenen und heterogenen Gütern?

Aufgabe 4
Herr Kugel möchte für den Sommer fit werden. Im Sportcenter in seiner Nähe werden Badminton-Kurse angeboten. Ein Arbeitskollege sucht außerdem für die Zukunft einen Partner. Er informiert Herrn Kugel über den seiner Meinung nach besten Schläger. Herr Kugel meldet sich zu Trainingsstunden an und geht in ein Sportgeschäft, um den Schläger der Marke „Hau Drauf" zu kaufen. Im Geschäft findet er aber ein Sonderangebot und er entscheidet sich spontan zum Kauf eines anderen Schlägers. Erklären Sie die Begriffe Bedürfnis, Bedarf und Nachfrage anhand dieses Beispiels.

Aufgabe 5
Lesen Sie den nachfolgenden Textauszug (Hufnagelbeispiel) von Adam Smith (schottischer Moralphilosoph und Ökonom, 1723–1790) und beantworten Sie die untenstehenden Fragen.

> „Ein gewöhnlicher Schmied, welcher wohl den Hammer führen kann, aber nie gewohnt gewesen ist, Nägel anzufertigen, wird, wenn er dies doch einmal tun müsste, sicher kaum 2–300 täglich, und diese noch in sehr schlechter Qualität, liefern. Ein anderer Schmied, welcher wohl Nägel machen kann, dessen einzige oder hauptsächliche Beschäftigung das Nagelschmieden aber nicht ist, wird selten mehr als 800–1000 Nägel täglich liefern können, und wenn er sich noch so sehr anstrengt; dagegen sah ich oft kaum zwanzigjährige Burschen, die nie etwas anderes getan als Nägel geschmiedet hatten, und von denen jeder bei einigem Fleiße mehr als 2300 Stück an einem Tage anfertigen konnte."

a. Welche Art der Arbeitsteilung wird in diesem Textauszug beschrieben?
b. Nennen Sie mindestens drei Vor- und drei Nachteile dieser Art der Arbeitsteilung.
c. Was versteht man unter internationaler Arbeitsteilung?

Aufgabe 6
Der Gesamtwert der Produkte und Dienstleistungen, welche die Natur weltweit erbringt, wird auf 16–54 Trillionen (10^{12}) USD pro Jahr geschätzt.
a. Beschreiben Sie die Besonderheiten (Eigenschaften) des Produktionsfaktors Boden.
b. Nennen Sie die drei Arten des Produktionsfaktors Boden und nennen Sie jeweils mindestens ein volkswirtschaftliches Problem, dass mit dieser Art verbunden ist.
c. Nennen Sie fünf Standortfaktoren, die für ein Unternehmen bei der Wahl eines geeigneten Standorts für ihre Produktion eine Rolle spielen können.

Aufgabe 7
Nennen Sie die in den nachfolgenden Beispielen angesprochene Art der Arbeitslosigkeit und nennen Sie, falls möglich, eine geeignete staatliche Maßnahme zu Bekämpfung dieser Arbeitslosigkeit
a. Thomas D. ist ein hochqualifizierter Mechaniker und zurzeit arbeitslos, da sein Chef den Betrieb geschlossen hat. Eine Tätigkeit, die er unmittelbar aufnehmen könnte, die ihm aber wenig lukrativ erscheint, lehnt er ab. Stattdessen unterschreibt er einen Arbeitsvertrag bei einem Unternehmen, bei dem er in drei Monaten seine Beschäftigung aufnehmen wird.
b. Alberto D. ist Sommelier in einem vornehmen Restaurant auf Sylt. Aufgrund des einbrechenden Winters wird er ab November arbeitslos.
c. Durch die Zunahme von Fahrscheinautomaten an Bahnhöfen und in den S-Bahnen ist die Zugbegleiterin Gudrun S. arbeitslos geworden.
d. Infolge der verschlechterten volkswirtschaftlichen Situation und der damit verbundenen Senkung der Realeinkommen leisten sich die Menschen weniger Taxifahrten. Der Taxiunternehmer entlässt daraufhin einen Fahrer Heinz K.
e. Ende Oktober hat Holger bei einem Bauunternehmen als Maurer ausgelernt. Wegen des jahreszeitlich bedingten Auftragsrückgangs im Winter wird er nicht übernommen und ist jetzt arbeitslos.
f. Sofia N. bricht ihre Ausbildungsstelle zum 31. Juli ab, da sie den falschen Beruf gewählt hat. Sie findet erst zum 1. September eine Ausbildungsstelle in ihrem neuen Wunschberuf.
g. Jochen K. hat bei einem Automobilunternehmen die Ausbildung zum Bürokaufmann im September abgeschlossen und wurde danach wegen der schlechten wirtschaftlichen Lage nicht übernommen. Nach intensiver Suche findet er eine Stelle bei einem Automobilzulieferer ab 1. November.
h. Kathrin W. wurde als Verkäuferin mit zwei Jahren Berufserfahrung betriebsbedingt wegen Auftragsmangel zum 31. Januar gekündigt. Da es in dieser Branche allgemein kaum Arbeit gibt, wird sie wahrscheinlich dort keine Arbeit finden.
i. Martin P. hatte sich vier Jahre bei der Bundeswehr als Zeitsoldat verpflichtet. Seine Dienstzeit läuft am 31. Dezember ab. Da in der Gegend, in der er wohnt, nur wenige Unternehmen ansässig sind, wird er dort kaum Arbeit finden.

Aufgabe 8
Arbeitslosigkeit ist eines der zentralen Probleme der deutschen Wirtschaft.
a. Wer ist nach der amtlichen Statistik als arbeitslos zu bezeichnen?
b. Berechnen Sie die Arbeitslosenquote und die Erwerbsquote für das Jahr 2010 mithilfe der Tabelle. Bestimmen Sie auch die prozentuale Veränderung der Zahl der Arbeitslosen gegenüber dem Vorjahr.

Arbeitsmarktdaten	Einheit	2008	2009	2010
Einwohner	1.000	82.120	81.875	81.744
Erwerbspersonen	1.000	43.357	43.398	43.298
Erwerbstätige	1.000	40.216	40.171	40.368
Arbeitnehmer	1.000	35.783	35.762	35.952
Selbstständige	1.000	4.433	4.409	4.416

(Quelle: Statistisches Bundesamt, Wiesbaden Stand: 3. Januar 2011, vorläufige Ergebnisse)

Aufgabe 9
Im Februar 2012 waren insgesamt 41,1 Millionen Personen mit einem Wohnort in Deutschland erwerbstätig. Wie das Statistische Bundesamt weiter mitteilt, setzte sich damit die positive Entwicklung auf dem Arbeitsmarkt fort. Die Zahl der Erwerbstätigen lag um 550.000 Personen über dem Niveau des Vorjahres. Die Zahl der Erwerbslosen betrug im Februar 2012 rund 2,49 Millionen Personen, das waren rund 271.000 weniger als im Februar 2011.
a. Was versteht man unter der „Zahl der Erwerbstätigen"? Erläutern Sie den Unterschied zum Begriff der „Erwerbspersonen".
b. Grenzen Sie die Begriffe „Arbeitslose" und „Stille Reserve" voneinander ab.
c. Berechnen Sie anhand der genannten Daten die Arbeitslosenquote, bezogen auf die Erwerbspersonen.

Aufgabe 10
Ein VWL-Dozent erklärt: „Fabriken fallen nicht vom Himmel. Wenn das Kapital neu gebildet, wenn Investitionen durchgeführt werden sollen, muss eines von beiden oder beides geschehen: mehr Arbeit und/oder Verzicht auf Konsum. Es gibt keine Investition ohne gleich hohes Sparen. Das gilt nicht nur, wenn Robinson auf einer einsamen Insel ein Werkzeug herstellt, sondern auch, wenn Unternehmer Fabriken bauen."
a. Interpretieren Sie diese Aussage
b. Erklären Sie, warum man Kapital als einen abgeleiteten Produktionsfaktor bezeichnet.

Aufgabe 11
Berechnen Sie die fehlenden Größen, wenn folgende Zusammenhänge gelten:

Kapitalstock Jahresanfang	Bruttoanlage-investitionen	Abschreibungen	Netto-investitionen	Kapitalstock Jahresende
21.000 GE	8.900 GE	?	2.500 GE	?
?	?	1.600 GE	2.800 GE	8.500 GE
162.600 GE	64.900 GE	?	?	160.500 GE

Aufgabe 12
Der Besitzer eines Taxiunternehmens plant die Anschaffung von drei zusätzlichen Fahrzeugen. Aus diesem Grund verzichtet er längere Zeit darauf, seinen gesamten Gewinn sofort wieder auszugeben. Wenn er so die erforderliche Geldsumme zusammengebracht hat, geht er zu seinem Autohändler und kauft die drei neuen Fahrzeuge.
a. Was sind die Voraussetzungen für die Bildung von Kapital?
b. Warum bezeichnet man Kapital als einen abgeleiteten Produktionsfaktor?
c. Unterscheiden Sie nach ihrer Zielsetzung die folgenden Arten der Investition: Rationalisierungsinvestition, Ersatzinvestition und Erweiterungsinvestition. Welche Art der Investition liegt im oben genannten Beispiel vor?
d. Entscheiden Sie, in welchen Fällen Kapital im volkswirtschaftlichen Sinn vorliegt: Computer von Lena, PC des Taxiunternehmens, Geld auf dem Sparkonto, Vorräte eines Industriebetriebs, Abfüllanlage einer Brauerei, Drehbank in einer Hobbywerkstatt, Kraftfahrzeug des Lehrers, Verbindlichkeiten eines Unternehmens

Aufgabe 13

In einer Volkswirtschaft gibt es zwei Unternehmen. Für sie sind die Bilanzen der beiden aufeinanderfolgenden Jahre 1 und 2 und die Gewinn- und Verlustrechnung des Jahres 2 gegeben (alle Zahlen in Mio. EUR). Welchen Wert haben in dieser Volkswirtschaft
a. die Bruttoinvestitionen,
b. die Bruttoanlageinvestitionen und die Vorratsinvestitionen?
c. Hat sich der Kapitalstock verändert? Handelt es sich um eine wachsende, stagnierende oder schrumpfende Volkswirtschaft?

Unternehmen A

A	Bilanz des Jahres 1		P
Anlagen	800	Eigenkapital	950
Vorräte	100		
Kasse	50		
	950		950

A	Bilanz des Jahres 2		P
Anlagen	830	Eigenkapital	1000
Vorräte	130		
Kasse	40		
	1000		1000

A	GuV des Jahres 2		P
Löhne	200	Eigenkapital	400
Material	70		
AfA*	80		
Gewinn	50		
	400		400

Unternehmen B

A	Bilanz des Jahres 1		P
Anlagen	400	Eigenkapital	500
Vorräte	90		
Kasse	10		
	500		500

A	Bilanz des Jahres 1		P
Anlagen	410	Eigenkapital	490
Vorräte	70		
Kasse	10		
	490		490

A	GuV des Jahres 2		P
Löhne	50	Umsätze	150
Matrial	70	Verlust	10
AfA*	40		
	160		160

* Abschreibungen

Aufgabe 14

Die Verflechtung der ökonomischen Ströme zwischen den einzelnen Wirtschaftsektoren der Volkswirtschaft wird im Modell des Wirtschaftskreislaufs dargestellt.
a. Nennen Sie drei Grundannahmen (Prämissen = Annahmen), die für den einfachen Wirtschaftskreislauf unterstellt werden.
b. Erklären Sie die Güterströme zwischen den Wirtschaftssektoren Unternehmen und Staat anhand von konkreten Beispielen.
c. Welcher Zusammenhang besteht zwischen dem Wert des Güterstroms und dem Wert des Geldstroms?
d. Skizzieren Sie den einfachen Wirtschaftskreislauf.

Aufgabe 15

Ermitteln Sie mithilfe des dargestellten Wirtschaftskreislaufs
a. die Höhe der Einkommen (Y), die von den Unternehmen an die Haushalte gezahlt werden,
b. die Höhe der Subventionen (Z),
c. die Höhe des Staatshaushaltes, Summe der Einnahmen oder Ausgaben des Staates,
d. das verfügbare Einkommen der Haushalte.

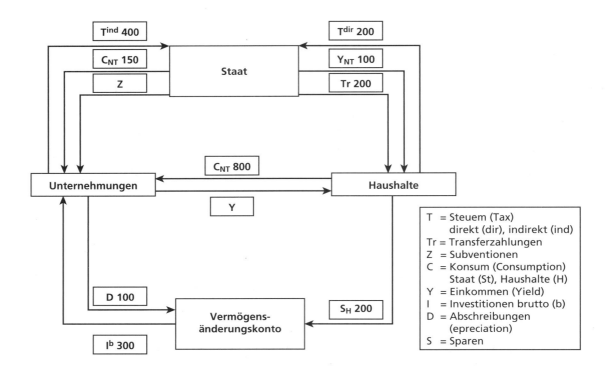

1.1 Markt, Preis und Wettbewerb

Aufgabe 1
Oft kann man beobachten, dass viele kleine Anbieter mit kleinen Marktanteilen, wie z. B. Fleischereifachgeschäfte oder Bäckereien, vielen Nachfragern gegenüberstehen. Häufig werden jedoch gleiche Güter zu unterschiedlichen Preisen angeboten.
a. Welche Bedingungen müssten vorliegen, damit sich bei gleichen Gütern ein Gleichgewichtspreis bildet, den alle Marktteilnehmer als Datum hinzunehmen hätten?
b. Welche Marktform liegt im oben beschriebenen Fall vor?
c. Nennen Sie fünf Bedingungen, die zu einer Nachfragesenkung, d. h., zu einer Linksverschiebung der Nachfragefunktion führen.

Aufgabe 2
Ein Flohmarkthändler kennt seinen Absatzmarkt genau: Er weiß, dass er, wenn er für sein Produkt mehr als 12,00 EUR verlangt, die komplette Ware am Abend wieder mit nach Hause nehmen muss. Und er weiß andererseits auch, dass er auf keinen Fall mehr als 16 Einheiten seiner Produkte verkaufen kann.
a. Zeichnen Sie die Nachfragefunktion des oben beschriebenen Flohmarkthändlers und beschreiben Sie diese unter Verwendung ökonomischer Fachbegriffe.
b. Nun beschließt derselbe Flohmarkthändler, sein Produkt für 6,00 EUR anzubieten. Wie groß wird sein Absatz sein?
c. Zeichnen Sie Ihr Ergebnis in das Diagramm aus der vorherigen Teilaufgabe ein.
d. Ein vergleichbares Produkt wird am Vorabend des Flohmarkts in einer Fernsehsendung außerordentlich positiv erwähnt. Welche Veränderung wird der Flohmarkthändler in diesem Fall am Flohmarkttag feststellen? Ergänzen Sie das Diagramm entsprechend.

Aufgabe 3
Ein Marktforschungsinstitut hat das nachfolgende Anbieterverhalten auf dem Markt für Ölfilter festgestellt.

Preis in EUR/Stück	Angebot in Tsd. Stück
7,00	500
7,50	1.500
8,00	2.500
8,50	3.500

a. Zeichnen Sie nach den Angaben in der Tabelle die Angebotsfunktion in ein Koordinatensystem ein.
b. Welche Ursachen könnten zu einer Erhöhung des Angebots führen?

Aufgabe 4
Einem für den Börsenhandel mit Metallen zuständigen Warenmakler liegen folgende Aufträge für Blei vor:

Kaufoptionen			Verkaufsoptionen		
Käufer	Menge in Tonnen	Limit pro Tonne in EUR	Verkäufer	Menge in Tonnen	Limit pro Tonne in EUR
A	800	billigst	E	1.200	bestens
B	1.000	23,064	F	400	23,062
C	1.600	23,063	G	1.800	23,063
D	400	23,062	H	800	23,065

a. Ermitteln Sie mithilfe der Tabelle den Gleichgewichtspreis und die Gleichgewichtmenge.
b. Wie hoch ist der Überhang beim Preis von 23,064 EUR je Tonne?
c. Wie hoch ist die gesamte Konsumentenrente, wenn der Gleichgewichtspreis unterstellt wird?
d. Wie nennt man die Anbieter bzw. die Nachfrager, die den Gleichgewichtspreis als Limit angegeben haben?
e. Definieren Sie zunächst die Begriffe Konsumentenrente und Produzentenrente. Stellen Sie diese beiden Größen anschließend in einem Marktdiagramm dar

Aufgabe 5
Was bezeichnet man als
a. Natürliches Nachfrageverhalten?
b. Natürliches Angebotsverhalten?
c. Skizzieren Sie beide Funktionen.

Aufgabe 6

> „Die Größe ein und desselben Genusses nimmt, wenn wir mit der Bereitung des Genusses ununterbrochen fortfahren, fortwährend ab, bis zuletzt Sättigung eintritt."
> (1. Gossensches Gesetz, Hermann Heinrich Gossen, 1854)

a. Stellen Sie grafisch dar, wie der Nutzen, den ein Wirtschaftssubjekt aus dem Konsum eines Gutes zieht, sich gemäß obiger Aussage des 1. Gossenschen Gesetzes entwickelt.
b. Was besagt das 2. Gossensche Gesetz?

Aufgabe 7
In einer Marktwirtschaft dient das Preissystem als Lenkungsmechanismus der Wirtschaft. Dabei können verschiedene Funktionen unterschieden werden, die von den Preisen erfüllt werden.
Nennen und erläutern Sie die fünf Funktionen der Marktpreise auf Gütermärkten.

Aufgabe 8
Für ein Getränk besteht folgende Nachfragesituation:

Angebotspreis (EUR je Liter)	Nachfragemenge (Liter)
1,00	7.000
1,25	5.000
1,50	4.500
1,75	4.000
2,00	3.000
2,25	2.000

a. Ermitteln Sie die Preiselastizität der Nachfrage bei einer Preiserhöhung von 1,25 EUR auf 1,50 EUR (auf zwei Stellen nach dem Komma runden).
b. Wie wird dieses Nachfrageverhalten bezeichnet?

Aufgabe 9
Mithilfe des wirtschaftstheoretischen Begriffs der Elastizität werden Güter in verschiedene Kategorien eingeteilt: inferiore/superiore Güter oder substitutive/komplementäre Güter.
a. Beschreiben Sie, welche Elastizitätsbegriffe hinter den genannten Einteilungen stehen.
b. In Ihrer Kaffeepause müssen Sie feststellen, dass der Preis für einen Latte Macchiato in Ihrer Lieblingsbäckerei von 2,70 EUR auf 3,00 EUR gestiegen ist. Die nette Verkäuferin erzählt Ihnen, dass sie statt zuvor 90, nun nur noch 72 Tassen pro Tag verkauft. Sie verrät Ihnen aber auch, dass der Preis der Milch, den sie zur Herstellung des Kaffeegetränks im gegenüberliegenden Supermarkt kauft, von 0,60 EUR auf 0,90 EUR pro Liter gestiegen ist. Dort ist die pro Tag verkaufte Milchmenge danach von 1.200 auf 900 Liter zurückgegangen.
Bestimmen Sie die Güterbeziehung zwischen Latte Macchiato und Milch, in dem Sie die Kreuzpreiselastizität der Nachfrage berechnen.

Aufgabe 10
Der Oligopolist muss damit rechnen, dass seine Mitbewerber Gegenmaßnahmen ergreifen, wenn er seine preis- und absatzpolitischen Maßnahmen zur Verwirklichung einer bestimmten Marktstrategie einsetzt.
a. Geben Sie mindestens drei Beispiele für Märkte mit oligopolistischer Konkurrenz.
b. Erklären Sie, warum der Preiswettbewerb (Marktverdrängungspolitik) auf einem solchen Markt in der Praxis selten vorzufinden ist.
c. Beschreiben Sie kurz die typische Verhaltensweise der Anbieter auf einem solchen Markt.

Aufgabe 11
In einem marktwirtschaftlichen System verfolgen die Unternehmen das Ziel der Gewinnmaximierung. Wie sie dieses Ziel verfolgen, ist aber auch wesentlich von der Marktform abhängig, in der sie agieren müssen. Definieren Sie zunächst folgende Marktformen:
a. vollständige Konkurrenz (Polypol),
b. Nachfragemonopol (Monopson),
c. Angebotsmonopol,
d. zweiseitiges Oligopol,
e. Beschreiben Sie nun den Preisbildungsprozess in einem homogenen Oligopol.

Aufgabe 12
Um welche Marktform handelt es sich in folgenden Beispielen?
a. Viele Gärtnereien bauen Blumen für eine Vielzahl von Verbrauchern an.
b. Ein bestimmter Computerchip wird von nur einem Elektronikunternehmen hergestellt. Als Nachfrager kommen nur wenige Computerhersteller infrage.
c. Die Bundespost hat das alleinige Recht zur Herausgabe von Briefmarken.
d. Fünf Chemieunternehmen stellen einen Stoff her, der von sechs Herstellern von Dentalmaterial benötigt wird.
e. Eine geringe Anzahl von Werften ist in der Lage, Aufklärungsunterseeboote für die Bundesmarine zu bauen.
f. Eine Vielzahl von Druckereien ist in der Lage, Formulare für Steuererklärungen zu drucken.

Aufgabe 13
In der EU wird die Forderung nach einem europäischen Kartellamt und damit einer verbesserten Kontrolle der Monopole diskutiert.
a. Nach welchen Kriterien können Monopole unterschieden werden?
b. Was muss ein Monopolist bei der Preisfestsetzung beachten?
c. Wie wird in Gewinnmaximierungsmonopolen der Preis festgesetzt?

Aufgabe 14
Als Instrument einer differenzierten Marktbearbeitung wird häufig die Preisdifferenzierung eingesetzt.
a. Definieren Sie dieses Instrument und nennen Sie die unterschiedlichen Arten einer möglichen Preisdifferenzierung anhand von Beispielen.
b. Erläutern Sie, inwiefern sich durch dieses Instrument höhere Gewinne erzielen lassen und welche Voraussetzungen hierfür gegeben sein müssen.

Aufgabe 15
Zum Schutz von Anbietern oder Nachfragern greift der Staat gelegentlich durch Höchst- oder Mindestpreise in die Preisbildung ein.

a. Ermitteln Sie den Umfang des entstehenden Marktungleichgewichtes. Wenn der Staat in der nachfolgenden Situation einen um 2,00 EUR vom Gleichgewichtspreis abweichenden Höchstpreis festsetzt.

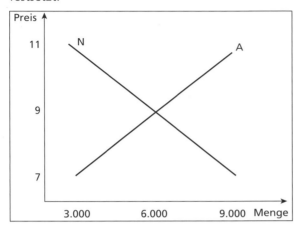

b. Warum setzt der Staat Mindestpreise fest? Welche Probleme entstehen durch die staatlichen Mindestpreise?

Aufgabe 16
In der folgenden Situation setzt der Staat einen um 4,00 EUR vom Gleichgewichtspreis abweichenden Mindestpreis fest.

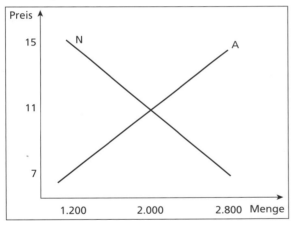

a. Wie hoch ist das Marktungleichgewicht?
b. Wie viel EUR muss der Staat aufwenden, um den Angebotsüberhang aufzukaufen?
c. Wie hoch ist der Mehrerlös der Anbieter durch diesen staatlichen Mindestpreis?
d. Wie hoch wäre der Aufwand für den Staat, wenn er den aufgekauften Überhang zum Gleichgewichtspreis auf dem Weltmarkt verkaufen würde?

1.2 Volkswirtschaftliche Gesamtrechnung

Aufgabe 1
Die folgende Darstellung spiegelt den Wirtschaftskreislauf einer Volkswirtschaft wider.

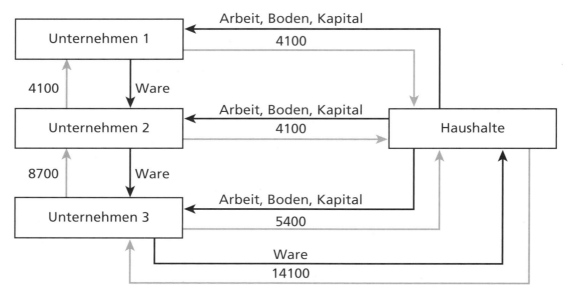

a. Erklären Sie den Aufbau und die Bedeutung der Volkswirtschaftlichen Gesamtrechnung.
b. Stellen Sie diesen Wirtschaftskreislauf in Kontenform dar.
c. Ermitteln Sie das Bruttoinlandsprodukt dieser Volkswirtschaft.

Aufgabe 2
Das BIP wird als zentrale Kennziffer zur Beurteilung der Leistungsfähigkeit einer Wirtschaft angesehen.
a. Erklären Sie warum das reale BIP bzw. das reale Wachstum als Wohlstandsindikator bezeichnet wird.
b. Nennen Sie die drei Methoden zur Berechnung des BIP.
c. Erläutern Sie unter Angabe von jeweils einem geeigneten Beispiel den Unterschied zwischen dem Bruttoinlandsprodukt (BIP) und dem Bruttonationaleinkommen (BNE).

Aufgabe 3
Berechnen Sie aus den folgenden Angaben (alle Werte in Mrd. EUR) das Bruttoinlandsprodukt (BIP) nach der Entstehungsrechnung, nach der Verwendungsrechnung und nach der Verteilungsrechnung:

Produktionswert	4.500
Staatskonsum	440
Saldo Export/Import	185
Bruttoinvestitionen	470
Nettonationaleinkommen	1.885
Vorleistungen	2.300
Abschreibungen	360
Auslandseinkommen der Inländer	250
Inlandseinkommen der Ausländer	205
Private Konsumausgaben	1.105

Aufgabe 4
Berechnen Sie das nominale und reale Wirtschaftswachstum, wenn Folgendes gilt:
Nominales Bruttoinlandsprodukt 2009: 2.374,5 Mrd. EUR; nominales Bruttoinlandsprodukt 2010: 2.476,8 Mrd. EUR; Preisniveauanstieg 2010: 1,0 %.

Aufgabe 5
Folgende Zahlen in Mrd. EUR (real) wurden der volkswirtschaftlichen Gesamtrechnung Deutschlands entnommen:

?	
Land- und Forstwirtschaft	23,51
Produzierendes Gewerbe	561,71
Handel, Verkehr und sonstige Dienstleistungen	932,14
Öffentliche Untern. u. private Dienstleister	411,77
Bruttowertschöpfung	1.929,13
− Entgelte für Bankdienstleistungen	65,30
+ Nettogütersteuern	207,37
BIP (real)	**2.071,20**

?	
Private Konsumausgaben	1.232,15
Konsumausgaben des Staates	393,52
Brutto-investitionen	406,94
Außenbeitrag	38,59
BIP (real)	**2.071,20**

?	
Arbeitnehmerentgelte	1.120,35
Unternehmens- und Vermögenseinkommen	410,88
= Volkseinkommen	1.531,23
Abschreibungen	312,07
Produktions- und Importabgaben	212,49
Saldo der Primäreinkommen zwischen In- und Ausland	15,41
BIP (real)	**2.071,20**

Beantworten Sie mit Hilfe der gegebenen Tabellen die folgenden Fragen:
a. Welche Berechnungsart liegt bei den oben dargestellten Berechnungsmethoden jeweils vor?
b. Wie hoch war das Wachstum, wenn im Vorjahr die Höhe des BIP 2.021,10 Mrd. EUR betrug?
c. Berechnen Sie das Bruttonationaleinkommen (BNE).
d. Wie hoch waren die Exporte, wenn die Importe einen Umfang von 680,10 Mrd. EUR betrugen?
e. Wie hoch wird das BIP ausfallen, wenn man mit einem Wachstum im kommenden Jahr von 3 % rechnet?
f. Wie viel Prozent des BIP sind von den Unternehmen verwendet worden?

Aufgabe 6
Zurzeit gibt es in der Bundesrepublik Deutschland nur in ausgewählten Branchen Mindestlöhne; eine flächendeckende Einführung von Mindestlöhnen wird allerdings kontrovers diskutiert.
a. Sowohl Gegner wie auch Befürworter von Mindestlöhnen führen für ihre Positionen Gerechtigkeitsaspekte an. Welche grundsätzlichen Normen der Verteilungsgerechtigkeit kennen Sie? Beschreiben Sie diese kurz.
b. An welchen Kriterien orientiert sich die Entlohnung in der sozialen Marktwirtschaft? Welche Rolle können dabei Mindestlöhne spielen?

Aufgabe 7
Beschreiben Sie Leistungsgerechtigkeit und Bedarfsgerechtigkeit als Normen staatlicher Einkommens- und Vermögenspolitik. Benennen Sie die Probleme, die auftreten, wenn die Normen der Leistungs- bzw. Bedarfsgerechtigkeit in die Realität umgesetzt werden sollen. An welchen Kriterien orientiert sich die Entlohnung in der Sozialen Marktwirtschaft?

Aufgabe 8
Das BIP gilt als Wohlstandsindikator. Beantworten Sie in diesem Zusammenhang die nachfolgenden Fragen.

Steigerung des Sozialprodukts

a. Erläutern Sie die Aussage der Karikatur.
b. Nennen Sie drei Kritikpunkte am BIP als Kennziffer zur Beurteilung des Wohlstands einer Volkswirtschaft.
c. Beschreiben Sie kurz ein alternatives Konzept der Berechnung einer Kennziffer zur Beurteilung des Wohlstands einer Volkswirtschaft.

Aufgabe 9
Nachstehend lesen Sie drei Meinungen zu der Frage der gerechten Verteilung des Volkseinkommens:

> 1. Jeder soll das gleiche verdienen. Schließlich sind die Menschen von Natur aus gleich. Überhaupt ist jede Arbeit für die Gesellschaft gleich wertvoll.
> 2. Die Einkommen müssen sich am Beitrag des Einzelnen am Sozialprodukt orientieren. Nur diese Entlohnung ist gerecht. Wer mehr und besser arbeitet, soll auch mehr verdienen.
> 3. Die Menschen der Industrieländer leben zu gut. Der Staat soll dafür sorgen, dass für jeden Bürger ein bestimmter Wohnraum festgelegt wird. Der heutige Wohnluxus ist übertrieben. Außerdem soll der Staat für jeden Arbeitnehmer und seine Familie Lebensmittelrationen festsetzen, wobei die Schwerarbeiter eine Sonderration beanspruchen können. Der private Autoverkehr soll zugunsten des öffentlichen Verkehrs abgeschafft werden.

a. Ordnen Sie den genannten Zitaten die entsprechenden Prinzipien einer gerechten Einkommensverteilung zu und nennen Sie jeweils einen Vor- und einen Nachteil.
b. Welche der genannten Prinzipien werden in der sozialen Marktwirtschaft angewendet? Beschreiben Sie auch, in welcher Form diese Anwendung finden.
c. Nennen Sie vier Gründe für eine ungleiche personelle Einkommensverteilung.
d. Nennen Sie vier Gründe, warum der Staat in die Einkommensverteilung eingreift.
e. Erklären Sie den Begriff „Transferzahlung".

Aufgabe 10
Die Lohnquote besitzt Einfluss auf die politische Diskussion und Tarifauseinandersetzungen. Die Bedeutung der Lohnquote ist jedoch umstrittenen.

Jahr	Volkseinkommen	Arbeitnehmerentgelte	Unternehmens- und Vermögenseinkommen	Lohnquote	Gewinnquote
2008	?	?	168,66	?	35,5 %
2009	445,10	306,38	?	?	?

a. Berechnen Sie die fehlenden Angaben.
b. Angenommen, die Gewinnquote sinkt in den kommenden Jahren um 2 %. Wie verändert sich die Lohnquote?
c. Welche Produktionsfaktoren werden durch Unternehmens- und Vermögenseinkommen entlohnt?
d. Welche Art der Einkommensverteilung kann durch die Lohn- und die Gewinnquote beurteilt werden?

Aufgabe 11
Erklären und interpretieren Sie die folgende Aussage:

> „Geschichtlich gesehen hat die Arbeitsteilung das Problem der richtigen (gerechten) Verteilung des Volkseinkommens verstärkt. Da die Produktion das Ergebnis eines Kombinationsprozesses ist, und weil dieses Ergebnis den einzelnen Produktionsfaktoren nicht zurechenbar ist ..., muss die Frage nach der gerechten Verteilung von Einkommen politisch gelöst werden. Wie aber die politische Entscheidung aussieht, hängt wiederum von der realisierten Gesellschaftsordnung ab."

1.3 Konjunktur und Wirtschaftswachstum

Aufgabe 1
Es ist unbestritten, dass die wirtschaftliche Entwicklung von zyklischen Schwankungen geprägt ist. Konkret ist aber oftmals strittig, wie lang die einzelnen Phasen des Zyklus sind, oder an welcher Stelle des Konjunkturzyklus die Wirtschaft zu einem bestimmten Zeitpunkt steht.

a. Stellen Sie den typischen Konjunkturzyklus grafisch dar und benennen Sie die einzelnen Phasen.
b. Welchen Beitrag zur Erklärung von Konjunkturzyklen liefern empirische Konjunkturtheorien? Erläutern Sie diese Frage am Beispiel von zwei verschiedenen empirischen Konjunkturtheorien.
c. Welche Konsequenzen hat die Analyse der empirischen Konjunkturtheorien für die Wirtschaftspolitik? Erläutern Sie Ihre Antwort an einem Beispiel.

Aufgabe 2
Als Reaktion auf die Finanzkrise 2008 wurden konjunkturpolitische Maßnahmen der Regierung gefordert.
a. Was versteht man unter Konjunkturpolitik?
b. Wie kann man modelltypisch den Konjunkturverlauf beschreiben?
c. Leo Nefiodow, Mitglied des Club of Rome und u. a. Berater des Bundesministeriums für Forschung und Technik, sieht die Weltwirtschaft am Anfang des sechsten Kondratieff-Zyklus, den er von Gesundheits- und Medizintechnik getragen sieht. Erläutern Sie die Theorie der Kondratieff-Zyklen und ihre Bedeutung für die Wirtschaftspolitik. Was würde es konkret für die aktuelle Wirtschaftspolitik bedeuten, wenn die Wirtschaft tatsächlich am Anfang eines sechsten Kondratieff-Zyklus stehen würde?

Aufgabe 3
Das zentrale Ziel der Wirtschaftspolitik in der Bundesrepublik Deutschland lässt sich durch den Begriff des gesamtwirtschaftlichen Gleichgewichts beschreiben.
a. Definieren Sie den Begriff des gesamtwirtschaftlichen Gleichgewichts im Sinne des Stabilitäts- und Wachstumsgesetzes. Warum spricht man in diesem Zusammenhang auch von einem „magischen" Viereck?
b. Mit welchen empirischen Größen kann überprüft werden, in welchem Maße das gesamtwirtschaftliche Gleichgewicht in der Bundesrepublik Deutschland erreicht wird?

Aufgabe 4
Eine der Zielgrößen des „magischen Vierecks" ist ein stabiles Preisniveau. Die Erfüllung dieser gesamtwirtschaftlichen Größe wird mithilfe der Inflationsrate geprüft.
a. Die Energiepreise in Deutschland sind 2010 um ca. 10 % gestiegen, die Inflationsrate wird dagegen mit 1,2 % ausgewiesen. Ist dies ein Widerspruch?
b. Die Preisentwicklung in Deutschland wird durch den Verbraucherpreisindex (VPI) gemessen. Stellen Sie die Berechnung dieses Index grundlegend dar.

Aufgabe 5
Nennen und erläutern Sie die geldpolitischen Instrumente des Europäischen Systems der Zentralbanken (ESZB). Diskutieren Sie jeweils die Bedeutung der Instrumente.

Aufgabe 6
Erklären Sie, wie eine Zentralbank durch eine Offenmarktoperation dem Geldmarkt zusätzliche Liquidität zuführen kann.

Aufgabe 7
Ein inflationäres Wachstum des Preisniveaus kann sowohl von der Nachfrage- wie auch von der Angebotsseite der Volkswirtschaft angestoßen werden.
a. Was versteht man unter einer Nachfrageinflation und welche Ursachen können im Detail hinter einer Nachfrageinflation stehen?
b. Mit welchen Instrumenten kann die Wirtschaftspolitik die verschiedenen Arten einer Nachfrageinflation bekämpfen?

Aufgabe 8
Ermitteln Sie den Preisindex und die Preisniveauveränderung im Berichtsjahr.

Waren- und Dienstleistungen	Menge pro Jahr (Wägungsanteil)	Preis in EUR/Einheit (Basisjahr)	Preis in EUR/Einheit (Berichtsjahr)
Butter	72 Pakete	1,05	0,95
DVD-Rekorder	1/4 Stück	429,00	340,00
Brot	120 KG	2,20	2,50
Wohnungsmiete	900 m² (75m2 im Monat)	8,50	8,80

Aufgabe 9
Im Juli 2009 wiesen die Zahlen des Statistischen Bundesamts erstmals sinkende Verbraucherpreise in der Bundesrepublik Deutschland aus. Auch wenn dies für die Verbraucher positiv schien, reagierten einige Ökonomen alarmiert. Sie fürchteten eine deflationäre Entwicklung.
a. Was versteht man unter einer Deflation?
b. Wie erfasst das Statistische Bundesamt die Preisentwicklung in Deutschland? Mit welchem statistischen Preisindex rechnet das Statistische Bundesamt? Geben Sie eine Erläuterung des Verfahrens und nennen Sie seine Vorzüge.
c. Berechnen Sie die Preisentwicklung für folgende kleine Modellökonomie.

Waren	Preise 2010	Preise 2011	Gewichtung 2010	Gewichtung 2011
Lebensmittel	2,00	1,75	200	204
Energie	8,00	6,00	50	70
Wohnen	11,00	10,00	25	28

Aufgabe 10
Ermitteln Sie anhand der nebenstehenden Abbildung
a. den Preisanstieg 2009 gegenüber dem Vorjahr,
b. die Kaufkraftveränderung 2009 gegenüber dem Vorjahr,
c. die Veränderung des Realeinkommens in EUR und Prozent eines Angestellten, der 2008 ein Monatseinkommen von 2.850,00 EUR bezog und ein Jahr später 3.100,00 EUR erhält.

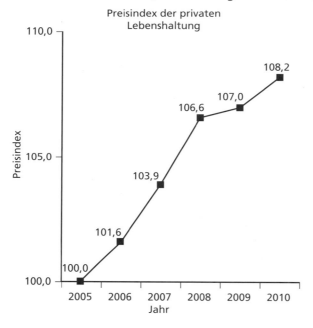

Aufgabe 11
In modernen Volkswirtschaften wird die Geldversorgung der Ökonomie durch ein zweistufiges Bankensystem gewährleistet, das aus einer Zentralbank und Geschäftsbanken besteht.
a. Was versteht man unter Zentralbankgeld? In welchem Zusammenhang steht die Zentralbankgeldmenge mit der Mindestreservepflicht der Geschäftsbanken?
b. Was versteht man unter Geldmengen- bzw. Geldschöpfungsmultiplikator? Welche ökonomischen Größen bestimmen die Höhe dieses Multiplikators?
c. Welche Geldmengenaggregate unterscheidet die Europäische Zentralbank? Definieren Sie diese Aggregate.

Aufgabe 12
Aufgabe der Deutschen Bundesbank ist es, die Geldwertstabilität zu sichern. Dies geschieht primär durch die Steuerung der umlaufenden Geldmenge und des volkswirtschaftlichen Zinsniveaus.
a. Definieren Sie die drei unterschiedlichen volkswirtschaftlichen Geldmengen und stellen Sie deren unterschiedlichen Aussagegehalt dar.
b. Welches Ziel verfolgt die Deutsche Bundesbank mit einer restriktiven Geldpolitik?

Aufgabe 13
Die Europäische Zentralbank (EZB) ist unabhängig und legt den Leitzins fest.
a. Nennen Sie vier Aspekte der Unabhängigkeit der EZB.
b. Definieren Sie allgemein den Begriff „Leitzinsen". Stellen Sie dar, wie eine Leitzinssenkung auf die Wirtschaft wirken könnte.
c. Erklären Sie das Instrument der Ständigen Fazilitäten.

1.4 Außenwirtschaft

Aufgabe 1
Erläutern Sie das Konzept der Zahlungsbilanz. In welche Teilbilanzen lässt sich die Zahlungsbilanz gliedern? Ordnen Sie folgende Sachverhalte den von Ihnen genannten Teilbilanzen zu:
a. Erwerb einer Unternehmensbeteiligung im Ausland,
b. Urlaubsreise ins Ausland,
c. Überweisungen ausländischer Arbeitnehmer in ihre Heimatländer,
d. Zahlungen an internationale Organisationen,
e. Warenexporte.

Aufgabe 2
Skizzieren Sie das Auslandskonto der Volkswirtschaftlichen Gesamtrechnung in T-Kontenform und erläutern Sie die aufgeführten Positionen. Welche Annahmen stehen hinter den einzelnen Positionen? Zeigen Sie den Zusammenhang zwischen dem Auslandskonto der VGR und den Zahlenwerken der Zahlungsbilanz auf.

Aufgabe 3
Angesichts der weltweiten Finanzkrise 2008 und der daraus resultierenden rezessiven Konjunkturentwicklung warnen viele Ökonomen vor einem Rückfall der Wirtschaftspolitik in den Protektionismus. Der ehemalige deutsche Wirtschaftsminister Karl-Theodor zu Guttenberg hat im Februar 2009 dem Protektionismus eine deutliche Absage erteilt: „Das wäre nicht nur in diesen Tagen, sondern auch generell die falsche Antwort."
a. Was versteht man unter Protektionismus?
b. Nennen und beschreiben Sie verschiedene Gruppen von protektionistischen Maßnahmen.

Aufgabe 4
In der Presse wird oftmals von einem „Zahlungsbilanzdefizit" geschrieben, wie beispielsweise in den Westfälischen Nachrichten vom 11. April 2010: „... *Großbritannien hat seit langen Jahren ein chronisches Zahlungsbilanzdefizit.*"
a. Erklären Sie, warum diese Ausdrucksweise ökonomisch nicht korrekt ist.
b. Welche alternativen Größen könnten benutzt werden, wenn eine Aussage über die außenwirtschaftliche Lage einer Volkswirtschaft getroffen werden soll?
c. Der Saldo der Teilbilanz „Laufende Übertragungen" (Übertragungsbilanz) ist für Deutschland traditionell negativ. Was wird in dieser Teilbilanz erfasst und warum ist dieser Saldo traditionell negativ?

Aufgabe 5
Im „Vertrag über die Europäische Union" (Maastricht-Vertrag) wurde die Einführung einer Europäischen Wirtschafts- und Währungsunion beschlossen. Welche Vorteile wurden von diesem Entschluss erwartet? Nennen Sie die Konvergenzkriterien des Maastrichter Vertrages. In welchem Zusammenhang steht damit der sogenannte Stabilitätspakt?

Aufgabe 6
Das hohe Leistungsbilanzdefizit der USA wird zunehmend als Bedrohung der wirtschaftlichen Entwicklung – nicht nur in den USA – gesehen.
a. Erläutern Sie den Begriff des Leistungsbilanzdefizits. Beschreiben Sie in diesem Zusammenhang das gesamte Konzept der Zahlungsbilanz.
b. Geben Sie je drei Beispiele für tarifäre und nichttarifäre Handelshemmnisse an.
c. Seit März 2002 belegen die USA Stahlimporte mit Extrazöllen von bis zu 30 %. Beschreiben Sie die ökonomischen Wirkungen dieser Maßnahme unter der Annahme, dass das Exportland ein kleines Land ist.

Aufgabe 7
Folgende Geschäftsfälle sind in der Zahlungsbilanz zu erfassen (GE = Geldeinheiten):
1. Die Bundesrepublik Deutschland leistet Entwicklungshilfe in Höhe von 50.000 GE.
2. Ein deutsches Unternehmen verkauft ein Patent für 150.000 GE gegen Kredit.
3. Ein inländischer Exporteur liefert Waren für 70.000 GE nach Südamerika.

4. Ein ausländischer Arbeitnehmer überweist 5.000 GE in sein Heimatland.
5. Eine internationale Organisation überweist 30.000 GE an ihre deutsche Vertretung.
6. Ein deutsches Unternehmen bezieht Waren aus dem Ausland in Höhe von 15.000 GE. Ein Drittel wird bar bezahlt, der Rest in mehreren Raten zu späteren Zeitpunkten überwiesen.
7. Ein im Ausland aufgenommener Kredit über 50.000 GE wird per Überweisung zuzüglich 3.000 GE Zinsen zurückgezahlt.
8. Ein deutscher Spediteur transportiert für ein Schweizer Unternehmen Waren und erhält dafür 6.000 GE.
   a. Wie lauten die Buchungen in den Teilbilanzen?
   b. Ermitteln Sie die Salden der Teilbilanzen.
   c. Handelt es sich um eine aktive oder passive Zahlungsbilanz?

Aufgabe 8
Die Welthandelsorganisation (WTO) hat für das Jahr 2012 ein düsteres Bild vom internationalen Warenaustausch gezeichnet. Das Wachstum des Welthandels werde sich 2012 zum zweiten Mal in Folge deutlich verlangsamen, teilte die WTO in Genf mit. Hauptgrund sei vor allem die europäische Schuldenkrise.
a. Welche Aufgaben und Ziele verfolgt die WTO?
b. Erklären Sie, nach welchen Prinzipien die Welthandelsorganisation Beschlüsse fasst.

Aufgabe 9
Der Kaufkraft einer Währung in Ausland wird durch den Wechselkurs bestimmt.
a. Nennen Sie drei Wechselkurssysteme.
b. Erklären Sie das Prinzip flexibler Wechselkurse und wie es in diesem System zur Auf- oder Abwertung kommt.
c. Welche Auswirkungen auf den Wechselkurs hat es, wenn die Inflation im Inland größer ist als die Inflation im Ausland?

Aufgabe 10

„Deutschlands Eingebundenheit in die internationale Arbeitsteilung könnte größer kaum sein. Unsere Außenwirtschaftspolitik zielt deshalb auf weltweit offene Märkte und Chancengleichheit für deutsche Unternehmen im internationalen Wettbewerb ab. Dafür werde ich mich Mitte Dezember bei der WTO-Ministerkonferenz in Hongkong persönlich einsetzen."

(aus der Rede des Bundesministers für Wirtschaft und Technologie Michael Glos MdB anlässlich der Regierungserklärung von Frau Bundeskanzlerin Merkel am 1. Dezember 2005 in Berlin)

a. Beschreiben Sie vier Gründe dafür, dass eine Volkswirtschaft auf internationale Arbeitsteilung angewiesen ist.
b. Berechnen Sie die komparativen Kostenvorteile von Liechtenstein und Libyen bei folgender Produktion. (Führen Sie bitte den tabellarischen Nachweis: „Wer produziert was?")
   Schlemmkreideproduktion von 1.000 Tonnen
   • Liechtenstein   120 Frau/Mann/Jahr
   • Libyen   110 Frau/Mann/Jahr
   Pappplattenproduktion von der wertmäßig gleichen Menge
   • Libyen   100 Frau/Mann/Jahr
   • Liechtenstein   160 Frau/Mann/Jahr
c. Was besagt D. Ricardos Theorie der komparativen Kostenvorteile?

Aufgabe 11
Der IWF ist heute eine der bedeutendsten internationalen Organisation für den weltweiten Handel. Die Bundesrepublik Deutschland trat dem IWF am 14. August 1952 bei.
a. Nennen Sie die Aufgaben und Ziele des IWF.
b. Erklären Sie den Begriff der Sonderziehungsrechte und wie diese ermittelt werden.
c. Die Weltbank gilt als Schwesterorganisation des IWF und wurde mit ihr zusammen 1944 gegründet. Welche Aufgaben nimmt die Weltbank wahr?

Aufgabe 12
Der Wechselkursmechanismus II der Europäischen Union sieht feste Wechselkurse mit in Bandbreiten vor. Er wird als Wartezimmer zum Euro bezeichnet. Zurzeit nehmen die Länder Lettland, Litauen und Dänemark daran teil.
a. Erklären Sie die Wirkungsweise der Wechselkurse mit Bandbreiten.
b. Stellen Sie das Wechselkurssystem der EU grafisch dar.

c. Wie reagieren die beteiligten Zentralbanken, wenn eine Währung den oberen Interventionspunkt erreicht?
d. Wie könnten die beteiligten Länder reagieren, wenn ein Land dauerhaft den unteren Interventionspunkt erreicht und Interventionen nicht zum erhofften Erfolg führen?

2 Betriebliche Funktionen und deren Zusammenwirken

Aufgabe 1
Ein wesentlicher Begriff der modernen Betriebswirtschaftslehre ist die Wertschöpfung.
a. Erläutern Sie den Begriff „Wertschöpfung".
b. Welche Funktionsbereiche sind wesentlich an der Wertschöpfung eines Unternehmens beteiligt?
c. Beschreiben Sie die Aufgaben der Produktion als betriebliche Funktion.

Aufgabe 2
Die Logistik nimmt in Unternehmen eine zunehmend wichtigere Rolle ein.
a. Welche Aufgabe hat die Logistik?
b. Nennen Sie die Teilbereiche der betrieblichen Logistik.
c. Erklären Sie die Aufgabe der Entsorgungslogistik.

Aufgabe 3
Die Funktion „Marketing" wird auch als eine strategische Funktion bezeichnet.
a. Erläutern Sie die Notwendigkeit des Marketings in wettbewerbsorientierten Unternehmen.
b. Welche zentralen Aufgaben kommen dem Marketing in einem Unternehmen zu?
c. Nennen Sie drei quantitative Ziele des Marketings.
d. Erklären Sie die Aufgabe der Produktpolitik im Rahmen des Marketings.

Aufgabe 4
Ob in einem Handwerksbetrieb oder in einem Großunternehmen: Ein gut funktionierenden Rechnungswesen ist aus keinem Unternehmen mehr wegzudenken.
a. Welchen Zweck erfüllt das Rechnungswesen in einem Unternehmen?
b. Nennen Sie die wesentlichen Bereiche des Rechnungswesens.
c. Unterscheiden Sie externes und internes Rechnungswesen.

Aufgabe 5
Die beiden betrieblichen Funktionen Finanzierung und Investition sind eng miteinander verknüpft.
a. Erläutern Sie den Zusammenhang von Finanzierung und Investition an einem Beispiel.
b. Erläutern Sie drei Investitionsanlässe.
c. Unterscheiden Sie Innen- und Außenfinanzierung und nennen Sie zwei Formen der Außenfinanzierung.
d. Welche Aufgabe hat die Finanzplanung?

Aufgabe 6
Dem Controlling als betriebliche Funktion kommt eine zunehmende Bedeutung zu.
a. Grenzen Sie das Controlling vom Rechnungswesen ab.
b. Nennen Sie drei wesentliche Ziele des Controllings.
c. Beschreiben Sie die Unternehmensplanung als eine wesentliche Aufgabe des Controllings.
d. Das Controlling wird gelegentlich auch als ein strategisches Instrument der Unternehmensführung bezeichnet. Begründen Sie diese Aussage.

Aufgabe 7
Der Funktionsbereich Personal trägt entscheidend zum Erfolg eines Unternehmens bei.
a. Beschreiben Sie anhand je eines Beispiels die wirtschaftliche und die soziale Zielsetzung des Personalwesens.
b. Erläutern Sie ausführlich die Aufgaben des Personalwesens in einem Unternehmen.
c. Begründen Sie anhand eines Beispiels, warum dem Funktionsbereich eine strategische Bedeutung zukommt.

Aufgabe 8
Ein Betrieb kann auch als ein System von verschiedenen Funktionsbereichen verstanden werden, die auf verschiedene Weise zusammenwirken.
a. Erläutern Sie am Beispiel eines Auftrags für eine Möbelfabrik das Zusammenwirken der verschiedenen Funktionen eines Betriebs.
b. Beschreiben Sie in diesem Zusammenhang den güterwirtschaftlichen und den finanzwirtschaftlichen Strom sowie den Informationsstrom.
c. Nennen Sie vier Arten von Betrieben, die sich durch die Art des Leistungsprozesses voneinander unterscheiden.

3 Existenzgründung und Unternehmensrechtsformen

Aufgabe 1
Peter Flott ist gelernter Koch und beabsichtigt, sich mit einem Restaurant mit 40 Plätzen in einer mittleren Großstadt selbstständig zu machen.
a. Stellen Sie vier zentrale Überlegungen an für die wirtschaftlichen Voraussetzungen einer solchen Unternehmensgründung.
b. Welche rechtlichen Voraussetzungen muss Peter Flott beachten?
c. Nennen Sie drei persönliche Voraussetzungen, die Peter Flott für die Gründung eines solchen Unternehmens unbedingt mitbringen sollte.

Aufgabe 2
Peter Flott hat sich nach reiflichen Vorüberlegungen dazu entschlossen, das Restaurant zu gründen.
a. Nennen Sie die Phasen, in denen eine Geschäftsgründung allgemein erfolgen sollte.
b. Bei welchen Stellen kann sich Peter Flott für sein Vorhaben beraten lassen?
c. Welchen Positionen sollte Peter Flott in seinem Businessplan besondere Aufmerksamkeit widmen und warum?
d. Nennen Sie fünf Stellen, bei denen Peter Flott sein Restaurant anmelden muss, bzw. sollte.

Aufgabe 3
Peter Flott hat die meisten Punkte seines Businessplans abgearbeitet. Sein Vater Hermann Flott glaubt an die Idee und will mit einer Summe von 25.000 EUR in das Geschäft einsteigen, sich aber nicht an der Geschäftsführung beteiligen. Peter Flott ist sich allerdings immer noch nicht schlüssig, ob er das Unternehmen als Kommanditgesellschaft oder als GmbH führen soll.
a. Nennen Sie fünf wichtige Punkte, die Peter Flott vor einer Entscheidung über die Rechtsform bedenken sollte.
b. Vergleichen Sie die KG und die GmbH hinsichtlich Geschäftsführung und Vertretung, Haftung und Gewinn- bzw. Verlustverteilung.
c. Welche Voraussetzungen müssen für die Gründung der GmbH mindestens erfüllt sein?
d. Sprechen Sie eine begründete Empfehlung aus.

Aufgabe 4
Eine Alternative für Peter Flott hätte auch die Gründung einer GmbH & Co. KG sein können.
a. Beschreiben Sie für die genannte Konstellation die Gründung einer GmbH & Co. KG.
b. Die GmbH & Co. KG ist eine in Deutschland sehr verbreitete Rechtsform. Geben Sie mögliche Gründe dafür an.

Aufgabe 5
Im Gründerseminar der IHK war auch von der Rechtsform Einzelkaufmann und Unternehmergesellschaft (haftungsbeschränkt) die Rede.
a. Erläutern Sie die wesentlichen Merkmale der Einzelunternehmung.
b. Erläutern Sie die Besonderheiten der Unternehmergesellschaft.
c. Ist die Gründung einer solchen UG (haftungsbeschränkt) in dem geschilderten Fall überhaupt möglich? Begründen Sie ihre Aussage.

Aufgabe 6
Hermann Flott hält 80 Stammaktien der Firma Begra AG.
a. Nennen Sie fünf Merkmale der Aktiengesellschaft.
b. Wie wird eine AG gegründet? Nennen Sie vier Gründungsvoraussetzungen.
c. Welche drei wesentlichen Rechte stehen Hermann Flott als Aktionär zu?
d. Nennen Sie drei Aufgaben des Aufsichtsrats einer AG.
e. Welche drei wesentlichen Aufgaben hat der Vorstand einer AG?

Aufgabe 7
Franz Stein ist Inhaber einer Einzelunternehmung. Aufgrund der großen Nachfrage nach seinen Produkten will er sein Unternehmen erweitern und kräftig investieren. Dazu benötigt er zusätzliches Kapital.
a. Erläutern Sie in diesem Zusammenhang die beiden Möglichkeiten der OHG und der KG für die Geschäftserweiterung.
b. Welche anderen Rechtsformen sind als Erweiterung für sein Geschäft denkbar?
c. Beschreiben Sie die Vorteile einer stillen Beteiligung für das Unternehmen von Franz Stein.

Aufgabe 8
An einer OHG sind Abele mit 140.000,00 EUR, Beltz mit 60.000,00 EUR und Crest mit 50.000,00 EUR beteiligt. Der Jahresgewinn beträgt 130.000,00 EUR. Nehmen Sie die Gewinnverteilung nach der gesetzlichen Regelung vor.

Aufgabe 9
Franz Stein und drei Geschäftspartner wollen gemeinsam eine Lagerhalle mieten und diese zur Auslagerung von Maschinen und Material nutzen. Der Steuerberater rät Franz Stein zur Gründung einer Gesellschaft bürgerlichen Rechts (BGB-Gesellschaft).
a. Was müssen die vier Geschäftspartner unternehmen, damit eine BGB-Gesellschaft zustande kommt?
b. Wer ist der Vertragspartner des Vermieters?
c. Wie wird die Miete für die Lagerhalle samt Nebenkosten aufgebracht?
d. Wer entscheidet über Veränderungen, die innerhalb der Lagerhalle vorgenommen werden sollen, z.B. Schönheitsreparaturen?
e. An wen kann sich der Vermieter der Lagerhalle wenden, wenn die Miete nicht bezahlt wird?
f. Ein Gesellschafter benötigt keinen zusätzlichen Lagerraum mehr. Wie kommt er aus der Gesellschaft wieder heraus?
g. Welche Folgen hat das Ausscheiden eines Gesellschafters aus der Gesellschaft?

4 Unternehmenszusammenschlüsse

Aufgabe 1
Unternehmen können sich in vielfältiger Weise verbinden und zusammenarbeiten. Grundsätzlich werden dabei Kooperation und Konzentration unterschieden.
a. Unterscheiden Sie die Begriffe Kooperation und Konzentration hinsichtlich ihrer Auswirkungen auf den rechtlichen und wirtschaftlichen Status der beteiligten Unternehmen.
b. Nennen Sie je zwei mögliche Formen der Kooperation und der Konzentration.
c. Nennen Sie drei Gründe für eine Kooperation von Unternehmen.

Aufgabe 2
Paul Kolbe will zusammen mit einer Reihe anderer Geschäftsleute in seinem Stadtteil eine Werbegemeinschaft gründen, um durch gemeinsame Aktionen und eine monatlich erscheinende kostenlose Stadtteilzeitschrift eine höhere Attraktivität zu erreichen.
a. In welcher Form ist eine solche Zusammenarbeit denkbar?
b. Um welche Form der Zusammenarbeit handelt es sich hier?
c. Was versprechen sich die Beteiligten von dieser Zusammenarbeit?

Aufgabe 3
Die Cool Erfrischungsgetränke GmbH hält 60 % an der Littmann Brauerei AG und 75 % an der Sektkellerei Pritzel GmbH.
a. Um welche Art des Unternehmenszusammenschlusses handelt es sich hier?
b. Beschreiben Sie die Auswirkungen dieses Zusammenschlusses auf die Brauerei und die Sektkellerei.
c. Nennen Sie zwei möglich Gründe für diese Beteiligungen.

Aufgabe 4
Bei der Lektüre der Geschäftsberichte vieler deutscher Großunternehmen stellt man fest, dass diese in vielfältiger Weise mit anderen Unternehmen kapitalmäßig verbunden sind. Dabei lassen sich unterscheiden:
- horizontale Verbindungen,
- vertikale Verbindungen und
- diagonale Verbindungen.
  a. Erläutern Sie diese Begriffe.
  b. Geben Sie für jede dieser Verbindungen ein Beispiel.
  c. Unterscheiden Sie in diesem Zusammenhang zwischen einem Gleichordnungskonzern und einem Unterordnungskonzern.
  d. Geben Sie auch hierfür jeweils ein Beispiel.

Modul 2: Rechnungswesen

1 Grundlegende Aspekte des Rechnungswesens

Aufgabe 1
Das Rechnungswesen hat wichtige Funktionen im Informationssystem eines Unternehmens.
a. Nennen Sie die vier wesentlichen Bereiche des Rechnungswesens einer Unternehmung.
b. Erläutern Sie die vier Aufgaben des Rechnungswesens anhand jeweils eines Beispiels.

Aufgabe 2
Jede Buchführung muss gewissen formalen Mindeststandards entsprechen.
a. Erläutern Sie drei Grundsätze ordnungsgemäßer Buchführung anhand je eines geeigneten Beispiels.
b. Ein Grundsatz lautet „Die Buchführung muss klar und übersichtlich sein." Erläutern Sie anhand von vier Kriterien, was darunter zu verstehen ist.
c. Mit welchen Konsequenzen muss jemand rechnen, der die Bücher wissentlich gefälscht hat?

Aufgabe 3
Walter Flimm ist Inhaber eines Kiosks. Er ist nicht im HR eingetragen. Im ersten Geschäftsjahr hat er einen Umsatz von 480.000,00 EUR gemacht und einen Gewinn von 52.000,00 EUR.
a. Nennen Sie je ein Gesetz, das Kaufleute nach Handelsrecht und nach Steuerrecht verpflichtet, Bücher zu führen.
b. Von dem Grundsatz, dass alle Kaufleute Bücher führen müssen, gibt es eine Ausnahme für bestimmte Einzelkaufleute. Unter welchen Voraussetzungen sind diese nach Handelsrecht von der Pflicht befreit, Bücher zu führen?
c. Klären Sie die handelsrechtliche und steuerrechtliche Buchführungspflicht für Walter Flimm.

Aufgabe 4
Um die Bilanz ordnungsgemäß aufzustellen, müssen allgemeine Grundsätze einer ordnungsgemäßen Bilanzierung beachtet werden.
a. Erläutern Sie drei Grundsätze ordnungsgemäßer Bilanzierung anhand von je einem Beispiel.
b. Was ist unter dem Grundsatz der Einzelbewertung zu verstehen und welche Ausnahmen davon gibt es?
c. Erklären Sie das Prinzip der Bilanzidentität.

Aufgabe 5
Die Connect GmbH erhielt am 20.11. eine Rechnung über 150.000,00 USD, zahlbar am 20.1. des Folgejahres. Die Rechnung wurde am Tag des Rechnungseingangs zum Kurs von 0,70 EUR für 1,00 USD gebucht.
a. Mit welchem Betrag in EUR wurde die Rechnung am 20.11. gebucht?
b. Der Kurs am Bilanzstichtag (31.12.) betrug 0,75. Mit welchem Betrag ist die Verbindlichkeit in der Bilanz anzusetzen?
c. Wie wäre die Situation, wenn der USD-Kurs zum 31.12. auf 0,65 gesunken wäre?

Aufgabe 6
Im Wertpapierdepot der Connect GmbH befinden sich 500 Aktien der Thom AG, die am 15.7. des Geschäftsjahres zum Kurs von 54,00 EUR erworben wurden.
a. Mit welchem Wert wurde der Kauf der Aktien am 15.07. gebucht?
b. Am Bilanzstichtag ist der Kurs der Thom-Aktie auf 70,00 EUR gestiegen. Mit welchem Wert ist die Wertpapierposition am Bilanzstichtag zu bilanzieren?
c. Wie wäre die Situation zu beurteilen, wenn der Kurs der Aktie am Bilanzstichtag mit 48,00 EUR notieren würde?

Aufgabe 7
Erläutern Sie am Beispiel der Aufgaben 5 und 6 das Imparitätsprinzip.

Aufgabe 8
Im Rahmen der Bewertung werden unterschiedliche Wertmaßstäbe herangezogen.
a. Erläutern Sie, wie die Anschaffungskosten eines Wirtschaftsguts ermittelt werden.
b. Welche Kostenpositionen dürfen im Rahmen der Bewertung zu Herstellungskosten angesetzt werden, welche nicht?
c. Was ist unter dem Begriff der „fortgeführten Anschaffungs- oder Herstellungskosten" zu verstehen?

Aufgabe 9
Die Motorenwerke AG hat im abgelaufenen Geschäftsjahr eine wesentliche Beteiligung an der Edelstahl AG zum Kurswert von 400.000,00 EUR erworben.
a. Am 31.12. ist der Wert der Beteiligung durch Kursverluste auf 320.000,00 EUR gesunken. Wie ist nun zu bilanzieren? Begründen Sie Ihre Aussage.
b. Im darauffolgenden Geschäftsjahr steigt der Börsenwert der Beteiligung aufgrund guter Konjunkturentwicklung auf 420.000,00 EUR. Wie ist nun zu verfahren?
c. Nach welchem Prinzip muss bei dieser Bilanzposition grundsätzlich bewertet werden?
d. Begründen Sie, warum die Anschaffungs- oder Herstellungskosten eines Wirtschaftsguts immer die Bewertungsobergrenze bilden.

Aufgabe 10
Die Motorenwerke AG hat im Januar des Geschäftsjahres 01 eine computergesteuerte Fräsanlage erworben zu Anschaffungskosten von 120.000,00 EUR. Die Nutzungsdauer beträgt 10 Jahre.
a. Berechnen Sie den zu bilanzierenden Wert bei einer linearen Abschreibung für den Bilanzstichtag des Geschäftsjahres 01.
b. Ermitteln Sie den zu bilanzierenden Wert für den Bilanzstichtag des Jahres 04.
c. Im Laufe des Geschäftsjahres 05 bringt die Herstellerfirma der Anlage eine völlig neue, wesentlich leistungsfähigere Maschine auf den Markt, zudem zu einem wesentlich günstigeren Preis als die alte Anlage. Der Tageswert der Anlage beträgt zum Bilanzstichtag nur noch 40.000,00 EUR. Beurteilen Sie dieses Situation.

Aufgabe 11
Bei der Motorenwerke AG sind im Verlauf des vergangenen Jahres Schalterelemente verwendet worden. Es existiert folgende Liste dazu:

	Menge	Anschaffungskosten je Stück
01.01. AB	500	4,00 EUR
15.04. Zugang	1.000	4,50 EUR
20.08. Zugang	1.500	5,40 EUR
15.10. Zugang	800	5,00 EUR

Am Bilanzstichtag beträgt der Tageswert der Schalter 5,50 EUR.
a. Ermitteln Sie die gewichteten durchschnittlichen Anschaffungskosten.
b. Wie ist am Bilanzstichtag zu bewerten?
c. Wie wäre zu verfahren, wenn der Tageswert für die Schalter am Bilanzstichtag 4,80 EUR betragen würde?

Aufgabe 12
Für die Schalter aus Aufgabe 11. wird am Bilanzstichtag ein Inventurbestand von 700 Stück festgestellt.
a. Ermitteln Sie den Verbrauch und den Bilanzansatz nach dem Lifo-Verfahren.
b. Welche Werte würden sich für Verbrauch und Bilanzansatz ergeben, wenn nach dem Fifo-Verfahren bewertet würde?
c. Welches dieser Verfahren ist zulässig?
d. Erläutern Sie, inwiefern das Niederstwertprinzip ein Ausdruck kaufmännischer Vorsicht ist.

Aufgabe 13
Ein Kunde der Motorenwerke AG hat am 15.11. das Insolvenzverfahren angemeldet. Die Forderung der Motorenwerke beträgt einschließlich 19% Umsatzsteuer 26.180,00 EUR. Die Motorenwerke AG erhalten am 15.12. eine Mitteilung darüber, dass die voraussichtliche Insolvenzquote 50% betragen wird.
a. Wie ist aufgrund der Mitteilung vom 15.11. buchhalterisch zu verfahren?
b. Mit welchem Wert ist die Forderung am Bilanzstichtag zu bewerten?

c. Am 15.02. wird im letzten Termin eine Erstattungsquote von 60 % festgelegt und ausgezahlt. Wie ist dieser Vorgang buchhalterisch zu behandeln?

d. Begründen Sie, warum Abschreibungen auf Forderungen nur vom Nettowert vorgenommen werden dürfen.

Aufgabe 14
Am Bilanzstichtag betragen die gesamten Forderungen der Motorenwerke AG insgesamt 654.500,00 EUR. Darunter befindet sich eine Forderung über 14.280,00 EUR an den Kunden W. Peters KG, über dessen Vermögen am 16.10. das Insolvenzverfahren eröffnet wurde. Für diese Forderung wird aufgrund einer vorläufigen Mittteilung des Insolvenzverwalters mit einem Ausfall von 60 % gerechnet. Auf den Restbestand der Forderungen soll eine Pauschalwertberichtigung von 3 % gebildet werden.
Zum Bilanzstichtag beträgt der Bestand auf dem Konto „Pauschalwertberichtigungen" 4.200,00 EUR, auf dem Konto „Einzelwertberichtigungen" hingegen 3.400,00 EUR.

a. Ermitteln Sie die Höhe der erforderlichen Einzelwertberichtigung.
b. Wie hoch ist der Betrag der Einzelwertberichtigung, die am 31.12. noch gebucht werden muss?
c. Ermitteln Sie die Höhe der Pauschalwertberichtigung zum 31.12.
d. Wie hoch ist der Betrag, der Pauschalwertberichtigung, die zum 31.12. noch gebucht werden muss?

2 Finanzbuchhaltung

Aufgabe 1
Die Finanzbuchhaltung gehört zum externen Rechnungswesen des Unternehmens.
a. Was sind die beiden wesentlichen Ziele der Finanzbuchführung?
b. Nennen Sie drei externe Adressaten des Jahresabschlusses und begründen Sie deren Interesse an der Buchführung.

Aufgabe 2
Begründen Sie, warum die Jahresabschlüsse von Kapitalgesellschaften veröffentlicht werden müssen?

Aufgabe 3
Das Hauptbuch ist ein Teil der Finanzbuchhaltung.
a. Welche Aufgabe hat das Hauptbuch im Rahmen der Finanzbuchhaltung?
b. Aus welchen beiden Arten von Konten besteht das Hauptbuch?
c. Nennen Sie zu diesen beiden Kontenarten jeweils zwei Beispiele.

Aufgabe 4
Die Nebenbücher übernehmen im Rahmen der Finanzbuchhaltung eine wichtige Rolle.
a. Welche Aufgaben haben die Nebenbücher?
b. Erläutern Sie die Inhalte der Debitoren- und der Kreditorenbuchhaltung.

Aufgabe 5
Welche Aufgaben hat der Jahresabschluss eines Unternehmens?

Aufgabe 6
Nehmen Sie Stellung zu der Aussage: „Die Bilanz ist der Jahresabschluss eines Unternehmens."

Aufgabe 7
Kreuzen Sie in der folgenden Tabelle an, welchen Umfang der Jahresabschluss des jeweils angegebenen Unternehmens veröffentlichen muss:

	Bilanz	GuV	Anhang	Lagebericht
kleine GmbH				
mittelgroße GmbH & Co. KG				
große AG				

Aufgabe 8
Unterscheiden Sie die Stichtagsinventur und die verlegte Inventur.

Aufgabe 9
Ihnen wird die folgende Liste mit den Konten einer GmbH vorgelegt. Erstellen Sie daraus eine Bilanz, die den gesetzlichen Gliederungsvorschriften entspricht.

Verbindlichkeiten a. LL	42.000,00 EUR
Forderungen a. LL	20.000,00 EUR
Kasse	5.000,00 EUR
Halb- und Fertigerzeugnisse	25.000,00 EUR
Grundstücke	150.000,00 EUR
Rückstellungen	15.000,00 EUR
Betriebs- und Geschäftsausstattung	18.000,00 EUR
Fuhrpark	65.000,00 EUR
Rohstoffe	45.000,00 EUR
Technische Anlagen und Maschinen	160.000,00 EUR
Gebäude	145.000,00 EUR
Kurzfristige Wertpapiere	35.000,00 EUR
Hypothekenschulden	220.000,00 EUR
Bankguthaben	35.000,00 EUR
Darlehensschulden	120.000,00 EUR
Hilfsstoffe	8.000,00 EUR

Aufgabe 10
Das Anlagevermögen ist nach § 266 HGB in immaterielles Anlagevermögen, Sachanlagevermögen und Finanzanlagevermögen gegliedert.
a. Beschreiben Sie den Begriff des Anlagevermögens.
b. Nennen Sie für jedes der drei genannten Teile des Anlagevermögens zwei Beispiele.

Aufgabe 11
Bei jedem Geschäftsfall verändert sich die Bilanz in der einen oder anderen Weise. Grundsätzlich werden unterschieden:
1. Aktiv-Tausch,
2. Passiv-Tausch,
3. Aktiv-Passiv-Mehrung,
4. Aktiv-Passiv-Minderung.

Ordnen Sie den folgenden Geschäftsfällen zu, um welche Art der Bilanzveränderung es sich hier handelt. Es wird unterstellt, dass das Bankkonto ein Guthaben aufweist.
a. Kauf eines Computers gegen Rechnung.
b. Ein Kunde bezahlt eine Rechnung per Banküberweisung.
c. Es wird eine Bareinzahlung auf das Bankkonto vorgenommen.
d. Ein Darlehen wird per Banküberweisung getilgt.
e. Eine kurzfristige Lieferantenschuld wird in ein langfristiges Darlehen umgewandelt.
f. Kauf von Büromaterial bar.
g. Ein Gesellschafter tätigt eine Einlage per Bankscheck.
h. Eine Lieferantenrechnung wird per Banküberweisung beglichen.

Aufgabe 12
Nennen Sie je ein Beispiel für aktive und passive Posten der Rechnungsabgrenzung sowie für Rückstellungen und Rücklagen.

Aufgabe 13
Ihnen werden die Salden der folgenden Konten eines Unternehmens vorgelegt:

Konten	Werte in TEUR
Aufwendungen für Material	600
Löhne und Gehälter	325
Sozialabgaben	80
Kosten der Kommunikation	55
Umsatzerlöse	1.260
Büromaterial	30
Mieten	90
Aktivierte Eigenleistungen	40
Zinserträge	130
Fremdleistungen	360
Abschreibungen	120
Bestandsmehrungen an fertigen Erzeugnissen	80

Erstellen Sie eine Gewinn- und Verlustrechnung in Kontenform.

Aufgabe 14
Für einen Einzelkaufmann liegen Ihnen die folgenden Daten von zwei aufeinanderfolgenden Geschäftsjahren vor:

	Geschäftsjahr 01	Geschäftsjahr 02
Eigenkapital am Ende des Geschäftsjahres	400.000,00 EUR	480.000,00 EUR
Fremdkapital am Ende des Geschäftsjahres	600.000,00 EUR	700.000,00 EUR
gezahlte Fremdkapitalzinsen		30.000,00 EUR
Einlage des Inhabers		40.000,00 EUR
Summe der Privatentnahmen		30.000,00 EUR

a. Ermitteln Sie den Unternehmenserfolg für das Geschäftsjahr 02.
b. Ermitteln Sie die Eigenkapitalrentabilität für das Geschäftsjahr 02.
c. Ermitteln Sie die Gesamtkapitalrentabilität für das Geschäftsjahr 02.

3 Kosten- und Leistungsrechnung

Aufgabe 1
Beim Übergang von der Finanzbuchhaltung zur Kosten- und Leistungsrechnung ergibt sich eine Reihe von begrifflichen und wertmäßigen Abgrenzungen.
a. Erläutern Sie drei Sachverhalte, die dazu führen, dass Erträge, die im externen Rechnungswesen ausgewiesen werden, nicht in gleicher Höhe als Leistungen in die Kosten- und Leistungsrechnung einfließen.
b. Ordnen Sie nachstehende Geschäftsfälle den entsprechenden Begriffsabgrenzungen der Kosten- und Leistungsrechnung mit den anzusetzenden Werten zu:
   1. Just-in-Time-Beschaffung von Rohstoffen; Nettowarenwert 14.000,00 EUR;
   2. Versand eines Verkaufsmusters; Nettowarenwert 1.500,00 EUR.

3. Verkauf eigener Erzeugnisse; Nettowarenwert 40.000,00 EUR.
4. Spende an eine Hilfsorganisation in Höhe von 500,00 EUR.
5. Verkauf eines Anlagegutes mit 4.000,00 EUR über dem Buchwert.

Aufgabe 2
Bilden Sie Begriffspaare aus der Zuordnung der nachfolgend genannten Kostenarten zu fixen bzw. variablen Kosten sowie Einzel- bzw. Gemeinkosten:
a. Büromiete,
b. Vertriebsgehälter,
c. Kalkulatorische Abschreibungen,
d. Fertigungslöhne.

Aufgabe 3
In einem Industrieunternehmen liegt für die aktuelle Abrechnungsperiode folgender verdichteter Betriebsabrechnungsbogen (BAB) vor:

	Material	Fertigung	Verwaltung	Vertrieb
Istgemeinkosten (EUR)	40.000,00	300.000,00	80.000,00	120.000,00
Zuschlagsgrundlage (EUR)	400.000,00	200.000,00		

a. Erläutern Sie die Aufgabe eines Betriebsabrechnungsbogens (BAB) als Bindeglied zwischen Kostenartenrechnung und Kostenträgerrechnung.
b. Berechnen Sie die Gemeinkostenzuschlagssätze auf Basis der oben genannten Istkosten.
c. Ermitteln Sie mit dem entsprechenden Kalkulationsschema die Selbstkosten des Umsatzes.

Aufgabe 4
Für ein Industrieunternehmen liegt für das erste Jahresquartal ein vereinfachter Betriebsabrechnungsbogen vor:

Summe der Gemeinkosten (EUR)	Material	Fertigung	Verwaltung	Vertrieb
2.020.000,00	160.000,00	1.210.000,00	430.000,00	220.000,00

Der Verbrauch an Fertigungsmaterial wurde mit 1.260.000,00 EUR festgestellt; die Fertigungslöhne betrugen 670.000,00 EUR. Die vorkalkulierten und tatsächlich angefallenen Einzelkosten stimmen überein.
Weiterhin sind folgende Bestandsveränderungen zu berücksichtigen:

	Unfertige Erzeugnisse (EUR)	Fertige Erzeugnisse (EUR)
Anfangsbestände	110.000,00	75.000,00
Endbestände	90.000,00	260.000,00

Im ersten Quartal wurde mit folgenden Normalzuschlagssätzen kalkuliert:
Material 11,00 %, Fertigung 190,00 %, Verwaltung 20,00 % und Vertrieb 9,00 %.
a. Führen Sie die Gesamtkalkulation mit Ist- und Normalkosten durch. Ermitteln Sie dabei die Ist-Zuschlagssätze und die Kostendeckungen.
b. Geben Sie je Kostenstelle einen möglichen Grund für die von Ihnen ermittelten Kostenüber- bzw. -unterdeckungen an.
c. Erläutern Sie, welche Konsequenzen die Unternehmensleitung aus den Abweichungen ziehen sollte, wenn diese über einen längeren Zeitraum auftreten sollten.

Aufgabe 5
Die Kostenstellenrechnung eines Industrieunternehmens weist für die einzelnen Kostenstellen folgende Gemeinkosten auf: Allgemeine Hilfskostenstelle 200.000,00 EUR, Material 200.000,00 EUR, Fertigung 400.000,00 EUR, Verwaltung 120.000,00 EUR und Vertrieb 80.000,00 EUR.
Die allgemeine Hilfskostenstelle gibt ihre Leistungen an die Hauptkostenstellen nach einem Umlageschlüssel ab: Material 0,40, Fertigung 0,40, Verwaltung 0,10 und Vertrieb 0,10.
Die Materialeinzelkosten betragen 400.000,00 EUR und die Fertigungseinzelkosten 100.000,00 EUR; Bestandsveränderungen sind nicht zu berücksichtigen.

a. Ermitteln Sie die Gemeinkosten der Hauptkostenstellen.
b. Nennen Sie vier Funktionsbereiche eines Unternehmens, welche die Eigenschaft einer allgemeinen Hilfskostenstelle erfüllen.
c. Nehmen Sie exemplarisch zur Umlage einer Hilfskostenstelle nach Flächeneinheiten (m²) in Bezug auf die verursachungsgerechte Inanspruchnahme der Hauptkostenstellen kritisch Stellung.

Aufgabe 6
Für ein in Serienfertigung hergestelltes Produkt liegt der Listenverkaufspreis (Marktpreis) bei 248,00 EUR. Auf diesen Preis gewährt das Unternehmen durchschnittlich 15,00 % Kundenrabatt sowie bei zeitnahem Ausgleich der Forderungen aus Lieferungen und Leistungen 2,00 % Kundenskonto. Es wird mit einem Stückgewinn von 36,58 EUR kalkuliert. Die Zuschlagssätze auf Istkostenbasis belaufen sich für die Verwaltung auf 15,00 % und für den Vertrieb auf 10,00 %.
Berechnen Sie für die geschilderte Marktsituation die maximalen Herstellkosten.

Aufgabe 7
Für die Vorkalkulation eines Produktionsauftrags in Höhe von 1.000 Stück liegen stückbezogen folgende Daten vor: Materialeinsatz 48,00 EUR, 3 Lohnstunden zu je 28,00 EUR, Maschineneinsatz Vorfertigung 2,00 Stunden zum Maschinenstundensatz von 56,00 EUR, Maschineneinsatz Fertigung 1,50 Stunden zum Maschinenstundensatz von 60,00 EUR. Folgende Zuschlagssätze sind dem Betriebsabrechnungsbogen (BAB) entnommen: Material 15,00 %, Fertigung 120,00 %, Verwaltung 10,00 % und Vertrieb 15,00 %.
a. Ermitteln Sie die Herstellkosten je Stück.
b. Ermitteln Sie die Selbstkosten des Produktionsauftrags.
c. Begründen Sie den Einsatz einer Maschinenstundensatzkalkulation.

Aufgabe 8
Ein Industrieunternehmen produziert in Sortenfertigung die Produkte A und B. Für die betrachtete Abrechnungsperiode liegen folgen Daten vor:
Produktionsmenge Sorte A 18.000 Stück, Produktionsmenge Sorte B 13.500 Stück. Die Gesamtkosten belaufen sich auf 168.750,00 und Sorte A gilt als Richtsorte.
a. Ermitteln Sie tabellarisch die Selbstkosten je Stück und die Selbstkosten je Sorte.
b. Beschreiben Sie den Ansatz der Äquivalenzziffernkalkulation.
c. Nennen Sie zwei Kriterien für die Bestimmung einer Sorte als Richtsorte.

Aufgabe 9
Ein Handelsunternehmen bezieht 50 Stück eines Handelsprodukts zu einem Listeneinkaufspreis von 380,00 EUR. Der Lieferant gewährt einen Rabatt von 5,00 % sowie 2,00 % bei Zahlung innerhalb von 10 Werktagen nach Datum der Eingangsrechnung. Das Handelsunternehmen kalkuliert mit Bezugskosten je Lieferung in Höhe von 120,00 EUR. Im Rahmen der Selbstkostenkalkulation wird mit einem Handlungskostenzuschlag von 45,00 % gerechnet.
Hinweis: Es handelt sich um Nettowerte, die die Vorsteuer nicht berücksichtigen.
a. Ermitteln Sie die Selbstkosten je Handelsprodukt.
b. Berechnen Sie für einen Nettoverkaufspreis von 589,00 EUR Handelsspanne und Kalkulationszuschlagssatz.
c. Der Wettbewerb zwingt das Handelsunternehmen zu einem Barverkaufspreis von 569,00 EUR. Ermitteln Sie, unter Beibehaltung des Stückgewinns, den zu verhandelnden Listeneinkaufspreis unter den gegebenen Konditionen.

Aufgabe 10
Ein Industrieunternehmen bietet in einer Warengruppe drei Produkte an, für die in der betrachteten Abrechnungsperiode folgende Daten vorliegen:

	Produkt A	Produkt B	Produkt C
Verkaufserlös (EUR/Stück)	140,00	890,00	530,00
Variable Kosten EUR (Stück)	100,00	710,00	390,00
Verkaufsmenge (Stück)	260	145	95

Die fixen Kosten belaufen sich für die betrachtete Abrechnungsperiode auf 39.000,00 EUR.
Berechnen Sie
a. den Stückdeckungsbeitrag für jedes Produkt,
b. den Deckungsbeitrag der gesamten Warengruppe sowie
c. das Betriebsergebnis der Warengruppe.
d. Erläutern Sie die Auswirkungen auf das Betriebsergebnis, wenn das Produkt C aus der Warengruppe genommen wird, ohne durch ein anderes Produkt ersetzt zu werden.

Aufgabe 11
Die Produktionskapazität eines Industrieunternehmens mit Massenfertigung liegt für den betrachteten Abrechnungszeitraum bei 860.000 Stück.
a. Bestimmen Sie den Beschäftigungsgrad der Gewinnschwellenmenge von 301.000 Stück.
b. Berechnen Sie das Betriebsergebnis der Abrechnungsperiode unter Verwendung nachstehender Daten: Der Verkaufspreis des Massenproduktes liegt bei 25,00 EUR netto pro Stück. Die fixen Kosten belaufen sich auf 3.010.000,00 EUR und der Beschäftigungsgrad liegt bei 65,0 %.
c. Nehmen Sie Stellung zu der Aussage, dass Änderungen des Beschäftigungsgrads keine Auswirkungen auf die Gewinnschwellenmenge haben.

4 Auswertung der betrieblichen Zahlen

Aufgabe 1
Die betriebliche Statistik findet primär ihren Ausfluss in einem innerbetrieblichen Berichtswesen.
a. Welchen Zweck erfüllt das innerbetriebliche Berichtswesen?
b. An welche Adressaten richtet sich das innerbetriebliche Berichtswesen?
c. Nennen Sie drei Anforderungen, die ein innerbetriebliches Berichtswesen mindestens erfüllen sollte.

Aufgabe 2
Nennen Sie aus den Funktionsbereichen Absatz, Personal, Material und Finanzen jeweils drei aussagefähige Kennzahlen.

Aufgabe 3
Ihnen wird die folgende Verkaufsstatistik eines Unternehmens vorgelegt.

Verkaufsgebiet	Jahresumsatz in TEUR (Berichtsjahr)	Jahresumsatz in TEUR (Vorjahr)	Anzahl verkaufte Artikel (Absatz)	Anzahl Kunden	Rohgewinn (TEUR)
Nord	2.350,40	2.281,90	60.278,00	164	802,40
Mitte	1.512,30	1.400,30	45.132,00	78	453,70
Ost	788,10	743,50	21.487,00	67	264,10
Süd	2.351,50	2.399,50	56.174,00	154	748,20
gesamt	7.002,30	6.825,20	183.044,00	463	2.267,40

a. Entscheiden Sie, welche Gliederungskennzahlen sich aus dieser Statistik ermitteln lassen, und berechnen Sie zwei dieser Gliederungskennzahlen.
b. Welche aussagefähigen Beziehungszahlen lassen sich anhand dieser Statistik erstellen? Ermitteln Sie zwei wesentliche Beziehungszahlen.
c. Ermitteln Sie die Rentabilitäten der einzelnen Verkaufsgebiete.
d. Um welche Art von Kennzahl handelt es sich dabei?

Aufgabe 4
Der durchschnittliche Preis eines Rohstoffes entwickelte sich in den vergangenen 6 Jahren wie folgt.

Jahr	2006	2007	2008	2009	2010	2011
EUR/kg	60,00	64,00	62,00	65,00	67,00	69,00

a. Erstellen Sie anhand dieser Statistik eine Indexreihe mit dem Basisjahr 2006.
b. Welchen Aussagewert haben Indexreihen?

Aufgabe 5
Ihnen werden die folgenden Zahlen eines Unternehmens vorgelegt.

	Werte in EUR
Gewinn	250.000,00
⌀ Eigenkapital	2.000.000,00
⌀ Gesamtkapital	5.000.000,00
Fremdkapitalzinsen	240.000,00
Umsatzerlöse	10.000.000,00

Ermitteln Sie
a. die Eigenkapitalrentabilität,
b. die Gesamtkapitalrentabilität,
c. die Umsatzrendite.

Aufgabe 6
Das in Aufgabe 5 beschriebene Unternehmen will eine neue Fertigungsanlage im Wert von 400.000,00 EUR finanzieren. Die Unternehmensleitung fragt sich, ob sie das mit Eigen- oder Fremdkapital tun soll. Der Fremdkapitalzins beträgt 7 %.
a. Würden Sie der Geschäftsleitung dazu raten, die Anlage mit Fremdkapital zu finanzieren? Begründen Sie Ihre Meinung.
b. Erläutern Sie am Beispiel aus Aufgabe 5 den Leverage-Effekt.
c. Was versteht man unter einem Leverage-Risk?

Aufgabe 7
Erläutern Sie am Beispiel aus Aufgabe 5 den Zusammenhang von Umsatzrentabilität und Kapitalumschlag.

5 Planungsrechnung

Aufgabe 1
Ein Kleinunternehmer vertritt die Meinung: „Planung, das ist doch nur was für Großbetriebe."
a. Nehmen Sie Stellung zu dieser Aussage.
b. Welche Aufgaben erfüllt die Planungsrechnung in einem Unternehmen?
c. Erläutern Sie das Wesen der Planung anhand eines Beispiels.

Aufgabe 2
Gemeinhin werden die strategische Planung und die operative Planung unterschieden.
a. Von welchem Planungshorizont geht man bei der strategischen Planung aus?
b. Nennen Sie zwei Bereiche, mit denen sich die strategische Planung auseinandersetzt.
c. Womit befasst sich die operative Planung?
d. Was ist ein Budget?

Aufgabe 3
Im Rahmen der Planung spricht man von der Interdependenz der Teilpläne.
a. Was ist darunter zu verstehen?
b. Erläutern Sie die Interdependenz der Teilplanung an zwei Beispielen.

Aufgabe 4
Skizzieren Sie den Aufbau und die möglichen Inhalte einer Planung für den Vertriebsbereich.

Modul 3: Recht und Steuern

1 Rechtliche Zusammenhänge

1.1 Grundlagen des BGB

Aufgabe 1
Man nennt die Rechtsfähigkeit auch „Rechtssubjektivität" – warum ist das so?

Aufgabe 2
Rechtlich ist nicht ganz eindeutig erklärt, ob eine Einbauküche wesentlicher Bestandteil eines Hauses ist oder nicht.
a. Erläutern Sie die Rechtslage im Hinblick auf die Eigentumsverhältnisse beim Einbau einer unter Eigentumsvorbehalt gekauften (noch nicht bezahlten) Einbauküche, wenn die Küche durch den Einbau wesentlicher Bestandteil / nicht wesentlicher Bestandteil des Hauses wird.
b. Erläutern Sie die jeweilige Rechtslage im Hinblick auf den „Mitverkauf" der Küche bei Verkauf des Hauses, in dem sich die Küche befindet, wenn die Küche wesentlicher Bestandteil / nicht wesentlicher Bestandteil des Hauses ist.

Aufgabe 3
Ein 5-Jähriger kauft von seinem Taschengeld eine Tüte Bonbons. Kommt ein Kaufvertrag zustande?

Aufgabe 4
Onkel Adalbert schenkt seiner 17-jährigen Nichte ein goldenes Armband; die Eltern, die sich mit Adalbert nicht verstehen, sind nicht einverstanden. Ist die Übereignung rechtswirksam?

Aufgabe 5
Siggi Hempel, 4 Jahre, kommt mit einem Einkaufszettel und abgezähltem Geld zum Händler, um für seine Mutter eine Flasche Milch zu kaufen. Als er sie auf dem Heimweg fallen lässt, verlangt die Mutter das Geld zurück, mit der Begründung, der Kaufvertrag sei wegen Geschäftsunfähigkeit Siggis nichtig. Rechtslage?

Aufgabe 6
Händler Huber hat an einen Minderjährigen ein Fahrrad verkauft, ist sich nun aber nicht sicher, ob die Eltern einverstanden sind. Er schreibt daher die Eltern des Minderjährigen an, diese melden sich jedoch nicht. Ist das Rechtsgeschäft wirksam? (Ziehen Sie § 108 BGB hinzu.)

Aufgabe 7
Ein Testament ist ein einseitiges Rechtsgeschäft mit nicht empfangsbedürftiger Willenserklärung. Erläutern Sie dies.

Aufgabe 8
Lisa hängt im Park einen Zettel auf „500,00 EUR für die Vermittlung einer Wohnung." Eine Nachbarin, die von dem Zettel nichts weiß, vermittelt Lisa eine Wohnung. Hat sie einen Anspruch auf die Belohnung? Begründen Sie Ihre Auffassung.

Aufgabe 9
Bauunternehmer B hat an einen Investor ein Angebot zur Errichtung eines Feriendorfes abgegeben, Annahmefrist Freitag, 30.09. Am 30.09. geht bei B um 18:19 Uhr per Fax eine Erklärung ein, dass der Investor das Angebot des B annehme; bei B wird diese wegen des Feiertags am 3. Oktober erst am 4.10. gelesen. Nun verlangt der Investor von B Schadensersatz wegen Nichterfüllung des Vertrages in Höhe der Differenz zum nächstteureren Anbieter, B hingegen meint, es sei kein Vertrag zustande gekommen. Wie beurteilen Sie die Rechtslage?

1.2 BGB Schuldrecht

Aufgabe 1
Lehrer Leer hat mündlich für seine Lieblingskollegin Lieblich eine Bürgschaft übernommen. Als die Lieblich nicht zahlen kann, übernimmt er notgedrungen die Begleichung der Schuld. Im Nachhinein kommen ihm jedoch erhebliche Zweifel, ob sein Bürgschaftsversprechen überhaupt gültig ist. Beurteilen Sie die Rechtslage unter Hinzuziehung von § 766 BGB.

Aufgabe 2
Ist in den folgenden Fällen jeweils ein Vertrag zustande gekommen?
a. Ein Händler erhält ein Angebot mit dem Vermerk: „Gültig bis 31.07." Die Bestellung erfolgt am 01.08.
b. Ein Händler erhält am 03.12. von seinem Lieferanten ein schriftliches Angebot, datiert 01.12.
   1. Der Lieferant erhält am 17.12. die Bestellung des Händlers, datiert 16.12.
   2. Der Lieferant erhält am 17.12. die Bestellung des Händlers, datiert 03.12. Am 28.12. ruft der Kunde an und verlangt Lieferung.
c. Ein Lieferer unterbreitet ein telefonisches Angebot um 10:30 Uhr. Rückruf und Bestellung erfolgen um 14:20 Uhr.
d. Ein Kunde bestellt schriftlich zum Preis von 1.500,00 EUR. Eine Woche später erhält er eine Auftragsbestätigung zum Preis von 1.700,00 EUR.

Aufgabe 3
Eine Stunde nach Absenden des schriftlichen Angebots stellt der Verkäufer einen Kalkulationsfehler fest. Was kann er tun?

Aufgabe 4
Ein Kunde in einem Selbstbedienungsladen muss an der Kasse erfahren, dass die Preisauszeichnung falsch war. Kann er verlangen, dass er die Ware zu dem ausgezeichneten Preis erhält?

Aufgabe 5
Bei einer Auktion bietet der Auktionator ein Gemälde zu 10.000,00 EUR an, ein Kunde bietet durch Heben der Hand. Ist ein Kaufvertrag zustande gekommen?

Aufgabe 6
Hersteller L. und Händler H. einigen sich telefonisch, dass L. an H. die Ware X zum Preis von 30.000,00 EUR in 10 Tagen liefern soll. Einige Tage später erhält H. ein mit „Auftragsbestätigung" überschriebenes Schreiben, in dem L. den Kauf der Ware X zu 30.000,00 EUR bestätigt „Liefertermin in 20 Tagen, wenn möglich, früher." H. antwortet nicht, verlangt aber nach 10 Tagen Lieferung. Beurteilen Sie die Rechtslage.

Aufgabe 7
Liegt in folgenden Fällen ein Anfechtungsgrund vor? Wenn ja – welcher?
a. Ein Berliner bestellt in einer Kölner Kneipe einen „halven Hahn". Statt des erwarteten Hähnchens bekommt er jedoch ein Käsebrötchen.
b. Händler Hartwig will ein Angebot zu 4.300,00 EUR unterbreiten, er schreibt jedoch versehentlich 3.400,00 EUR.
c. Braun schließt einen Arbeitsvertrag mit einem neuen Lkw-Fahrer ab, erst im Nachhinein stellt sich heraus, dass dieser keinen in Deutschland gültigen Führerschein hat.
d. Wie wäre die Rechtslage in c), wenn es sich um die Einstellung eines Fahrradkuriers gehandelt hätte?
e. Braun kauft bei Schwarz einen original Picasso. Dieser stellt sich im Nachhinein als Fälschung heraus.
   1. Auch Schwarz war von der Echtheit überzeugt;
   2. Schwarz wusste, dass das Gemälde nicht echt war.
f. Anzeige im Kölner Stadt-Anzeiger: „Zimmer zu vermieten, nicht an Studenten"; weil sich Student Sigismund (25. Semester) als Studienrat ausgibt, erhält er das Zimmer.
g. Studienrat Sauber möchte am liebsten an Studenten vermieten. Sigismund, der Saubers studentenfreundliche Gesinnung nicht kennt, gibt sich als Dozent aus. Als Sauber drei Monate später die Wahrheit erfährt, kommt ihm die Täuschung sehr gelegen, um anzufechten, da Sigismund seiner Meinung nach zu häufig Arbeitstreffen mit seinen Kolleginnen hat.
h. Händler Horn schickt seinen Auszubildenden mit einer Bestellung über 200 Stück zum Großhändler. Der Auszubildende bestellt versehentlich 300 Stück.
i. Meier kauft Aktien in der Erwartung, dass die Kurse steigen werden. Die Kurse sinken jedoch.

j. Müsel will von seinem Nachbarn ein Haus kaufen. Als dieser jedoch nicht zum Verkauf bereit ist, lässt Müsel durchblicken, dass er eine von dem Nachbarn begangene Unterschlagung anzeigen will.
k. Brause stellt einen neuen Verkäufer für den 1. April ein, da er ein florierendes Sommergeschäft erwartet. Ende Februar zeigt sich, dass die Geschäfte schlechter laufen als erwartet.

Aufgabe 8
Fa. Weiler e. K. hat mit dem Angestellten Meier am 01.06.2001 einen Kaufvertrag über eine Heizungsanlage geschlossen; vereinbart wurde die Zahlung vier Wochen nach Montage, welche am 03.07.2001 erfolgt. Am 01.07.2004 hat Meier noch nicht gezahlt. Kann Meier die Einrede der Verjährung geltend machen?

Aufgabe 9
Am 19.10.01 schlossen Möbelfabrikant X und Möbelhändler Y einen Kaufvertrag. Wann verjährt der Anspruch auf Zahlung,
a. wenn über die Fälligkeit der Zahlung keine Vereinbarung getroffen wurde?
b. wenn als Zahlungstermin der 03.01.2002 vereinbart wurde?

Aufgabe 10
Wann verjährt im folgenden Fall der Anspruch auf Zahlung?
a. 02.04.2001: Fälligkeit eines Anspruchs auf Zahlung des Kaufpreises
   25.11.2004: Zustellung des gerichtlichen Mahnbescheids an den Schuldner
   25.04.2005: Klageerhebung wegen Widerspruchs des Schuldners
   07.02.2006: Urteil auf Zahlung wird rechtskräftig
b. Wie ändert sich die Rechtslage in a., wenn am 25. November 2004 nur ein Mahnbrief erfolgt?
c. Wie ändert sich die Verjährungsfrist in a., wenn es am 25. April 2005 nicht zur Klageerhebung kommt, sondern ein vom Händler beantragter Vollstreckungsbescheid rechtskräftig wird?

Aufgabe 11
Als Zahlungstermin für eine Warenlieferung wurde der 18.12.2001 vereinbart.
a. Am 07.05.2002 bittet der Schuldner um Stundung. Wann verjährt der Anspruch?
b. Die Stundung wird am gleichen Tage gewährt, und zwar für weitere acht Monate. Wann verjährt der Anspruch nun und wann ist der neue Zahlungstermin?

Aufgabe 12
Am 08.06.2001 haben K und V einen Kaufvertrag über ein Grundstück geschlossen, der Kaufpreis ist zahlbar am 08.09.2001. Wann verjähren die Ansprüche auf Zahlung des Kaufpreises?

Aufgabe 13
S. hat von G. am 13.07.2001 einen CD-Player geliehen, G. hatte dieses vollkommen vergessen.
a. Wann verjährt sein Herausgabeanspruch?
b. Wann verjährt der Herausgabeanspruch, wenn ursprünglich Rückgabe am 13.01.2002 vereinbart worden wäre?

Aufgabe 14
Am 20.10.2001 liefert ein Großhändler an einen Einzelhändler, zahlbar 20.11.2001. Der Einzelhändler erhält wegen der noch ausstehenden Zahlung am 19.10.2004 einen Mahnbrief vom Großhändler. Am 28.11.2004 schreibt der Einzelhändler an den Großhändler: „Bezug nehmend auf Ihr Schreiben muss ich Ihnen mitteilen, dass Ihre Forderung verjährt ist ..." Welche Rechtsfolge ergibt sich durch dieses Schreiben?

Aufgabe 15
Ein Möbelhaus in Köln hat Waren an einen Kunden in Frankreich verschickt.
a. Wo müsste das Möbelhaus klagen, wenn der Kunde nicht zahlt?
b. Ändert sich die Rechtslage, wenn in den Allgemeinen Geschäftsbedingungen des Möbelhauses folgende Klausel zu finden ist: „Gerichtsstand für beide Teile: Sitz des Verkäufers"?

Aufgabe 16
Ein Hersteller in Hamburg schließt einen Kaufvertrag mit einem Einzelhändler in Köln. Wo müsste der Einzelhändler seine Forderungen aus einer verspäteten Lieferung einklagen, wenn
a. ... vereinbart wurde: „Gerichtsstand für beide Teile Sitz des Verkäufers"?
b. ... über den Gerichtsstand keine Vereinbarung getroffen wurde, aber eine Bringschuld vereinbart wurde?
c. ... weder über den Gerichtstand noch über den Erfüllungsort eine Vereinbarung getroffen wurde?

Aufgabe 17
Verbraucherschützer bemängeln häufig, dass das Produkthaftungsgesetz wegen seiner Einschränkungen nicht ausreichend zum Schutz der Käufer sei. Beurteilen Sie in den nachfolgenden Fällen die Aussichten für Ansprüche gegen den Hersteller aus dem Produkthaftungsgesetz:
a. Das Bügeleisen von Oma O. geht aufgrund eines Konstruktionsfehlers zusammen mit dem darunter liegenden Flokati-Teppich in Flammen auf, Wert des Teppichs: 800,00 EUR.
b. Durch einen implodierten Computermonitor in seinen Büroräumen entsteht Händler Möbius einen Schaden von 50.000,00 EUR.
c. Opa O. verlangt 1.000,00 EUR Schmerzensgeld, da er infolge seines zusammengebrochenen Schaukelstuhls noch wochenlang Schmerzen hat.
d. Liesel Müller verlangt Ersatz für die Anschaffungskosten ihres Computers, der infolge eines Konstruktionsfehlers in Brand geraten ist, 400,00 EUR.
e. Hubert Dickmann beißt sich an einem Stück Wurst des Herstellers Herto einen Zahn an seinem künstlichen Gebiss aus, die Reparaturkosten betragen 600,00 EUR.
f. Susi Sorglos' blonde Haare sind nach der Haarwäsche grün – leider ist nicht klar, ob dies vom neuen Shampoo oder doch vom Kupfer in ihrer alten Wasserleitung kommt.
g. Oma O. kauft einen Adventskranz in der Gärtnerei „Tulpenfein". Da minderwertige Kerzen verwendet wurden, finden sich Rußflecken auf der Tapete und dem weißen Sofa, die Beseitigung kostet 2.000,00 EUR. Der Kerzenhersteller ist nicht mehr feststellbar.

Aufgabe 18
Forsch erleidet einen schweren Unfall mit seinem japanischen Kleinwagen, der Unfall wurde durch einen Verarbeitungsfehler verursacht. Kann er Ansprüche aus der Produkthaftung auch geltend machen
a. gegen den Autohändler,
b. gegen die Vertriebsgesellschaft, die den Wagen importierte?

Aufgabe 19
Das Versandunternehmen „Schnellkauf" lässt in Polen gefertigte Elektrogeräte mit dem Schnellkauf-Label „Polileg" versehen. Oma O. erleidet einen Wasserschaden in ihrer Wohnung, Grund ist ein Konstruktionsfehler an ihrer „Polileg"-Waschmaschine. Kann sie gegen „Schnellkauf" aus der Produkthaftung vorgehen oder muss sie den Hersteller in Polen verklagen?

Aufgabe 20
Ein Käufer (K) schließt mit einem Verkäufer (V) einen Kaufvertrag ab. 6 Wochen später liefert der Verkäufer. 2 Wochen darauf zahlt der Käufer (bar).
a. Wie viele Rechtsgeschäfte wurden insgesamt getätigt?
b. Wie viele Willenserklärungen waren insgesamt erforderlich?
c. Welche unterschiedlichen Folgen haben die Rechtsgeschäfte?

Aufgabe 21
„Wenn V (als Verkäufer) und K (als Käufer) einen Kaufvertrag abgeschlossen haben, haben wir 2 Schuldner und 2 Gläubiger" – wie kann das sein? Erläutern Sie bitte die Aussage.

Aufgabe 22
Beim Verbrauchsgüterkauf (VGK) kann der Verkäufer gem. § 475 (1) BGB die Mängelhaftung nicht einschränken. Beurteilen Sie für die folgenden Fälle, ob eine Haftungseinschränkung möglich ist.
a. Dozent D. kauft eine Immobilie bei der Immo-GmbH.
b. Student Sigismund verkauft seinen Gebrauchtwagen an einen Pkw-Händler.
c. Oma O. schließt Vertrag mit Schreiner über Innenausbau.
d. Friedel Forsch kauft einen neuen Pkw bei einem Händler.
e. Wie d), aber gebraucht
f. Student Sigismund kauft Friedel Forsch den Pkw ab.

Aufgabe 23
§ 241a BGB schließt vertragliche und gesetzliche Ansprüche aus, wenn einem Verbraucher unbestellte Ware zugeschickt wird. Wie sieht es aber aus, wenn der Empfänger Kaufmann ist? Erstellen Sie die folgende Tabelle, ergänzen Sie diese und begründen Sie Ihre Antwort.

Ansprüche des Verkäufers bei Zusendung unbestellter Ware, wenn Empfänger schweigt/Ware nicht in Gebrauch nimmt		
Empfänger	vertragliche Ansprüche?	gesetzliche Ansprüche?
Kaufmann (keine bestehende Geschäftsbeziehung)		
Kaufmann (bestehende Geschäftsbeziehung)		

Aufgabe 24
Frau Falter hat einen Perserteppich gekauft, der Verkäufer hat ausdrücklich die Echtheit garantiert. Nach vier Wochen stellt sich heraus, dass der Teppich in Deutschland gefertigt wurde. Wann verjähren die Ansprüche auf Gewährleistung, wenn dem Verkäufer die wahre Herkunft des Teppichs
a. ... nicht bekannt war;
b. ... bekannt war?

Aufgabe 25
Oma O. kauft beim Möbelhaus Busch einen Schaukelstuhl. Sie entdeckt noch am selben Abend, dass der Stuhl nicht richtig schaukelt. Wegen einer am nächsten Morgen beginnenden Auslandsreise mit der Stiftung „Senioren im Ausland" kommt Oma O. aber erst fünf Monate später dazu, den Stuhl zu reklamieren. Wie ist die Rechtslage?

Aufgabe 26
Bauunternehmer B. hat Eisenträger gekauft und am 06.03.2008 abgeholt. Wann verjähren die Ansprüche des B. in den folgenden Situationen?
a. Vor dem Einbau stellt B. erhebliche Stabilitätsmängel fest. Wann verjähren seine Ansprüche?
b. Die Träger werden beim Bau eines Hauses verwendet, wegen der Stabilitätsmängel entstehen Risse im Gebäude.

Aufgabe 27
Ein Kunde hat eine wegen Lagerräumung reduzierte Ware gekauft; als diese Mängel aufweist, bringt der Kunde diese nach 4 Wochen in den Laden zurück und verlangt „Umtausch oder Geld zurück". Der Verkäufer verweist auf den Aushang an der Kasse „Umtausch nur innerhalb von 14 Tagen gegen Gutschein. Kein Umtausch reduzierter Ware".
a. Ist diese Klausel überhaupt wirksam?
b. Welche Konsequenzen hat sie im vorliegenden Fall?

Aufgabe 28
Eine Einbauküche (Kaufpreis 10.400,00 EUR) war mit „hochglänzend weißen Fronten" bestellt worden. Nach dem Einbau bemerkte der Käufer an mehreren Stellen kreisartige, wellige Schattierungen an der Vorderseite der Schränke, auch ein zweimaliger Austausch der Fronten führte zu keiner Änderung. Daraufhin verlangte er sein Geld gegen den Ausbau und Rückgabe der Küche zurück. Ein Gutachten ergab, dass die Schattierungen aus einem Abstand von 2 m bis 3 m und frontaler Bestrahlung mit einem 500-Watt-Halogenstrahler gesehen werden konnten. Wie beurteilen Sie die Rechtslage?

Aufgabe 29
Erläutern Sie die Haftung des Unternehmers bei Werkmängeln im Vergleich zu der Haftung des Verkäufers bei Sachmängeln.

Aufgabe 30
Welche Vertragsart liegt hier jeweils vor? Begründen Sie Ihre Antworten.
a. A, heftig erkältet, sagt zu B: „Könntest Du mir ein Papiertaschentuch *leihen*?"
b. C ruft bei „Intercar" an und verlangt „einen *Leih*wagen für den 15. Juli".
c. D zu ihre Nachbarin: „Könnten Sie mir zum Kuchenbacken ein Pfund Mehl *leihen*? Wenn ich morgen einkaufe, bringe ich Ihnen wieder ein Pfund mit!"

Aufgabe 31
Ein Verkäufer in München schließt einen Kaufvertrag mit einem Kunden in Bremen; Terminvereinbarung 15. April. Was muss der Verkäufer wann tun, um rechtzeitig zu leisten
a. ... bei fehlender Vereinbarung über den Erfüllungsort?
b. ... bei vertraglich vereinbartem Erfüllungsort Bremen?
c. ... bei der Vereinbarung, dass die Ware per Post versandt wird?

Aufgabe 32
Ein Käufer (Einzelhändler) in Bonn bestellt beim Verkäufer (Hersteller) in Krefeld.
Geben Sie – bezogen auf die Warenschuld – bitte jeweils an (Tabellenform):
Hol-, Schick- oder Bringschuld? Erfüllungsort? Wann geht die Gefahr über?
Auf wessen Gefahr erfolgt der Transport nach Bonn?
a. Versendungskauf mit Spedition
b. Keine Vereinbarung über den Erfüllungsort oder die Versendung
c. Als Erfüllungsort wurde der Sitz des Käufers vereinbart.

Aufgabe 33
Ein Händler in Kerpen und ein Händler in Heidelberg vereinbaren einen Versendungskauf.
a. Die Ware (ein antikes Einzelstück) wird stark beschädigt, weil der Spediteur sie im Regen stehen ließ. Der Verkäufer verlangt Zahlung – wie ist die Rechtslage?
b. Ändert sich in Fall a. die Rechtslage, wenn Lieferung „frei Haus" vereinbart wurde? (Ziehen Sie § 269 (3) BGB hinzu.)
c. Ändert sich in Fall a. die Rechtslage, wenn lt. AGB des Verkäufers der Leistungsort der Sitz des Kunden ist?
d. Ändert sich in Fall a. die Rechtslage, wenn Käufer nicht ein Händler sondern der nicht gewerbliche Kunde Kiesel ist?
e. Kann die Rechtsfolge in d. durch eine vertragliche Vereinbarung ausgeschlossen werden?

Aufgabe 34
Der Käufer hat in seinen AGB die Klausel: „Erfüllungsort für die Warenlieferung ist der Sitz des Käufers", der Verkäufer jedoch in seinen AGB „Erfüllungsort für die Warenlieferung ist der Sitz des Verkäufers". Wo ist der Erfüllungsort? Begründen Sie unter Zuhilfenahme der §§ 154, 306 BGB.

Aufgabe 35
Bei Vertragsschluss wurde zwischen Lieferer und Händler vereinbart
a. ... „Liefertermin 10.06.2012".
b. ... „Liefertermin 10.06.2012 fix".
c. ... „Liefertermin 38. KW 2012".
d. ... „Liefertermin ca. 10.06.2012".
Ist bei diesen Vertragsvereinbarungen jeweils 1. für den Verzugseintritt *eine Mahnung* und 2. für den Rücktritt *eine Nachfrist* erforderlich?

Aufgabe 36
Für eine Hochzeitsfeier wurde bei der Konditorei Obermann eine Hochzeitstorte für 50,00 EUR, anzuliefern um 15:00 Uhr, bestellt. Zum vereinbarten Zeitpunkt sitzen die Gäste vor einem kuchenlosen Tisch. Als der Fahrer der Konditorei zwei Stunden später erscheint, entschuldigt er sich damit, in einen Verkehrsstau geraten zu sein.
a. Das Hochzeitspaar weigert sich, die Torte abzunehmen. Berechtigt?
b. Da in der Zwischenzeit bei einem anderen Konditor eine neue Torte geholt wurde, weigert sich das Hochzeitspaar nicht nur, die bestellte Torte abzunehmen, es verlangt außerdem Schadensersatz, da die neue Torte 70,00 EUR gekostet hat. Berechtigt?

Aufgabe 37
Vereinbarter Liefertermin war der 20. Oktober. Der Hersteller hat am 25. Oktober jedoch noch nicht geliefert. Welche Möglichkeit muss der Händler in den folgenden Fällen wählen? (Besondere Voraussetzungen? Gesetzesbestimmungen?)
a. Der Händler möchte die Ware nicht mehr haben, aber er will seine Vorauszahlung zurück.
b. Dem Händler entgeht dadurch ein Weiterverkauf, der ihm 500,00 EUR Gewinn gebracht hätte.
Der Händler will die Ware
1. trotzdem noch haben, kann sie aber nur noch mit 300,00 EUR Gewinn verkaufen;
2. nicht mehr haben und möchte Schadensersatz verlangen.
c. Um den Weiterverkauf zu sichern, bezieht der Händler die Ware bei einem anderen Hersteller. Als der Hersteller doch noch liefert, weigert sich der Händler nicht nur, die Ware abzunehmen, er verlangt auch Schadensersatz für die Mehrkosten des Deckungskaufs. Sind die erforderlichen Voraussetzungen gegeben?

Aufgabe 38
Die Maggel KG, die ihren Sitz in der Kölner Südstadt hat, hat mit einem Kunden, einem Kölner Geschäftsmann, vereinbart, dass die Warenauslieferung „am 01.12. fix" erfolgen soll.

a. Wegen eines Fehlers bei der Terminplanung erfolgt zum Termin jedoch keine Auslieferung.
   1. Der Kunde lehnt nun die Warenannahme ab. Ist dies ohne weiteres möglich?
   2. Wie wäre die Rechtslage, wenn der Kunde außerdem ankündigt, dass er die Mehrkosten für eine anderweitige Beschaffung in Rechnung stellen werde?
b. Wie ist Rechtslage in a. 1) und 2) wenn die Auslieferung wegen des einsetzenden Rheinhochwassers nicht erfolgen konnte?

Aufgabe 39
Eine Ware wird am 14. Juni an den Käufer ausgeliefert; dabei erhält der Käufer auch die Rechnung mit dem Vermerk „zahlbar innerhalb von 14 Tagen nach Rechnungserhalt".
a. Wann ist die Zahlung fällig?
b. Ab wann ist der Käufer mit der Zahlung in Verzug, wenn es sich um ein Geschäft zwischen Hersteller und Einzelhändler handelte?
c. Es handelt sich um ein Geschäft zwischen Einzelhändler und Verbraucher.
   1. Welche Zusatzvoraussetzung muss für den Verzugseintritt gegeben sein?
   2. Wann würde der Verzug eintreten, wenn diese Voraussetzung nicht gegeben ist?
d. Ab wann kann der Verkäufer dem Käufer Zinsen berechnen und – falls keine Vereinbarung darüber besteht – in welcher Höhe
   1. bei einem Geschäft zwischen Hersteller und Einzelhändler?
   2. bei einem Geschäft zwischen Einzelhändler und Verbraucher?
e. Wie hätte der Verkäufer einen früheren Verzugseintritt herbeiführen können?

Aufgabe 40
Der Kunde bezahlt den vereinbarten Kaufpreis von 1.000,00 EUR nicht. Der Händler will die Ware zurückverlangen. Welche Voraussetzungen sind erforderlich?

Aufgabe 41
Erläutern Sie die Rechtsfolgen des Gläubigerverzugs.

Aufgabe 42
Ein Kunde verletzt sich im Laden eines Händlers schwer, als er an einem Nagel in der Dekoration hängen bleibt. Aus welchen gesetzlichen Regelungen ergeben sich Ansprüche des Kunden?

Aufgabe 43
Für einen Schadensersatzanspruch aus § 823 (1) BGB ist ein rechtswidriges Handeln erforderlich. Erläutern Sie dies.

Aufgabe 44
Inwieweit ist die sogenannte Gefährdungshaftung eine Besonderheit im Haftungsrecht?

1.3 BGB Sachenrecht

Aufgabe 1
Ein Kunde hat bei Händler Hörsel eine Couch gekauft und auch schon bezahlt, möchte diese jedoch wegen seines bevorstehenden Umzugs noch nicht mitnehmen.
a. Wieso ist Hörsel noch Eigentümer der Couch?
b. Ändert sich die Rechtslage, wenn auf dem Kaufvertrag vermerkt wird: „Der Händler nimmt die Ware unentgeltlich in Verwahrung."?

Aufgabe 2
Wenn ein Käufer nicht zahlt, hat der Verkäufer nach § 323 (1) BGB das Recht, vom Kaufvertrag zurückzutreten und dadurch nach § 346 BGB seine Ware zurückzubekommen. Worin besteht dann noch der Sinn des Eigentumsvorbehalts?

Aufgabe 3
Ein Bauunternehmer verwendet die vom Baustofflieferanten unter Eigentumsvorbehalt gelieferten Materialien beim Bau eines Einfamilienhauses.
a. Welches Problem ergibt sich für den Baustofflieferer, wenn der Bauunternehmer nicht zahlt?
b. Durch welche Vereinbarung kann der Lieferer versuchen, dieses Problem zu lösen?

Aufgabe 4
Aufgrund welcher Gesetzesbestimmung(en) kann in den nachfolgenden Fällen jeweils der Eigentumserwerb erfolgen?
a. Ein Händler sicherungsübereignet sein Warenlager an die kreditgebende Bank.
b. Käufer und Händler halten im Vertrag fest, dass der Händler die gekaufte Ware zunächst noch unentgeltlich einlagert.
c. K. erwirbt im Supermarkt Waren, die der Supermarkt unter Eigentumsvorbehalt vom Lieferer bezogen (aber noch nicht bezahlt) hat.
d. V. liefert an K. Späne (unter Eigentumsvorbehalt).
   1. K. stellt aus den noch unbezahlten Spänen Arbeitsplatten her.
   2. K. verkauft und liefert die Arbeitsplatten nun an einen Küchenhändler (hier etwaigen Eigentumsvorbehalt außer Acht lassen).
e. Ein Kunde, der vor einer Woche eine Ware zur Ansicht mitgenommen hat, ruft den Händler an, um diesem mitzuteilen, dass er die Ware behalten will.

Aufgabe 5
Eine Hypothek kann NICHT von vornherein als Eigentümerhypothek bestellt werden (im Gegensatz zu einer Grundschuld, die von vornherein als Eigentümergrundschuld bestellt werden kann). Warum ist das so? Erläutern Sie kurz und präzise.

Aufgabe 6
Nach Eröffnung des Insolvenzverfahrens stellt der Insolvenzverwalter fest, welche Vermögenswerte vorhanden sind. Danach kommt es zu einer „Bereinigung" der vorgefundenen Vermögenswerte, um die an die Gläubiger zu verteilende Insolvenzmasse festzustellen. Was ist darunter zu verstehen?

Aufgabe 7
Die Summe der Tabellenforderungen beträgt 500.000,00 EUR, nach Befriedigung der Masseverbindlichkeiten stehen jedoch nur noch 15.000,00 EUR zur Ausschüttung zur Verfügung. Wie viel erhält ein Tabellengläubiger, dessen Forderung 30.000,00 EUR beträgt?

1.4 Handelsgesetzbuch

Aufgabe 1
„Jeder ... Kaufmann ist Unternehmer i. S. d. § 14 BGB, aber nicht jeder Unternehmer ist Kaufmann." Erläutern Sie diese Aussage.

Aufgabe 2
Prokurist Pauls schließt einen Kaufvertrag für einen neuen Firmen-Lkw ab. Welche Wirkung hat der Vertragsabschluss für den Geschäftsinhaber?

Aufgabe 3
Unterscheiden Sie die verschiedenen Arten der Vollmachten des Handelsrechts.

Aufgabe 4
Geschäftsinhaber Gärtner verbietet seinem Prokuristen, ein bestimmtes Grundstück zu kaufen.
a. Kann sich Gärtner gegenüber dem Verkäufer des Grundstücks darauf berufen, dass der Prokurist zum Kauf nicht ermächtigt war?
b. Wie ist die Rechtslage in dem Fall, wenn Gärtner die Prokura bereits widerrufen hatte und
   1. ... der Widerruf noch nicht ins Handelsregister eingetragen war?
   2. ... der Widerruf bereits ins Handelsregister eingetragen worden war?

1.5 Arbeitsrecht

Aufgabe 1
Der 25-jährige Paul Friesen stellt sich am 15.06. bei dem Betriebsleiter der Kuhn OGH vor. Der Betriebsleiter sagt, nachdem er eine Viertelstunde mit Paul Friesen gesprochen hat, Friesen könne am 01.07. für 10,50 EUR die Stunde in der Dreherei anfangen. Arbeitsbeginn wäre um 07:00 Uhr. Schriftlich wird nichts vereinbart. Paul Friesen stimmt zu und ist am 01.07. morgens um 07:00 Uhr an seinem Arbeitsplatz.
a. Ist hier ein Arbeitsvertrag wirksam zustande gekommen? Nennen Sie die Rechtsgrundlage.
b. Welche Pflicht hat der Arbeitgeber innerhalb von einem Monat nach Antritt von Paul Friesen in Bezug auf die Inhalte des Arbeitsvertrages?

c. Die Kuhn OHG ist Mitglied im Arbeitgeberverband Metall NRW. Im Betrieb gelten die entsprechenden Tarifverträge. Im Tarifvertrag ist für die Tätigkeit eines Drehers ein Ecklohn von 12,00 EUR pro Stunde vorgesehen. Welchen Lohn muss die Kuhn OHG dem Paul Friesen zahlen?
d. Erläutern Sie an diesem Beispiel das Günstigkeitsprinzip.
e. Welche Bestandteile des Arbeitsvertrages sind für Paul Friesen und die Kuhn OHG verhandelbar, welche nicht? Nennen Sie je drei Beispiele.

Aufgabe 2
Die Ehefrau von Peter Kuhn, einem der Inhaber der Kuhn OHG, arbeitet jeweils 15 Stunden pro Woche in der Buchhaltung des Unternehmens. Sie erhält dafür ein Monatsgehalt von 1.000,00 EUR brutto, das versteuert und sozialversichert ist. Frau Kuhn selbst hat eine Putzfrau im Rahmen eines Minijobs angestellt, der sie für ihre Dienste 200,00 EUR im Monat zahlt.
a. Ist Frau Kuhn Arbeitnehmerin?
b. Wie wäre die Situation zu beurteilen, wenn Frau Kuhn die Arbeit gelegentlich unentgeltlich erbringt?
c. Erläutern Sie an diesem Beispiel die Eigenschaften eines Arbeitnehmers und eines Arbeitgebers.

Aufgabe 3
Erklären Sie anhand eines Beispiels den Status einer arbeitnehmerähnlichen Person.

Aufgabe 4
Wo findet die Vertragsfreiheit im Arbeitsrecht ihre Grenze? Erläutern Sie dies an drei Beispielen.

Aufgabe 5
In einem Arbeitsvertrag eines Lebensmitteldiscounters finden sich folgende Klauseln. Nehmen Sie dazu Stellung.
a. Die Geltendmachung von Ansprüchen aus dem Arbeitsvertrag muss innerhalb eines Monats ab Fälligkeit erfolgen. Danach sind diese Ansprüche ausgeschlossen.
b. Der Arbeitnehmer hat für alle Schäden einzustehen, die er schuldhaft verursacht hat.
c. Der Jahresurlaub muss durch Überstunden in entsprechender Höhe vorgearbeitet werden.
d. Die wöchentliche Arbeitszeit beträgt 50 Stunden.
e. 40 % des Monatslohns werden in Naturalien des Unternehmens ausgegeben.
f. Es wird eine Kündigungsfrist von einer Woche vereinbart.

Aufgabe 6
Beurteilen Sie die folgenden Fälle in Bezug auf die Pflichten eines Mitarbeiters.
a. Die Chefsekretärin bekommt den Auftrag, am Sonntag bei einer persönlichen Feier ihres Arbeitgebers als Servierkraft auszuhelfen.
b. Wie ist die Situation, wenn es sich bei der Feier um eine betriebliche Veranstaltung handelt?
c. Wie wäre die Situation zu beurteilen, wenn die Sekretärin bei der betrieblichen Feier zur Begrüßung der Gäste eingeteilt wäre?
d. Eine Putzfrau schickt, weil sie auf ihr Kind aufpassen muss, ihre Schwester zum Dienst.
e. Der Reisende eines Schraubenherstellers ist gekündigt worden und hat eine neue Tätigkeit bei der Konkurrenz aufgenommen. Er ist der Meinung, dass er die Kunden seines früheren Arbeitnehmers besuchen darf. Zu diesem Zweck hat er sich die Kundendatei auf einen USB-Stick kopiert.
f. Herr Meysel ist gegenwärtig in der Zentrale in Bielefeld tätig. Sein Arbeitgeber benötigt Herrn Meysel dauerhaft in der Niederlassung im 100 km entfernten Hannover und erteilt ihm die Weisung, ab Beginn des nächsten Monats dort zu arbeiten.
g. Nach der Auslagerung der Debitorenbuchhaltung an ein Factoring-Unternehmen wird dem Buchhalter Müller mitgeteilt, dass er ab dem nächsten Monat im Verkauf als Sachbearbeiter mit einem um 300,00 EUR niedrigeren Gehalt arbeiten müsse.

Aufgabe 7
Beurteilen Sie die folgenden Fälle in Bezug auf die Pflichten des Arbeitgebers.
a. Die Grimmig KG stellt mit Beginn der Ferien zwei 17-jährige Schüler als Ferienhilfen ein. Über das Entgelt wird nichts vereinbart. Nach sechs Wochen verlangen die beiden ihren Lohn. Herr Grimmig ist der Meinung, dass 3,00 EUR Stundenlohn ausreichend sind und weist die Lohnbuchhaltung an, diesen Lohn auszuzahlen.
b. Die Grimmig KG zahlt aufgrund von Liquiditätsproblemen seit zwei Monaten Gehälter und Löhne erst am 10. des Folgemonats aus.
c. Die Grimmig KG hatte in den vergangenen Jahren aufgrund guter Geschäftslage immer ein Weihnachtsgeld in Höhe von 50 % des regelmäßigen Monatsentgelts gezahlt. In diesem Jahr erhalten die Mitarbeiter kein Weihnachtsgeld, lediglich ein Schreiben der Geschäftsleitung, in der auf das schlechte Geschäftsjahr hingewiesen wird.

d. Josef Frey ist im Februar zum jährlichen Skiurlaub nach Österreich gefahren. Er bricht sich ein Bein und fällt für fünf Wochen aus. Die Grimmig KG ist der Meinung, dass die Verletzung selbst verschuldet ist, und zahlt für den genannten Zeitraum kein Gehalt.

e. Als der Maurer Franz Kies am ersten Tag seines Arbeitsverhältnisses bei der Bau GmbH erscheint, fragt ihn der Polier, wo der denn seine Stahlkappenschuhe und seinen Helm habe. Schließlich habe er selber für seinen Schutz zu sorgen.

Aufgabe 8

Petra Klein ist kaufmännische Angestellte bei der Firma Krull GmbH. Sie wurde mit einem befristeten Vertrag eingestellt, der innerhalb der letzten zwei Jahre insgesamt viermal verlängert wurde. Ein Grund wurde dafür nicht angegeben.

a. Wie ist hier die Rechtslage?

b. Wie wäre der Fall zu beurteilen, wenn Frau Klein als flexible Mitarbeiterin in den vergangenen zwei Jahren immer wieder zur Vertretung von schwangeren Kolleginnen eingesetzt wurde?

c. Wann liegt ein Kettenarbeitsvertrag vor?

Aufgabe 9

Frau Kess, 40 Jahre alt, seit 12 Jahren im gleichen Betrieb tätig, ist seit 2 Jahren Betriebsratsmitglied. Ihr wird am 15.10. zu Ende Januar des Folgejahres gekündigt mit der Begründung, sie würde die Mitarbeiter aufstacheln und damit den Betriebsfrieden stören.

a. Ist die Kündigung rechtswirksam?

b. Einmal unterstellt, Frau Kess wäre nicht Mitglied des Betriebsrats: Welche Voraussetzungen müsste der Arbeitgeber dann zunächst für eine wirksame Kündigung erfüllen?

c. Prüfen Sie die Kündigungsfrist.

d. Wie wäre die Rechtslage, wenn Frau Kess als Einkäuferin von einem Lieferanten eine Reise im Wert von 800,00 EUR angenommen hätte?

Aufgabe 10

Beurteilen Sie folgende Kündigungen auf ihre Wirksamkeit.

a. Personenbedingte Kündigung eines Buchhalters, der durch einen Unfall querschnittgelähmt wird;

b. Personenbedingte Kündigung eines Models, das durch ständigen Konsum von Fast Food und Süßigkeiten nicht mehr in die Kleidergröße 36 passt;

c. Verhaltensbedingte Kündigung eines Arbeiters in einem Chemiewerk, der trotz eines strikten Rauchverbots mehrere Male beim Rauchen im gefährdeten Bereich erwischt wurde;

d. Verhaltensbedingte Kündigung eines Arbeiters, der zwei Mal im Zeitraum von 3 Monaten jeweils eine Viertelstunde zu spät zur Schicht erschienen ist;

e. Betriebsbedingte Kündigung von 5 Mitarbeitern einer Abteilung, deren Arbeiten an eine Fremdfirma vergeben werden sollen; das Unternehmen hat gleichwohl eine steigende Nachfrage nach seinen Produkten zu verzeichnen.

f. Betriebsbedingte Kündigung einer Frau, die seit fünf Monaten schwanger ist;

g. Verhaltensbedingte Kündigung eines Auszubildenden nach einer bereits erfolgten Abmahnung;

h. Verhaltensbedingte Kündigung eines schwerbehinderten Mitarbeiters nach einer bereits erfolgten Abmahnung

Aufgabe 11

Der Auszubildende Willy Wacker hat am 15.06. seine mündliche Prüfung und damit insgesamt seine Berufsausbildungsprüfung bestanden. Tags darauf erscheint er in seinem Ausbildungsbetrieb und arbeitet an seinem bisherigen Arbeitsplatz weiter. Vierzehn Tage später läuft er dem Chef über den Weg. Der sagt: „Willy, du bist doch längst fertig mit deiner Ausbildung. Was willst du hier noch? Geh nach Hause, wir haben nichts mehr miteinander zu tun."

a. Beurteilen Sie die Rechtslage.

b. Wie wäre die Rechtslage, wenn Willy Wacker die mündliche Prüfung nicht bestanden hätte?

Aufgabe 12

In einer Betriebsratssitzung werden folgende Probleme diskutiert. Beurteilen Sie jeweils die Rechtslage und begründen Sie Ihre Entscheidung.

a. Herr Press, ein überaus selbstbewusster Mitarbeiter, hat sich für die kommende Betriebsratswahl aufstellen lassen. Daraufhin hat der Unternehmer ihm wegen einer mangelhaften Leistung an seinem Arbeitsplatz gekündigt.

b. Ebenfalls zur kommenden Betriebsratswahl will sich Herr Neufeld aufstellen lassen, der seit vier Monaten im Betrieb angestellt ist.

c. Im Betrieb arbeiten gegenwärtig 70 Arbeitnehmer. 30 davon sind Leiharbeitnehmer. Davon sind wiederum 14 länger als drei Monate im Betrieb. Sind diese wahlberechtigt?

d. Wie viele Mitglieder wird der neue Betriebsrat haben?

Aufgabe 13
Ein Betriebsrat muss nach dem Gesetz in zahlreichen Angelegenheiten vom Unternehmen einbezogen werden. Seine Rechte sind wie folgt abgestuft:
1. Informationsrechte,
2. Vorschlags- und Beratungsrechte,
3. Mitwirkungsrechte,
4. Mitbestimmungsrechte.
Kennzeichnen Sie die unten aufgeführten Fälle jeweils mit der zutreffenden Ziffer. Tragen Sie (9) ein, wenn der Betriebsrat hier keine Mitwirkungsrechte hat.

a.	Festlegung des Urlaubsplans
b.	Kündigung eines Mitarbeiters
c.	Wirtschaftliche Entwicklung des Unternehmens
d.	Einstellung eines neuen Mitarbeiters
e.	Aufstellen eine Sozialplans
f.	Gestaltung der Kantine
g.	Investitionsentscheidung zwischen zwei Angeboten von Maschinenherstellern
h.	Gestaltung von Arbeitsplätzen

Aufgabe 14
Der Betriebsrat der Maschinenfabrik Knausig GmbH hat am 13.09. zu einer ordentlichen Betriebsversammlung am 25.09. um 8:00 Uhr eingeladen. Der Bezirkssekretär der zuständigen Gewerkschaft hat sein Kommen zugesagt. Beurteilen Sie die folgenden Sachverhalte.
a. Der Arbeitgeber moniert die zeitliche Lage der Betriebsversammlung und ist der Auffassung, diese auf das Arbeitsende, also 17:00 zu verlegen, außerdem will er für diese Zeit keinen Lohn zahlen.
b. Der Arbeitgeber will einen Beauftragten des Arbeitgeberverbands hinzuziehen.
c. Der Betriebsrat will aufgrund der besonderen gegenwärtigen konjunkturellen Situation die beiden örtlichen Zeitungen zu der Versammlung einladen.

Aufgabe 15
Aufgrund der unendlichen Diskussionen über Lage und Länge des Betriebsurlaubs ruft schließlich der Betriebsrat die Einigungsstelle an.
a. Ist die Einigungsstelle für diese Angelegenheit zuständig?
b. Wie wird die Einigungsstelle gebildet?
c. Die Einigungsstelle entscheidet sich für eine Lösung, mit der der Arbeitgeber nicht einverstanden ist. Was kann er tun?

Aufgabe 16
Beurteilen Sie die folgenden Vereinbarungen und Regelungen auf ihre Zulässigkeit.
a. Die Grimm KG vereinbart mit ihren Auszubildenden grundsätzlich eine Probezeit von zwei Monaten.
b. Die Grimm KG gibt ihren noch nicht 18 Jahre alten Auszubildenden an keinem Berufsschultag in der Woche nachmittags frei, obwohl an beiden Tagen fünf Unterrichtsstunden stattfinden.
c. Der Auszubildende Peter Lustig ist 17 Jahre alt und arbeitet von 07:00 bis 16:00 Uhr bei einer Frühstückspause von 15 Minuten und einer Mittagspause von 30 Minuten.
d. Der 17-jährige Franz Müller arbeitet täglich 8 Stunden im Akkord.
e. Die Grimm KG verlangt von ihren Mitarbeitern in der Montage aufgrund der aktuellen besonderen Situation, dass sie ihren Urlaub in 6 Teilen zu jeweils einer Woche nehmen, damit eine bessere Vertretung möglich ist.
f. Die Grimm KG gewährt dem zu 70 % schwerbehinderten Mitarbeiter Gert Just einen Jahresurlaub von 26 Werktagen.

1.6 Grundsätze des Wettbewerbsrechts

Aufgabe 1
Wettbewerbsbeschränkende Absprachen zwischen Wettbewerbern („horizontale Vereinbarungen") sind in der Regel verboten. Welche Absprachen gibt es und wann sind sie vom Kartellverbot freigestellt?

Aufgabe 2
Wettbewerbsbeschränkende Absprachen zwischen Lieferanten und Kunden („vertikale Vereinbarungen") sind in der Regel vom Verbot des § 1 GWB freigestellt. Nennen Sie Beispiele für solche Absprachen – welche Verhaltensweisen sind dabei nicht freigestellt?

Aufgabe 3
Was versteht man gem. § 6 (1) UWG unter „vergleichender Werbung"?

Aufgabe 4
Nennen Sie Beispiele für Umstände, unter denen eine vergleichende Werbung wettbewerbswidrig ist.

2 Steuern

Aufgabe 1
Unterscheiden Sie Steuern, Gebühren und Beiträge und nennen Sie je ein Beispiel.

Aufgabe 2
Erläutern Sie das Sozialstaatsprinzip und das Prinzip der Gesetzmäßigkeit der Besteuerung.

Aufgabe 3
Erläutern Sie am Beispiel der Umsatzsteuer die Begriffe Steuerpflichtiger, Steuerschuldner, Steuerzahler, Steuerträger, Steuergläubiger.

Aufgabe 4
Nennen Sie für die Umsatzsteuer, die Versicherungssteuer und die Grundsteuer jeweils das Steuerobjekt und die Bemessungsgrundlage.

Aufgabe 5
Wodurch unterscheiden sich der Durchschnittssteuersatz und der Grenzsteuersatz? Erläutern Sie dies an einem selbst gewählten Beispiel.

Aufgabe 6
In einem Unternehmen werden unterschieden
1. Steuern als durchlaufende Posten,
2. Steuern als abzugsfähige Betriebsausgaben,
3. aktivierungsfähige Steuern,
4. nicht abzugsfähige Steuern.

Ordnen Sie den folgenden Steuern die zutreffende Kennziffer zu:

a.	Grunderwerbsteuer
b.	Kfz-Steuer
c.	Versicherungsteuer
d.	Umsatzsteuer
e.	Grundsteuer
f.	Gewerbesteuer
g.	Körperschaftsteuer

Aufgabe 7
Tragen Sie in die folgende Matrix jeweils ein zutreffendes Beispiel ein.

	Beispiel:
Besitzsteuer	
Verkehrssteuer	
Verbrauchssteuer	
Direkte Steuer	
Indirekte Steuer	
Personensteuer	
Realsteuer	
Quellensteuer	
Veranlagungssteuer	

Aufgabe 8
Entscheiden Sie bei den folgenden Personen, ob diese unbeschränkt, beschränkt oder nicht einkommensteuerpflichtig sind.
a. Manfred Schnell mit Wohnsitz in Duisburg ist als Handelsvertreter ausschließlich in den BeNeLux-Staaten tätig.
b. Xaver Sinn ist Berater mit Wohnsitz in Österreich und für zwei Jahre dauerhaft in München tätig.
c. Fabienne Grocier mit Wohnsitz in Straßburg arbeitet als angestellte Programmiererin in einem Unternehmen in Freiburg.
d. Jan Olafsson ist freiberuflicher Techniker mit Wohnsitz in Sonderborg, Dänemark, und repariert im norddeutschen Raum regelmäßig Maschinen für deutsche Unternehmen.
e. Tonio Tomasso hat in Mailand und in Köln eine Wohnung, die er regelmäßig benutzt. Er arbeitet in Deutschland fünf Monate im Jahr als Koch in einem Restaurant.

Aufgabe 9
Bei der Einkommensteuer unterscheidet man die Gewinneinkunftsarten und die Überschusseinkunftsarten. Erläutern Sie diese am Beispiel der Einkünfte aus selbstständiger Tätigkeit und den Einkünften aus unselbstständiger Tätigkeit.

Aufgabe 10
Erläutern Sie den Unterschied zwischen der Summe der Einkünfte und dem Gesamtbetrag der Einkünfte.

Aufgabe 11
Im Rahmen der Einkommensteuererklärung sind eine Reihe von Positionen abzugsfähige Ausgaben.
a. Erläutern Sie den Begriff der Werbungskosten und nennen Sie für jede relevante Einkunftsart je ein Beispiel dafür.
b. Erklären Sie den Begriff der Sonderausgaben und nehmen Sie Stellung zu deren Abzugsfähigkeit.
c. Welche Aufwendungen bzw. Sonderfälle dürfen als außergewöhnliche Belastungen geltend gemacht werden?

Aufgabe 12
Die Kuhn GmbH erzielte im vergangenen Geschäftsjahr einen Bilanzgewinn von 220.000,00 EUR. Von diesem Gewinn werden in diesem Jahr 150.000,00 EUR an die drei Anteilseigner ausgeschüttet.
a. Welche Ertragssteuern fallen bei der Kuhn GmbH an?
b. Welche Steuern fallen in diesem Zusammenhang bei den Anteilseignern der Kuhn GmbH an?

Aufgabe 13
Stellen Sie drei wesentliche Unterschiede zwischen der Einkommensteuer und der Körperschaftssteuer gegenüber.

Aufgabe 14
Erläutern Sie in Grundzügen den Weg zur Erhebung der Gewerbesteuer.

Aufgabe 15
Der Rentner Peter Moos ist verheiratet. Er tätigte im vergangenen Jahr folgende Finanzgeschäfte und erzielte diverse Erträge:
15.01. Kauf von 200 Aktien der Kolbe AG zum Kurs von 50,00 EUR,
30.04. Gutschrift einer Bruttodividende in Höhe von 4,00 EUR je Aktie der Kolbe AG,
30.06 Gutschrift von Festgeldzinsen in Höhe von 680,00 EUR,
15.11. Verkauf des Aktienpaketes der Kolbe AG zum Preis von 65,00 EUR.
Moos hat seiner Hausbank einen Freistellungsauftrag über 1.602,00 EUR erteilt.
a. Berechnen Sie die Summe der Kapitalerträge.
b. Wie viel Kapitalertragsteuer wird die Hausbank von Herrn Moos einbehalten?
c. Wie hoch ist der Solidaritätszuschlag in EUR, den die Hausbank einbehält?
d. Moos bezieht nur eine Altersrente in Höhe von 1.400,00 EUR. Ansonsten hat das Ehepaar keine Einkünfte. Soll Herr Moos Ihrer Meinung nach die Kapitaleinkünfte in seiner Steuererklärung angeben? Begründen Sie Ihre Meinung.

Aufgabe 16
Die Timmen AG verkauft am 05.03. Möbel im Warennettowert von 15.000,00 EUR zuzüglich der Regelumsatzsteuer an den Möbelhändler Kern. Dieser verkauft die Möbel im Laufe des Monats März zum Ladenverkaufspreis von 28.560,00 EUR an verschiedene Kunden (Endverbraucher). Erläutern Sie an diesen beiden Vorgängen das System der Umsatzsteuer.

Aufgabe 17
Beurteilen Sie folgende Fälle in Bezug auf die Umsatzsteuerpflicht des Handwerkers M. Stein.
a. Stein verkauft seinem Kegelbruder seine gebrauchte Stereoanlage aus seinem Wohnzimmer.
b. Stein repariert bei einem Kunden ein Terrassengeländer.
c. Stein repariert bei seiner Mutter ein Fensterscharnier. Dazu benötigt er zwei Stunden.
d. Stein erhält einen Auftrag aus Enschede (Niederlande) und hält sich dort zwei Tage auf, um eine Metalltreppe zu bauen.
e. Stein baut für sich und seine Gesellen eine transportierbare Arbeitsbühne. Dafür benötigt er mit einem Gesellen drei Tage.
f. Stein erhält von einem Lieferanten aus Dänemark eine Spezialmaschine geliefert.
g. Im Kindergarten seiner Tochter erstellt Stein zusammen mit drei anderen Vätern ein Klettergerüst.

Aufgabe 18
Der Handwerker M. Stein erwirbt ein Grundstück mit aufstehender Lagerhalle, um seinen Betrieb zu erweitern.
a. Welche Steuern kommen auf M. Stein in diesem Zusammenhang zu?
b. Erläutern Sie für diese Steuerarten jeweils die Bemessungsgrundlagen.

Aufgabe 19
Im Rahmen der Grunderwerbsteuer werden im Gesetz mehrere alternative Steuerschuldner genannt.
a. Begründen Sie anhand von zwei Beispielen, warum das der Fall ist.
b. Gehen Sie in diesem Zusammenhang auch auf die Unbedenklichkeitsbescheinigung ein.

Aufgabe 20
Die Erbschafts- und die Schenkungssteuer werden in einem Gesetz behandelt. Geben Sie eine Begründung dafür ab.

Aufgabe 21
Bestimmte Kreise kritisieren an der Erbschaftssteuer, dass alle Steuerpflichtigen dadurch in erheblichem Umfang belastet würden und unter Umständen Gewerbebetriebe in ihrem Fortbestand gefährdet werden könnten. Welche Argumente (aus dem Gesetz selbst) könnten gegen diese Meinung sprechen?

Aufgabe 22
Die Abgabenordnung ist ein elementares Gesetz im deutschen Steuerrecht.
a. Erläutern Sie die Aufgabe der Abgabenordnung im deutschen Steuersystem.
b. Beschreiben Sie anhand von drei Beispielen den Zweck der einleitenden Vorschriften (1. Teil) der Abgabenordnung.
c. Was wird im Rahmen des Steuerschuldrechts in der Abgabenordnung geregelt?

Aufgabe 23
Erläutern Sie im Rahmen der Vorschriften über das Erhebungsverfahren die Begriffe Stundung, Aufrechnung, Erlass, Säumniszuschlag.

Aufgabe 24
Franz Klein stellt bei der Überprüfung seines Einkommensteuerbescheids fest, dass im Rahmen der Veranlagung der Finanzbeamte offenbar Weiterbildungskosten im Rahmen der Werbungskosten, die Klein angesetzt hatte, nicht berücksichtigt hat und zu diesem Sachverhalt auch keine Begründung abgegeben wurde. Offenbar ist dieser Betrag übersehen worden.
   a. Welches Rechtsmittel kann Her Klein gegen den seiner Meinung nach falschen Steuerbescheid einlegen?
   b. Innerhalb welcher Frist muss das Rechtsmittel eingelegt werden?
   c. Wann beginnt die Frist unter b.?
   d. Welche Rechtsfolge tritt ein, wenn Klein diese Frist versäumt?
   e. Welche Voraussetzung muss erfüllt sein, damit Franz Klein gegen den Steuerbescheid Klage vor dem Finanzgericht einlegen kann?

Modul 4: Unternehmensführung

1 Betriebsorganisation

Aufgabe 1
Ein mittelgroßes Unternehmen veröffentlicht auf seiner Website den folgenden Text:

> Wir sind ein zukunftsorientiertes, familiengeführtes Unternehmen und geprägt durch ein klares und eindeutiges Wertesystem. Die Eckpfeiler dieses Systems sind Ehrlichkeit, Glaubwürdigkeit, Verlässlichkeit und Klarheit.
>
> Dieses Leitbild ist die Richtschnur für die Unternehmensstrategie, für unser tägliches Handeln und für unsere soziale Verantwortung. Darin sind die Grundwerte für den Umgang mit unseren Kunden, aber auch der Mitarbeiterinnen und Mitarbeiter untereinander, verankert.
>
> Die Basis unseres Handelns gegenüber Aktionären, Kunden und der Öffentlichkeit ist durch folgende Säulen gekennzeichnet:
> - Einhaltung sozialer Mindeststandards,
> - Schutz der Umwelt und Nachhaltigkeit unseres Handelns,
> - Sicherheit unserer Produkte,
> - Chancengleichheit für unsere Mitarbeiter.
>
> Der Erfolg unseres Unternehmens hängt maßgeblich vom Vertrauen ab – vom Vertrauen der Kunden, der Aktionäre, der Mitarbeiter und der Öffentlichkeit.

a. Erläutern Sie die Begriffe Unternehmensleitbild, Unternehmenskultur und Unternehmensphilosophie.
b. Nehmen Sie kritisch zu diesem Text Stellung, indem Sie prüfen, ob die Anforderungen an ein modernes Unternehmensleitbild überhaupt erfüllt werden.
c. Prüfen Sie die Praktikabilität des vorstehenden Textes im täglichen Geschäftsablauf anhand eines selbst gewählten Beispiels.
d. Ergänzen Sie den vorstehenden Text in Stichworten, um daraus ein sinnvolles Leitbild zu machen.

Aufgabe 2
Ein Geschäftsführer einer mittelgroßen Markenartikelunternehmens ist der Meinung, dass Corporate Identity letztlich nur Geld kostet und kaum einen Nutzen hat.
a. Erläutern Sie, was unter dem Begriff Corporate Identity zu verstehen ist.
b. Nennen Sie drei Vorteile, die einem Unternehmen aus der Einführung von Corporate Identity entstehen können.
c. Es gibt zahlreiche Teilbereiche bzw. Strukturmerkmale von Corporate Identity. Zumindest das Corporate Design scheinen viele Unternehmen sehr wichtig zu nehmen. Begründen Sie, warum dies der Fall ist.
d. Nennen Sie fünf Elemente, die für ein Corporate Design wesentlich sind.

Aufgabe 3
„Planung ist aufwendig, bindet kostbare Mitarbeiterzeit und verhindert Spontaneität." Diese Meinung ist gelegentlich bei Inhabern kleiner Unternehmen zu hören.
a. Erläutern Sie die grundlegende Philosophie von Planung.
b. Entkräften Sie die Aussage im Eingangsstatement durch entsprechende Argumente.

Aufgabe 4
Im Planungswesen wird unterschieden zwischen der strategischen Planung und der operativen Planung.
a. Von welchen Planungshorizonten geht man bei diesen Planungen aus?
b. Ordnen Sie den beiden Planungsarten jeweils zwei Beispiele zu.
c. In welchen Leitungsebenen liegt die Verantwortung für diese Planungsarten?
d. Unterscheiden Sie beide Planungsarten hinsichtlich ihrer Detailliertheit und ihres Unsicherheitsgrads.

Aufgabe 5
Die strategische Planung wird primär von mittleren und großen Unternehmen als Führungsinstrument eingesetzt.
a. Worauf beziehen sich die Inhalte einer strategischen Planung? Erläutern Sie drei Objekte der strategischen Planung jeweils anhand eines Beispiels.
b. Die strategische Planung bedient sich einer Reihe von „Werkzeugen". Nennen Sie drei dieser Werkzeuge.

Aufgabe 6
Als Eingangstor zur strategischen Planung eignet sich sehr gut eine Potenzialanalyse in Form einer SWOT-Analyse.
a. Was ist darunter zu verstehen?
b. Bei der SWOT-Analyse erfolgen eine interne und eine externe Analyse. Was wird dabei untersucht?
c. Nennen Sie je zwei Untersuchungsfelder er internen und der externen Analyse.
d. Die SWOT-Analyse führt letztlich zu vier möglichen Aktionsfeldern. Beschreiben Sie diese.

Aufgabe 7
Man kann den Lebenszyklus eines Produkts in fünf bzw. sechs Phasen beschreiben.
a. Nennen Sie die fünf wesentlichen Phasen eines Produktlebenszyklus.
b. Beschreiben Sie detailliert die Einführungs- und die Reifephase eines Produktlebenszyklus.
c. Woran erkennt ein Unternehmen, dass ein Produkt sich in der Rückgangphase (Degenerationsphase) befindet?
d. Auch nach der Herausnahme aus dem Markt beschäftigt das Produkt das Unternehmen noch in verschiedener Hinsicht. Was sind die notwendigen Aktivitäten einer solchen „Nachlaufphase"?

Aufgabe 8
Die klassische Portfolio-Analyse nach der Boston Consulting Group ermöglicht einen guten Überblick über das aktuelle Absatzprogramm.
a. Anhand welcher beiden wichtigen Parameter erfolgt die Analyse?
b. Aus der Gegenüberstellung der beiden Parameter ergeben sich vier Felder. Benennen Sie diese und beschreiben Sie kurz die Marktsituation der Produkte, die sich in diesem Feldern befinden.
c. Für jedes der Felder werden Standardstrategien empfohlen. Benennen Sie diese Strategien.
d. Stellen Sie einen logischen Zusammenhang her zwischen dem Produktlebenszyklus und der Portfolio-Analyse nach der Boston Consulting Group.

Aufgabe 9
Das Benchmarking ist eine in den vergangenen Jahren zunehmend wichtiger gewordene Analysemethode der strategischen Planung.
a. Was ist allgemein unter Benchmarking zu verstehen?
b. Was ist das Ziel eines Benchmarkings?
c. Nennen Sie drei typische Untersuchungsfelder, die mithilfe dieser Methode untersucht werden können, und erläutern Sie kurz, auf welchem Wege man dann zu Erkenntnissen gelangen kann.
d. Die Untersuchung läuft in mehreren Schritten ab. Welche sind das?
e. Beim externen Benchmarking treten u. U. Probleme oder Risiken auf. Welche sind das?

Aufgabe 10
Die operative Planung soll den Führungskräften und den Mitarbeitern Orientierung geben.
a. Was ist der Planungsgegenstand der operativen Planung?
b. Formulieren Sie drei Fragen, auf die eine operative Planung einem Abteilungsleiter in ausreichender Weise Antworten geben soll.
c. Nennen Sie vier operative Teilpläne und deren Inhalte.

Aufgabe 11
Bei der Erstellung der operativen Planungen wird heute in den meisten Unternehmen nach dem Gegenstromverfahren vorgegangen.
a. Beschreiben Sie in Grundzügen dieses Verfahren.
b. Begründen Sie, warum dieses Verfahren der Top-down-Planung und der Bottom-up-Planung vorgezogen wird.

Aufgabe 12
Integrative Managementsysteme sind in den vergangenen 20 Jahren zunehmend zu Werkzeugen der Unternehmensführung geworden.
a. Was wird allgemein unter einem integrativen Managementsystem verstanden?
b. Nennen Sie drei Unternehmensbereiche, auf die sich ein solches Managementsystem beziehen kann.
c. Welche Module sollte ein integriertes Management-System mindestens enthalten?

Aufgabe 13
Ein Unternehmen, das dem Umweltschutz mehr Raum geben will, führt ein Umweltmanagementsystem ein.
a. Umweltschutzmaßnahmen lassen sich in nachsorgenden Umweltschutz und vorsorgenden Umweltschutz unterscheiden. Erläutern Sie diese beiden Kategorien von Umweltschutz.
b. Beschreiben Sie drei Schwerpunkte für Umweltschutzmaßnahmen in einem Unternehmen.
c. Von der Einführung eines solchen Systems verspricht sich die Unternehmensleitung eine Reihe von Vorteilen. Nennen Sie drei wesentliche Vorteile.

Aufgabe 14
Die Geschäftsführung der Schulz GmbH, einem Hersteller von Gartengeräten, hat mit Besorgnis die Reklamationsstatistiken der vergangenen zwei Jahre zur Kenntnis genommen und sich entschlossen, ein Qualitätsmanagementsystem einzuführen.
a. Erläutern Sie allgemein den Begriff Qualität.
b. Was verspricht sich die Geschäftsleitung der Schulz GmbH von der Einführung eines solchen Systems.
c. Worauf kann sich ein Qualitätsmanagement beziehen?
d. Die Unternehmensleitung hat sich für DIN EN ISO 9000 ff. als Grundlage eines eigenen Qualitätsmanagementsystems entschieden. Erläutern Sie dieses in Grundzügen.
e. Im Rahmen von QM-Systemen spielt die Zertifizierung eine große Rolle. Was ist darunter zu verstehen und welche Vorteile bietet eine Zertifizierung?

Aufgabe 15
In der Comtec KG häufen sich die Arbeitsunfälle. Um diesen Umstand Herr zu werden, soll ein Arbeitsschutzmanagement eingeführt werden.
a. Was versteht man allgemein unter dem Begriff Arbeitsschutz?
b. In welchen wesentlichen Schritten geht man bei der Einführung eines Arbeitsschutzmanagementsystems sinnvollerweise vor?
c. Bei den Arbeitsschutzmanagementsystemen existiert noch keine international gültige Norm, weil weltweit eine Normung von solchen Systemen abgelehnt wird. Was sind die beiden wesentlichen Gründe hierfür?

Aufgabe 16
Aufbau- und Ablauforganisation sind zwei Arbeitsbereiche der Organisation. Entscheiden Sie bei den folgenden Aufgaben, um welches Aufgabengebiet es sich dabei handelt.

	Aufgabe	Aufbauorganisation	Ablauforganisation
a.	Neuregelung des Einstellungsverfahrens für die Personalabteilung		
b.	Zuordnung des Bereichs „Haushaltswaren" zur Abteilung „Non-food-Artikel"		
c.	Regelung der Vertretungsbefugnis eines Abteilungsleiters		
d.	Prüfung des Prozesses Auftragsbearbeitung und ggf. Anbringung von Korrekturen		
e.	Bildung mehrerer neuer Stellen aufgrund der Erweiterung der Verkaufsgebiete		
f.	Erstellen eines Organisationsdiagramms des Betriebs		

Aufgabe 17
„Herr Müller ist in der Kreditorenabteilung damit befasst, die eingehenden Rechnungen auf ihre rechnerische Richtigkeit zu überprüfen."
Erläutern Sie an diesem Beispiel die fünf Merkmale, nach denen eine Aufgabenanalyse erfolgen kann.

Aufgabe 18
Bei der Gestaltung der Aufbauorganisation unterscheidet man das Prinzip der Zentralisation und das Prinzip der Dezentralisation. In einem Industrieunternehmen mit fünf verschiedenen Werken, von

denen eines in Österreich und eines in Polen liegt, wird der Einkauf gegenwärtig noch zentralisiert abgewickelt. Ein Unternehmensberater ist der Meinung, dass der Einkauf dezentralisiert werden sollte.
a. Begründen Sie anhand von drei Argumenten die Sinnhaftigkeit eines zentralen Einkaufs.
b. Nennen Sie drei Argumente, die den Unternehmensberater zu seiner Empfehlung kommen lassen.

Aufgabe 19
Tragen Sie in einer Matrix nach folgendem Muster je zwei Vorteile für die Aufgabenträger ein sowie die möglichen Auswirkungen auf die Kosten.

	Vorteile für die Aufgabenträger	Mögliche Auswirkungen auf die Kosten
Zentralisation nach Funktionen		
Zentralisation nach Objekten		

Aufgabe 20
Die Verkaufsabteilung eines Herstellers für Verbindungselemente im Möbelbau mit einem Sortiment von 1.500 verschiedenen Artikeln ist gegenwärtig nach Produktgruppen gegliedert. Eine Unternehmensberatung schlägt vor, die Verkaufsabteilung nach Kunden zu gliedern.
a. Welche Vorteile liegen in der Gliederung der Verkaufsabteilung nach Produktgruppen?
b. Was kann die Unternehmensberatung dazu veranlasst haben, eine Umorganisation vorzuschlagen?
c. Welche weiteren Gliederungsmöglichkeiten der Verkaufsabteilung wären noch denkbar?

Aufgabe 21
Ein Bewerber bei der Schmitz KG fragt in seinem Einstellungsgespräch nach der Stellenbeschreibung. Daraufhin meint Herr Schmitz, Stellenbeschreibungen seien überflüssig, würden zu viel kosten und würden im Übrigen auch die Flexibilität der Mitarbeiter einschränken.
a. Was regelt eine Stellenbeschreibung?
b. Nennen Sie vier Anlässe im Unternehmen, in denen eine Stellenbeschreibung hilfreich sein kann.
c. Machen Sie einen Vorschlag für eine Klausel in einer Stellenbeschreibung, die dem Argument der mangelnden Flexibilität die Spitze nimmt.

Aufgabe 22
Die Begriffe Leitungssystem, Betriebspyramide und Organigramm werden häufig verwechselt oder synonym verwendet. Ordnen Sie diese Begriffe, erläutern Sie sie und bringen Sie sie in einen logischen Zusammenhang.

Aufgabe 23
Beschreiben Sie den Zusammenhang zwischen der Leitungsspanne bzw. Kontrollspanne und den vertikalen Rangstufen einer Organisation.

Aufgabe 24
Als ein Sachbearbeiter sich in einer Angelegenheit an den Bereichsleiter wendet, um von ihm eine Entscheidung abzuverlangen, meint dieser: „Sie müssen zukünftig den Dienstweg einhalten!"
a. Was ist unter einem Dienstweg zu verstehen und wozu dient er?
b. Was hat der Bereichsleiter mit seiner Äußerung gemeint?
c. Nennen Sie zwei Anlässe, die einen Mitarbeiter dazu veranlassen könnten, den Dienstweg zu verlassen bzw. auf die Einhaltung des Dienstweges zu verzichten.

Aufgabe 25
Die Fleischwarenfabrik Schwarze KG hat folgendes – verkürztes – Organigramm:

Die einzelnen Instanzen klagen seit längerer Zeit unter zunehmendem Arbeits- und Entscheidungsdruck. In den Abteilungen werden gesetzte Termine überschritten und es gibt Kundenreklamationen.

a. Was versteht man unter einer Instanz?
b. Welches Leitungssystem hat die Schwarze KG?
c. Nach welchem Prinzip ist das Leitungssystem gegliedert?
d. Benennen Sie jeweils zwei Vor- und Nachteile des vorliegenden Leitungssystems.
e. Machen Sie zwei Vorschläge, um die benannten Probleme zu lösen.

Aufgabe 26
Die Schwarze KG hat sich aufgrund der vorliegenden Probleme dazu entschlossen, das Leitungssystem zu verändern, und strebt eine Stab-Linien-Organisation an.
a. Was verspricht sich die Unternehmensleitung von dieser Veränderung?
b. Welche Stabsstellen bzw. Stabsabteilungen eignen sich für das geplante System?
c. Welche Voraussetzungen müssen die Führungskräfte erfüllen, damit das neue System wirksam arbeiten kann?
d. Nennen Sie drei Nachteile, die sich gleichwohl personen- oder sachbezogen ergeben könnten.

Aufgabe 27
Die Fertigungsplanung eines Unternehmens der Möbelindustrie hat ermittelt, dass der Einbau eines anderen Befestigungssystems die Materialkosten und die Fertigungskosten senken kann. Daraufhin erteilt der Fertigungsplaner, der dem Fertigungsleiter zugeordnet ist, dem Leiter der Materialwirtschaft durch eine interne Mitteilung die Anweisung, zukünftig dieses neue Befestigungssystem zu beschaffen.
a. Welche Stellung nimmt der Mitarbeiter der Fertigungsplanung ein?
b. Welches Leitungssystem liegt hier vermutlich vor?
c. Gegen welches Prinzip hat der Mitarbeiter der Fertigungsplanung verstoßen?
d. Der Fertigungsleiter und der Leiter der Materialwirtschaft sind der Geschäftsführung direkt unterstellt. Welchen Dienstweg hätte der Mitarbeiter der Fertigungsplanung einhalten müssen, damit das Verfahren den Grundsätzen der Aufbauorganisation entspricht?

Aufgabe 28
Die Althoff GmbH ist ein Hersteller von Verbrauchsmaterial im medizinischen Bereich mit folgenden Produktgruppen: Dentalmaterial für Zahnarztpraxen, Dentalmaterial für Zahntechniker, medizinisches Verbrauchsmaterial für Krankenhäuser und Verbandsmaterial für Endverbraucher. Nachdem das Unternehmen bisher als Stab-Linien-System geführt wurde, empfiehlt ein Berater die Einführung einer Matrixorganisation.
a. Welche Vorteile verspricht sich der Berater von dieser Veränderung?
b. Wie könnte ein solches System aufgebaut werden? Fertigen Sie dazu eine Skizze an.
c. Erläutern Sie zwei wesentliche Voraussetzungen, die die Mitarbeiter und Führungskräfte für das Gelingen dieses Systems erfüllen müssen.
d. Nennen Sie zwei Nachteile, die der Althoff GmbH aus dieser Organisationsform entstehen könnten.

Aufgabe 29
Die CTM AG ist ein Unternehmen mit vier völlig unterschiedlichen Geschäftsfeldern: Nahrungsmittel, Hotels, Fachbücher, Touristik. Das Unternehmen wird als Spartenorganisation geführt mit den Zentralbereichen Finanzen, Personal, Controlling.
a. Begründen Sie anhand von drei sachlichen Argumenten, warum dieses Leitungssystem gewählt wurde.
b. Stellen Sie zwei wesentliche Vorteile dieses Systems heraus.
c. Welche Nachteile sind denkbar?
d. Erläutern Sie im Zusammenhang mit der gewählten Organisationsform das „Profit-Center-Prinzip".

Aufgabe 30
Um organisatorische Lösungen der Ablauforganisation graphisch festzuhalten, nutzt man
1. die Arbeitsablaufbeschreibung,
2. das Balkendiagramm,
3. die Netzplantechnik,
4. das Flussdiagramm,
5. das Funktionendiagramm.
Ordnen Sie die Kennziffern vor den aufgeführten Begriffen den folgenden Beschreibungen zu.

a.	Die Urlaubszeiten der Mitarbeiter sollen aufeinander abgestimmt und grafisch dargestellt werden.
b.	Für ein Bauprojekt sind die einzelnen Vorgänge gleichzeitig und nacheinander aufzuführen und mit ihren zeitlichen Abhängigkeiten darzustellen.
c.	Der Arbeitsplatz einer Sekretärin ist neu zu organisieren. Die bisherigen Arbeitsabläufe sind zunächst zu erfassen und mit ihrer zeitlichen Inanspruchnahme darzustellen.
d.	Die einzelnen Tätigkeiten eines Arbeitsprozesses werden durch unterschiedliche Symbole gekennzeichnet.
e.	Die unterschiedliche Inanspruchnahme und Auslastung von Maschinen und Betriebsmitteln ist zu planen und darzustellen.
f.	Die Bearbeitung eines Einkaufsvorgangs soll logisch nachvollziehbar und grafisch dargestellt werden
g.	Die Geschäftsprozesse eines Unternehmens sollen mit den Zuständigkeiten für Teilprozesse dargestellt werden.
h.	Ein Luxusliner soll in einer Werft generalüberholt werden. Es sind 4.500 Einzelvorgänge zu planen.

Aufgabe 31

In einem Unternehmen sollen die Aufträge A20, A40 und A60 auf den Maschinen M1, M2 und M3 bearbeitet werden. Der Produktionsprozess erfordert die folgende Maschinenbelegung:

	Verarbeitungsstufen		
	1. Stufe	2. Stufe	3. Stufe
Auftrag A20	M1: 2 Std.	M2: 3 Std.	M3: 3 Std.
Auftrag A40	M3: 3 Std.	M1: 2 Std.	M2: 3 Std.
Auftrag A60	M2: 2 Std.	M3: 3 Std.	M1: 3 Std.

a. Erstellen Sie ein Balkendiagramm mit einer möglichst optimalen Auslastung der Maschinen.
b. An welchen Maschinen entstehen Leerlaufzeiten?
c. Das Unternehmen hat eine tägliche Arbeitszeit von 8 Stunden. An welchen Maschinen müssen Überstunden gemacht werden, um die Aufträge an diesem Produktionstag abzuwickeln?

Aufgabe 32

In einem Netzplan finden Sie einen Vorgangsknoten, aus dem Sie die folgenden Informationen entnehmen:
FAZ = 22
FEZ = 25
SAZ = 24
SEZ = 27
Kennzeichnen Sie die folgenden Aussagen zu diesem Vorgangsknoten mit einer
(1), wenn die Aussage richtig ist;
(9), wenn die Aussage falsch ist.
a. Die Dauer dieses Vorganges beträgt 3 Zeiteinheiten.
b. Die Gesamtpufferzeit berechnet sich nach der Formel: SAZ − FAZ.
c. Der freie Puffer beträgt 2 Zeiteinheiten.
d. Ob dieser Vorgang einen freien Puffer zugewiesen bekommt, kann ohne zusätzliche Informationen nicht festgestellt werden.
e. Der Gesamtpuffer beträgt 2 Zeiteinheiten.
f. Der Vorgang hat die Nummer 9. Der freie Puffer berechnet sich nach der Formel:
g. FP(9) = FAZ(10) − FEZ(9)
h. Der Vorgang liegt aufgrund des knappen Zeitpuffers auf dem kritischen Pfad.
i. Sollte die Zeitvorgabe für diesen Vorgang um 5 Zeiteinheiten überschritten werden, verzögert sich unter sonst gleichen Bedingungen der Abschluss des Gesamtprojekts um 3 Zeiteinheiten.

Aufgabe 33
Ein Systemanalytiker will den genauen Arbeitsablauf sowie sämtliche Verzweigungen der Auftragsabwicklung eines Unternehmens erfassen, da dieses Arbeitsfeld eine neue IT-Unterstützung erhalten soll. Ziel der Erfassung des Arbeitsprozesses ist die Erstellung einer neuen Individualsoftware.
a. Welche Methoden der Ist-Aufnahme der Ablauforganisation bieten sich hier an?
b. Welche Vorteile bieten diese beiden Methoden?
c. Nennen Sie zwei weitere Methoden der Ist-Aufnahme und erläutern Sie deren Anwendungsmöglichkeiten.

Aufgabe 34
Bei der Maschinenfabrik Schubert OHG hat sich die Auftragslage trotz anhaltend guter Konjunkturlage verschlechtert. Der Vertriebsleiter will sich über die Zufriedenheit der Kunden ein Bild machen. Schlagen Sie je zwei sinnvolle Methoden vor, um die Kundenzufriedenheit vor, während und nach einem Verkaufsvorgang zu messen und ggf. zu steigern.

Aufgabe 35
Die Schubert OHG hat sich zur Einrichtung von Wertanalyse-Arbeitsgruppen entschlossen.
a. Was verspricht man sich von der Einführung dieser Technik?
b. Mit welcher Methode lassen sich die zu untersuchenden Wertanalyseobjekte am sinnvollsten herausfiltern? Begründen Sie Ihre Aussage.
c. Im Rahmen der vorbereitenden Maßnahmen sollen die Teilnehmer einer Gruppe benannt werden. Aus welchen Teilnehmern sollte sich eine WA-Gruppe sinnvollerweise zusammensetzen?
d. Welcher Wertbegriff wird bei der Untersuchung im Vordergrund stehen und was sind dessen wesentliche Attribute?

2 Personalführung

Aufgabe 1
Personalführung und Personalmanagement haben die Aufgabe, die Ziele der Personalpolitik unter Beachtung des Führungsleitbildes zu realisieren.
Verdeutlichen Sie den Zusammenhang zwischen Personalführung und Personalmanagement anhand eines selbstgewählten Beispiels und beschreiben Sie, wer jeweils dafür zuständig ist.

Aufgabe 2
Nennen Sie die fünf wesentlichen Aufgaben einer Führungskraft und geben Sie zu jeder Aufgabe ein Beispiel.

Aufgabe 3
Erklären Sie den Zusammenhang von Führungsstil, Führungsinstrumenten und Führungstechnik.

Aufgabe 4
Bei der Motivation von Mitarbeitern unterscheidet man die intrinsische und die extrinsische Motivation.
a. Erläutern sie den Unterschied.
b. Nennen Sie je zwei Einflussgrößen, welche die intrinsische und die extrinsische Motivation fördern können.
c. Erläutern Sie in diesem Zusammenhang den Ansatz von F. W. Herzberg.

Aufgabe 5
Die Schubert KG war bisher weitgehend durch einen autoritären Führungsstil gekennzeichnet. Ein Berater hat für eine Übergangsphase zum kooperativen Führungsstil die Einführung von Management by Objectives (MbO) empfohlen.
a. Lässt sich Ihrer Meinung nach ein kooperativer Führungsstil „verordnen"?
b. Welche Voraussetzungen werden an eine Führungskraft beim MbO gestellt?
c. Worin werden die größten Schwierigkeiten liegen, wenn das MbO bei der Schubert KG eingeführt wird?

Aufgabe 6
Über welche Punkte sollte eine Führungskraft sich vorher Klarheit verschaffen, bevor sie eine Aufgabe delegiert?

Aufgabe 7
Bei der Schubert KG hat in der Geschäftsführung ein Wechsel stattgefunden. Der Sohn des alten Inhabers will konsequent die kooperative Führung durchsetzten. Die meisten Abteilungsleiter haben schon darauf gewartet und sind bereit, ihren Führungsstil zu verändern.
a. Unterscheiden Sie anhand von fünf Kriterien den autoritären und den kooperativen Führungsstil voneinander.
b. Welche Gründe mögen den neuen Geschäftsführer bewogen haben, den kooperativen Führungsstil zu fördern?
c. Welche Anforderungen werden bei einem kooperativen Führungsstil an die Abteilungsleiter gestellt?
d. Welche Anforderungen sind an die geführten Mitarbeiter zu stellen?
e. Nennen Sie zwei Situationen, in denen es unumgänglich ist, den autoritären Führungsstil einzusetzen.

Aufgabe 8
Das Verhaltensgitter von Blake und Mouton ermöglicht die Einordnung von Führungsstilen.
a. Das Verhaltensgitter ist zweidimensional und setzt folglich zwei Dimensionen eines Führungsstils voraus. Beschreiben Sie diese.
b. Erläutern Sie anhand des Führungsgitters zwei mögliche typische Führungsstile.

Aufgabe 9
In der Produktion der Sulzig GmbH will man von der bisherigen Produktionsorganisation zur Gruppenarbeit wechseln.
a. Wodurch zeichnet sich eine Gruppe aus?
b. Wenn eine Gruppe willkürlich zusammengefügt wird, findet ein Gruppenbildungsprozess statt, der meist in vier Phasen abläuft. Beschreiben Sie die beiden ersten Phasen dieses Prozesses.
c. Nennen Sie fünf Merkmale, die eine Gruppenstruktur und den Erfolg der Gruppe bestimmen.
d. Beschreiben Sie zwei wesentliche Merkmale, die sich auf den Gruppenzusammenhalt auswirken.
e. In jeder Gruppe übernehmen die Gruppenmitglieder bestimmte Rollen. Erläutern Sie, was darunter zu verstehen ist, und beschreiben Sie zwei typische Rollen.
f. Bei jeder Gruppenarbeit ist mit Gruppenkonflikten zu rechnen. Beschreiben Sie einen solchen Konflikt.

Aufgabe 10
Die demografische Entwicklung der kommenden 20 Jahre wird durch eine zunehmende Überalterung der Gesellschaft gekennzeichnet sein.
a. Wie wird sich dieser Sachverhalt auf die Unternehmen auswirken, wenn diese nicht gegensteuern?
b. Welche Maßnahmen müssen seitens der Personalplanung aus strategischer Sicht ergriffen werden?

Aufgabe 11
In der Personalplanung wird unterschieden zwischen quantitativer und qualitativer Personalplanung.
a. Unterscheiden Sie die beiden Bereiche grundsätzlich.
b. Nennen Sie aus jedem Bereich zwei Aufgaben.

Aufgabe 12
Die Friedel GmbH plant in ihrer Produktion, die als Fließfertigung organisiert ist, für den Monat März eine Ausbringungsmenge von 15.000 Stück. Die Taktzeit des Fließbandes beträgt 10 Minuten, die Arbeitszeit wird 160 Stunden betragen. Der Krankenstand beträgt i. d. R. 5 %.
a. Berechnen Sie den Bruttopersonalbedarf für den kommenden Monat.
b. Mitte Februar sind 15 Mitarbeiter in Vollzeit beschäftigt. Davon wird ein Mitarbeiter Ende Februar in Rente gehen, ein weiterer Mitarbeiter wird den gesamten Monat März wegen einer Kur ausfallen. Ermitteln Sie den Nettopersonalbedarf für den Monat März.

Aufgabe 13
Ein Hilfsmittel der Personalplanung ist die Abgangs-Zugangs-Tabelle.
a. Welche Informationen liefert diese Tabelle?
b. Warum kommt diese Tabelle in kleinen und mittleren Betrieben seltener zum Einsatz?

Aufgabe 14
Die Anforderungen einer Stelle können in absolut notwendige (Muss-Anforderungen) und wünschenswerte Merkmale (Soll- und Kann-Anforderungen) untergliedert werden.
a. Erläutern Sie den Unterschied an einem Beispiel.
b. Nennen Sie für einen Kundenbetreuer im Vertrieb eines Markenartikel-Unternehmens je zwei wesentliche Muss-Anforderungen und zwei wünschenswerte Anforderungen.

Aufgabe 15
Die Schwarz KG hat in der regionalen Presse eine Stellenanzeige für einen Ausbildungsplatz für eine Ausbildung zur Bürokauffrau/zum Bürokaufmann aufgegeben. Daraufhin erhält das Unternehmen 80 Bewerbungen.
a. Welche Informationen sollte eine Stellenanzeige mindestens enthalten?
b. Beschreiben Sie die wesentlichen Schritte des Auswahlverfahrens.
c. Worauf sollten Sie bei dem Bewerbungsschreiben besonders achten?
d. Nennen Sie drei Tests, die Sie den Bewerbern/Bewerberinnen vorlegen sollten.
e. Was soll mit einem solchen gründlichen Auswahlverfahren für die Schwarz KG verhindert werden?

Aufgabe 16
Viele Unternehmen setzen als Instrument zur Bewerberauswahl ein Assessment-Center ein.
a. Was verspricht man sich von dem Einsatz dieses Instruments?
b. Nennen Sie drei mögliche Bausteine eines Assessment-Centers und geben Sie dazu an, welche wichtigen Anforderungskriterien damit getestet werden sollen.
c. Assessment-Center als ein wichtiges Auswahlinstrument für Nachwuchsführungskräfte einzusetzen, wird mitunter kritisch gesehen. Warum?

Aufgabe 17
Das Einstellungsgesprächs ist zumeist die Krone des Einstellungsverfahrens.
a. Wer sollte an einem solchen Gespräch teilnehmen und warum?
b. In welchen Schritten sollte ein solches Gespräch aufgebaut sein? Nennen Sie die wesentlichen Stationen.
c. Warum sollte man sich auf ein Bewerbungsgespräch als zukünftiger Arbeitgeber gut vorbereiten?
d. Wie können bei einem solchen Gespräch Beurteilungsfehler weitgehend ausgeschlossen werden?

Aufgabe 18
Manche Unternehmen stellen nach einem Einstellungsgespräch den Bewerber der zukünftigen Arbeitsgruppe vor und lassen diese eine Weile mit dem Bewerber diskutieren. Was verspricht man sich davon?

Aufgabe 19
In der Stutz AG, einem Unternehmen der Konsumgüterindustrie mit 1.200 Mitarbeitern, ist durch die rückläufige Konjunktur und den damit verbundenen Auftragsrückgang eine absehbare Überkapazität im Produktionsbereich von 80 Mitarbeitern und im Verwaltungsbereich von 5 Mitarbeitern entstanden. Die Leiharbeitsverhältnisse sind bereits alle beendet.
a. Welche Überlegungen sollten grundsätzlich vor dem Ergreifen von Personalanpassungsmaßnahmen angestellt werden?
b. Welche beiden generellen Strategien der Personalanpassung hat die Stutz AG?
c. In welcher Reihenfolge sollte die Personalabteilung der Stutz AG vorgehen?
d. Nennen Sie je zwei sinnvolle Maßnahmen ohne und mit Reduzierung des Personalbestandes und geben Sie an, auf welche Arbeitnehmergruppen Sie diese anwenden sollten.

Aufgabe 20
Bei der Firma Sulzig GmbH, Hersteller für Präzisionsinstrumente, denkt man kritisch über das gegenwärtige Entlohnungssystem nach. Gegenwärtig wird noch mit Zeitlohn entlohnt. Die Produktion ist als Fließfertigung organisiert. Es gibt vier Reisende, die ein Festgehalt bekommen.
a. Unterscheiden Sie generell den Zeitlohn und den Leistungslohn voneinander.
b. Nennen Sie je zwei Vorteile und zwei Nachteile des Zeitlohns.
c. Geben Sie zwei Beispiele, wo der Zeitlohn eine sinnvolle Entlohnungsform ist.
d. Sehen Sie Ansatzpunkte für Leistungslohn bei der Firma Sulzig GmbH?
e. Welche Voraussetzungen müssten für die Änderung in Leistungslohn erfüllt sein?

Aufgabe 21
In der Lohn- und Gehaltsabteilung der Schröder OHG sind für den abgelaufenen Monat unter anderem die drei folgenden Fälle zu bearbeiten:
- Mitarbeiter Manfred Meier, Fertigung; Lohnform Zeitakkord; Mindestlohn je Stunde: Lohngruppe IV; Akkordzuschlag 15 %; geleistete Ist-Zeit 168 Std.; Urlaubstage: keine; Krankheitstage: keine; Leistung im vergangenen Monat nach abgerechneten Akkordzetteln:

	gefertigte Stück	Vorgabezeit/St.
Auftrag 6001-34	680	7,5 min
Auftrag 6034-10	1.050	2,6 min
Auftrag 6058-14	780	3,8 min

- Mitarbeiter Franz Krause, Lager, Zeitlohnempfänger, Monatslohn Lohngruppe III, Sollzeit 168 Stunden, Ist-Zeit 184 Stunden, Überstundenvergütung 25 %
- Mitarbeiter Peter Müller, Reisender, Gehaltsempfänger, vereinbartes Grundgehalt: 1.520,00 EUR, Sollarbeitszeit 168,00 Std., vereinbarte Provision vom Umsatz: 2,00 %; Umsatz im vergangenen Monat: 52.480,50 EUR, Krankheitstage: 2

Auszug aus dem zuständigen Lohntarifvertrag		
Lohngruppe	Monatslohn in EUR	Stundenlohn in EUR
I	1.740,00	10,44
II	1.760,00	10,56
III	1.788,00	10,73
IV	1.816,00	10,90
V	1.880,00	11,28

a. Berechnen Sie den Lohn von Manfred Maier.
b. Mit welchem Leistungsgrad hat Manfred Meier im vergangenen Monat gearbeitet?
c. Berechnen Sie den Lohn von Franz Krause.
d. Berechnen Sie das Gehalt von Peter Müller.

Aufgabe 22

Bei der H. Schmidt OHG ergeben sich für das abgelaufene Jahr folgende Daten aus der Personalabteilung:

Anzahl Mitarbeiter	18 Personen
tägliche Sollarbeitszeit	8 Stunden
Anzahl Arbeitstage	250 Tage
betriebliche Arbeitszeit Soll	36.000 Std.
− Fehlzeiten durch Urlaubsstunden	4.320 Std.
= tarifliche Arbeitszeit Soll	31.680 Std
− Fehlzeiten (Krankheit/Personalentwicklung)	1.197 Std.
= tarifliche Arbeitszeit Ist	30.483 Std.
+ Mehrarbeitszeit	1.350 Std.
= tatsächlich geleistete Arbeitszeit Ist	31.833 Std.
Ausfall durch Krankheit	1.077 Std.
Ausfall durch Personalentwicklung	120 Std.

Berechnen Sie:
a. die tägliche Istarbeitszeit je Mitarbeiter
b. die Fehlzeitenquote gesamt
c. die Krankheitsquote
d. die Urlaubsquote
e. die durch PE-Maßnahmen bedingte Fehlzeitenquote
f. die Überstunden in Prozent
g. die Anwesenheitsquote

3 Personalentwicklung

Aufgabe 1
Der Vorstand der CTM AG hat sich entschlossen, im Zentralbereich Personalwesen eine Abteilung Personalentwicklung zu installieren.
a. Geben Sie drei Gründe an, die einen Ausbau der Personalentwicklung notwendig erscheinen lassen.
b. Der neu eingestellte Abteilungsleiter Personalentwicklung will seine Abteilung strukturieren. Welche drei wesentlichen Aufgabenbereiche sollte er installieren?
c. Welche Vorteile dürfen die Mitarbeiter der CTM AG von der Einrichtung einer Personalentwicklung für sich erwarten?

Aufgabe 2
Der Immobilienkaufmann Heinz Kroll, Immobilienmakler und Hausverwaltungen, beschäftigt zwei Mitarbeiterinnen. Er würde gerne eine Auszubildende im Ausbildungsberuf Immobilienkauffrau einstellen. Sein Freund meint: „Dein Geschäft ist viel zu klein für eine Auszubildende!"
a. Entkräften Sie diese Aussage.
b. Wer darf Auszubildende einstellen?
c. Welche Voraussetzung muss Heinz Kroll erbringen, damit er eine Auszubildende einstellen kann?
d. Welche Aufgaben müsste Herr Kroll für den Fall leisten, dass er eine Auszubildende einstellen kann?
e. Nennen Sie fünf Punkte der Ausbildungsordnung, nach der Herr Kroll ausbilden muss.

Aufgabe 3
Unterscheiden Sie Erhaltungsfortbildung, Erweiterungsfortbildung und Anpassungsfortbildung an je einem Beispiel.

Aufgabe 4
Im Rahmen der beruflichen Weiterbildung werden unterschieden: Training on the Job, Training near the Job und Training off the Job.
a. Grenzen Sie diese Begriffe voneinander ab.
b. Geben Sie zu jedem Training ein Beispiel aus der beruflichen Praxis.

Aufgabe 5
Zur innerbetrieblichen Förderung von Mitarbeitern werden Job-Enrichment, Job-Enlargement und Job-Rotation eingesetzt.
a. Erläutern Sie, auf welchem Wege diese Methoden den betreffenden Mitarbeiter fördern können.
b. Bilden Sie zu jedem dieser genannten Methoden ein Beispiel aus der betrieblichen Praxis.

Aufgabe 6
Als Personen, die für andere Mitarbeiter einen Beitrag zu ihrer beruflichen und persönlichen Förderung leisten können, werden eingesetzt der Counseler, der Coach und der Mentor.
Erläutern Sie die unterschiedliche Aufgaben dieser Personen.

Aufgabe 7
In der CTM AG ist eine Projektgruppe gebildet worden, die sich mit der Entwicklung und Planung eines neuen Hochregallagers und Logistikkonzeptes befassen soll. Zum Start-up der Gruppe wurde eine Teamentwicklungsmaßnahme empfohlen.
a. Durch welche besonderen Merkmale ist ein Projekt gekennzeichnet?
b. Welche Komponenten werden den Erfolg der gebildeten Arbeitsgruppe ausmachen?
c. Warum ist man der Meinung, hier eine Teamentwicklungsmaßnahme einsetzen zu müssen?
d. Nennen Sie drei Inhalte, die diese Maßnahme umfassen müsste.

Aufgabe 8
Die Potenzialanalyse ist die Basis einer erfolgreichen Personalentwicklung. Sie dient dem Arbeitgeber, aber auch dem Arbeitnehmer.
a. Was ist die Aufgabe einer Potenzialanalyse?
b. Welche Ziele verfolgt der Arbeitgeber damit?
c. Welchen Nutzen kann ein Mitarbeiter daraus ziehen?
d. Welche Instrumente stehen der Potenzialanalyse üblicherweise zur Verfügung? Nennen Sie vier Instrumente.

Aufgabe 9
Berufliche Weiterbildung und innerbetriebliche Förderung zielen darauf ab, die Kompetenzen eines Mitarbeiters zu verbessern.
a. Nennen Sie vier wesentliche Kompetenzbereiche, die im Fokus der Förderung von Mitarbeitern stehen.
b. Geben Sie zu jedem Kompetenzbereich ein Beispiel.

Aufgabe 10
Eines der am weitesten verbreiteten Instrumente der Potenzialanalyse ist die Personalbeurteilung.
a. Nennen Sie drei Voraussetzungen, die erfüllt sein müssen, damit ein systematisches betriebliches Beurteilungsverfahren die Grundlage für die Potenzialanalyse der Mitarbeiter sein kann.
b. Beschreiben Sie inhaltlich drei wesentliche Anforderungskriterien, die sich für eine Personalbeurteilung eignen.
c. Begründen Sie anhand eines Beispiels, warum in einem Beurteilungsverfahren eine Gewichtung der Anforderungskriterien erfolgen sollte.
d. Erläutern Sie drei typische Beurteilungsfehler, die das objektive Bild eines Mitarbeiters wesentlich beeinflussen können.

Aufgabe 11
Eine Beurteilung ist ohne ein anschließendes Beurteilungsgespräch nicht denkbar.
a. Begründen Sie die besondere Bedeutung des Beurteilungsgesprächs.
b. Warum sollte sich ein Vorgesetzter auf ein solches Gespräch gut vorbereiten?

Übungsteil: Lösungen

Modul 1: Volks- und Betriebswirtschaft

1 Volkswirtschaftliche Grundlagen

Einführungsexkurs

Aufgabe 1
a. Bedürfnis als Zustand: Manchmal wird der Ausdruck „Bedürfnis" im Sinne eines physiologischen oder psychologischen Mangelzustands verwendet, der mit dem Streben nach Bedürfnisbefriedigung verbunden ist.

b.

materielle Bedürfnisse	immaterielle Bedürfnisse	Individualbedürfnisse	Kollektivbedürfnisse
• Kleidung	• Zuneigung	• Hunger	• Bildung
• Essen	• Zugehörigkeit	• Durst	• innere Sicherheit
• Unterkunft	• Anerkennung	• Bekleidung	• Spielplätze

c. Werbung, Alter, Geschlecht, Erziehung, Einkommen.

Aufgabe 2
a. Wirtschaften bezeichnet den planvollen (sinnvollen) Umgang mit knappen Gütern. Im Paradies ist alles unbegrenzt vorhanden, d.h. es gibt keine knappen Güter. Es muss nicht gewirtschaftet werden. Somit werden keine Ökonomen benötigt.

b.

Freie Güter	Wirtschaftliche Güter
sind unbegrenzt vorhanden	sind knapp
verursachen keine Kosten	verursachen Kosten bei ihrer Entstehung
haben keinen Preis	haben einen Preis
sind nicht Gegenstand des Wirtschaftens	sind Gegenstand des Wirtschaftens

Freie und wirtschaftliche Güter stiften jedoch beide einen Nutzen, d.h., sie befriedigen Bedürfnisse.

Aufgabe 3
a. Substitutionsgüter: sich gegenseitig ersetzende Güter, z.B. Busfahrt – Taxifahrt.
Komplementärgüter: Sich ergänzende Güter, z.B. Arztbehandlung – Massage.
b. Homogene Güter sind in ihrer Art, Aufmachung und Qualität vollkommen identisch (Streichhölzer, bleifreies Superbenzin). Heterogene Güter unterscheiden sich in Qualität und Aufmachung (Handys, Pizza).

Aufgabe 4
- Bedürfnis = innerer Mangelzustand (fit werden)
- Bedarf = konkretisiertes Bedürfnis, mit Kaufkraft ausgestattet (Badminton spielen, Badminton-Schläger)
- Nachfrage = Bedarf mit Kaufentschluss (Badmintonschläger kaufen)

Aufgabe 5
a. Berufsspaltung als Form der beruflichen Arbeitsteilung

b.

Vorteile	Nachteile
• Produktivität steigt	• eventuell körperliche Schäden wegen einseitiger Belastung
• Nutzung bestimmter Fähigkeiten	• Abhängigkeit steigt
• Qualität steigt	• Berufsmobilität sinkt

c. Bei der internationalen Arbeitsteilung spezialisiert sich jedes Land auf diejenige Produktion von Waren oder Dienstleistungen, die sich in diesem Land besonders lohnt. Zur Bedarfsdeckung findet ein Warenaustausch zwischen den Ländern statt.

Aufgabe 6
a. Besonderheiten des Produktionsfaktors Boden:
- Boden ist unvermehrbar (absolut knapp),
- Boden ist nicht transportierbar (nicht mobil),
- Eigentum an Boden ist übertragbar.

b.

Art des Boden	Problemfelder
Anbauboden	Überdüngung, Umweltverschmutzung
Abbauboden	Vorräte gehen zur Neige
Standortboden	Kosten in Ballungszentren

c.
- Zu den beschaffungsseitigen (oder input-bezogenen) Standortfaktoren gehören zum Beispiel: Grund und Boden, Raum, Betriebseinrichtungen, -anlagen, Arbeitsmarktbedingungen, Materialien (insbesondere Rohstoffe), Energieversorgung, Fremddienste, Zulieferer, Infrastruktur.
- Zu den produktionsbezogenen (oder Throughput-bezogenen) Standortfaktoren zählen beispielsweise: ökologische Bedingungen, soziale, politische Bedingungen, geologische Bedingungen, technologische Bedingungen.
- Zu den absatzorientierten (oder output-bezogenen) Standortfaktoren gehören zum Beispiel: Absatzmarkt (-nähe und -intensität), Absatzkontakte und -mittler, Konkurrenz (-ferne und -intensität), staatliche Absatzhilfen, Verkehrsverbindungen, Rückstandsbeseitigung.

Aufgabe 7
a. Fluktuationsarbeitslosigkeit (auch als friktionelle AL bezeichnet)
b. saisonale Arbeitslosigkeit
c. technologische Arbeitslosigkeit
d. konjunkturelle Arbeitslosigkeit
e. saisonale Arbeitslosigkeit
f. Fluktuationsarbeitslosigkeit
g. konjunkturelle Arbeitslosigkeit
h. sektorale Arbeitslosigkeit
i. regionale Arbeitslosigkeit

Aufgabe 8
a. Die rechtliche Definition des Begriffs ergibt sich für Deutschland aus dem SGB III. Neben der vorübergehenden Beschäftigungslosigkeit (also dem Fehlen einer mindestens 15 Wochenstunden umfassenden Beschäftigung oder selbstständigen Tätigkeit) umfasst der Begriff auch noch die Arbeitslosmeldung bei einer Agentur für Arbeit. Dritte Voraussetzung ist die aktive Suche nach einer versicherungspflichtigen Beschäftigung einschließlich der Verfügbarkeit für die Vermittlungsbemühungen der Arbeitsverwaltung

b.

$$EQ = \frac{43298 \cdot 100}{81744} = 52,97\,\%$$

$$ALQ = \frac{2930 \cdot 100}{43298} = 6,77\,\%$$

$$\frac{(3227 - 2930) \cdot 100}{3227} = 9,2\,\%\ \text{d.h., die AL hat sich um 9,2\,\% gegenüber dem Vorjahr verringert.}$$

Aufgabe 9

a. Erwerbstätige sind alle Personen – abhängig Beschäftigte und Selbstständige –, die einer Erwerbsarbeit nachgehen. Nach dem Labour Force Konzept der Internationalen Arbeitsorganisation (ILO) setzen sich die Erwerbspersonen aus den Erwerbstätigen und den (sofort verfügbaren) Erwerbslosen zusammen.

b. Arbeitslose: Arbeit suchende Erwerbspersonen; gemäß Arbeitslosenstatistik alle Personen, die vorübergehend in keinem Beschäftigungsverhältnis stehen oder nur kurzzeitige Beschäftigung ausüben, die der Arbeitsvermittlung zur Verfügung stehen, nicht arbeitsunfähig erkrankt sind, das 65. Lebensjahr noch nicht vollendet haben und sich persönlich beim zuständigen Arbeitsamt gemeldet haben (registrierte Arbeitslose)
Stille Reserve (verdeckte Arbeitslosigkeit): Personen, die unter bestimmten Bedingungen bereit wären, eine Arbeit aufzunehmen, sich aber bei der Arbeitsverwaltung nicht als arbeitslos melden.

c. Arbeitslosenquote:

$$\frac{2,49 \cdot 100}{41,1 + 2,49} = 5,71\,\%$$

Aufgabe 10

a. Die Aussage kennzeichnet Kapital als abgeleiteten Produktionsfaktor, der nur entstehen kann, wenn auf Konsum verzichtet wird und das Ersparte zur Bildung von Realkapital eingesetzt wird. Die Ersparnisse entsprechen den Investitionen (I = S). Dies gilt auch für moderne Volkswirtschaften.

b. Kapital ist ein abgeleiteter Produktionsfaktor, weil er erst durch die Kombination der ursprünglichen Produktionsfaktoren Arbeit und Boden, über den Konsumverzicht und die Investition entstehen kann (vgl. Robinson-Beispiel).

Aufgabe 11

Kapitalstock Jahresanfang	Bruttoanlage-investitionen	Abschreibungen	Netto-investitionen	Kapitalstock Jahresende
21.000 GE	8.900 GE	6.400 GE	2.500 GE	23.500 GE
5.700 GE	4.400 GE	1.600 GE	2.800 GE	8.500 GE
162.600 GE	64.900 GE	67.000 GE	– 2.100 GE	160.500 GE

Aufgabe 12

a. Voraussetzungen: Sparen und Investition des Ersparten
b. Kapital kann erst durch die Kombination von Arbeit und Boden, den ursprünglichen Produktionsfaktoren, entstehen.
c.

Investitionsart	Ziel
Rationalisierungsinvestition	Kostensenkung
Ersatzinvestition	Erhaltung der Kapazitäten
Erweiterungsinvestition	Erweiterung der Kapazitäten

Im vorliegenden Fall liegt eine Erweiterungsinvestition vor.

d.

Kapital	Kein Kapital
PC des Taxiunternehmens	Computer von Lena
Vorräte eines Industriebetriebs	Geld auf dem Sparkonto
Abfüllanlage einer Brauerei	Drehbank in einer Hobbywerkstatt
	Kraftfahrzeug des Lehrers
	Verbindlichkeiten eines Unternehmens

Aufgabe 13
a. Bruttoinvestitionen

Bruttoanlageinvestitionen	30 (A) + 10 (B) + 80 + 40 (AfA)	= 160
+ Vorratsinvestitionen	30 (A) + (−20) (B)	= 10
= Bruttoinvestitionen		= 170

b. Bruttoanlageinvestitionen und Vorratsinvestitionen

| Bruttoanlageinvestitionen | 30 (A) + 10 (B) + 80 + 40 (AfA | = 160 |
| + Vorratsinvestitionen | 30 (A) + (−20) (B) | = 10 |

c. wachsende Volkswirtschaft, da Nettoinvestition: 170 − 120 = 50

Aufgabe 14
a. Prämissen des einfachen Wirtschaftskreislaufs:
  • Konsum des gesamten Einkommens (kein Sparen)
  • keine Investitionen, keine Abschreibungen (stationäre Wirtschaft)
  • kein Staat, kein Ausland
b. • Staat zum Unternehmen: Ein Unternehmen nutzt die Bundesautobahn zum Warentransport.
  • Unternehmen zum Staat: Ein Bauunternehmer baut das neue Landeskrankenhaus.
c. Wert des Geldstroms = Wert des Güterstroms
d.

Aufgabe 15
a. 900
b. 50
c. 600
d. 800 + 200 = 1.000

E	Haushalte		A
100	Einkommen vom Staat	Steuern	200
200	Transfers	Sparen	200
900	Einkommen von Untern.	Konsumausg.	800
1200			1200

E	Unternehmen		A
250	Staatsausg	Eink. an Haushalte	900
300	Kredite	Steuern	400
800	Konsum HH	Abschreib.	100
50	Subventionen		
1400			1400

E	Staat		A
400	Steuern U	Eink. an HH	100
200	Steuern HH	Transfers	200
		Staatsausgaben	150
		Subventionen	50
600			600

E	Vermögensänderung		A
200	Sparen	Kredit	300
100	AfA		

1.1 Markt, Preis und Wettbewerb

Aufgabe 1
a. homogene Güter, keine Präferenzen, vollkommene Markttransparenz, keine Time-Lags, alle Wirtschaftssubjekte handeln nach dem Vernunftprinzip
b. atomistische Konkurrenz
c.
- Einkommen der Haushalte sinkt
- Nutzen des Gutes sinkt
- Zahl der Nachfrager sinkt
- Preis eines Substitutionsguts sinkt
- Preis eines Komplementärguts steigt
- Preis für Jeans sinkt

Aufgabe 2
a. und c.

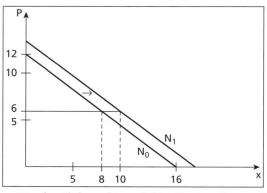

Für das Flohmarktprodukt gilt eine lineare Nachfragefunktion.
Der Prohibitivpreis für das Produkt liegt bei 12 Euro, die Sättigungsmenge bei 16 Einheiten.
b. Bei einem Preis von 6,00 EUR wird der Flohmarkthändler 8 Einheiten seines Produkts verkaufen.
c. Siehe oben.
d. Es ist davon auszugehen, dass die Präferenzen der Flohmarktbesucher sich zugunsten des Produkts verändert haben. Sie sind daher bereit, zum gleichen Preis eine höhere Menge nachzufragen.

Aufgabe 3
a.

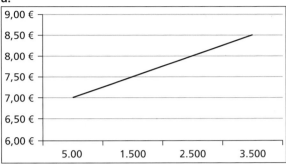

b.
- Preis des Gutes steigt
- Kosten der Produktionsfaktoren sinken
- Zahl der Anbieter steigt
- Stand der Technik verbessert sich

Aufgabe 4
a.

Preis/t	Nachfrage in t	Angebot in t	Marktumsatz in t
23,062	3.800	1.600	1.600
23,063	3.400	3.400	3.400
23,064	1.800	4.200	1.800
23,065	800	4.200	800

b. 4.200 − 1.800 = 2.400
c. Konsumentenrente: (800 · 0,002) + (1.000 · 0,01) = 26 (Problem Käufer A − billigst)
d. Grenzanbieter und Grenznachfrager
e. Anbieter, deren geplanter Preis unter dem Marktpreis liegt, erzielen eine Produzentenrente in Höhe der Differenz zwischen dem niedrigsten Preis, zu dem dieser Anbieter noch anbieten würde, und dem Marktpreis, multipliziert mit der angebotenen Menge. Nachfrager, deren Preisvorstellung über dem Marktpreis liegt, erzielen eine Konsumentenrente in Höhe der Differenz zwischen ihrem Preis und dem Marktpreis, multipliziert mit der nachgefragten Menge.

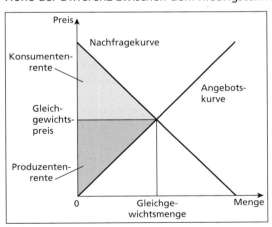

Aufgabe 5
a. Wenn der Preis steigt, sinkt die Nachfrage und umgekehrt.
b. Wenn der Preis steigt, steigt das Angebot und umgekehrt.
c.

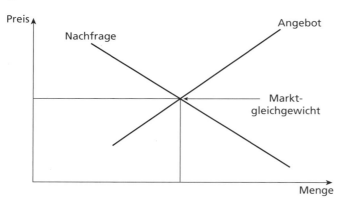

Aufgabe 6
a.

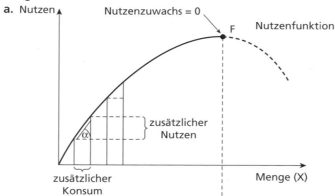

b. Das 2. Gossensche Gesetz besagt, dass im Nutzenoptimum die Grenznutzen (oder: die Quotienten aus Grenznutzen und Preis) aller Güter gleich sein müssen.

Aufgabe 7
- Lenkungsfunktion (Allokationsfunktion)
  Der Preis dient der Verteilung der Produktionsfaktoren auf die einzelnen Wirtschaftsbereiche, da diese dort eingesetzt werden, wo sie am produktivsten bzw. am rentabelsten sind.
- Markträumungsfunktion (Ausschaltungsfunktion, Ausgleichsfunktion)
  Der Gleichgewichtspreis führt zu einer Räumung des Marktes, da nicht kaufkräftige Nachfrage oder Nachfrager, die nicht bereit sind, zu diesem Preis zu kaufen, und nicht konkurrenzfähiges Angebot, d.h. Anbieter, für die der Gleichgewichtspreis zu niedrig ist, ausgeschaltet werden.
- Signalfunktion
  Der Gleichgewichtspreis signalisiert die Knappheitssituation eines Gutes. Veränderungen der Nachfrage führen zu Preiserhöhungen, die den Anbietern zeigen, dass das Angebot zu gering ist, oder sie führen zu Preissenkungen, welche ein zu hohes Angebot kennzeichnen.

Aufgabe 8
a.

$$\boxed{\frac{20\,\%}{10\,\%} = 0{,}5\,\%}$$

b. Die Nachfrage ist unelastisch, da $E_N < 1$ ist.

Aufgabe 9
a. Zur Unterscheidung zwischen inferioren und superioren Gütern muss man die Einkommenselastizität der Nachfrage bestimmen. Liegt die Einkommenselastizität über 1, spricht man von superioren Gütern, liegt die Einkommenselastizität unter 1, von inferioren Gütern.

Zur Unterscheidung zwischen komplementären und substitutiven Gütern muss man die Kreuzpreiselastizität der Nachfrage bestimmen. Die Kreuzpreiselastizität bezeichnet die Reaktion der Nachfrage nach einem bestimmten Gut, bezogen auf Änderungen des Preises eines anderen Gutes. Substitutive Güter besitzen eine positive, komplementäre Güter eine negative Kreuzpreiselastizität.

b. Die Kreuzpreiselastizität berechnet sich nach der Formel

$$= \frac{\frac{-18 \text{ Tassen}}{90 \text{ Tassen}}}{\frac{0{,}30 \text{ EUR}}{0{,}60 \text{ EUR}}} = \frac{-0{,}2}{0{,}5} = -0{,}4$$

Latte Macchiato und Milch sind also komplementäre Güter, da die Kreuzpreiselastizität negativ ist.

Aufgabe 10
a. Kaffeemarkt, Benzinmarkt, Zigarettenmarkt, Waschpulvermarkt
b. Jeder Anbieter des Oligopols, der eine Preisänderung durchführt, wird unmittelbar den Absatzbereich der anderen Oligopolisten beeinflussen. Hebt er den Preis an und die anderen folgen der Preiserhöhung nicht, wird sein Absatz gegen Null gehen. Senkt er den Preis, sind die anderen Anbieter gezwungen ebenfalls den Preis zu senken. Dies hat zur Folge, dass der Absatz kaum steigt, der Umsatz jedoch sinkt. Preiskämpfe können zum Ruin eines oder mehrerer Oligopolisten führen.
c. Die Folge ist häufig eine relative Starrheit der Preise nach unten oder es entsteht eine Preisführerschaft. Der Preisführer erhöht bzw. senkt seinen Preis und die anderen Oligopolisten folgen ihm. Der Preisführer wird von den anderen Anbietern, z. B. aufgrund seiner Größe, seines Managements oder seiner Tradition anerkannt. Der Konkurrenzkampf wird hierbei verlagert auf die Qualitäts-, Service- und Werbepolitik.

Aufgabe 11
a. viele Anbieter, viele Nachfrager
b. viele Anbieter, ein Nachfrager
c. ein Anbieter, viele Nachfrager
d. wenige Anbieter, wenige Nachfrager
e. Der Mineralölmarkt ist ein Beispiel für ein homogenes Oligopol, da die wenigen Anbieter ein gleiches Programm besitzen. Auf einen solchen Markt findet man i. d. R. eine Preisführerschaft vor.

Aufgabe 12
a. Polypol
b. eingeschränktes Angebotsmonopol
c. Angebotsmonopol
d. bilaterales Oligopol
e. eingeschränktes Nachfragemonopol
f. Nachfragemonopol (Staat alleiniger Nachfrager)

Aufgabe 13
a. Unterscheidung der Monopole kann erfolgen nach
  • Zielsetzung der Monopole (Gewinnmaximierungs-, Bedarfsdeckungsmonopol),
  • Eigentümer (privates und öffentliches Monopol),
  • Entstehung (natürliches u. gesetzliches Monopol),
  • Zahl der Unternehmen (Einzel-, Kollektivmonopol).
b. Der Monopolist muss bei der Preisfestsetzung die Reaktion der Nachfrage berücksichtigen.
c. In einem Gewinnmaximierungsmonopol wird der Monopolist den Preis so bestimmen, dass er den größtmöglichen Gewinn erzielt. Mithilfe der gegebenen Preis-Absatz-Funktion, die gleichzeitig die Gesamtnachfrage des Marktes ist, und seiner Kostenfunktion kann der Monopolist die Erlöse und die Gesamtkosten so gegenüberstellen, dass er die gewinnmaximale Preis-Mengen-Kombination bestimmen kann. Dabei gilt allgemein: Gewinn = Erlös — Kosten.

Aufgabe 14
a. Preisdifferenzierung kennzeichnet den Sachverhalt, dass für eine Leistung unterschiedliche Preise erhoben werden. Arten:
  • Räumliche Preisdifferenzierung: An unterschiedlichen Orten wird eine Leistung zu unterschiedlichen Preisen angeboten. Beispiel: Ein Autohersteller bietet seine Personenwagen im Ausland wesentlich günstiger an als im Inland.
  • Zeitliche Preisdifferenzierung: Eine Leistung wird zu unterschiedlichen Zeitpunkten zu unterschiedlichen Preisen angeboten. Beispiele: Happy-Hour-Preise, Bahnfahrten nach 9:00 Uhr sind günstiger.

- Persönliche Preisdifferenzierung: Bestimmte Personengruppen, z.B. Schüler, Studenten und Rentner, können eine Leistung günstiger beziehen als andere. Beispiel: Personalrabatt
- Preisdifferenzierung nach Verwendungszweck: Je nach Verwendungszweck eines Gutes werden unterschiedliche Preise erhoben. Beispiel: unterschiedliche Preise für Heizöl und Diesel
- Preisdifferenzierung nach Käuferschicht: Die Produkte werden von den Anbietern je nach Käuferschicht geringfügig verändert, um sie dann zu verschiedenen Preisen anzubieten. Beispiel: Waschpulver als Marken- und als No-Name-Produkt
- Preisdifferenzierung nach Absatzmenge: Je mehr ein Nachfrager bereit ist zu kaufen, desto niedriger wird der Stückpreis eines Gutes. Beispiele: Mengenrabatt, Mindermengenzuschlag

b. Die Preisdifferenzierung dient der Abschöpfung der Konsumentenrente. Preisdifferenzierung ist nur auf unvollkommenen Märkten möglich. Durch die Preisdifferenzierung muss der Anbieter nicht den Gleichgewichtspreis als Datum akzeptieren, sondern ist in der Lage, durch differenzierte Bearbeitung einzelner Marktsegmente höhere Preise zu realisieren.

Aufgabe 15

a. Der Staat setzt Mindestpreise ein, um Anbieter vor nicht kostendeckenden und damit ruinösen Preisen zu schützen. Dadurch verliert der Preis seine Ausschaltungsfunktion. Der Höchstpreis wäre 7,00 EUR. Zu diesem Preis wäre die Nachfrage 9.000 ME und das Angebot 3.000 ME. Es entsteht ein Nachfrageüberhang von 6.000 GE.

b. Der Preis verliert seine Ausschaltungsfunktion, sodass der Markt nicht geräumt wird und ein Angebotsüberhang entsteht, der den Staat zwingt, die Nachfragelücke zu schließen.

Aufgabe 16

a. Der Mindestpreis wäre 15,00 EUR. Es entsteht ein Angebotsüberhang von 1.600 ME.
b. Der Staat müsste 15 · 1.600 = 24.000,00 EUR aufwenden.
c. Erlös ohne Mindestpreis: 11 · 2.000,00 EUR = 22.000,00 EUR
d. Erlös mit Mindestpreis: 15 · 2.800,00 EUR = 42.000,00 EUR
e. Mehrerlös: 42.000,00 EUR − 22.000,00 EUR = 20.000,00 EUR
f. Der Staat müsste die Differenz von 4,00 EUR multipliziert mit der Menge von 1.600 = 6.400,00 EUR aufwenden.

1.2 Volkswirtschaftliche Gesamtrechnung

Aufgabe 1

a. Die Volkswirtschaftliche Gesamtrechnung ist die Buchführung der Nation. Sie liefert die statistischen Grundlagen zur Kennzeichnung der gegenwärtigen wirtschaftlichen Situation, zur Beurteilung vergangener und zur Vorhersage zukünftiger Entwicklung der Wirtschaft.
In der Gesamtrechnung werden den Wirtschaftssektoren (Haushalte, Unternehmen, Staat und Ausland) des Wirtschaftskreislaufs verschiedene Konten zugeordnet, auf denen die Transaktionen entsprechend verbucht werden.

b.

E	U1		A
4.100	Erlöse	Entlohnung der PF	4.100

E	U2		A
8.700	Erlöse	Vorleistungen	4.100
		Entlohnung der PF	4.600
8.700			8.700

E	U3		A
14.100	Erlöse	Vorleistungen	8.700
		Entlohnung der PF	5.400
14.100			14.100

E	Haushalte		A
4.100	Entlohnung der PF	Konsumausgaben	14.100
4.600	Entlohnung der PF		
5.400	Entlohnung der PF		
14.100			14.100

c. Entstehungsrechnung: Produktionswert − Vorleistungen = BIP
(4.100 + 8.700 + 14.100) − (8.700 − 4.100) = 14.100 GE
Verwendungsrechnung: Konsumausgaben = 14.100 GE
Verteilungsrechnung: 4.100 + 4.600 + 5.400 = 14.100 (hier: Volkseinkommen = BIP)

Aufgabe 2
a. Steigt das reale BIP, so bedeutet dies, dass die Güterversorgung des Landes gestiegen ist. Güter stiften einen Nutzen, die Bedürfnisbefriedigung steigt. Die Lebensqualität/der Wohlstand nimmt zu.
b. Entstehungsrechnung
   Verwendungsrechnung
   Verteilungsrechnung
c. Das BIP beinhaltet alle Leistungen einer Volkswirtschaft, die innerhalb einer Rechnungsperiode im Inland erbracht wurden, unabhängig von der Nationalität des Leistungserstellers (Inlandskonzept).

Beispiel Eine Ausländerin (z.B. Rihanna) erhält 500.000,00 EUR für eine Leistung (Konzert) in Deutschland. Dieser Wert ist im BIP, jedoch nicht im BNE enthalten.
Das BNE enthält die Leistungen, die Inländer in einer Rechnungsperiode erbracht haben, unabhängig vom Ort der Leistungserstellung (Inländerkonzept)

Beispiel: Eine Inländerin (z.B. Heidi Klum) erhält 100.000,00 EUR für eine Leistung im Ausland (Werbefilmaufnahmen in Frankreich). Dieser Wert ist im BNE, jedoch nicht im BIP enthalten.

Aufgabe 3
(alle Werte in Mrd. EUR)
Berechnung des BIP nach der Entstehungsrechnung:

	Produktionswert	4.500
−	Vorleistungen	2.300
=	Bruttoinlandsprodukt	2.200

Berechnung des BIP nach der Verwendungsrechnung:

	Private Konsumausgaben	1.105
+	Staatskonsum	440
+	Bruttoinvestitionen	185
=	Bruttoinlandsprodukt	2.200

Berechnung des BIP nach der Entstehungsrechnung:

	Nettonationaleinkommen	1.885
+	Abschreibungen	360
−	Auslandseinkommen der Inländer	250
+	Inlandseinkommen der Ausländer	205
=	Bruttoinlandsprodukt	2.200

Aufgabe 4
Nominales Wachstum = (2.476,8 − 2.374,5) · 100 / 2.374,5 = 4,31 %
Reales Wachstum = 4,31 % − 1 % = 3,31 %

Aufgabe 5
a. Entstehungsrechnung, Verwendungsrechnung, Verteilungsrechnung
b. (2.071,2 − 2.021,1) · 100/2021,1 = 2,4788481 %

c.

	BIP	2.071,20
−	Saldo der Primäreinkommen	15,41
=	BNE	2.055,79

d. Außenbeitrag = Export − Import = 680,1 + 38,59 = 718,69
e. 2.071,2 · 1,03 = 2.133,336
f. 406,94 · 100 / 2.071,2 = 19,65 %

Aufgabe 6
a.
- Leistungsprinzip: Das Volkseinkommen ist dann gerecht verteilt, wenn sich die Einkommenshöhe nach dem Beitrag der eingesetzten Leistung am Sozialprodukt richtet.
- Bedarfsprinzip: Das Volkseinkommen ist dann gerecht verteilt, wenn es sich nach dem Bedarf der Wirtschaftssubjekte richtet, d.h., wenn es nach sozialen Gesichtspunkten verteilt wird.
- Gleichheitsprinzip (Nivellierungsprinzip): Das Volkseinkommen ist dann gerecht verteilt, wenn jedes Wirtschaftssubjekt den gleichen Anteil erhält.

b. Zunächst erfolgt die Einkommensverteilung nach dem Leistungsprinzip (Marktwirtschaft). In einer sozialen Marktwirtschaft erfolgt sodann eine Umverteilung des Einkommens durch den Staat (Sekundärverteilung). Diese richtet sich nach dem Bedarfsprinzip. Mindestlöhne sind in der Lage, das Leistungsprinzip stärker zu fördern und den Umfang der Sekundärverteilung zu reduzieren.

Aufgabe 7
Die staatliche Einkommens- und Vermögenspolitik verfolgt das Ziel der Verteilungsgerechtigkeit. Leistungsgerechtigkeit ist definiert als der Zustand, in dem alle Produktionsfaktoren, also auch der Faktor Arbeit, entsprechend ihrem Marktwert entlohnt werden. Eine Umsetzung der Norm der Leistungsgerechtigkeit ist schwierig, weil für viele Tätigkeiten keine Märkte (und damit Preise) bestehen, z.B. für Kindererziehung. Leistungsgerechtigkeit wird durch die Aufrechterhaltung von Einkommensunterschieden realisiert, damit Leistungsanreize bestehen bleiben.
Die Norm der Bedarfsgerechtigkeit fordert eine Ausstattung der Individuen entsprechend ihren Bedürfnissen. Unterstellt man identische Bedürfnisse (Nutzenfunktionen) für alle, folgt daraus das Egalitätsprinzip, nach dem alle Individuen gleichzustellen sind. Bedarfsgerechtigkeit wird dadurch hergestellt, dass Mindestlöhne dazu führen, dass auch mit gering produktiven Tätigkeiten ein Verdienst in Höhe des Existenzminimums erreicht werden kann. Bedarfsgerechtigkeit wird auch durch das Steuer- und Transfersystem verfolgt, in dem weniger Leistungsfähige unterstützt werden und ihnen ein Mindest-Lebensstandard garantiert wird.

Aufgabe 8
a. Die Karikatur übt Kritik am BIP als Wohlstandsindikator, da nicht jede erfasste Leistung, die das BIP erhöht, auch den Wohlstand erhöht.
b.
- In die Berechnung des realen Bruttosozialprodukts und damit des realen Wachstums fließen wohlstandsmindernde Leistungen ein und erhöhen das Wachstum, da sie über den Markt gegen Geld abgegeben werden.
- Zahlreiche wohlstandsmehrende Leistungen sind nicht in der Berechnung enthalten, da sie nicht über den Markt gegen Geld abgegeben werden.
- Wachstum an sich macht keine Aussage über die Verteilung der erbrachten Leistungen. So fließt eventuell ein beachtlicher Teil dieser Leistungen in das Ausland (Exportüberschuss).
- Langlebige Gebrauchsgüter der privaten Haushalte fließen in der Wirtschaftsperiode, in der sie angeschafft wurden, in vollem Umfang in die Berechnung ein, obwohl sie über mehrere Perioden Nutzen stiften.
- Eine Erhöhung der Bevölkerungszahl wird nur dann berücksichtigt, wenn man das Wachstum pro Kopf berechnet, denn ein Zuwachs der Bevölkerung bedeutet auch eine Zunahme der Bedürfnisse.

c.
- Human Development Index: Die Maßzahl berücksichtigt u. a. nicht nur das BIP pro Einwohner eines Landes in Kaufkraftparität, sondern ebenso die Lebenserwartung unter Berücksichtigung der Gesundheitsfürsorge, Ernährung und Hygiene und den Bildungsgrad sowie die Teilhabe am öffentlichen und politischen Leben.
- Happy Planet Index: Im Gegensatz zum BIP bezieht der Happy Planet Index (HPI) das Kriterium der Nachhaltigkeit mit ein, indem die Anzahl der erwarteten „glücklichen Lebensjahre" (auf Englisch „Happy Life Expectancy") eines Menschen berechnet werden. Diese beinhalten die durchschnittliche Lebenserwartung multipliziert mit der Lebenszufriedenheit, einer Kombination von subjektiv eingeschätzten Werten und objektiv erhobenen Fakten. Anschließend wird

dieser Wert durch den ökologischen Fußabdruck dividiert. Der ökologische Fußabdruck stellt die Fläche auf der Erde dar, die notwendig ist, um den Lebensstil und Lebensstandard eines Menschen dauerhaft zu ermöglichen.

Aufgabe 9

a.

	Art der EKV	Vorteil	Nachteil
1.	Nivellierungs-prinzip	• keine sozialen Unterschiede • Zufriedenheit bei Leistungsschwächeren	• fehlende Motivation zur Leistung • Unzufriedenheit bei Leistungsstarken
2.	Leistungs-prinzip	• Leistungsanreiz • gute Güterversorgung bei günstigen Preisen • große Güterauswahl • hohes Wohlstandsniveau • hohe Akzeptanz	• Gefahr der Überforderung • ruinöser Wettbewerb • rein materielle Ausprägung • Angebot und Nachfrage als entscheidendes Kriterium ohne moralische Bewertung • gesellschaftlicher Unfrieden
3.	Bedarfs-prinzip	• sozialer Grundgedanke • Chancengleichheit	• geringerer Anreiz zur Leistung • Bedarf ist schwer messbar

b. Leistungsprinzip, Bedarfsprinzip (Beschreibung siehe Lösung zu 6 a)
c. Begabung, Bildung, Leistungsbereitschaft/Engagement, Risikobereitschaft, Arbeitseinsatz
d. Armut bekämpfen, sozialen Frieden erhalten, Chancengleichheit schaffen, Gerechtigkeit herstellen, Leistungsfähigkeit der Wirtschaft sichern
e. Geldleistungen des Staates im Rahmen der Umverteilung von Einkommen an die privaten Haushalte ohne direkte Gegenleistung

Aufgabe 10

a.

Jahr	Volks-einkommen	Arbeitnehmer-entgelte	Unternehmens- und Vermögenseinkommen	Lohn-quote	Gewinn-quote
2008	475,098592	306,4385915	168,66	64,50 %	35,50 %
2009	445,1	306,38	138,72	68,83 %	31,17 %

b. Die Lohnquote steigt um 2 %.
c. Kapital und Boden
d. Die primäre Einkommensverteilung

Aufgabe 11
Mit beginnender Arbeitsteilung werden Tauschprozesse notwendig, bei denen die Leistungen bewertet werden müssen. Da in modernen Volkswirtschaften alle Produktionsfaktoren einer Vielzahl von Einkommensbeziehern beteiligt sind, muss über die Bewertung der Leistung auch die Verteilung des erlangten Einkommens gesteuert werden. Der Staat muss grundlegend ein Wirtschaftssystem schaffen, durch das u. a. auch das Prinzip einer gerechten Einkommensverteilung festgelegt wird. Dieses Wirtschaftssystem bzw. die Prinzipien der Einkommensverteilung sind jeweils wesentliche Elemente der gewählten Gesellschaftsordnung (z. B. Feudalismus, Ständewirtschaft, Merkantilismus, Kapitalismus, Sozialismus).

1.3 Konjunktur und Wirtschaftswachstum

Aufgabe 1
a. Die Phasen eines Konjunkturzyklus sind Aufschwung, Boom, Abschwung und Rezession.

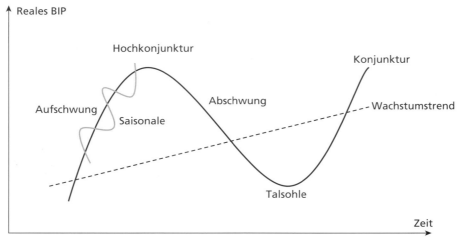

b. Empirische Konjunkturtheorien analysieren ex post Konjunkturzyklen und kategorisieren sie nach ihrer Phasenlänge. Die Konjunkturzyklen werden nach ihren Entdeckern benannt.
Kitchin-Zyklus: Bezeichnet einen kurzfristigen Konjunkturzyklus mit einer Phasenlänge von 3–4 Jahren. Er gilt als konjunkturpolitisch unbedenklich, da diese Schwankungen durch Lagerauf- und -abbau kompensiert werden können.
Juglar-Zyklus: Bezeichnet den zentralen Konjunkturzyklus mit einer Phasenlänge von 8–10 Jahren. Diese Schwankungen wirken direkt auf Nachfrage, Produktion, Beschäftigung und Einkommen. Die Wirtschaftspolitik versucht, diese Zyklen aktiv zu glätten.
c. Die korrekte Analyse der bestehenden konjunkturellen Lage ist wesentlich für die Wirtschaftspolitik. Insbesondere wenn zwei verschiedene Zyklen sich überlappen, sollte die Wirtschaftspolitik entsprechend der Analyse unterschiedlich reagieren, auch wenn die Konjunkturphase oberflächlich gleich – z. B. als Rezession – einzuordnen ist.
So kann eine Rezession als rezessive Phase eines Juglar-Zyklus analysiert werden, die aber langfristig in einem Kondratieff-Aufschwung liegt. In dieser Situation sollte durch aktive (expansive) Wirtschaftspolitik versucht werden, schnell die rezessive Phase zu überwinden, um den Kondratieff-Aufschwung nicht zu gefährden.

Aufgabe 2
a. Alle wirtschaftspolitischen Maßnahmen, die darauf zielen, Konjunkturschwankungen in Grenzen zu halten und ein möglichst gleichmäßiges Wirtschaftswachstum zu erreichen, gehören zur Konjunkturpolitik. Dazu zählen im Wesentlichen die Maßnahmen der Fiskalpolitik, der Geldpolitik und der Einkommenspolitik.
b. Die wirtschaftliche Leistung einer Volkswirtschaft unterliegt Schwankungen, die sich in vier Phasen einteilen lassen. Hauptkennziffern sind der Auslastungsgrad der Produktionsfaktoren und das reale BIP. Eine Zunahme dieser Kennziffern wird als Expansion oder Aufschwung bezeichnet. Der Aufwärtstrend endet im Boom (Hochkonjunktur). Die Abnahme der Zuwachsraten wird als Rezession (Abschwung) bezeichnet. Diese endet in der Depression (Talsohle).
c. Aus der Analyse der vergangenen konjunkturellen Entwicklung hat Kondratieff (1926) abgeleitet, dass neben kurz- und mittelfristigen Schwankungen des BIP die Wirtschaftsentwicklung auch langfristigen Schwankungen (über 50 bis 60 Jahren) unterworfen ist. Diese Bewegungen sieht er in bedeutenden technischen Entwicklungen begründet, die zu enormen Investitionsschüben führen, die über Jahrzehnte tragen, bis es zur konjunkturschwächenden Sättigung kommt. Die Beschreibung des Kondratieff-Zyklus kann in der Analyse der bestehenden konjunkturellen Situation eine große Rolle spielen. Aufgrund einer solchen Analyse kann die Wirtschaftspolitik die geeigneten Strategien zur Überwindung eines konjunkturellen Tiefs ergreifen. Stünde die Weltwirtschaft am Anfang eines neuen Kondratieff-Zyklus, sollten anders begründete rezessive Entwicklungen – wie z. B. durch die Finanzkrise – durch aktive Konjunkturpolitik im Sinne Keynes bekämpft werden, um diesen Aufschwung nicht zu gefährden.

Aufgabe 3

a. Im Sinne des Stabilitäts- und Wachstumsgesetzes muss ein gesamtwirtschaftliches Gleichgewicht folgende Eigenschaften besitzen: Stabilität des Preisniveaus, hoher Beschäftigungsgrad, außenwirtschaftliches Gleichgewicht und stetiges und angemessenes Wirtschaftswachstum. Man spricht in diesem Zusammenhang von einem „magischen" Viereck, da Zielkonflikte in der Realisierung der vier genannten ökonomischen Größen auftreten. Insbesondere das Ziel der Preisniveaustabilität kann mit dem Wachstumsziel (und damit auch mit dem Beschäftigungsziel) in Konflikt stehen, da z.B. eine expansive Konjunkturpolitik mit inflationären Tendenzen verbunden ist.

b.
- Stabilität des Preisniveaus: Entwicklung der Inflationsrate
- hoher Beschäftigungsgrad: Arbeitslosenquote
- außenwirtschaftliches Gleichgewicht: Außenbeitrag und Leistungsbilanzsaldo
- stetiges und angemessenes Wachstum: Wachstumsraten des BIP

Aufgabe 4

a. Die Inflationsrate gibt die Veränderung des Preisniveaus zwischen zwei Perioden an, also die Veränderung des Geldwerts. Da das Preisniveau eine aggregierte Größe über alle relevanten Preise der Ökonomie ist, kann die Entwicklung des Preises eines einzelnen Gutes oder einer Gütergruppe durchaus abweichend von der Entwicklung des gesamten Preisniveaus sein. Es liegt hier kein Widerspruch vor.

b. Zur Ermittlung eines Preisindex wird zunächst ein Warenkorb aus allen Gütern und Dienstleistungen gebildet, der repräsentativ die Konsumgewohnheiten der Bevölkerung abbildet. Die Berechnung des Preisniveaus erfolgt nach dem sogenannten Laspeyres-Index. Es wird der Quotient aus dem Warenkorb der Vorperiode, bewertet mit den aktuellen Preisen, und dem gleichen Warenkorb, bewertet mit den Preisen der Vorperiode, gebildet. Der Verbraucherpreisindex (Preisindex) lässt sich nun wie folgt berechnen:

$$P = \frac{\text{Wert des Warenkorbs (Berichtsjahr)} \cdot 100}{\text{Wert des Warenkorbs (Basisjahr)}}$$

Aufgabe 5

- Die Offenmarktpolitik beinhaltet den gesamten Ankauf und Verkauf von Wertpapieren durch das ESZB zu eigenen Zwecken. Durch Offenmarktgeschäfte werden die grundsätzlichen geldpolitischen Signale des ESZB weitergegeben; sie stellen das wichtigste geldpolitische Instrument dar. Wertpapierpensionsgeschäfte sind Offenmarktgeschäfte mit automatisch folgenden kompensierenden Gegengeschäften. Damit wird vermieden, dass die notwendigen kompensierenden Wertpapiergeschäfte der Zentralbank als eigenständige geldpolitische Signale verstanden werden.
- Das Finanzierungsinstrument der Ständigen Fazilitäten:
  - Spitzenrefinanzierungsfazilität: Über diese Kreditlinie können sich zu einem festgelegten Zinssatz die Geschäftsbanken kurzfristig (über Nacht) refinanzieren. Der Zinssatz dieser Fazilität stellt die Obergrenze des Tagesgeldsatzes dar.
  - Einlagenfazilität: Zu einem bestimmten Zinssatz können die Geschäftsbanken freie Gelder kurzfristig (über Nacht) bei der ESZB anlegen. Der Zinssatz dieser Fazilität stellt die Untergrenze des Tagesgeldsatzes dar.
- Mindestreservepolitik: Hierunter versteht man die Festlegung eines Mindestreservesatzes, d.h. die Bestimmung desjenigen Anteils ihrer Verbindlichkeiten, den die Geschäftsbanken bei der Zentralbank hinterlegen müssen. Im ESZB spielt die Mindestreservepolitik eine untergeordnete Rolle.

Aufgabe 6

Durch einen Kauf führt die Zentralbank dem Markt Geld zu. Hauptinstrument der Offenmarktpolitik sind Wertpapierpensionsgeschäfte, bei denen die Banken Wertpapiere an die Zentralbank verkaufen, um sich zu refinanzieren, und sich verpflichten, nach Ablauf einer bestimmten Laufzeit die Wertpapiere zurückzukaufen. Hauptgeschäft in diesem Zusammenhang sind Hauptrefinanzierungsgeschäfte, die wöchentlich starten mit einer Laufzeit von sieben Tagen. Erhöht die Zentralbank das Volumen dieser Geschäfte oder senkt sie die Zinsen, wird der Geldmarkt mit zusätzlichem Geld versorgt.

Aufgabe 7

a. Grundsätzlich kommt es zu einer Nachfrageinflation, wenn die gesamtwirtschaftliche Güternachfrage höher ist als das gesamtwirtschaftliche Güterangebot und die Produktionskapazitäten weitgehend ausgelastet sind.
- Konsumnachfrageinflation: Auslöser der inflationären Entwicklung ist hier die Nachfrage der privaten Haushalte.
- Investitionsnachfrageinflation: Auslöser der inflationären Entwicklung ist hier die Nachfrage der privaten Unternehmen.

- Fiskalinflation: Auslöser der inflationären Entwicklung ist hier die staatliche Nachfrage.
- Importierte (Nachfrage-)Inflation: Auslöser der inflationären Entwicklung ist hier die Nachfrage des Auslands, die das Güterangebot im Inland verknappt (Nettoexportnachfrageinflation).

b.
- Konsumnachfrageinflation: Die Zentralbank kann durch eine Zinserhöhung die private Nachfrage dämpfen, der Staat kann durch eine Erhöhung von Lohn- und Einkommensteuern gegensteuern.
- Investitionsnachfrageinflation: Die Zentralbank verteuert mit einer Zinserhöhung die Kreditvergabe, der Staat kann die Gewinnsteuern anheben oder Abschreibungsmöglichkeiten verringern.
- Fiskalinflation: Da die staatliche Nachfrage kaum zinselastisch ist, hat die Zentralbank keine Möglichkeit einzugreifen. Der Staat kann direkt die Staatsausgaben senken.
- Importierte (Nachfrage-)Inflation: Die Zentralbank könnte durch die Aufwertung der Inlandswährung regulierend eingreifen; dies ist aber in freien Wechselkurssystemen nicht möglich. Der Staat kann dagegen durch den Abbau von Exportsubventionen und die Abschaffung von Importhemmnissen dämpfend auf die importierte Inflation wirken.

Aufgabe 8

Ware/ Dienstleistung	Menge pro Jahr (Wägungsanteil)	Preis in EUR/ Einheit (Basisjahr)	Wert Basisjahr	Preis in EUR/ Einheit (Berichtsjahr)	Wert Berichtsjahr
Butter	78	1,05	81,90	0,95	74,10
DVD-Rekorder	0,2	429	85,80	340	68,00
Brot	104	2,20	228,80	2,50	260,00
Wohnungsmiete	900	8,50	7.650	8,80	7.920,00
		Summe	8.046,50		8.322,10
		Index	100		1,03425091
					3,425

Aufgabe 9
a. Unter Deflation versteht man die Zunahme des Geldwerts in einer Ökonomie. Die Deflation drückt sich durch ein fallendes Preisniveau aus.
b. Das Statistische Bundesamt unterteilt die Bevölkerung in verschiedene Haushaltsgruppen, für die jeweils repräsentative Warenkörbe ermittelt werden. Diese Warenkörbe werden zu einem volkswirtschaftlichen Einheitswarenkorb zusammengefasst. Auf der Grundlage dieses Warenkorbs wird ein Preisindex berechnet. Das Statistische Bundesamt verwendet den Preisindex nach Laspeyres. Bei diesem werden die Preise der jeweils aktuellen Periode mit den Preisen der Vorperiode verglichen, indem beide auf einen bestimmten, als Basis festgelegten Warenkorb bezogen werden. Der Laspeyres-Index hat zwei Vorteile. Da er als Referenzgröße den Warenkorb der Ausgangsperiode verwendet, muss nicht in jedem Jahr ein repräsentativer Warenkorb bestimmt werden. Zum anderen bildet dieser Preisindex eine inflationäre Entwicklung sehr deutlich und frühzeitig ab, da er nur die Preiseffekte und nicht die Mengeneffekte einer Veränderung des Geldwertes erfasst.
c. Preisindex nach Laspéyres:
Warenkorb 2010: 2 · 200 + 8 · 50 + 11 · 25 = 1.075
Warenkorb 2011: 1,75 · 200 + 6 · 50 + 10 · 25 = 900

Preissteigerung: $\boxed{\dfrac{-175 \cdot 100}{900} = -19{,}4\,\%}$ (Deflation)

Aufgabe 10
a. 0,375235 %
b. −0,373832 %
c. 8,365 %

Aufgabe 11
a. Das Zentralbankgeld setzt sich zusammen aus dem Bargeld und den Einlagen (z. B. Mindestreserven) der Geschäftsbanken bei der Zentralbank. Wenn sich die Mindestreservepflicht erhöht, steigt die Zentralbankgeldmenge.

b. Der Geldschöpfungsmultiplikator (GSM) wird allgemein definiert als
GSM = 1 / (Barreservesatz + Mindestreservesatz).

$$\text{Geldschöpfungsmultiplikator} = \frac{1}{\text{Mindestreservesatz} + \text{Barreservesatz}}$$

Die Höhe des Geldschöpfungsmultiplikators gibt an, in welchem Maß die Geldmenge bei einer Erhöhung der Zentralbankgeldmenge durch den Prozess der Sekundärgeldschöpfung durch die Geschäftsbanken steigt.

Der Geldschöpfungsmultiplikator wird beeinflusst durch die Barreserve, die die Banken halten, um Barabhebungen der Kunden sicherzustellen, und den Mindestreservesatz, der von der Notenbank festgelegt wird. Je höher der Mindestreservesatz und die Barreserve sind, umso kleiner ist der Geldschöpfungsmultiplikator. Je niedriger der Mindestreservesatz und die Barreserve sind, umso höher ist der Geldschöpfungsmultiplikator.

c. Geldmengenaggregate:
- Geldmenge M1: Bargeldumlauf und täglich fällige Einlagen (Giralgeld, elektronisches Geld auf vorausgezahlten Karten)
- Geldmenge M2: M2 umfasst M1 und Einlagen mit einer vereinbarten Laufzeit von bis zu zwei Jahren sowie Einlagen mit einer vereinbarten Kündigungsfrist von bis zu drei Monaten.
- Geldmenge M3: M3 ist die Summe aus M2 und den von gebietsansässigen Monetären Finanzinstituten (MFIs) ausgegebenen marktfähigen Instrumenten, sogenannte Geldmengensubstitute. Bei diesen Finanzinstrumenten handelt es sich um Geldmarktfondsanteile und Geldmarktpapiere sowie Schuldverschreibungen mit einer Laufzeit von bis zu zwei Jahren.

Aufgabe 12
a.
- Die Geldmenge M1 orientiert sich an der Zahlungsmittelfunktion des Geldes. Sie beinhaltet alle Finanzaktiva, die unmittelbar zu Zahlungszwecken verwendet werden können: Banknoten und Münzen (der inländischen Währung) in der Hand von Nichtbanken (Bargeldumlauf) und Sichteinlagen (Giralgeld) der Nichtbanken bei den Kreditinstituten. Kurzgefasst: M1 = Bargeld + Buchgeld
- Die Geldmenge M2 orientiert sich an der Wertaufbewahrungsfunktion des Geldes. M1 zuzüglich Spareinlagen mit einer Kündigungsfrist von drei Monaten sowie Termineinlagen mit einer Laufzeit unter zwei Jahren. Spareinlagen und Termineinlagen können nicht direkt als Zahlungsmittel verwendet werden, dienen insofern der Wertaufbewahrungsfunktion des Geldes. Sie können aber relativ schnell in Zahlungsmittel umgewandelt werden = Quasi-Geld. Kurzgefasst: M2 = Bargeld + Buchgeld + Quasi-Geld (Termineinlagen + Spareinlagen)
- Die Geldmenge M3 orientiert sich ebenfalls an der Wertaufbewahrungsfunktion des Geldes (wurde erweitert, da unterschiedliche Finanzierungsgewohnheiten der EU berücksichtigt werden mussten; Definition lt. Europäischer Zentralbank) M2 zzgl. marktfähiger Wertpapiere (werden an einem organisierten Markt notiert und gehandelt) wie Repogeschäfte (Kreditnehmer hinterlegt Sicherheit), Geldmarktfondsanteile, Geldmarktpapiere sowie Bankschuldverschreibungen bis zu zwei Jahren. Kurzgefasst: M3 = Bargeld + Buchgeld + Quasi-Geld (Termineinlagen + Spareinlagen) + Repogeschäfte + Geldmarktfonds + Schuldverschreibungen

b. Eine restriktive Geldpolitik führt zu einer Verringerung der Geldmenge mit dem Ziel, die Inflation zu bekämpfen und zur Preisstabilität zurückzukehren. Restriktive Maßnahmen der Zentralbank beinhalten z. B. Leitzinserhöhungen oder eine Verringerung der Wertpapierkäufe im Rahmen der Wertpapierpensionsgeschäfte. Auch eine Erhöhung der Mindestreservesätze wäre möglich.

Aufgabe 13
a.
- **Operative oder funktionelle Unabhängigkeit:** Sie bedeutet, dass die EZB bei der Entscheidung hinsichtlich der Methode, mit der sie ihren Auftrag durchführen möchte, frei ist.
- **Institutionelle Unabhängigkeit:** Sie bedeutet, dass die EZB und die nationalen Zentralbanken keine Weisungen aus der Politik erhalten dürfen.
- **Finanzielle Unabhängigkeit:** Die finanzielle Unabhängigkeit besteht darin, dass die EZB einen eigenen Haushalt hat und selbst über den Einsatz ihrer Mittel, mit denen sie von den Mitgliedsländern ausgestattet wird, entscheiden kann.
- **Personelle Unabhängigkeit:** Um die personelle Unabhängigkeit zu gewährleisten,
  – kann ein Mitglied des EZB-Rats nur bei schwerwiegenden Gründen auf Antrag des EZB-Rats oder des Direktoriums durch den Europäischen Gerichtshof enthoben werden;
  – darf ohne ausdrückliche Ausnahmegenehmigung kein Mitglied entgeltlich oder unentgeltlich eine andere Beschäftigung annehmen;

- ist eine zweite Amtszeit für Mitglieder des Direktoriums ausgeschlossen;
- wird das Führungspersonal für einen langen Zeitraum gewählt (EZB-Direktoren 8 Jahre, Präsidenten der nationalen Zentralbanken mindestens 5 Jahre).

b. Unter Leitzins versteht man den von der zuständigen Zentralbank festgelegten Satz zur Steuerung des Geld- und Kapitalmarkts. Eine Erhöhung der Leitzinsen dient der Belebung der Wirtschaft und wirkt expansiv, d.h. konjunkturfördernd.

c. Zu den Ständigen Fazilitäten gehören die Spitzenrefinanzierungsfazilität und die Einlagefazilität. Mit den Spitzenrefinanzierungsfazilitäten können die Geschäftsbanken sich kurzfristig (über Nacht) Geld besorgen, mit den Einlagefazilitäten Geld kurzfristig (über Nacht) anlegen. Der Zinssatz der Spitzenrefinanzierungsfazilität bildet damit die obere Grenze des Tagesgeldzinssatzes (EONIA), während die Einlagenfazilität die untere Grenze des Tagesgeldzinssatzes bildet.

1.4 Außenwirtschaft

Aufgabe 1

Die Zahlungsbilanz erfasst alle ökonomischen Transaktionen zwischen In- und Ausland. Gebucht wird in Euro nach dem Prinzip der doppelten Buchführung. Die Zahlungsbilanz gliedert sich in folgende Teilbilanzen:

Handelsbilanz
+ Dienstleistungsbilanz
= **Außenbeitrag**
+ Übertragungsbilanz
= **Leistungsbilanz**
+ Bilanz des langfristigen Kapitalverkehrs
= **Grundbilanz**
+ Bilanz des kurzfristigen Kapitalverkehrs
+ Devisenbilanz
+ Restposten
= **Zahlungsbilanz**

Zuordnung der Sachverhalte:
a. langfristige Kapitalverkehrsbilanz
b. Dienstleistungsbilanz
c. Übertragungsbilanz (private, laufende Übertragungen)
d. Übertragungsbilanz (öffentliche, laufende Übertragungen)
e. Handelsbilanz

Aufgabe 2

S	Grundschema einer Zahlungsbilanz	H
Warenexport (einschließlich Ergänzungen) Dienstleistungsexport Erwerbs- und Vermögenseinkommen von der übrigen Welt Laufende Übertragungen von der übrigen Welt Vermögensübertragungen von der übrigen Welt Forderungszunahme und Verbindlichkeitenabnahme Abfluss an Fremd- und Eigenwährung Statistischer Rest		Warenimport (einschließlich Ergänzungen) Dienstleistungsimport Erwerbs- und Vermögenseinkommen an die übrige Welt Laufende Übertragungen an die übrige Welt Vermögensübertragungen an die übrige Welt Forderungsabnahme und Verbindlichkeitenzunahme Zufluss an Fremd- und Eigenwährung Statistischer Rest

Steht die Position „Erwerbseinkommen und Vermögenseinkommen" auf der Soll-Seite, steht dahinter die Annahme, dass dieser Saldo zwischen In- und Ausländern positiv ist, d.h., es fließen mehr Erwerbs- und Vermögenseinkommen (von Inländern) vom Ausland in das Inland als umgekehrt. Stehen die Positionen „lfd. Übertragungen und Vermögensübertragen" auf der Haben-Seite, steht dahinter die Annahme, dass diese Salden zwischen In- und Ausländern negativ sind, d.h., es fließen mehr Übertragungen (von Inländern) an das Ausland als umgekehrt. Der Saldo von Exporten und Importen (Waren und Dienstleistungen in dieser vereinfachten Darstellung zusammengefasst = Außenbeitrag) entspricht der Handels- und der Dienstleistungsbilanz. Der Außenbeitrag zuzüglich der Salden der Erwerbs- und Vermögenseinkommen und der laufenden Übertragungen entspricht der Leistungsbilanz.

Aufgabe 3
a. Unter Protektionismus versteht man alle quantitativen und qualitativen Maßnahmen, die die heimische Wirtschaft durch den Aufbau von Handelshemmnissen schützen sollen.
b. Eine protektionistische Wirtschaftspolitik kann mit Hilfe nichttarifärer Handelshemmnissen oder mit Zöllen betrieben werden. Nichttarifäre Handelshemmnisse können absolute Mengenrestriktionen, Devisenvorschriften, Verwaltungsvorschriften, Normungen etc. sein. Denkbar ist z. B. eine Vorschrift, dass der Import einer bestimmten Ware nur an einer Zollabfertigungsstelle möglich ist.

Aufgabe 4
a. Die Zahlungsbilanz eines Landes gibt eine Übersicht über alle Transaktionen von In- und Ausländern einer Volkswirtschaft. Als Bilanz ist sie formal immer ausgeglichen.
b. Ob aus ökonomischer Sicht ein außenwirtschaftliches Gleichgewicht vorliegt, kann mithilfe verschiedener Teilbilanzsalden beurteilt werden: Handelsbilanzsaldo bzw. Außenbeitrag, Leistungsbilanzsaldo, Kapitalbilanzsaldo bzw. Grundbilanzsaldo, Devisenbilanzsaldo.
c. In der Teilbilanz „Laufende Übertragungen" werden die Beiträge Deutschlands an internationale Organisationen, private Spenden und staatliche Entwicklungshilfe für ausländische Organisationen oder auch Überweisungen an Privatpersonen im Ausland erfasst. Da sowohl die Leistungen Deutschlands vor allem an die EU sehr hoch sind als auch traditionell ausländische Arbeitnehmer in Deutschland hohe Beträge an ihre Verwandten überweisen, besitzt diese Teilbilanz einen negativen Saldo.

Aufgabe 5
Durch die Einführung der gemeinsamen Währung sollen
- Kosten und Unsicherheiten im Binnenhandel durch Wechselkursschwankungen vermieden werden,
- Investition und Beschäftigung durch ein allgemein niedriges Zinsniveau gefördert werden,
- die Außenhandelsposition gestärkt werden (zur Förderung der Beschäftigung),
- die politische Integration der EU-Staaten vorangetrieben werden.

Konvergenzkriterien:
- Die jährliche Neuverschuldung darf nicht über 3% des BIP liegen. Die Gesamtverschuldung darf 60% des BIP nicht überschreiten.
- Die Inflationsrate eines Mitgliedslandes darf nicht mehr als 1,5% über der durchschnittlichen Inflationsrate der drei Länder mit der niedrigsten Inflation liegen.
- Der nominelle langfristige Zinssatz darf den Durchschnitt der drei Länder mit den geringsten Inflationsraten nicht um mehr als zwei Prozentpunkte übersteigen.
- Mindestens zwei Jahre lang dürfen von einem Mitgliedsland keine starken Spannungen im Wechselkursmechanismus des EWS ausgehen.

Stabilitätspakt:
Der Stabilitätspakt soll gewährleisten, dass die Mitgliedstaaten auch nach Beitritt zur EWWU auf die Einhaltung der Konvergenzkriterien achten.

Aufgabe 6
a. Die Leistungsbilanz besteht aus Außenbeitrag und Übertragungsbilanz. Der Außenbeitrag umfasst den Saldo aus dem Ex- und Import von Gütern (Handelsbilanz) und von Dienstleistungen (Dienstleistungsbilanz). In der Übertragungsbilanz werden die Devisenab- und -zuflüsse erfasst, die aufgrund einseitiger Übertragungen anfallen, z. B. staatliche Übertragungen an internationale Organisationen oder die privaten Überweisungen von ausländischen Arbeitnehmern in ihre Ursprungsländer.
b. Tarifäre Handelshemmnisse: Schutzzölle, Finanzzölle, Abschöpfungen
Nicht-tarifäre Handelshemmnisse: Kontingente, administrative Vorschriften, Subventionen, Im- und Exportverbote, Devisenbewirtschaftung
c. Erhebt ein großes Land einen Importzoll, ist grundsätzlich mit einer mehr oder minder deutlichen Überwälzung des Zolls auf die Exporteure zu rechnen. Für die Exporteure wird es daher notwendig sein, ihre Preise zu senken, um auf dem Markt des Importlands weiterhin anbieten zu können. Damit tragen die Exporteure weitgehend die wirtschaftliche Last des Importzolls durch Gewinnabschläge. Im Exportland werden tendenziell auch die Preise für das Exportgut fallen, vor allem wenn es zu Reimporten kommt. Damit wird es im betroffenen Sektor aufgrund der verschlechterten Gewinnlage zu Produktions- und Investitionsrückgängen mit abnehmender Beschäftigung kommen.

Aufgabe 7
a. Übertragungsbilanz an Devisenbilanz 50.000 GE
Dienstleistungsbilanz an Kapitalbilanz 150.000 GE
Handelsbilanz an Kapitalbilanz 70.000 GE
Übertragungsbilanz an Devisenbilanz 5.000 GE
Devisenbilanz an Übertragungsbilanz 30.000 GE

Devisenbilanz 5.000 GE
Kapitalbilanz 10.000 GE an Handelsbilanz 15.000 GE
Kapitalbilanz 50.000 GE
Dienstleistungsbilanz 3.000 GE an Devisenbilanz 53.000 GE
Dienstleistungsbilanz an Devisenbilanz 6.000 GE

b.

A	Handelsbilanz	P
	70.000	15.000
		55.000
	70.000	70.000

A	Übertragungsbilanz	P
	50.000	30.000
	5.000	**25.000**
	55.000	55.000

A	Devisenbilanz	P
	30.000	50.000
	5.000	5.000
	79.000	53.000
		6.000
	114.000	114.000

A	Dienstleistungsbilanz	P
	150.000	**159.000**
	3.000	
	6.000	
	159.000	159.000

A	Kapitalbilanz	P
	10.000	150.000
	50.000	70.000
	160.000	
	220.000	220.000

A	Zahlungsbilanz		P
HB	55.000	KB	160.000
DiB	159.000	DevB	79.000
ÜbB	25.000		
	114.000		239.000

c. Aktive Zahlungsbilanz, da die Exporte > Importe (Leistungsbilanzüberschuss)

Aufgabe 8
a. Ziele und Aufgaben der WTO:
- Förderung des Wohlstands der Mitgliedstaaten durch Intensivierung des internationalen Handels,
- Abbau der Zölle und der nicht-tarifären Handelshemmnisse,
- Schlichtung von Handelskonflikten zwischen einzelnen Ländern oder Wirtschaftsgemeinschaften,
- Einführung von Importbeschränkungen eines Landes nur nach gemeinsamer Beratung.

b. Ausgehend von der Annahme, dass nur ein freier Welthandel den Wohlstand der Nationen insgesamt erhöhen kann, folgt die WTO in ihren Beschlüssen folgenden Prinzipien:
- Gegenseitigkeit: Länder, denen von anderen GATT-Staaten Vergünstigungen eingeräumt werden, müssen gleichwertige Gegenleistungen erbringen.
- Liberalisierung: Kein Mitgliedsland soll Handelsschranken einführen.
- Nicht-Diskriminierung: Alle Vorteile, die ein Staat einem anderen Staat gewährt, sollen auf alle WTO-Mitgliedstaaten ausgeweitet werden.

Aufgabe 9
a. Wechselkurssysteme:
- flexible Wechselkurse (Floating)
- feste(starre) Wechselkurse
- feste Wechselkurse mit Bandbreiten

b. In einem System flexibler Wechselkurse bildet sich der Wechselkurs als Gleichgewichtskurs zwischen Devisenangebot und -nachfrage. Durch Veränderungen des Devisenangebotes oder der Devisennachfrage ist der Wechselkurs ständigen Schwankungen unterworfen. Steigt das Devisenangebot z. B. aufgrund gestiegener Exporte und/oder sinkt die Devisennachfrage z. B. aufgrund rückläufiger Importe, findet eine Aufwertung der inländischen Währung statt.

c. Wenn die Inflation im Inland größer ist als im Ausland, wird das Inland mehr importieren und weniger exportieren, da inländische Leistungen im Ausland zu teuer werden. Die Folge ist eine Aufwertung der inländischen Währung bzw. eine Abwertung der Fremdwährung. Dies führt dann zum Ausgleich der unterschiedlichen Inflationsraten.

Aufgabe 10
a. Die Notwendigkeit der internationalen Arbeitsteilung ergibt sich durch unterschiedliche Bedingungen in den verschiedenen Ländern: Klima, Rohstoffvorkommen, Know-how, Kosten.
b.

Autarkie	Schlemmkreide	Pappplatten	Summe
Liechtenstein	120 FM	160 FM	280 FM
Libyen	110 FM	100 FM	220 FM
Summe	230 FM	260 FM	

Libyen produziert bei internationaler Arbeitsteilung Pappplatten und Liechtenstein Schlemmkreide.

Freihandel	Schlemmkreide	Pappplatten	Summe
Liechtenstein	240 FM		240 FM (– 40 FM)
Libyen		200 FM	200 FM (– 20 FM)
Summe	240 FM	200 FM	

c. Ein Land besitzt auch dann ökonomische Vorteile durch die internationale Arbeitsteilung, wenn es sämtliche Güter günstiger produzieren kann als das andere Land.

Aufgabe 11
a. Zu den Zielen und Aufgaben des IWF gehören insbesondere
- die Stabilisierung des internationalen Währungssystems durch Konvertibilität der Währungen,
- die Förderung der Zusammenarbeit auf dem Gebiet der internationalen Währungspolitik,
- die Aufrechterhaltung der Währungsbeziehungen zwischen den Mitgliedstaaten,
- die Einrichtung eines internationalen Zahlungssystems für die Abwicklung laufender Transaktionen zwischen den Mitgliedstaaten,
- die Beseitigung von Devisenverkehrsbeschränkungen,
- die Unterstützung der Mitglieder bei der Behebung von Zahlungsbilanzungleichgewichten durch die Bereitstellung von kurzfristigen Krediten aus Fondsmitteln
- und die ständige Information und Beratung der Mitglieder.

b. Das Sonderziehungsrecht ist eine Recheneinheit (Kunstwährung) des Internationalen Währungsfonds. Es ergibt sich aus dem gewichteten Durchschnitt der vier wichtigsten internationalen Währungen US-Dollar, Euro, Yen und britisches Pfund und wird täglich neu festgesetzt. Alle Mitglieder des IWF versprechen, die eigene Währung gegen IWF-Sonderziehungsrechte eines anderen Mitglieds einzutauschen.

c. Zu den Aufgaben der Weltbank gehören die Förderung der wirtschaftlichen Entwicklung der Mitgliedstaaten, die Förderung der privaten ausländischen Investitionen durch Garantieübernahme oder Darlehen, die Ausdehnung des internationalen Handels und Aufrechterhaltung des Gleichgewichts der Zahlungsbilanzen.

Aufgabe 12
a. Das System für feste Wechselkurse mit Bandbreiten ist eine Kombination fester und flexibler Wechselkurse. In diesem System, wie es bis zum Jahre 2002 innerhalb der EU existierte, vereinbaren die Länder der entsprechenden Währungen ein festes Verhältnis zu einer Leitwährung, in Europa dem Euro. Hieraus lassen sich dann Leitkurse der Währungen untereinander ableiten. Innerhalb bestimmter Abweichungen von diesem Leitkurs, d. h. innerhalb bestimmter Bandbreiten, dürfen die Wechselkurse flexibel schwanken. Liegt der Wechselkurs nicht mehr innerhalb dieser Bandbreite, sind die betreffenden Notenbanken durch Kauf oder Verkauf der entsprechenden Währung zum Eingreifen (intervenieren) verpflichtet, um den Wechselkurs wieder in die Bandbreite zu bringen.

b.

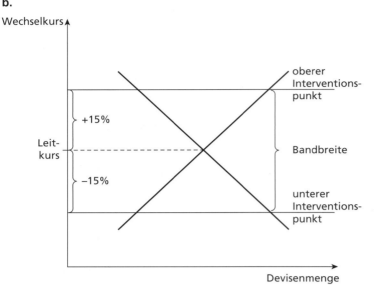

c. Der obere Interventionspunkt stellt eine Abweichungsgrenze der Wechselkurse nach oben dar. Erreicht der flexibel entstehende Wechselkurs diesen Punkt (= maximaler Kurs), muss die Notenbank durch Verkauf der entsprechenden Währung das Angebot erhöhen, damit der Wechselkurs wieder in die Bandbreite fällt. Zur Finanzierung dieser Intervention gewähren sich die Notenbanken der Länder untereinander kurzfristige Kredite.
d. Die beteiligten Länder könnten den Leitkurs der Währung am unteren Interventionspunkt abwerten, um so das gesamte Band nach nach unten zu verschieben.

2 Betriebliche Funktionen und deren Zusammenwirken

Aufgabe 1
a. Die Wertschöpfung ist die Gesamtleistung eines Unternehmens abzüglich der Vorleistungen, die für diese Leistung eingesetzt wurden.
b. An der Wertschöpfung sind insbesondere die Funktionen Beschaffung, Produktion und Absatz beteiligt. Hier finden die Kernprozesse des unternehmerischen Geschehens statt.
c. Die Produktion hat die Aufgabe, Produkte zu entwickeln, das Produktionsprogramm zu planen, die Produktion selbst zu planen und zu steuern sowie die Ergebnisse des Produktionsprozesses zu kontrollieren.

Aufgabe 2
a. Die Logistik hat die Aufgabe, die für die Wertschöpfung erforderlichen Güter in der richtigen Qualität und Menge am richtigen Ort zur richtigen Zeit bereitzustellen.
b. Beschaffungslogistik, Lagerlogistik, Produktionslogistik, Absatzlogistik, Transportlogistik, Entsorgungslogistik, Informationslogistik
c. Die Aufgabe der Entsorgungslogistik besteht darin, die im Rahmen des Wertschöpfungsprozesses anfallenden Rückstände wie Materialabfälle, Verpackungsabfälle, Papierabfälle, Altöl oder Retouren zu sammeln, zu sortieren, zu verpacken, zu lagern und ggf. abzutransportieren.

Aufgabe 3
a. Die meisten Märkte sind heute Käufermärkte. Das bedeutet, dass die Bedürfnisse der Konsumenten durch eine wachsende Anzahl von Anbietern befriedigt werden. Hinzu kommt, dass die Sättigung in einer zunehmenden Anzahl von Märkten zu einem hohen Wettbewerbsdruck führte und führt. Die Globalisierung mit ihren Erscheinungen von Billigangeboten aus Niedriglohnländern tut ein Übriges dazu, die Märkte dynamisch zu verändern. In diesem Zusammenhang kommt dem Marketing eine wachsende Bedeutung zu.
b. Dem Marketing kommt die Aufgabe zu, neue Märkte aufzuspüren oder zu schaffen, Märkte zu erhalten und zu vergrößern.
c. Erreichen eines für das Unternehmen notwendigen Absatzvolumens und Umsatzes, den Marktanteil des Unternehmens auszuweiten, die Kundenzahl zu stabilisieren und zu erhöhen, den Distributionsgrad des Unternehmens zu vergrößern

d. Die Produktpolitik hat die Aufgabe, neue Produkte zu entwickeln, das Sortiment des Unternehmens zu definieren und zu optimieren, die Kundendienstleistungen zu gestalten und Garantieleistungen gegenüber den Kunden festzulegen.

Aufgabe 4
a. Das Rechnungswesen stellt sicher, dass das betriebliche Geschehen mit seinen Zahlungsströmen und Erfolgsgrößen dokumentiert wird, um den Adressaten der Rechnungslegung die notwendigen Informationen zu liefern, die Quellen des Erfolgs hinsichtlich der Produkte und der einzelnen Bereiche sichtbar zu machen, genügend Zahlenmaterial bereitzustellen, um ausgewogene und fundierte Produkt- und Investitionsentscheidungen zu treffen.
b. Buchführung und Bilanz, Kosten- und Leistungsrechnung, Statistik und Planung
c. Das externe Rechnungswesen wendet sich primär an externe Adressaten, wie Gesellschafter, Banken, Gläubiger, Fiskus und interessierte Öffentlichkeit. Das interne Rechnungswesen produziert hingegen Zahlenmaterial, das sich vorwiegend an Adressaten im Unternehmen richtet und deren Informationsbedürfnis befriedigt.

Aufgabe 5
a. Wenn ein Unternehmen eine neue Maschine benötigt, muss geklärt werden, wie diese Neuanschaffung finanziert wird. Während die Investition eine Verwendung von finanziellen Mitteln darstellt, beantwortet die Finanzierung die Frage nach der Herkunft dieser Mittel.
b. Gründungsinvestitionen ergeben sich bei der Gründung eines Unternehmens, um die notwendigen Betriebsmittel anzuschaffen, Ersatzinvestitionen sind notwendig, wenn ein Anlagegut abgeschrieben ist oder wegen Unwirtschaftlichkeit ausgesondert wird, Erweiterungsinvestitionen sind notwendig, um zusätzliche Kapazitäten aufzubauen.
c. Innenfinanzierung liegt vor, wenn die finanziellen Mittel aus dem Unternehmen selbst stammen. Außenfinanzierung liegt vor, wenn die Mittel von außerhalb des Unternehmens beschafft werden müssen. Formen der Außenfinanzierung sind Kreditfinanzierung als reine Fremdfinanzierung oder Beschaffung von Mitteln über Einlagen und Beteiligungen.
d. Die Finanzplanung hat die Aufgabe, die Zahlungsfähigkeit des Unternehmens sowohl kurz- als auch langfristig sicherzustellen.

Aufgabe 6
a. Während das Rechnungswesen primär die Aufgabe erfüllt, das betriebliche Zahlenmaterial zu erfassen, zu ordnen und auszuwerten, geht die Aufgabe des Controlling darüber hinaus. Es hat die Aufgabe, dieses Zahlenmaterial richtig zu interpretieren, die notwendigen Schlüsse daraus zu ziehen und der Unternehmensleitung Empfehlungen für mögliche Maßnahmen zu geben.
b. Verbesserung der Unternehmensziele; Ausrichtung des Unternehmens auf seine langfristige Sicherung; Schaffung eines umfassenden Informationsstandes des Managements; Entlastung der Unternehmensführung; fundierte Entscheidungsfindung
c. Planung ist die gedankliche Vorwegnahme dessen, was im Unternehmen zukünftig gewollt ist. Grundlage der Planung ist das Zielsystem der Unternehmung. Das Controlling koordiniert die Planung verantwortlich und führt die Teilpläne zu Gesamtplänen zusammen. Dabei prüft es die Konsistenz und Plausibilität der eingereichten Teilpläne.
d. Das Controlling beinhaltet planende, koordinierende, steuernde und informierende Aufgaben. Damit ist es dafür verantwortlich, die Informationen transparent zu machen, damit das Management das Unternehmen für die Zukunft ausrichten kann. Diese Aufgabe kommt insbesondere dem strategischen Controlling zu.

Aufgabe 7
a. Wirtschaftliche Zielsetzung: Das Personalwesen hat dafür zu sorgen, dass das vorhandene Personal wirtschaftlich eingesetzt wird. Insofern sind im Rahmen der Personaleinsatzplanung sowohl Überkapazitäten als auch die Unterversorgung mit Personal zu vermeiden. Dies erfolgt durch eine genaue Personalplanung. Soziale Zielsetzung: Das Personalwesen muss für materielle und immaterielle Arbeitsbedingungen sorgen. Es kann dies z.B. durch eine leistungsgerechte Entlohnung, durch humane Arbeitsbedingungen und Personalentwicklungsmaßnahmen sicherstellen.
b. Das Personalwesen hat das erforderliche Personal in qualitativer und quantitativer Hinsicht termingerecht für den Betriebsprozess unter Beachtung der Wirtschaftlichkeit zur Verfügung zu stellen. Dazu gehören folgende Teilaufgaben:
- Personalplanung
- Personalbeschaffung
- Personaleinsatzplanung
- Personalbeurteilung
- Personalentwicklung
- Personalfreisetzung

c. Der demografische Faktor wird zukünftig dazu führen, dass immer mehr ältere Mitarbeiter und mit ihnen ihr erworbenes Know-how das Unternehmen verlassen. Das Personalwesen hat durch geeignete Maßnahmen der Personalbeschaffung und Personalentwicklung sicherzustellen, dass auch zukünftig dem Betrieb in ausreichendem Maße gut ausgebildete Mitarbeiter zur Verfügung stehen.

Aufgabe 8

a. Wenn ein Auftrag für eine Serie von Möbeln mit Preisen und Terminen verhandelt, kalkuliert und der Auftrag dann erteilt wird (Absatzwirtschaft), muss das dazu notwendige Material entweder beschafft werden oder im Lager geprüft werden, ob es dort vorhanden ist. (Materialwirtschaft). Im Rahmen des Personalwesens muss dafür gesorgt werden, dass das erforderliche Personal zum geplanten Produktionszeitpunkt bereitsteht (Personaleinsatzplan). Sodann wird die beauftragte Serie hergestellt (Produktion) und ausgeliefert (Logistik). Nach Auslieferung wird auf Basis der Stücklisten und Lohnzettel die Rechnung erstellt und gebucht (Rechnungswesen). Nachdem der Kunde bezahlt hat (Finanzwirtschaft), wird der Zahlungseingang verbucht (Rechnungswesen). Die Nachkalkulation beantwortet die Frage, ob der Auftrag erfolgreich abgewickelt worden ist (Rechnungswesen/Controlling).

b. Der güterwirtschaftliche Strom ergibt sich durch das vom Unternehmen zu bearbeitende Material (Roh-, Hilfs- und Betriebsstoffe, Halbteile) sowie durch die bereitzustellenden Betriebsmittel. Durch die Be- und Verarbeitung entstehen Halbfertig- und schließlich Fertigprodukte, die an den Kunden ausgeliefert werden.

Der finanzwirtschaftliche Strom ergibt sich durch Einnahmen für die an Kunden gelieferten Waren und Ausgaben für Arbeitskräfte, Material und Betriebsmittel.

Der Informationsstrom begleitet den güterwirtschaftlichen und finanzwirtschaftlichen Strom durch E-Mails, Briefe und Telefonate, durch Konstruktionszeichnungen, Kalkulationen, Bestellungen, Stücklisten, Belege, Ausgangs- und Eingangsrechnungen, Buchungen.

c. Industriebetriebe, Handelsbetriebe, Banken, Versicherungen, Beratungsunternehmen, Betriebe des Nachrichten- und Güterverkehrs

3 Existenzgründung und Unternehmensrechtsformen

Aufgabe 1

a. Welche Schwerpunkte sollen auf der Speisekarte gesetzt werden und gibt es dafür Marktchancen? Wie viele Restaurants gibt es schon und passt das Konzept in die Bedürfnisse zukünftiger Gäste? Wo soll der Standort des Restaurants sein? Wie viel Kapital wird benötigt und wie soll dieser Bedarf finanziert werden?

b. Aus Sicht der Gewerbefreiheit bestehen keine Einwände. Das Gewerbe ist nicht im besonderen Maße genehmigungspflichtig. Es ist allerdings anmeldepflichtig, vordringlich beim Gesundheitsamt, das die hygienischen Standards (z.B. Toiletten, Küche) prüft. Daneben sind die für jedes Gewerbe üblichen Anmeldungen vorzunehmen.

c. Fachliche Kompetenz als Koch, um mit seinem Konzept aus der traurigen Landschaft von 08/15-Restaurants herauszuragen; unternehmerische Kompetenz als Chef des Restaurants, um das Projekt voranzutreiben; persönliche Kompetenz, um die Belastung zu tragen und seine Mitarbeiter motivieren und mitreißen zu können.

Aufgabe 2

a. Geschäftsidee entwickeln und konkretisieren, Beratung einholen, Businessplan aufstellen, Businessplan umsetzen

b. Kommunale Wirtschaftsförderungsgesellschaft, Industrie- und Handelskammer, Deutscher Hotel- und Gaststättenverband, externe Berater

c. Restaurants sind in ihrem Erfolg abhängig von der Besonderheit der angebotenen Speisen, dem Service, dem Preis-Leistungsverhältnis und der Atmosphäre des Lokals. Hier muss Peter Flott ansetzen und sich selbst und anderen (z.B. Banken) genau begründen, warum er glaubt, dass zahlreiche Gäste sein Restaurant aufsuchen werden und er den Break-Even-Point schafft. In diesem Zusammenhang muss er besonders auf potenzielle Gäste, den Wettbewerb und den Standort eingehen. Eine weitere wichtige Position, je nach Eigenkapitalausstattung, ist seine Vorstellung vom Kapitalbedarf und der geplanten Finanzierung seines Vorhabens.

d. Gewerbeamt, Gewerbeaufsichtsamt und Gesundheitsamt (obligat), sodann IHK, Finanzamt, Agentur für Arbeit, Berufsgenossenschaft

Aufgabe 3
a. Eigenkapitalaufbringung, Haftung, Geschäftsführung und Vertretung, Ergebnisverwendung, Gründungskosten
b.

	KG	GmbH
Geschäftsführung und Vertretung	Nur der Vollhafter ist zur Geschäftsführung und Vertretung berechtigt.	Geschäftsführungs- und vertretungsberechtigt sind die Geschäftsführer der GmbH.
Haftung	Der Vollhafter haftet unbeschränkt, solidarisch und unmittelbar, der oder die Teilhaber haften nur mit ihrer Einlage.	Die GmbH haftet mit ihrem Gesellschaftsvermögen. Die Gesellschafter der GmbH haften grundsätzlich nur mit ihrer Stammeinlage.
Gewinn- und Verlustverteilung	Gesetzlich sind vorgesehen 4 % von der Einlage, der Rest in einem angemessenen Verhältnis, vertraglich kann etwas anderes vereinbart werden. Der Verlust wird grundsätzlich nach Köpfen verteilt, vertraglich kann etwas anderes bestimmt werden.	Gewinnverteilung nach Geschäftsanteilen, vertraglich kann etwas anderes bestimmt sein. Der Verlust reduziert das Gesellschaftsvermögen, ggf. kann eine Nachschusspflicht in der Satzung vereinbart sein.

c. Es muss ein Gesellschaftsvertrag existieren und die Gesellschaft muss in das Handelsregister eingetragen werden. Vor der Eintragung in das Handelsregister müssen die Gesellschafter mindestens 25 % auf ihren Geschäftsanteil leisten, insgesamt müssen mindestens 12.500 EUR eingezahlt sein.
d. Wenn Peter Flott die Haftung ausschließen will, sollte er eine GmbH gründen. Hier hat der Vater allerdings als Gesellschafter ein Mitbestimmungsrecht in Höhe seiner Einlage. Will er sich nicht von seinem Vater überstimmen lassen, sollte Peter Flott einen höheren Gesellschaftsanteil einbringen als sein Vater. Die KG eignet sich für Peter Flott, wenn er das Risiko einer Vollhaftung eingehen will. Sein Vater könnte als Kommanditist seine Einlage einbringen, wäre aber an der Geschäftsführung – wie gewünscht – nicht beteiligt.

Aufgabe 4
a. Peter Flott gründet im ersten Schritt eine GmbH als Alleingesellschafter. Sodann gründet die GmbH zusammen mit Hermann Flott eine KG, in die Hermann Flott seine 25.000 EUR als Kommanditeinlage einbringt.
b. Die GmbH & Co. KG ist eine Gesellschaftsform, in der trotz Vorliegen einer KG die Haftung insgesamt beschränkt ist, bei der relativ einfach zusätzliches Eigenkapital durch weitere Kommanditisten beschafft werden kann und die Fortführung eines Familienunternehmens gewährleistet ist, wenn z. B. das Erbe eines Komplementärs auf mehrere Familienmitglieder verteilt werden muss und keiner der Erben bereit ist, eine persönliche Haftung zu übernehmen.

Aufgabe 5
a. Der Einzelunternehmer bringt das Eigenkapital alleine auf. Dafür hat er alle Rechten und Pflichten in Bezug auf Geschäftsführung und Vertretung und Gewinn. Allerdings trägt er das Risiko allein und haftet unbeschränkt mit seinem Geschäfts- und Privatvermögen.
b. Die Gesellschaft kann gegründet werden mit einem Stammkapital unter 25.000 EUR. Sie muss in der Firma die Bezeichnung „Unternehmergesellschaft (haftungsbeschränkt)" führen und kann erst in das Handelsregister eingetragen werden, wenn das Stammkapital in voller Höhe eingezahlt ist. In der Bilanz ist eine Rücklage zu bilden, in der ein Viertel des um einen Verlustvortrag aus dem Vorjahr geminderten Jahresüberschusses einzustellen ist, bis die Summe von 25.000 EUR erreicht ist.
c. Nein, denn der Vater Hermann Flott kann bereits 25.000 EUR an Eigenkapital einbringen.

Aufgabe 6
a.
- Die AG ist eine Kapitalgesellschaft.
- Sie ist eine juristische Person.
- Die AG handelt durch ihre Organe.
- Das Grundkapital ist in Aktien zerlegt.
- Die Haftung ist auf die Einlage begrenzt.
- Die Kapitalgeber (Aktionäre) haben keine Geschäftsführungs- und Vertretungsbefugnis.

b.
- Zur Gründung ist mindestens eine Person erforderlich.
- Das Grundkapital muss mindestens 50.000 EUR betragen.
- Es muss eine Satzung erstellt werden, die notariell beurkundet werden muss.
- Über die Gründung ist ein Gründungsbericht zu erstellen.
- Die Gesellschaft muss zu ihrer Entstehung in das Handelsregister, Abt. B, eingetragen werden.
- Der oder die Gründer bestellen den Aufsichtsrat und den Abschlussprüfer.

c. Hermann Flott
- hat ein Recht auf Teilnahme an der Hauptversammlung mit Stimmrecht,
- hat ein Recht auf einen Anteil am Gewinn (Dividende),
- hat ein Auskunftsrecht in der Hauptversammlung,
- kann Beschlüsse der Hauptversammlung anfechten, wenn sie gegen Gesetz oder Satzung verstoßen.

d. Der Aufsichtsrat einer AG
- kontrolliert den Vorstand,
- kontrolliert den Jahresabschluss,
- kann eine außerordentliche Hauptversammlung einberufen.

e. Der Vorstand einer AG
- führt die Geschäfte der AG und vertritt sie nach außen,
- berichtet an den Aufsichtsrat,
- erstellt den Jahresabschluss,
- beruft die Hauptversammlung ein,
- hat eine Sorgfaltspflicht und unterliegt einem Wettbewerbsverbot.

Aufgabe 7

a. Franz Stein kann durch Hereinnahme eines weiteren vollhaftenden Gesellschafters eine OHG gründen. Dann sind seine Befugnisse zur Geschäftsführung und Vertretung allerdings eingeschränkt. Die Basis für weiteres Fremdkapital ist jedoch erhöht, weil es zwei voll haftende Gesellschafter gibt. Nimmt Franz Stein einen Kommanditisten in sein Unternehmen herein, entsteht eine KG, in der Stein in vollem Umfang alleine weiter die Geschäfte führen kann. Der Kommanditist gibt lediglich sein Kapital und hat grundsätzlich keine Möglichkeit, auf das Geschehen einzuwirken.

b. GmbH, GmbH & Co. KG, rein theoretisch noch eine KG aA

c. Franz Stein schließt mit einem stillen Gesellschafter einen Vertrag. Die Einlage geht in das Vermögen des Franz Stein über und der stille Gesellschafter erhält für sein eingesetztes Kapital einen Anteil am Gewinn. Franz Stein ist nicht in seiner Geschäftsführung beschränkt, die Tatsache einer Beteiligung wird nicht nach außen hin sichtbar.

Aufgabe 8

Gesellschafter	Kapital	Zins 4 %	Rest nach Köpfen	Gesamtgewinn
Abele	140.000,00 EUR	5.600,00 EUR	40.000,00 EUR	45.600,00 EUR
Beltz	60.000,00 EUR	2.400,00 EUR	40.000,00 EUR	42.400,00 EUR
Crest	50.000,00 EUR	2.000,00 EUR	40.000,00 EUR	42.000,00 EUR
Gesamt	**250.000,00 EUR**	**10.000,00 EUR**	**120.000,00 EUR**	**130.000,00 EUR**

Aufgabe 9

a. Sie müssen einen Vertrag schließen. Das sollte schriftlich geschehen, kann aber auch mündlich erfolgen.

b. Partner des Vermieters ist die BGB-Gesellschaft, allerdings sind alle Gesellschafter zur Vertretung berechtigt. Sofern im Gesellschaftsvertrag kein Geschäftsführer bestimmt wurde, müssen alle Gesellschafter den Vertrag unterzeichnen.

c. Die Gesellschafter müssen, sofern im Vertrag nichts anderes bestimmt wurde, gleiche Beiträge aufbringen, um die Miete zu bezahlen.

d. Die Geschäftsführung erfolgt gemeinschaftlich. Die Gesellschafter entscheiden also gemeinsam über Veränderungen.

e. Die Gesellschafter haften unmittelbar, unbegrenzt und gesamtschuldnerisch. Der Vermieter kann sich deshalb an alle vier Gesellschafter halten oder an einen der Gesellschafter.

f. Der Gesellschafter kann die Gesellschaft kündigen.

g. Scheidet ein Gesellschafter aus, ist die Gesellschaft beendet. Die Verbleibenden müssten eine neue Gesellschaft gründen, was nicht schwerfallen dürfte.

4 Unternehmenszusammenschlüsse

Aufgabe 1
a. Bei der Kooperation bleiben die Unternehmen rechtlich selbstständig, geben jedoch ihre wirtschaftliche und/oder rechtliche Selbstständigkeit ganz oder teilweise auf.
b. Kooperation: Interessengemeinschaft, Arbeitsgemeinschaft, Konsortium, Kartell
Konzentration: Konzern, Fusion
c. Stärkung der Wettbewerbssituation, Kostenreduzierung, Rationalisierung, Ausgleich von Kapazitäten

Aufgabe 2
a. Hier eignet sich aufgrund der dauerhaft geplanten Zusammenarbeit eine Interessengemeinschaft.
b. Es liegt eine Kooperation der beteiligten Unternehmen vor.
c. Reduzierung der Werbeaufwendungen, verbesserte Koordination von Veranstaltungen, gemeinsames Handeln gegenüber der Stadtverwaltung.

Aufgabe 3
a. Es handelt sich um einen Konzern.
b. Die Brauerei und die Sektkellerei verlieren ihre wirtschaftliche und rechtliche Selbstständigkeit, weil die Aktivitäten des Konzerns von der Geschäftsführung der Cool GmbH bestimmt werden.
c. Die Cool GmbH will sich mit den Beteiligungen neue Geschäftsfelder erschließen und sich insgesamt breiter im Getränkemarkt aufstellen. Möglicherweise können Kosten reduziert werden durch Koordinierung von Vertrieb, Rechnungswesen etc.

Aufgabe 4
a. • Horizontale Verbindungen liegen vor, wenn Unternehmen der gleichen Wirtschafts- bzw. Produktionsstufe sich zusammenschließen.
• Vertikale Verbindungen liegen vor, wenn Unternehmen der vor- oder nachgelagerten Wirtschaftsstufe sich zusammenschließen.
• Diagonale Verbindungen liegen vor, wenn Unternehmen aus unterschiedlichen Wirtschaftsstufen und Branchen sich verbinden.
b. • Horizontale Verbindung: Mehrere Warenhäuser/Handelsunternehmen werden zusammengeschlossen.
• Vertikale Verbindung: Automobilhersteller und Automobilzulieferer
• Diagonale Verbindung: Reiseverkehrsunternehmen, Nahrungsmittelhersteller, Verlag
c. • Gleichordnungskonzern: Gleichordnungskonzerne bilden Unternehmen, die zwar rechtlich selbstständig bleiben, aber unter einer einheitlichen Leitung zusammengefasst sind, ohne dass das ein Unternehmen von dem anderen abhängig ist. Die einheitliche Leitung ergibt sich hier vor allem aus der gegenseitigen Abstimmung.
• Unterordnungskonzern: Im Unterordnungskonzern werden ein herrschendes (Ober- bzw. Muttergesellschaft) und ein oder mehrere abhängige Unternehmungen (Unter- bzw. Tochtergesellschaften) durch die Leitung des herrschenden Unternehmens zusammengefasst.
d. • Gleichordnungskonzern: Die Mehrheitsanteile von fünf verschiedenen Brauereien werden von einer Holding gehalten, die jedoch keine einheitliche Leitung ausübt.
• Unterordnungskonzern: Ein Elektronikkonzern besteht aus einer Obergesellschaft, die eine einheitliche Leitung auf fünf verschiedene Tochtergesellschaften ausübt.

Modul 2: Rechnungswesen

1 Grundlegende Aspekte des Rechnungswesens

Aufgabe 1
a. Buchführung und Bilanz, Kosten- und Leistungsrechnung, Statistik und Planung
b. Buchführung: Kontieren und Buchen von Belegen; Bilanz: Bewerten von Wirtschaftsgütern; Kosten- und Leistungsrechnung: Kalkulieren von Selbstkosten; Statistik: Erstellen eines Vorjahres-Vergleichs der Umsatzerlöse nach Produktgruppen; Planung: Aufstellen der Budgets des nächsten Planjahres

Aufgabe 2
a. Zeitnahe Buchführung bedeutet, dass die Erfassung der Geschäftsfälle möglichst unmittelbar nach deren Eintreten erfolgen soll; richtige Buchführung bedeutet, dass die gebuchten Positionen sowohl inhaltlich als auch wertmäßig korrekt sein müssen; periodengerechte Buchführung bedeutet, dass einem Geschäftsjahr nur die Aufwendungen und Erträge zugerechnet werden dürfen, die in diesem Jahr entstanden sind.
b. Ein Buchführung ist klar und übersichtlich, wenn z. B.
  - nach einem Kontenplan gebucht wird,
  - die Buchungen leserlich sind und nachträgliche Änderungen nachvollziehbar sind,
  - die Aufzeichnungen in einer lebenden Sprache gemacht werden,
  - die Organisation der Buchführung transparent und nachvollziehbar ist.
c. Zivilrechtlich mit dem Verlust der Beweiskraft, strafrechtlich mit einem Verfahren wegen Insolvenzvergehen, steuerrechtlich mit Schätzung der Besteuerungsgrundlagen und ggf. steuerrechtlichen Zwangs- und Strafmaßnahmen.

Aufgabe 3
a. Handelsgesetzbuch, Abgabenordnung
b. Einzelkaufleute, die an den Abschlussstichtagen von zwei aufeinander folgenden Geschäftsjahren nicht mehr als 500.000,00 EUR Umsatzerlöse und 50.000,00 EUR Jahresüberschuss aufweisen, sind nicht verpflichtet, Bücher zu führen.
c. Walter Flimm ist nicht im Handelsregister eingetragen. Damit trifft § 238 (1) nicht auf ihn zu. Er ist nach dem Handelsrecht nicht verpflichtet, Bücher zu führen. Da er allerdings einen Gewinn von mehr als 50.000,00 EUR ausweist, ist er aus steuerrechtlicher Sicht nach § 141 AO verpflichtet, Bücher zu führen.

Aufgabe 4
a. Grundsatz der Bilanzwahrheit: Der Ansatz und die Bewertung von Wirtschaftsgütern muss den tatsächlichen Gegebenheiten entsprechen und frei von Willkür sein. Grundsatz der Periodenabgrenzung: Eine Mietvorauszahlung für das Geschäftsjahr 02, die bereits im Geschäftsjahr 01 eingeht, muss abgegrenzt werden. Grundsatz der Vorsicht: Buchgewinne dürfen nicht ausgewiesen werden, sondern erst dann, wenn der Gewinn realisiert worden ist.
b. Jedes Wirtschaftsgut ist grundsätzlich einzeln zu bewerten; z.B. vier Computer, die gleichzeitig angeschafft wurden, müssen dennoch einzeln bewertet werden, weil sie unterschiedlichen Nutzungen unterliegen. Ausnahmen bestehen für Wirtschaftsgüter, die gleichartig sind und im Wesentlichen das gleiche Schicksal teilen, z.B. für gleichartige Vorräte, Festbewertung von Anlagevermögen, das sich im Wert nur unwesentlich verändert, oder pauschale Abschreibungen auf Forderungen.
c. Die Positionen der Schlussbilanz eines Geschäftsjahres müssen wertmäßig mit den Positionen der Eröffnungsbilanz des folgenden Geschäftsjahres völlig übereinstimmen.

Aufgabe 5
a. 150.000,00 EUR · 0,70 = 105.000,00 EUR
b. 150.000,00 EUR · 0,75 = 112.500,00 EUR. Dieser Wert ist anzusetzen, da für die Verbindlichkeiten das Höchstwertprinzip gilt.
c. 150.000,00 EUR · 0,65 = 97.500,00 EUR. Dieser Wert darf jedoch nicht angesetzt werden, sondern es bleibt bei dem Ansatz von 105.000,00 EUR, da von zwei verschiedenen Wertansätzen bei den Verbindlichkeiten stets der höhere Wert zu wählen ist.

Aufgabe 6
a. 500 · 54,00 EUR = 27.000,00 EUR
b. Weiterhin mit 27.000,00 EUR, da der nicht realisierte Gewinn der Wertpapiere nicht ausgewiesen werden darf. Die Anschaffungskosten bilden die Wertobergrenze, es gilt das strenge Niederstwertprinzip.
c. 500 · 48,00 EUR = 24.000,00 EUR. Hier gilt das Niederstwertprinzip. Der nicht realisierte Verlust muss durch den niedrigeren Bilanzansatz ausgewiesen werden.

Aufgabe 7
Das Imparitätsprinzip besagt, dass noch nicht realisierte Gewinne nicht ausgewiesen werden dürfen (Beispiel Kurssteigerung aus Aufgabe 6b bzw. Devisenkursrückgang aus Aufgabe 5c), noch nicht realisierte Verluste hingegen ausgewiesen werden müssen (Beispiel Kursverlust aus Aufgabe 6c bzw. Devisenkurssteigerung aus Aufgabe 5b).

Aufgabe 8
a. Listenpreis abzüglich aller Preisminderungen wie Rabatt, Skonto, Boni, zuzüglich aller Anschaffungsnebenkosten wie Transportkosten, Versicherung, Montage etc. Entscheidend ist, dass alle Positionen einfließen, die dazu bestimmt sind, das Wirtschaftsgut in einen gebrauchsfähigen Zustand zu versetzen.
b. Eingerechnet werden dürfen: Materialeinzelkosten, Fertigungskosten sowie angemessene Teile der Materialgemeinkosten und der Fertigungsgemeinkosten sowie anteilige Abschreibungen, Sondereinzelkosten der Fertigung, ferner angemessene Teile der Verwaltungsgemeinkosten und der Kosten für soziale Einrichtungen. Nicht eingerechnet werden dürfen Vertriebsgemeinkosten sowie Kosten der Forschung und Entwicklung.
c. Hierunter sind die Anschaffungs- oder Herstellungskosten zu verstehen, reduziert um die planmäßigen Abschreibungen.

Aufgabe 9
a. Die Beteiligung gehört zum Finanzanlagevermögen. Hierfür gilt grundsätzlich das gemilderte Niederstwertprinzip. Die Motorenwerke AG hat jedoch als Kapitalgesellschaft bei der Bewertung des Finanzanlagevermögens auch bei einer nur vorübergehenden Wertminderung ein Wahlrecht auf Beibehaltung des Wertes oder Abschreibung auf den niedrigeren Tageswert.
b. Wenn die Motorenwerke AG im vergangenen Jahr nicht abgeschrieben hat, bleibt es bei dem Wert von 400.000,00 EUR, da die Anschaffungskosten die Wertobergrenze bilden. Wurde die Beteiligung jedoch auf den Wert von 320.000,00 EUR wertberichtigt, muss eine Wertaufholung bis zum Wert von 400.000,00 EUR erfolgen.
c. Gemildertes Niederstwertprinzip
d. Wenn ein Wertansatz über den Anschaffungs- oder Herstellkosten erfolgt, werden Buchgewinne ausgewiesen. Das ist nach dem Vorsichtsprinzip nicht möglich und wäre, wenn zulässig, sogar schädlich, denn das Unternehmen müsste dann Steuern auf Gewinne zahlen, die finanztechnisch noch nicht realisiert wurden. Das würde den Abfluss von Liquidität bedeuten.

Aufgabe 10
a. 120.000,00 EUR − 12.000,00 EUR = 108.000,00 EUR
b. 120.000,00 EUR − (4 · 12.000,00 EUR) = 72.000,00 EUR
c. Die Fräsanlage muss aufgrund der dauernden Wertminderung auf den niedrigeren Tageswert abgeschrieben werden. Bilanzansatz also: 40.000,00 EUR.

Aufgabe 11
a.

	Menge	Anschaffungskosten je Stück	Gesamtwert
01.01. AB	500	4,00 EUR	2.000,00 EUR
15.04. Zugang	1.000	4,50 EUR	4.500,00 EUR
20.08. Zugang	1.500	5,40 EUR	8.100,00 EUR
15.10. Zugang	800	5,00 EUR	4.000,00 EUR
Gesamt	3.800	⌀ Wert = 4,89 EUR	18.600,00 EUR

b. Wegen des strengen Niederstwertprinzips im Umlaufvermögen ist der niedrigere Wert von 4,89 EUR anzusetzen.

c. Dann wäre – ebenfalls wegen des strengen Niederstwertprinzips – der niedrigere Tageswert von 4,80 EUR anzusetzen.

Aufgabe 12
a. Das Lifo-Verfahren geht davon aus, dass die zuletzt erworbenen Güter als erste verbraucht wurden. Somit setzt sich der Endbestand aus dem Anfangsbestand und den ersten Zugängen zusammen:
  500 · 4,00 EUR = 2.000,00 EUR
 + 200 · 4,50 EUR =   900,00 EUR
 = 700 Stück für 2.900,00 EUR
Der Verbrauch wird mit den zuerst gezahlten Preisen bewertet:
18.600,00 EUR − 2.900,00 EUR = 15.700,00 EUR
b. Beim Fifo-Verfahren wird unterstellt, dass die zuerst gekauften Güter zuerst verbraucht wurden. Der Endbestand setzt sich somit aus den zuletzt gekauften Schaltern zusammen:
700 · 5,00 EUR = 3.500,00 EUR
Der Verbrauch würde dann mit den zuerst gezahlten Preisen bewertet: 18.600,00 EUR − 3.500,00 EUR = 15.100,00 EUR
c. Zulässig sind nach dem HGB beide Verfahren. Nach dem Steuerrecht ist nur das Lifo-Verfahren zulässig.
d. Das Niederstwertprinzip verhindert, dass nicht realisierte Gewinne ausgewiesen werden.

Aufgabe 13
a. Am 15.11. ist die gesamte Forderung von dem normalen Konto Forderungen aus LL umzubuchen auf das Konto Zweifelhafte Forderungen.
b. Die Forderung ist am Bilanzstichtag zu korrigieren. 50 % der Forderung machen 13.090,00 EUR aus. Der Nettobetrag in Höhe von 11.000,00 EUR (13.090,00 EUR : 1,19) ist abzuschreiben und auf dem Konto Einzelwertberichtigungen auf Forderungen gegenzubuchen.
c. Die Motorenwerke erhalten 60 % ihrer Forderungen, das sind 15.708,00 EUR. Dieser Betrag geht auf dem Bankkonto ein (Buchung im Soll) und ist auf dem Konto Zweifelhafte Forderungen (im Haben) gegenzubuchen. Sodann ist der nicht erhaltene Umsatzsteuerbetrag in Höhe von 40 % von 4.180,00 EUR = 1.672,00 EUR im Soll des Kontos Umsatzsteuer zu korrigieren (Gegenbuchung im Konto Zweifelhafte Forderungen) und die Einzelwertberichtigung aufzulösen. Hier wird sich ein Ertrag aus der Auflösung einer Wertberichtigung ergeben in Höhe von 2.200,00 EUR (Nettobetrag der zu viel abgeschriebenen Forderung).
d. Die Umsatzsteuer ist ein durchlaufender Posten und kann folglich nicht abgeschrieben werden. Sie wird auf dem Konto Umsatzsteuer in Höhe des tatsächlichen Ausfalls korrigiert.

Aufgabe 14
a. Nettobetrag der Forderung 12.000,00 EUR (14.280,00 EUR : 1,19), hierauf werden 60 % abgeschrieben und damit einzeln wertberichtigt: 60 % von 12.000,00 EUR = 7.200,00 EUR.
b. 7.200,00 EUR − 3.400,00 EUR = 3.800,00 EUR ist der Bedarf an Einzelwertberichtigungen, der zum 31.12. noch gebucht werden muss.
c. Der Forderungsbestand (brutto), der pauschal wertberichtigt werden muss, beträgt: 654.500,00 EUR − 14.280,00 EUR = 640.220,00 EUR. Der Nettobetrag dieser Forderungen beträgt 538.000,00 EUR (640.220,00 EUR : 1,19). Hierauf ist eine Pauschalwertberichtigung in Höhe von 3 % vorzunehmen: 538.000,00 EUR · 3 % = 16.140,00 EUR.
d. Zum 31.12. müssen noch 16.140,00 EUR − 4.200,00 EUR = 11.940,00 EUR in die Pauschalwertberichtigungen gebucht werden.

2 Finanzbuchhaltung

Aufgabe 1
a. Zwei wesentliche Ziele der Finanzbuchhaltung: 1. jederzeit einen Überblick über die Vermögens- und Ertragslage zu geben, 2. die Grundlagen der Besteuerung zu liefern.
b. Die Gesellschafter bzw. Kapitalgeber wollen wissen, ob und in welchem Umfang sich ihr im Unternehmen investiertes Kapital rentiert und ob die Investition sicher und zukunftsträchtig ist. Die Gläubiger wollen wissen, wie sich die wirtschaftliche Lage des Unternehmens entwickelt und ob sie auch in Zukunft ihre Verbindlichkeiten honoriert bekommen. Der Fiskus interessiert sich für die periodengerechte Gewinnermittlung als Grundlage für die Besteuerung.

Aufgabe 2
Damit die Gläubiger, die Öffentlichkeit, die Gewerkschaften als Vertreter der Arbeitnehmer, die Kapitalmarktteilnehmer und andere interessierte Personengruppen sich über die Gesellschaft und deren Lage informieren können.

Aufgabe 3
a. Das Hauptbuch hat die Aufgabe, die anfallenden Geschäftsfälle in sachlich richtiger Weise auf den Sachkonten des Unternehmens zu verbuchen.
b. Es besteht aus Bestandskonten- und Erfolgskonten.
c. Bestandkonten: TA und Maschinen, Vorräte, Verbindlichkeiten, Darlehen; Erfolgskonten: Umsatzerlöse, Zinserträge, Materialaufwendungen, Miete, Reisekosten

Aufgabe 4
a. Die Nebenbücher haben die Aufgabe, die in manchen Sachkonten auflaufenden Geschäftsfälle detailliert darzustellen. Würde man z.B. alle Maschinen eines großen Unternehmens auf einem Maschinenkonto buchen, würde das zu unübersichtlich sein.
b. Debitorenbuchhaltung: enthält für jeden Kunden ein eigenes namentliches Konto. Kreditorenbuchhaltung: enthält für jeden Lieferanten und Dienstleister ein eigenes namentliches Konto.

Aufgabe 5
Ermittlung des jährlichen Erfolgs (GuV), Darstellung des Vermögens und der Schulden sowie des Eigenkapitals (Bilanz), Bereitstellung von Auswertungen des Jahresabschlusses für dispositive Zwecke, Ermittlung der Steuerschulden.

Aufgabe 6
Diese Aussage stimmt nicht. Die Bilanz ist zwar Teil des Jahresabschlusses, aber zum Jahresabschluss gehören zumindest die GuV, bei vielen Gesellschaften noch der Anhang und der Lagebericht.

Aufgabe 7

	Bilanz	GuV	Anhang	Lagebericht
kleine GmbH	x		x	
mittelgroße GmbH & Co. KG	x	x	x	
große AG	x	x	x	x

Erläuterung: Die GmbH & Co. KG gehört nach § 325 HGB zu dem Kreis der publizitätspflichtigen Unternehmen. Eine klassische KG als reine Personengesellschaft gehört nicht dazu.

Aufgabe 8
Stichtagsinventur: Sie findet zeitnah zum Bilanzstichtag statt (± 10 Tage). Verlegte Inventur: Sie kann zu einem Termin innerhalb der letzten drei Monate vor oder zwei Monate nach dem Bilanzstichtag stattfinden, setzt jedoch eine entsprechende Lagerbuchführung voraus, mit der eine Rückrechnung bzw. Fortschreibung der Bestände erfolgen kann.

Aufgabe 9

Aktiva	Bilanz		Passiva
A. Anlagevermögen		A. Eigenkapital	314.000,00
1. Grundstücke und Gebäude	295.000,00	B. Rückstellungen	15.000,00
2. Maschinen und Anlagen	160.000,00	C. Verbindlichkeiten	
3. Betriebs- und Geschäftsausst.	18.000,00	1. Verbindlichkeiten geg. Kreditinst.	340.000,00
4. Fuhrpark	65.000,00	2. Verbindlichkeiten aus LL	42.000,00
B. Umlaufvermögen			
1. Vorräte	78.000,00		
2. Forderungen aus LL	20.000,00		
3. Wertpapiere des UV	35.000,00		
4. Kasse und Bank	40.000,00		
Bilanzsumme	**711.000,00**	**Bilanzsumme**	**711.000,00**

Aufgabe 10
a. Das Anlagevermögen ist dazu bestimmt, dem Unternehmen dauerhaft zu dienen.
b. Immaterielles AV: erworbene Konzessionen und Lizenzen, Geschäfts- oder Firmenwert; Sachanlagevermögen: Maschinen, Fuhrpark; Finanzanlagevermögen: Anteile an verbundenen Unternehmen, Beteiligungen

Aufgabe 11

a.	Kauf eines Computers gegen Rechnung	1
b.	Ein Kunde bezahlt eine Rechnung per Banküberweisung.	1
c.	Es wird eine Bareinzahlung auf das Bankkonto vorgenommen.	1
d.	Ein Darlehen wird per Banküberweisung getilgt.	4
e.	Eine kurzfristige Lieferantenschuld wird in ein Darlehen umgewandelt.	2
f.	Kauf von Büromaterial bar	4
g.	Ein Gesellschafter tätigt eine Einlage per Bankscheck.	3
h.	Eine Lieferantenrechnung wird per Banküberweisung beglichen.	4

Aufgabe 12
- Aktive Posten der Rechnungsabgrenzung: im Voraus bezahlte Versicherungsbeiträge, die im folgenden Jahr zu Aufwendungen führen.
- Passive Posten der Rechnungsabgrenzung: im Voraus erhaltene Mietzahlung, die erst im folgenden Jahr zu Erträgen führt.
- Rückstellungen: drohende Verluste aus schwebenden Geschäften, Pensionsrückstellungen.
- Rücklagen: Gewinnrücklagen, Kapitalrücklagen

Aufgabe 13

Soll	Gewinn- und Verlustrechnung (Werte in TEUR)			Haben
Materialaufwendungen	600	Umsatzerlöse		1.260
Personalaufwendungen	405	Bestandsmehrungen		80
Abschreibungen	120	Aktivierte Eigenleistungen		40
Kommunikationsaufwendungen	55	Zinserträge		130
Büromaterial	30	Verlust		150
Mieten	90			
Fremdleistungen	360			
Summe Soll	**1.660**	**Summe Haben**		**1.660**

Aufgabe 14

a. Eigenkapital Ende 02   480.000,00 EUR
   − Eigenkapital Ende 01   400.000,00 EUR
   + Privatentnahmen   30.000,00 EUR
   − Einlagen   40.000,00 EUR
   = Unternehmensgewinn   70.000,00 EUR

b. ⌀ Eigenkapital = (400.000,00 EUR + 480.000,00 EUR) : 2 = 440.000,00 EUR

Eigenkapitalrentabilität = $\dfrac{70.000 \cdot 100}{440.000}$ = 15,9 %

c. ⌀ Gesamtkapital = (1.000.000,00 EUR + 1.180.000,00 EUR) : 2 = 1.090.000,00 EUR

Gesamtkapitalrentabilität = $\dfrac{70.000 + 30.000 \cdot 100}{1.090.000}$ = 9,17 %

3 Kosten- und Leistungsrechnung

Aufgabe 1

a. Folgende Sachverhalte führen dazu, dass Erträge, die im externen Rechnungswesen ausgewiesen werden, nicht in gleicher Höhe als Leistungen in die Kosten- und Leistungsrechnung einfließen:
- Die erwirtschafteten Erträge stehen in keinem Zusammenhang mit der betrieblichen Leistungserstellung (betriebsfremde Erträge). Beispiel: Zinserträge aus Finanzanlagen, die ein Industrieunternehmen getätigt hat, dessen betrieblicher Zweck die Herstellung von Küchenmöbeln ist
- Die erwirtschafteten Erträge stehen zwar im Zusammenhang mit der betrieblichen Leistungserstellung, fallen aber zufällig, einmalig oder in außergewöhnlicher Höhe an. Beispiel: Verkauf eines Anlagegutes über Buchwert
- Die erwirtschafteten Erträge stehen zwar im direkten Zusammenhang mit der betrieblichen Leistungserstellung, sind aber nicht in der aktuellen Abrechnungsperiode entstanden. Beispiel: Steuerrückerstattung aus einer beliebigen Vorperiode

b. Folgende Begriffsabgrenzungen sind schlüssig:
   1. Zweckaufwand und Grundkosten,
   2. Zusatzleistung,
   3. Zweckertrag und Grundleistung,
   4. neutraler Aufwand,
   5. neutraler Ertrag.

Aufgabe 2

Folgende Begriffspaare sind schlüssig:
a. fixe Kosten und Gemeinkosten,
b. fixe Kosten und Gemeinkosten,
c. fixe Kosten und Gemeinkosten,
d. variable Kosten und Einzelkosten.

Aufgabe 3

a. Der Betriebsabrechnungsbogen verteilt die Kosten, die nicht direkt den Kostenträgern zugerechnet werden können (Kalkulation) als Gemeinkosten auf die einzelnen Kostenstellen, um dann entsprechende Zuschlagssätze auf die Einzelkosten zu ermitteln. Mit diesen Zuschlagssätzen ist dann die Möglichkeit für vollständige Kalkulationen gegeben.

b. MGKZ = MGK · 100 : MEK = 40.000,00 EUR · 100 : 400.000,00 EUR = 10,00 %
FGKZ = FGK · 100 : FEK = 300.000,00 EUR · 100 : 200.000,00 EUR = 150,00 %
Nebenrechnung zur Ermittlung der Herstellkosten des Umsatzes:
HKU = MEK + MGK + FEK + FGK =
400.000,00 EUR + 40.000,00 EUR + 200.000,00 EUR + 300.000,00 EUR = 940.000,00 EUR
VwGKZ = VwGK · 100 : HKU =
80.000,00 EUR · 100 : HKU = 80.000,00 EUR · 100 : 940.000,00 EUR = 8,51 %
VtGKZ = VtGK · 100 : HKU = 120.000,00 EUR · 100 : 940.000,00 EUR = 12,77 %

c. SKU = HKU + VwGK + VtGK =
940.000,00 EUR + 80.000,00 EUR + 120.000,00 EUR = 1.140.000,00 EUR

Aufgabe 4

a.

Gesamtkalkulation	Soll-Kosten (Vorkalkulation)		Soll- Zuschlagssätze	Ist-	Ist-Kosten (Nachkalkulation)		Kostenüber- bzw. Unter- deckung
	EUR	EUR	%	%	EUR	EUR	EUR
Fertigungsmaterial	1.260.000,00				1.260.000,00		
Materialgemeinkosten	138.600,00		11,00	12,70	160.000,00		−21.400,00
Materialkosten		1.398.600,00				1.420.000,00	−21.400,00
Fertigungslöhne	670.000,00				670.000,00		
Fertigungsgemeinkosten	1.273.000,00		190,00	180,60	1.210.000,00		63.000,00
Fertigungskosten		1.943.000,00				1.880.000,00	63.000,00
Herstellkosten der Produktion		3.341.600,00				3.300.000,00	41.600,00
BV Unfertige Erzeugnisse		20.000,00				20.000,00	
BV Fertige Erzeugnisse		−185.000,00				−185.000,00	
Herstellkosten des Umsatzes		3.176.600,00				3.135.000,00	41.600,00
Verwaltungsgemeinkosten		635.320,00	20,00	13,72		430.000,00	205.320,00
Vertriebsgemeinkosten		285.894,00	9,00	7,02		220.000,00	65.894,00
Selbstkosten des Umsatzes		**4.097.814,00**				**3.785.000,00**	**312.814,00**

b. Kostenunterdeckung im Materialbereich: Diebstahl; Kostenüberdeckung im Fertigungsbereich: Ausschussreduzierung; Kostenüberdeckung im Verwaltungsbereich: Auslagerung der Buchführungsfunktion; Kostenüberdeckung im Vertriebsbereich: Auslagerung der Versandfunktion

c. Den notwendigen Maßnahmen der Unternehmensleitung geht eine genaue Analyse der Abweichungen voraus. Aus der Analyse ergeben sich dann drei mögliche Strategien:
1. Der Normalgemeinkostensatz wird angehoben, weil die erhöhten Kosten notwendig waren und bleiben, wenn im Materialbereich eine verbesserte Sicherheit zu einer Verminderung der Diebstähle geführt hat.
2. Der Normalkostensatz wird gesenkt, weil im Fertigungsbereich umfangreiche Reklamations- und Nachbesserungsarbeiten zurückgehen.
3. Die Normalgemeinkostensätze werden gesenkt, weil Funktionsauslagerungen im Verwaltungs- und Vertriebsbereich zu Gemeinkostenreduzierungen geführt haben.

Aufgabe 5
a.

Angaben in EUR	Allgemeine Hilfskostenstelle	Material	Fertigung	Verwaltung	Vertrieb
Istgemeinkosten	200.000,00	200.000,00	400.000,00	120.000,00	80.000,00
Umlage	→	80.000,00	80.000,00	20.000,00	20.000,00
Summe Istgemeinkosten		280.000,00	480.000,00	140.000,00	100.000,00

b. Reinigungsdienst, Kantine, Werkschutz, Gemeinschaftseinrichtungen

c. Ein Exempel einer allgemeinen Hilfskostenstelle und deren Leistungsabgabe an die Hauptkostenstellen nach Flächeneinheiten (m^2) ist der Reinigungsdienst. Auf den ersten Blick scheint die Umlage verursachungsgerecht, da ein direkter Zusammenhang zwischen Reinigungsleistung und gereinigter Fläche zu bestehen scheint. Kritisch anzumerken ist dabei, dass, trotz geringer Reinigungsfläche (Büroraum), eine Vielzahl von Mobiliar zu reinigen ist, aber bei einer großen Reinigungsfläche (Anlieferungszone im Materialbereich) nur die Fläche, ohne eine Vielzahl an Mobiliar, zu reinigen ist.

Aufgabe 6

EUR pro Stück		
Listenverkaufspreis	248,00	
− Kundenrabatt	37,20	(15,00 %)
= Barverkaufspreis	210,80	
− Kundenskonto	4,22	(2,00 %)
= Barverkaufspreis	206,58	
− Gewinn	36,58	
= Selbstkosten	170,00	(125,00 %)
− Verwaltungsgemeinkosten	20,40	(15,00 %)
− Vertriebsgemeinkosten	13,60	(10,00 %)
= Herstellkosten	136,00	(100,00 %)

Aufgabe 7
a. und b.

Alle Angaben in EUR

Fertigungsmaterial	48,00
+ Materialgemeinkosten	7,20
= Materialkosten (pro Stück)	55,20
Fertigungslohn	84,00
+ Fertigungsgemeinkosten	100,80
= Fertigungskosten (pro Stück)	184,80
+ Maschineneinsatz Vorfertigung	112,00
+ Maschineneinsatz Fertigung	90,00
= Maschinenkosten	202,00
= Herstellkosten (pro Stück)	442,00
+ Verwaltungsgemeinkosten	44,20
+ Vertriebsgemeinkosten	66,30
= Selbstkosten (pro Stück)	552,50
Selbstkosten des Produktionsauftrags	552.500,00

c. Die Maschinenstundensatzkalkulation findet in Industrieunternehmen Anwendung, deren betrieblicher Leistungsprozess maschinengebunden ist. Dabei werden die Fertigungsgemeinkosten in maschinen- und lohnabhängige Kostenbestandteile aufgeteilt. So erreicht man, dass der Zuschlagssatz für die Fertigungsgemeinkosten auf die tatsächlich im Fertigungsbereich angefallenen Fertigungslöhne angesetzt wird und damit die Fertigungskosten von den separat ermittelten Maschinenkosten abgegrenzt werden können.

Aufgabe 8
a. ÄZ: Äquivalenzziffer, RE: Recheneinheit

Sorte	Produktions-menge	ÄZ	RE	Selbstkosten (EUR) je Stück	Selbstkosten (EUR) je Sorte
A	18.000	1,00	18.000	6,00	108.000,00
B	13.500	0,75	10.125	4,50	60.750,00
Summe Recheneinheiten:			28.125	Summe Kosten:	168.750,00

Nebenrechnung: Kosten je Recheneinheit = 168.750,00 EUR : 28.125 = 6,00 EUR
Merke: Die Summe der Sortenkosten muss mit den Gesamtkosten übereinstimmen.

b. Der Ansatz der Äquivalenzziffernkalkulation berücksichtigt, dass Erzeugnisse produziert werden, die in ihren Eigenschaften gleichartig (Sorten) sind. Mit der Äquivalenzziffer je Sorte wird das Kostenverhältnis der Sorten zueinander zum Ausdruck gebracht.

c. In Industrieunternehmen kann die Produktionsmenge und in Dienstleistungsunternehmen die Stundeninanspruchnahme als Kriterium zur Bestimmung einer Sorte als Richtsorte herangezogen werden.

Aufgabe 9
a. (EUR pro Stück)

Listeneinkaufspreis	380,00
− Rabatt	19,00
= Zieleinkaufspreis	361,00
− Skonto	7,22
= Bareinkaufspreis	353,78
+ Bezugskosten	2,40
= Bezugspreis	356,18
+ Handlungskosten	160,28
= Selbstkosten	516,46

b. Handelsspanne = (Verkaufspreis − Bezugspreis) · 100 : Verkaufspreis
Handelsspanne = (589,00 EUR − 356,18 EUR) · 100 : 589,00 EUR = 39,53 %
Kalkulationszuschlagssatz = (Verkaufspreis − Bezugspreis) · 100 : Bezugspreis
Kalkulationszuschlagssatz = (589,00 EUR − 356,18 EUR) · 100 : 356,18 EUR = 65,37

c. (EUR pro Stück)

Barverkaufspreis	569,00	
− Gewinnzuschlag	72,54	(589,00 − 516,46)
= Selbstkosten	496,46	(145,00 %)
− Handlungskosten	154,07	(45,00 %)
= Bezugspreis	342,89	(100,00 %)
− Bezugskosten	2,40	
= Bareinkaufspreis	339,99	(102,00 %)
− Skonto	6,67	(2,00 %)
= Zieleinkaufspreis	333,32	(100,00 %) (105,00 %)
− Rabatt	15,87	(5,00 %)
= Listeneinkaufspreis	317,45	(100,00 %)

Aufgabe 10

	Produkt A	Produkt B	Produkt C	Summe
Verkaufserlös (EUR/Stück)	140,00	890,00	530,00	
Variable Kosten (EUR/Stück)	100,00	710,00	390,00	
Verkaufsmenge (Stück)	260	145	95	
Stückdeckungsbeitrag (EUR)	40,00	180,00	140,00	
Deckungsbeitrag (EUR)	10.400,00	26.100,00	13.300,00	49.800,00
Fixe Kosten (EUR)				39.000,00
Betriebsergebnis (EUR)				10.800,00

a. Stückdeckungsbeitrag: Produkt A 40,00 EUR, Produkt B 180,00 EUR, Produkt C 140,00 EUR
b. Deckungsbeitrag gesamte Warengruppe: 49.800,00 EUR
c. Betriebsergebnis der Warengruppe: 10.800,00 EUR
d. Das Betriebsergebnis verschlechtert sich durch die Herausnahme des Produkts C aus der Warengruppe um 13.300,00 EUR. Dies führt zu einem negativen Betriebsergebnis von 2.500,00 EUR. Eine Empfehlung kann dahingehend ausgesprochen werden, dass die Herausnahme nur dann sinnvoll ist, wenn kein Absatz des Produkts mehr zu erwarten ist.

Aufgabe 11
a. Beschäftigungsgrad (BEP) = Gewinnschwellenmenge · 100 % : Produktionskapazität
   Beschäftigungsgrad (BEP) = 301.000 Stück · 100 % : 860.000 Stück = 35,00 %
b. Zuerst müssen die variablen Stückkosten ermittelt werden; dies geschieht mithilfe der Gewinnschwellenmenge:

(Werte in EUR)	
Umsatzerlös	301.000 · 25,00 = 7.525.000,00
− fixe Kosten	3.010.000,00
= variable Kosten	4.515.000,00
variable Stückkosten	4.515.000,00 : 301.000 = 15,00

Mit dieser Information kann nun das Betriebsergebnis ermittelt werden:

(Werte in EUR)	
Umsatzerlös	860.000 · 0,65 · 25,00 = 13.975.000,00
− variable Kosten	860.000 · 0,65 · 15,00 = 8.385.000,00
= Deckungsbeitrag	5.590.000,00
− fixe Kosten	3.010.000,00
= Betriebsergebnis	2.580.000,00

c. Die Aussage ist richtig: Die Gewinnschwellenmenge wird über die Gleichung $x_{BEP} = K_f : db$ ermittelt. In dieser Gleichung ist der Beschäftigungsgrad kein Parameter. Damit wirken sich Änderungen des Beschäftigungsgrads nicht auf die Gewinnschwellenmenge aus.

4 Auswertung der betrieblichen Zahlen

Aufgabe 1
a. Es dient der Information der im Betrieb handelnden Personen anhand zusammengefasster, strukturierter und verdichteter Zahlen.
b. Das Berichtswesen richtet sich primär an das Management, d.h. die Unternehmensleitung und die Führungskräfte.
c. Es sollte aussagefähig, wesentlich, verständlich und zeitnah sein.

Aufgabe 2
Absatz: Umsätze und Absätze nach Vertriebswegen, Gebieten, Produkten; Preisentwicklung
Personal: Struktur der Mitarbeiter nach Geschlecht, Alter, Migration; Personalkosten, Krankenstand
Material: Einkaufsvolumen nach Produktgruppen, Preisentwicklung, Lagerbestände
Finanzen: Liquidität, Kreditvolumen, Zinssätze, Investitionen

Aufgabe 3
a. Umsatz im Berichtsjahr nach Verkaufsgebieten in Prozent: Nord 33,6 %, Mitte: 21,6 %, Ost: 11,3 %, Süd: 33,6 %; auf die gleiche Weise können die Anzahl der Kunden und die Anzahl der verkauften Artikel gegliedert werden.
b. In Beziehung gesetzt werden können die Umsätze des Berichtsjahres zu den Umsätzen des Vorjahres, um die Steigerung zu ermitteln. Beispiel: Steigerung des Gesamtumsatzes zum Vorjahr = 2,6 %. Eine weitere Beziehung könnte hergestellt werden zwischen dem Umsatz im Berichtsjahr und der Anzahl der verkauften Produkte, um die Wertigkeit der Absatzzahlen zu ermitteln. Ferner könnte der Umsatz je Kunde in den einzelnen Verkaufsgebieten Aufschluss über die Kundenstruktur geben.
c. Nord: 34,1 %, Mitte: 30 %, Ost: 33,5 %, Süd: 31,8 %
d. Um eine Beziehungszahl, weil der Rohgewinn in Beziehung gesetzt wird zum Umsatz

Aufgabe 4
a.

Jahr	2006	2007	2008	2009	2010	2011
Index	100,0	106,6	103,3	108,3	111,7	115,0

b. Sie sagen aus, um wie viel sich ein bestimmter Wert im Verhältnis zu einem Basisjahr entwickelt hat, in diesem Fall die Preisentwicklung des Rohstoffs.

Aufgabe 5
a. Eigenkapitalrentabilität = $\dfrac{250.000{,}00 \text{ EUR} \cdot 100}{2.000.000{,}00 \text{ EUR}} = 12{,}5\%$

b. Gesamtkapitalrentabilität = $\dfrac{(250.000{,}00 \text{ EUR} + 240.000{,}00 \text{ EUR} \cdot 100}{5.000.000{,}00 \text{ EUR}} = 9{,}8\%$

c. Umsatzrentabilität = $\dfrac{250.000{,}00 \text{ EUR} \cdot 100}{10.000.000{,}00 \text{ EUR}} = 2{,}5\%$

Aufgabe 6
a. Grundsätzlich ja, wenn die Gesamtkapitalrentabilität so gehalten werden kann (9,8 %), denn sie ist größer als der genannte Fremdkapitalzinssatz (7 %).

b. Da die Gesamtkapitalrentabilität (9,8 %) größer ist als der durchschnittliche Fremdkapitalzinssatz von 8 % (240.000,00 EUR FK-Zinsen vom Fremdkapital von 3.000.000,00 EUR = 8 %), wirkt sich dies positiv auf die Eigenkapitalrentabilität aus. Der weitere Einsatz von Fremdkapital lohnt sich in dieser Konstellation, denn das führt zu einer Erhöhung der Eigenkapitalrentabilität.

c. Leverage-Risk ist der umgekehrte Effekt: Wenn, z. B. bei einer langfristigen Finanzierung von einem umfangreichen Fremdkapitalanteil, die Gesamtkapitalrentabilität des Unternehmens unter den Fremdkapitalzinssatz sinkt, führt dies zu einem „negativen Hebeleffekt" und damit zu einem entsprechenden Absinken der Eigenkapitalrentabilität.

Aufgabe 7

$$\text{Umsatzrentabilität vor Zinsen} = \frac{490.000{,}00 \text{ EUR} \cdot 100}{10.000.000{,}00 \text{ EUR}} = 4{,}9\%$$

Kapitalumschlag = Umsatz/Gesamtkapital = 10.000.000,00 EUR : 5.000.000,00 EUR = 2
Return on Investment/Gesamtkapitalrentabilität = 4,9 % · 2 = 9,8 %
Ein ähnlicher Zusammenhang kann hergestellt werden, wenn man den Kapitalumschlag des Eigenkapitals heranzieht, dann allerdings auch den Gewinn nach Zinsen:
Umsatzrentabilität = 2,5 % (siehe Lösung zu 5 c)
Kapitalumschlag = 10.000.000,00 EUR : 2.000.000 EUR = 5
Return on Investment/Eigenkapitalrentabilität = 2,5 % · 5 = 12,5 %

5 Planungsrechnung

Aufgabe 1

a. Niemand sollte das betriebliche Geschehen dem Zufall überlassen. Insofern ist Planung nicht nur ein Element jeglichen menschlichen Daseins (z. B. Lebensplanung, Finanzplanung, Urlaubsplanung), sondern in jedem Unternehmen ein wichtiges Element der Unternehmensführung.

b. Sie bietet allen Mitarbeitern Orientierung, dient als Grundlage für unternehmerische Entscheidungen, sie wird benötigt als Vergleichsmaßstab, sie hat eine erzieherische Wirkung für Führungskräfte und Mitarbeiter, sie kann ein Instrument für Leistungsanreize sein.

c. Die Produktion eines Unternehmens plant die kommende Periode. Sie orientiert sich dabei an den Absatzzahlen des Vertriebs (Abhängigkeit von einem anderen Teilplan). Diese Zahlen und die notwendigen Produktionskapazitäten sind die Planungsprämissen. Ob diese eintreten, ist ungewiss, insofern müssen Alternativen und Reserven eingeplant werden, um eine gewisse Flexibilität zu gewährleisten.

Aufgabe 2

a. Der Planungshorizont der strategischen Planung beträgt in mittleren Unternehmen ca. 5 Jahre, in Großunternehmen bis zu 10 Jahre.

b. Z. B. strategische Geschäftsfelder (Produktbereiche), Standorte, Fertigungstechnik und Investitionen, langfristige Personalentwicklung

c. Die operative Planung befasst sich zeitlich mit der Jahresplanung und der Monatsplanung. Inhaltlich setzt sie sich mit den Budgets der Kostenstellen, der Personalplanung, der Absatzplanung etc. auseinander.

d. Ein Budget ist in der Regel eine wertmäßige Vorgabe für eine Kostenstelle, ein Projekt oder einen umfangreichen Kostenträger. Es legt fest, wie viele Ressourcen wertmäßig verbraucht werden dürfen, z. B. an Personalkosten, Materialkosten, fremden Dienstleistungen.

Aufgabe 3

a. Darunter versteht man die Tatsache, dass alle Teilpläne eines Unternehmens miteinander verbunden sind.

b. Der Produktionsplan ist vom Absatzplan abhängig, denn nur wenn der Produktionsverantwortliche weiß, was auf dem Markt benötigt wird, kann er das auch produzieren lassen. Vom Produktionsplan wiederum sind abhängig die Personalplanung, die Investitionsplanung und die Materialplanung, weil dies die Produktionsfaktoren sind, die im Produktionsprozess benötigt werden.

Aufgabe 4

In der Regel geht der Vertriebsbereich von einer Ziel-Umsatzgröße aus. Diese Größe sollte nach Absatzzahlen, nach Produkten, nach Preisen der Produkte, nach Gebieten, ggf. nach Großkunden ausdifferenziert werden. Diese Pläne sollten sodann in zeitlicher Hinsicht noch einmal auf Monats- oder Quartalspläne heruntergebrochen werden.

Modul 3: Recht und Steuern

1 Rechtliche Zusammenhänge

1.1 Grundlagen des BGB

Aufgabe 1
Weil die Rechtssubjekte (natürliche und juristische Personen) rechtsfähig sind.

Aufgabe 2
a. Nur, falls die Küche wesentlicher Bestandteil wird, geht der Eigentumsvorbehalt nach § 946 BGB unter (der Eigentümer des Hauses wird trotz EV Eigentümer).
b. Die Küche wird in beiden Fällen „automatisch" mit verkauft/mit übereignet; eine anders lautende Vereinbarung ist jedoch möglich/wirksam, wenn die Küche kein wesentlicher Bestandteil ist.

Aufgabe 3
Nein, die Willenserklärung eines Geschäftsunfähigen ist grundsätzlich nichtig (die Ausnahmen, wie z. B. Taschengeldkauf, gelten nur für die beschränkt Geschäftsfähigen).

Aufgabe 4
Ja, wirksam auch ohne Zustimmung, da eine Ausnahme (lediglich rechtlicher Vorteil; § 107 BGB) vorliegt

Aufgabe 5
Der Ansatz der Mutter ist falsch: Da Siggi offensichtlich als Bote auftritt, übermittelt er nur den Willen der Mutter. Der Vertrag entsteht zwischen Mutter und Händler, sodass Siggis Geschäftsfähigkeit irrelevant ist.

Aufgabe 6
Schweigen die Eltern auf die Anfrage, so gilt dies nach § 108 (2) BGB nach dem Ablauf von 2 Wochen als Ablehnung.

Aufgabe 7
Das Testament, mit dem der Erblasser die Rechtsverhältnisse nach seinem Tode regelt (Verfügung von Todes wegen), kommt zustande nur durch die Erklärung des Erblassers (einseitig), dabei reicht die Abgabe der Willenserklärung, ohne dass diese dem Erben zugehen muss (nicht empfangsbedürftig).

Aufgabe 8
Ja, hat sie, denn die Auslobung ist ein einseitiges, nicht empfangsbedürftiges Rechtsgeschäft: Die Verpflichtung des Auslobenden entsteht, auch wenn der andere die Willenserklärung nicht empfangen hat.

Aufgabe 9
Ein Vertrag wäre zustande gekommen, wenn dem B die Annahme des Investors innerhalb der Annahmefrist zugegangen wäre. Das Fax ist zwar am 30.09. um 18.19 Uhr im Machtbereich des B, ein Zugang ist aber unter normalen Umständen um diese Zeit nicht mehr zu erwarten, sondern erst wieder am 4.10. Daher ist die Annahme nicht innerhalb der Frist erfolgt.

1.2 BGB Schuldrecht

Aufgabe 1
Die Bürgschaft eines Nichtkaufmanns bedarf der Schriftform, von daher wäre das das Rechtsgeschäft nichtig. Durch die Begleichung der Schuld wurde aber der Mangel der Form geheilt, die Bürgschaft ist wirksam.

Aufgabe 2
a. Nein, da Überschreiten der gesetzten Frist; §§ 146, 148 BGB
b. 1. Nein, Überschreiten der gesetzlichen Frist (01.12. + 6 – 7 Tage); §§ 146, 147 (2) BGB
   2. Die Annahme ist grundsätzlich zwar verspätet; sie wäre jedoch bei regelmäßiger Beförderung rechtzeitig zugegangen. Da der Verkäufer dies hätte erkennen müssen (z. B. Poststempel), hätte er dem Käufer unverzüglich Mitteilung machen müssen. Da er dies nicht getan hat, gilt die Annahme nach § 149 BGB als nicht verspätet; der Vertrag ist also zustande gekommen.
c. Nur, wenn der Lieferer annimmt, da der Rückruf einen neuen Antrag darstellt, denn telefonische Anträge können nach § 147 (1) Satz 2 BGB nur sofort angenommen werden. Es wäre jedoch etwas anderes, wenn vereinbart wurde, dass der Kunde bis zum Nachmittag zurückruft, dann läge eine gesetzte Frist nach § 148 BGB vor.
d. Nein, die vermeintliche „Annahme" ist nach § 150 (2) BGB nur ein neuer Antrag, da eine Abänderung vorliegt.

Aufgabe 3
Rechtzeitig (also spätestens gleichzeitig mit Eingang des Angebots) widerrufen; § 130 BGB

Aufgabe 4
Nein, der Antrag besteht nicht in der Warenauslage (nur „invitatio ad offerendum"), er erfolgt vielmehr durch den Kunden an der Kasse. Dieser Antrag kann vom Verkäufer abgelehnt werden.

Aufgabe 5
Nein, das Handheben stellt erst den Antrag dar, (Auktionator: nur „invitatio ad offerendum"); der Vertrag kommt erst mit dem Zuschlag zustande, siehe auch § 156 BGB.

Aufgabe 6
Es handelt sich rechtlich gesehen nicht um eine Auftragsbestätigung, sondern um kaufmännisches Bestätigungsschreiben. Bei Abweichungen muss unverzüglich widersprochen werden, Schweigen gilt als Zustimmung zu der Vertragsänderung. Daher ist der Vertrag mit der Vereinbarung „Liefertermin in 20 Tagen, wenn möglich, früher" zustande gekommen.

Aufgabe 7
a. Ja, Inhaltsirrtum
b. Ja, Erklärungsirrtum
c. Ja, Irrtum über für dieses Geschäft wesentliche Eigenschaft einer Person
d. Eigenschaft ist für dieses Geschäft nicht wesentlich, daher nicht anfechtbar
e. 1. Ja, Irrtum über für dieses Geschäft wesentliche Eigenschaft einer Sache
   2. Ja, arglistige Täuschung
f. Ja, arglistige Täuschung
g. Das Geschäft kam nicht nur deswegen zustande, weil Sauber getäuscht wurde; es besteht also kein Zusammenhang zwischen der Täuschung und dem Vertragsschluss, daher nicht anfechtbar
h. Ja, Übermittlungsirrtum
i. Motivirrtum, nicht anfechtbar
j. Ja, widerrechtliche Drohung (Widerrechtlichkeit der Zweck-Mittel-Beziehung: Das Mittel an sich ist nicht widerrechtlich, es wird aber benutzt, um den anderen zum Abschluss des Geschäftes zu bewegen.).
k. Motivirrtum, nicht anfechtbar

Aufgabe 8
Nein, die Frist läuft erst mit dem 31.12.2004 ab.

Aufgabe 9
a. Am 31.12.2004
b. Am 31.12.2005 (da Fristbeginn nicht vor Fälligkeit)

Aufgabe 10
a. Normalerweise würde der Anspruch mit Ablauf des 31.12.2004 verjähren; durch die Zustellung des Mahnbescheides wird die Frist jedoch gehemmt, ebenso durch die Klageerhebung. Wenn am 07.02.2006 das Urteil auf Zahlung rechtskräftig wird, beginnt nach § 197 (1) Nr. 4 BGB die 30-jährige Frist; d.h. Ende der Verjährungsfrist mit Ablauf des 07.02.2036.

b. Der Mahnbrief hätte die Verjährung nicht gehemmt, die Frist wäre mit dem 31.12.2004 abgelaufen. Die Klage ist dann zwar noch möglich, es steht jedoch zu befürchten, dass der Schuldner die Einrede der Verjährung geltend macht.
  c. Dann würde schon mit Ablauf des 25.04.2005 die 30-jährige Verjährungsfrist einsetzen.

Aufgabe 11
  a. Normalerweise mit Ablauf des 31.12.2004, die Bitte lässt die Frist jedoch neu beginnen, daher läuft die Verjährungsfrist nun mit Ablauf des 07.05.2005 ab.
  b. Verjährung mit Ablauf des 07.01.2006 (wegen Hemmung um 8 Monate), der neue Zahlungstermin ist aber der 07.01.2003 (und nicht etwa auch der 07.01.2006!).

Aufgabe 12
Die Verjährungsfrist läuft also mit Ablauf des 08.09.2011 ab (§ 196 BGB i. V. m. § 200 BGB).

Aufgabe 13
  a. Ablauf der Verjährungsfrist am 13.07.2031 (§ 197 (1) Nr. 1 BGB i. V. m. § 200 BGB)
  b. Mit Ablauf des 13.01.2032 (Verjährungsbeginn nicht vor Fälligkeit)

Aufgabe 14
Es handelt sich um eine Anerkennung des Anspruchs durch den Schuldner innerhalb der Verjährungsfrist (Ablauf erst am 31.12.2004), es kommt daher gem. § 212 (1) Nr. 1 BGB zum Neubeginn der Verjährung.

Aufgabe 15
  a. Am Sitz des Geldschuldners in Frankreich
  b. Nur, falls der Kunde Kaufmann wäre, denn eine abweichende Gerichtsstandsvereinbarung ist nur bei Verträgen unter Kaufleuten möglich

Aufgabe 16
  a. In Hamburg
  b. Gerichtsstand = vertraglich vereinbarter Erfüllungsort: in Köln
  c. Gerichtsstand = gesetzlicher Erfüllungsort: in Hamburg

Aufgabe 17
  a. Anspruch ja, aber Selbstbeteiligung bei Sachschäden 500,00 EUR
  b. Kein Anspruch, da keine privat genutzte Sache
  c. Ansprüche bestehen auch für immaterielle Schäden
  d. Kein Anspruch, da die Produkthaftung nicht die Schäden am Produkt selbst ersetzt (aber Anspruch gegenüber Verkäufer aus der Mängelhaftung)
  e. Sachschaden, daher Selbstbeteiligung 500,00 EUR (anders, falls „echter" Zahn!); Problem: Beweislast für Produktfehler trägt der Geschädigte.
  f. Schadensersatz für Umfärben der Haare nur dann, wenn Susi Sorglos beweisen kann, dass ein Produktfehler vorliegt; zu berücksichtigen ist allerdings die Selbstbeteiligung von 500,00 EUR.
  g. Selbstbeteiligung bei Sachschäden 500,00 EUR; dass der Hersteller nicht feststellbar ist, schadet nicht, da der Händler anonymer Produkte wie der Hersteller haftet.

Aufgabe 18
  a. Der Händler haftet nicht aus dem ProdHaftG (da Produkthaftung = Haftung des Herstellers, Händler haftet nur in Ausnahmefällen, wenn er z.B. Quasi-Hersteller, Händler anonymer Produkte, Importeur ist).
  b. Die Vertriebsgesellschaft haftet als Importeur aus dem ProdHaftG.

Aufgabe 19
Schnellkauf haftet als Quasi-Hersteller.

Aufgabe 20
  a. Drei: Kaufvertrag, Übereignung Ware, Übereignung Geld
  b. Sechs: 2 je Rechtsgeschäft
  c. Kaufvertrag: Verpflichtung zur Übergabe und Eigentumsverschaffung; Übereignungen: Erfüllung der Verpflichtungen

Aufgabe 21
V ist Warenschuldner, K ist Geldschuldner; V ist Geldgläubiger und K ist Warengläubiger.

Aufgabe 22
a. Möglich, da kein VGK (keine bewegliche Sache)
b. Möglich, da kein VGK (Hier ist der Unternehmer der Käufer, der Verbraucher der Verkäufer).
c. Möglich, da kein VGK (kein Kaufvertrag, sondern Werkvertrag)
d. Nicht möglich, da VGK
e. Nicht möglich, da VGK (einzige Möglichkeit: Händler gibt Mängel genau an, dann Kenntnis des Mangels bei Vertragsschluss, dann gesetzlicher Haftungsausschluss; § 442 BGB).
f. Möglich, da kein VGK (Verkäufer nicht Unternehmer)

Aufgabe 23

Ansprüche des Verkäufers bei Zusendung unbestellter Ware, wenn Empfänger schweigt/Ware nicht in Gebrauch nimmt		
Empfänger	Vertragliche Ansprüche?	Gesetzliche Ansprüche?
Kaufmann (keine bestehende Geschäftsbeziehung)	Nein, Schweigen/Nichtstun ist keine Annahme	Ja, denn § 241a BGB gilt nicht
Kaufmann (keine bestehende Geschäftsbeziehung)	Ja, Schweigen gilt als Annahme; § 362 HGB	Ja, denn § 241a BGB gilt nicht

Aufgabe 24
a. In zwei Jahren ab Ablieferung; § 438 (1) Nr. 3 BGB
b. In drei Jahren, beginnend mit dem Schluss des Jahres, in dem der Käufer vom Mangel Kenntnis erlangte/erlangen musste; §§ 438 (3), 195 BGB (Arglist, regelmäßige Verjährungsfrist)

Aufgabe 25
Sie muss nicht unverzüglich reklamieren, sondern irgendwann innerhalb der 2-Jahresfrist (besser aber innerhalb der ersten 6 Monate wegen Beweislastumkehr).

Aufgabe 26
a. In zwei Jahren ab Abholung; § 438 (1) Nr. 3 BGB
b. In fünf Jahren, da es sich um den Verkauf einer Sache handelt, die für das Bauwerk verwendet wird.

Aufgabe 27
a. Ja, da es in der Klausel gar nicht um die Mängelhaftung geht, sondern um Umtausch.
b. Keine. Es geht dem Kunden rechtlich gesehen nicht um Umtausch, sondern um Nachlieferung, und dieses Recht ist durch die Klausel nicht eingeschränkt. Es wäre nur etwas anderes, wenn Ware wegen dieses Fehlers reduziert worden wäre.

Aufgabe 28
Das Kammergericht Berlin entschied zu diesem Fall (AZ: 27 U 133/06), dass diese Schattierungen eine unerhebliche Pflichtverletzung gemäß § 323 Abs. 5 Satz 2 BGB sind, daher kein Rücktritt möglich (also nur andere Rechte, d.h. hier: Minderung).

Aufgabe 29
Die Mängelhaftungsregelungen beim Werkvertrag entsprechen ihrer Struktur nach denen beim Kaufvertragsrecht; d.h., der Besteller kann zunächst Nacherfüllung verlangen, nach erfolglosem Ablauf einer Frist für die Nacherfüllung Rücktritt, Minderung, Schadensersatz. Es sind jedoch folgende Besonderheiten zu beachten:
1. die Art der Nacherfüllung (Mangelbeseitigung oder Neuherstellung) richtet sich nach der Wahl des Unternehmers;
2. nach erfolglosem Fristablauf für die Nacherfüllung hat der Besteller neben den anderen o. g. Rechten nach § 634 BGB das Recht, den Mangel selbst zu beheben bzw. beheben zu lassen und vom Unternehmer nach § 637 BGB den Ersatz für die Aufwendungen der Mängelbeseitigungskosten zu verlangen („Selbstvornahme").

Aufgabe 30
a. Schenkung (evtl. Darlehen)
b. Miete
c. Darlehen

Aufgabe 31
a. Ware am 15.04. in München bereitstellen.
b. Dafür sorgen, dass die Ware am 15.04. in Bremen ankommt.
c. Ware am 15.04. an die Post übergeben.

Aufgabe 32

	Schuldart	Erfüllungsort	Gefahrübergang	Transport auf Gefahr von
a.	Schickschuld	bei V	mit Übergabe an Spedition	K
b.	Holschuld	bei V	mit Übergabe an K bei V	K
c.	Bringschuld	bei K	mit Übergabe an K bei K	V

Aufgabe 33
a. Die Gefahr ist gem. § 447 BGB bei der Übergabe an die Spedition auf K übergegangen (Schickschuld), daher kann V von K Zahlung verlangen.
b. Nein, nach § 269 (3) BGB ist aus dem Umstand allein, dass der Lieferant die Kosten übernommen hat, nicht zu entnehmen, dass der Ort, nach dem versendet wird, der Erfüllungsort sein soll.
c. Ja, denn dann läge eine Bringschuld vor und die Gefahr ginge erst mit der Übergabe an den Käufer an dessen Sitz auf ihn über; § 446 BGB.
d. Dann läge ein Verbrauchsgüterkauf vor und gem. § 474 (2) BGB würde § 447 BGB keine Anwendung finden; die Ware würde – obwohl Schickschuld – auf Gefahr des Verkäufers reisen (§ 446 BGB), die Gefahr erst beim Käufer auf diesen übergehen, K müsste nicht zahlen.
e. Nein; § 474 (2) BGB ist zwingendes Recht.

Aufgabe 34
Entgegen § 154 BGB sind nach § 306 BGB nur die widersprüchlichen Klauseln jeweils unwirksam, es gilt daher in Bezug auf den Erfüllungsort die gesetzliche Regelung (§ 269 BGB): Erfüllungsort für die Warenlieferung = Sitz des Verkäufers.

Aufgabe 35
a. Mahnung nein, Nachfrist ja
b. Mahnung nein, Nachfrist nein
c. Mahnung nein, Nachfrist ja
d. Mahnung ja, Nachfrist ja

Aufgabe 36
a. Aus den Umständen zu entnehmender Fixkauf; für die Ablehnung der Leistung (= Rücktritt) reicht die Fristüberschreitung aus; Nachfrist und Verschulden spielen keine Rolle; § 323 (2) BGB.
b. Für diesen Schadensersatz statt der Leistung muss gem. §§ 280 (1), 281 BGB zusätzlich ein Verschulden des Konditors hinzukommen. Dabei wird davon ausgegangen, dass dieses vorliegt (der Konditor kann sich aber gegebenenfalls mit einem Entschuldigungsgrund entlasten). Zu ersetzen wären die Mehrkosten für den Deckungskauf (20,00 EUR).

Aufgabe 37
a. Rücktritt, § 346 BGB; zusätzliche Voraussetzung: Nachfrist; §§ 323 (1) BGB
b. 1. Erfüllung und Schadensersatz neben der Leistung; §§ 280 (1), (2), 286 BGB
   2. Schadensersatz statt der Leistung nach §§ 280 (1), (3), 281 BGB; Voraussetzung: Nachfrist
c. Nein, für die Ablehnung der Leistung ist eine Nachfrist erforderlich.

Aufgabe 38
a. 1. Ja, rechtlich gesehen ist dies ein Rücktritt, eine Nachfrist ist gem. § 323 (2) Nr. 2 BGB aufgrund des Fixgeschäftes nicht nötig.
   2. Da Fixgeschäft: keine Fristsetzung erforderlich; Verzug, d.h. Verschulden ist jedoch erforderlich; dieses ist gegeben.
b. Die Maggel KG hätte dann einen Entschuldigungsgrund für die Verspätung (also die Verspätung nicht zu vertreten). Das Recht zum Rücktritt (a 1) besteht trotzdem, da dieses verschuldensunabhängig ist; für einen Schadensersatzanspruch (a 2) würde es jedoch am Verschulden fehlen.

Aufgabe 39
a. am 28.06.
b. Am 31. Tag nach Rechnung und Fälligkeit (§ 286 (3) BGB), also ab 29.07. (Hinweis: Der Verzug tritt hier nicht nach § 286 (2) Nr. 2 BGB schon am 29.06. ein, denn „zahlbar innerhalb von 14 Tagen nach Rechnungseingang" müsste eine Vertragsvereinbarung sein; der Vermerk auf der Rechnung reicht für einen Verzugseinritt nach § 286 (2) BGB nicht aus.)
c. 1. Verzugseintritt ohne Mahnung am 31. Tag erfordert einen entsprechenden Hinweis auf der Rechnung.
   2. Erst mit einer Mahnung.
d. 1. Verzugszinsen: 8 Prozentpunkte (§ 288 (2) BGB) über dem Basiszinssatz p.a. ab Verzug; also ab 29.07.
   2. 5 Prozentpunkte (§ 288 (1) BGB) über dem Basiszinssatz p.a. ab Verzug; also ab 29.07. (falls Hinweis erfolgte; ansonsten ab Mahnung; siehe c 1) und 2))
e. Durch die Vereinbarung eines bestimmten oder bestimmbaren Zahlungstermins schon im Kaufvertrag (siehe b) oder durch Mahnung (ab 28.06., da Mahnung vor Fälligkeit wirkungslos ist)

Aufgabe 40
Wäre ein Rücktritt nach § 346 (1) BGB, Voraussetzungen gem. § 323 (1) BGB: gegenseitiger Vertrag, Nichterbringung der fälligen Leistung und erfolglose Fristsetzung

Aufgabe 41
Bis zur Annahme/Zahlung Hinterlegung auf Kosten und Gefahr des Gläubigers in sicherer Weise, nach Androhung auch Selbsthilfeverkauf (i.d.R. öffentliche Versteigerung) auf Kosten des Gläubigers. Außerdem muss der Schuldner Mehraufwendungen wie z.B. zusätzliche Transportkosten ersetzen. Schadensersatz kann der Schuldner nicht verlangen, außer wenn die Annahme wie z.B. beim Kaufvertrag eine Hauptpflicht ist.

Aufgabe 42
Aus § 280 ff. BGB (Verletzung von vertraglichen Pflichten) und aus §§ 823 ff. BGB (Haftung aus unerlaubter Handlung)

Aufgabe 43
Grundsätzlich ist jede Verletzung der Rechte anderer rechtswidrig, es sei denn, dass ein Rechtfertigungsgrund wie Amtsausübung (z.B. bei der Tätigkeit eines Gerichtsvollziehers), Notwehr (z.B. die Verletzung eines Angreifers), Notstand (z.B. der Aufbruch der Wohnungstür bei Wohnungsbrand) oder Einwilligung (z.B. bei einer Operation) vorliegt.

Aufgabe 44
Grundsätzlich kann Schadensersatz nur beansprucht werden, wenn ein Verschulden, also Fahrlässigkeit (Außerachtlassen der erforderlichen Sorgfalt; § 276 BGB) oder Vorsatz, vorliegt. Bei der Gefährdungshaftung sieht das Gesetz aber ausnahmsweise eine verschuldensunabhängige Haftung vor.

1.3 BGB Sachenrecht

Aufgabe 1
a. Weil die Übergabe fehlt
b. Ja, dann wäre ein Eigentumsübergang ohne Übergabe nach § 930 BGB erfolgt

Aufgabe 2
Der Anspruch aus § 346 BGB ist ein schuldrechtlicher Anspruch, also ein relatives Recht, das nur gegenüber dem Vertragspartner wirkt. Besteht ein Eigentumsvorbehalt, hat der Verkäufer aus seiner Stellung als Eigentümer zusätzlich einen sachenrechtlichen Anspruch auf Herausgabe des Eigentums nach § 985 BGB. Sachenrechtliche Ansprüche sind absolute Ansprüche, die gegenüber jedermann wirken, daher hat der Verkäufer z.B. bei Pfändung der Ware durch andere Gläubiger ein Widerspruchsrecht, und bei Insolvenz des Käufers geht die Sache nicht in Insolvenzmasse ein, sondern wird ausgesondert und an den Verkäufer zurückgegeben.

Aufgabe 3
a. Er kann die Materialien nicht zurückfordern, da der Eigentumsvorbehalt untergeht (§ 946 BGB, Verbindung mit Grundstück).
b. Vereinbarung eines verlängerten Eigentumsvorbehalts, da dieser nicht darauf zielt, das Material zurückzubekommen, sondern das Geld vom Grundstückseigentümer zu erhalten

Aufgabe 4
a. § 930 BGB
b. § 930 BGB
c. § 929 i. V. m. § 932 oder i. V. m. § 185 BGB (Hinweis: Die Lieferung unter Eigentumsvorbehalt enthält bei Waren, die zum Weiterverkauf bestimmt sind, automatisch eine Ermächtigung zum Weiterverkauf.)
d. 1. § 950 BGB
   2. § 929, Satz 1 BGB (ganz normaler Erwerb vom Eigentümer, siehe d 1)
e. § 929, Satz 2 BGB

Aufgabe 5
Eine Hypothek ist – im Gegensatz zur Grundschuld – an das Bestehen einer Forderung gebunden. Es gäbe aber bei einer Eigentümerhypothek keine Forderung (anders gesagt: Der Eigentümer des Grundstücks müsste gleichzeitig Schuldner und Gläubiger sein).

Aufgabe 6
Bevor die zu verteilende Insolvenzmasse zu Geld gemacht wird, wird fremdes Eigentum ausgesondert und an den Eigentümer herausgegeben, mit dinglichen Rechten belastete Gegenstände werden abgesondert, d. h., vorweg zu Geld gemacht und die Inhaber der dinglichen Rechte aus dem Erlös befriedigt. Außerdem werden Schulden, die Gläubiger gegenüber dem Gemeinschuldner haben, aufgerechnet.

Aufgabe 7
Den gesamten Tabellenforderungen von 500.000,00 EUR stehen 15.000,00 EUR zur Ausschüttung gegenüber. Die Insolvenzquote beträgt damit 3 %, d. h., der Tabellengläubiger erhält 3 % von 30.000,00 EUR = 900,00 EUR.

1.4 Handelsgesetzbuch

Aufgabe 1
Zu den Unternehmern zählen neben den Kaufleuten (Ist-Kaufmann nach § 1 HGB, eingetragene Kleingewerbetreibende nach § 2 HGB und Kaufleute nach § 6 HGB) auch die nicht eingetragenen Kleingewerbetreibenden und die Angehörigen der freien Berufe.

Aufgabe 2
Der Inhaber selbst wird durch den Vertragsabschluss berechtigt und verpflichtet.

Aufgabe 3
- Ladenvollmacht (§ 56 HGB);
- Handlungsvollmacht, welche zu allen gewöhnlichen Geschäften eines derartigen Unternehmens ermächtigt, wobei der Generalbevollmächtigte aber für bestimmte Geschäfte (z. B. Aufnahme von Darlehen) eine besondere Befugnis braucht (§ 54 HGB);
- Prokura, die zu allen gewöhnlichen und außergewöhnlichen Handlungen, die der Betrieb irgendeines Handelsgewerbes mit sich bringt, mit Ausnahme der Grundlagengeschäfte (z. B. Veräußerung des Geschäftsbetriebes); § 49 HGB

Aufgabe 4
a. Nein, da der Kauf von Grundstücken (im Gegensatz zum Verkauf) keiner besonderen Erlaubnis bedarf.
b. 1. Dann kann sich der Geschäftsinhaber nicht auf den Widerruf berufen, es sei denn, dieser war dem Verkäufer bekannt; § 15 (1) HGB.
   2. Dann kann sich der Geschäftsinhaber auf den Widerruf berufen, auch wenn er dem Verkäufer nicht bekannt war; § 15 (2) HGB.

1.5 Arbeitsrecht

Aufgabe 1
a. Hier ist ein Arbeitsvertrag im Sinne des § 611 BGB wirksam zustande gekommen, weil sich die beteiligten Parteien über die wesentlichen Inhalte (Arbeitsbeginn, Tätigkeit, Entgelt) geeinigt haben.
b. Nach § 2 NachwG hat der Arbeitgeber innerhalb von einem Monat die wesentlichen Inhalte des zustande gekommenen Arbeitsvertrages schriftlich niederzulegen und dem Arbeitnehmer davon eine Ausfertigung auszuhändigen.
c. Aufgrund der Tarifbindung muss die Kuhn OHG dem Paul Friesen den tariflichen Lohn zahlen, also 12,00 EUR pro Stunde.
d. Der Arbeitgeber kann mit einem Arbeitnehmer nur Vereinbarungen treffen, die günstiger sind als alle darüber angeordneten Rechtsquellen, jedoch nie schlechtere Bedingungen.
e. Verhandelbar, sofern sie günstiger sind als die anderen Rechtsquellen, sind Bestandteile wie Arbeitszeit, Entlohnung, Urlaub, Tätigkeit etc. Nicht verhandelbar sind alle Regelungen, die zwingendes Recht darstellen und automatisch für jeden abgeschlossenen Arbeitsvertrag gelten. Dazu gehören alle Arbeitsschutzvorschriften.

Aufgabe 2
a. Ja, sie ist als Ehegattin des Inhabers zwar nicht persönlich und wirtschaftlich abhängig, aber sie arbeitet gegen Entlohnung und ist an Weisungen des Arbeitgebers gebunden.
b. Sie wäre dann als mithelfende Familienangehörige keine Arbeitnehmerin.
c. Frau Kuhn ist Arbeitnehmerin bei der Kuhn OHG, weil sie fremdbestimmt unselbstständige Arbeit erbringt, eingebunden in die Organisation der Kuhn OHG. Gegenüber ihrer Putzfrau ist sie Arbeitgeberin, weil sie eine Arbeitnehmerin eingestellt hat, die gegen Lohn Dienste verrichtet.

Aufgabe 3
Fahrer eines Paketversandes, der nach der Anzahl und Gewicht der ausgefahrenen Pakete bezahlt wird

Aufgabe 4
Widerspruch des Betriebsrates bei Einstellungen, Tarifverträge und Gesetze mit Mindestnormen, Ausfertigung von Standardarbeitsverträgen finden ihre Grenzen im § 305 BGB (AGB).

Aufgabe 5
a. Nach der Rechtsprechung des Bundesarbeitsgerichts sind Ausschlussfristen in Formulararbeitsverträgen, die kürzer als drei Monate sind, nach § 307 BGB unwirksam, weil sie entgegen den Geboten von Treu und Glauben unangemessen benachteiligen. Auch die Ausschlussfrist für die gerichtliche Geltendmachung der Ansprüche muss mindestens drei Monate betragen.
b. Diese Generalklausel widerspricht der Haftungsregelung im Arbeitsrecht, nach der ein Arbeitnehmer nur dann für einen Schaden einzustehen hat, wenn er ihn vorsätzlich oder grob fahrlässig verursacht hat. Bereits bei einer mittleren Fahrlässigkeit des Arbeitnehmers ist eine Haftungsteilung vorzunehmen.
c. Diese Regelung widerspricht dem Bundesurlaubsgesetz, nach dem jeder Arbeitnehmer einen gesetzlichen Anspruch von 24 Werktagen hat (§ 3 BUrlG).
d. Hier liegt ein Verstoß gegen § 7 ArbZG vor. Dieser bestimmt, dass die werktägliche Arbeitszeit nicht mehr als 8 Stunden betragen darf. Sofern keine andere Regel besteht, bedeutet dies, dass die Höchstarbeitszeit eines Arbeitnehmers maximal 6 · 8 Std. = 48 Std. betragen darf.
e. Nach § 107 (1) Gewerbeordnung ist das Arbeitsentgelt in EUR auszuzahlen. Zwar darf ein Teil des monatlichen Entgelts in Sachbezügen (Deputate, Artikel mit Personalrabatt etc.) ausgereicht werden, aber die Verpflichtung auf einen derart hohen Anteil ist sittenwidrig. Die Klausel ist unwirksam.
f. Hier wird die gesetzliche Kündigungsfrist nach § 622 (1) BGB von vier Wochen unterlaufen. Die Formulierung ist unwirksam.

Aufgabe 6
a. Diese Tätigkeit dürfte dem Arbeitsvertrag und der Stellenbeschreibung der Sekretärin zuwiderlaufen. Im Zweifel muss sie diese Tätigkeit nicht verrichten.
b. Hier gilt das Gleiche. Solange der Arbeitgeber eine Catering-Firma beauftragen kann, die diesen Service übernimmt, braucht die Sekretärin keine stellenfremden Tätigkeiten verrichten.
c. Die Begrüßung von Gästen könnte im weiteren Sinne zu ihrem Aufgabengebiet gehören. Hier dürfte die Sekretärin dem Direktions- und Weisungsrecht des Arbeitgebers folgen müssen.
d. Die Arbeit ist im Zweifel in Person zu leisten und nicht durch eine Vertretung (§ 613 BGB). Wenn der Arbeitgeber mit der Vertretung einverstanden ist, entsteht ein neuer Arbeitsvertrag.

e. Sofern der Reisende keine Wettbewerbsklausel in seinem Arbeitsvertrag hat, kann er bei seinem neuen Arbeitgeber selbstverständlich die bisherigen Kunden aufsuchen und versuchen, Geschäftsbeziehungen herzustellen. Die Kopie der Kundendatei ist allerdings ein schwerer Verstoß gegen seine Treuepflichten. Außerdem liegt hier ein Verstoß gegen § 202a StGB vor: Ausspähen von Daten begeht, wer unbefugt elektronisch, magnetisch oder sonst nicht unmittelbar wahrnehmbar gespeicherte oder übermittelte Daten, die nicht für ihn bestimmt und gegen unberechtigten Zugang besonders gesichert sind, sich oder einem anderen verschafft.
f. Diese Veränderung ist eine grundlegende Veränderung der arbeitsvertraglichen Bedingungen und bedarf der Einholung einer Zustimmung des Arbeitnehmers, ersatzweise einer Änderungskündigung.
g. Auch diese Veränderung der Arbeitsbedingungen macht die Einholung der Zustimmung des Arbeitnehmers erforderlich. Ist er nicht damit einverstanden, bleibt nur die Änderungskündigung.

Aufgabe 7
a. Ist über eine Vergütung nichts vereinbart, so gilt nach § 612 BGB eine solche als stillschweigend vereinbart. Die Höhe der Vergütung würde sich dann nach orts- und branchenüblicher Höhe bemessen, im Zweifel nach einem gültigen Tarifvertrag.
b. Die Auszahlung des Lohns, sofern sie nach Monaten bemessen ist, hat nach § 614 BGB am Ende des Monats zu erfolgen. In der Rechtsprechung hat sich daraus entwickelt, dass das Geld am letzten Werktag auf dem Konto des Arbeitnehmers zu sein hat.
c. Sofern die Grimmig KG in den vergangenen drei Jahren ein Weihnachtsgeld ohne Freiwilligkeitsvorbehalt ausgezahlt hat, ist sie auch im vierten Jahr dazu verpflichtet. Der Vorbehalt der Freiwilligkeit muss in jedem Jahr ausdrücklich den Mitarbeitern mitgeteilt werden, sonst entsteht eine betriebliche Übung.
d. Josef Frey hat grundsätzlich einen Anspruch auf Entgeltfortzahlung im Krankheitsfall nach § 3 EntgFG. Zu prüfen wäre hier, ob ihn ein Verschulden trifft. Dies wäre der Fall bei einer Extremsportart. Normales Skifahren fällt nicht darunter, also besteht hier der Anspruch auf Entgeltfortzahlung.
e. Der Arbeitgeber hat nach § 3 Arbeitsschutzgesetz alle Mittel bereitzustellen und die Kosten für den Arbeitsschutz zu tragen, wenn er gesetzlich dazu verpflichtet ist, seine Mitarbeiter zu schützen. Das dürfte auf der Baustelle der Fall sein.

Aufgabe 8
a. Die viermalige Verlängerung der Befristung ohne sachlichen Grund steht im Widerspruch zu § 14 (2) TzBfrG. Danach ist eine Befristung von maximal zwei Jahren möglich, allerdings darf innerhalb dieser Zeit nur drei Mal verlängert werden.
b. Dann wäre die Situation eine andere, da immer wieder ein Grund für die Befristung genannt würde.
c. Ein Kettenarbeitsvertrag liegt dann vor, wenn ein befristeter Arbeitsvertrag am Ende der Befristung durch einen neuen befristeten Arbeitsvertrag ersetzt wird.

Aufgabe 9
a. Nein, nach § 15 KSchG ist die Kündigung unwirksam, es sei denn, es liegen Gründe vor, die eine fristlose Kündigung rechtfertigen würden. Das dürfte hier nicht der Fall sein.
b. Er müsste, bevor er eine verhaltensbedingte Kündigung ausspricht, zunächst eine Abmahnung erteilen. Sodann müsste er bei fortgesetztem Fehlverhalten den Betriebsrat anhören.
c. Frau Kess hat nach § 622 (2) BGB eine verlängerte Kündigungsfrist von 5 Monaten zum Ende eines Kalendermonats, da sie eine Betriebszugehörigkeit von 12 Jahren hat.
d. Dies wäre ein Grund für eine fristlose Kündigung, die allerdings der Zustimmung des Betriebsrats nach § 103 BetrVG bedarf, um wirksam zu sein.

Aufgabe 10
a. Die Kündigung ist unwirksam, weil der Buchhalter weiterhin seine Arbeit – wenn auch mit Einschränkungen – verrichten kann.
b. Die Kündigung dürfte wegen mangelnder Eignung wirksam sein, weil das Model seine Funktion nicht mehr erfüllen kann.
c. Die Kündigung dürfte als verhaltensbedingte Kündigung wirksam sein, setzt allerdings eine Abmahnung voraus.
d. Die Kündigung würde eine Abmahnung nach der ersten Verspätung voraussetzen, wäre aber gleichwohl unverhältnismäßig wegen der Geringfügigkeit des Fehlers des Mitarbeiters.
e. Im Rahmen der betriebsbedingten Kündigung müsste der Betrieb darlegen, dass er die Mitarbeiter nicht an anderer Stelle im Betrieb beschäftigen kann. Dies dürfte angesichts der aktuellen Geschäftslage und einem ggf. steigenden Personalbedarf schwer fallen.
f. Es gilt nach § 9 MuSchG ein Verbot der Kündigung von werdenden Müttern.

g. Auszubildende dürfen nach Ablauf der Probezeit nur aus einem wichtigen Grund gekündigt werden. Eine ordentliche Kündigung ist nach § 22 BBiG nicht möglich.
h. Eine ordentliche Kündigung eines schwerbehinderten Mitarbeiters ist nur mit Zustimmung des Integrationsamts möglich (§ 95 SGB IX).

Aufgabe 11
a. Das Ausbildungsverhältnis endet mit Bestehen der Abschlussprüfung, wenn diese vor Ablauf der Ausbildungszeit erfolgt. Werden allerdings Auszubildende im Anschluss an das Berufsausbildungsverhältnis beschäftigt, ohne dass hierüber ausdrücklich etwas vereinbart worden ist, so gilt ein Arbeitsverhältnis auf unbestimmte Zeit als begründet (§ 24 BBiG). Dies dürfte hier der Fall sein.
b. Da Willy Wacker die Abschlussprüfung nicht bestanden hat, verlängert sich das Berufsausbildungsverhältnis auf sein Verlangen hin bis zur nächstmöglichen Wiederholungsprüfung, höchstens um ein Jahr (§ 21 (3) BBiG).

Aufgabe 12
a. Nach § 15 KSchG genießen auch Wahlbewerber einen besonderen Kündigungsschutz. Herr Press darf nach seiner Bewerbung nicht gekündigt werden.
b. Nach § 8 (1) BetrVG können nur Arbeitnehmer gewählt werden, die sechs Monate dem Betrieb angehören. Herr Neufeld erfüllt diese Voraussetzung nicht.
c. Nach § 7 BetrVG sind auch Leiharbeiter, die länger als drei Monate im Betrieb eingesetzt sind, wahlberechtigt.
d. 40 reguläre Arbeitnehmer zuzüglich 14 Leiharbeiter, die länger als 3 Monate im Betrieb eingesetzt sind, das ergibt 54 wahlberechtigte Arbeitnehmer. Damit kann nach § 9 BetrVG ein Betriebsrat mit 5 Mitgliedern gewählt werden.

Aufgabe 13

a.	Festlegung des Urlaubsplans	4
b.	Kündigung eines Mitarbeiters	3
c.	Wirtschaftliche Entwicklung des Unternehmens	1
d.	Einstellung eines neuen Mitarbeiters	3
e.	Aufstellen eine Sozialplans	4
f.	Gestaltung der Kantine	4
g.	Investitionsentscheidung zwischen zwei Angeboten von Maschinenherstellern	9
h.	Gestaltung von Arbeitsplätzen	2

Aufgabe 14
a. Nach § 44 (1) BetrVG ist die Betriebsversammlung während der Arbeitszeit abzuhalten, sofern nicht zwingende betriebliche Gründe dem entgegenstehen. Den Arbeitnehmern ist die Zeit der Teilnahme wie Arbeitszeit zu vergüten.
b. Dazu ist er nach § 46 (1) BetrVG berechtigt.
c. Die Betriebsversammlung ist nach § 42 (1) BetrVG nicht öffentlich. Die Presse darf nicht hinzugezogen werden.

Aufgabe 15
a. Ja, da es sich nach § 87 BetrVG um eine Angelegenheit handelt, in der der Betriebsrat eine erzwingbare Mitbestimmung hat. Kommt keine Einigung zustande, kann eine der Parteien die Einigungsstelle anrufen.
b. Die Einigungsstelle besteht zu gleichen Teilen aus Mitgliedern des Betriebsrats und Vertretern des Arbeitgebers. Beide Teile müssen sich auf einen neutralen Vorsitzenden einigen.
c. Nichts, denn der Spruch der Einigungsstelle ist bindend

Aufgabe 16
a. Das ist nach § 11 BBiG zulässig. Die Probezeit muss mindestens einen Monat betragen.
b. Das ist zulässig, da an beiden Tagen nur fünf Stunden Unterricht stattfinden. Anders wäre die Situation nach § 9 JArbSchG, wenn an einem der beiden Tage mehr als fünf Stunden Unterricht stattfinden würden.

c. Das ist unzulässig, da die Ruhepausen für einen Jugendlichen nach § 11 (1) JArbSchG an einem Arbeitstag mit mehr als 6 Stunden mindestens 60 Minuten betragen müssen.
d. Das ist unzulässig. Für Jugendliche ist nach § 23 (1) JArbSchG die Akkordarbeit untersagt.
e. Das ist nach dem Bundesurlaubsgesetz nicht zulässig, da der Urlaub möglichst zusammenhängend genommen werden soll. Eine derartige Aufspaltung widerspricht dem Zweck des Erholungsurlaubs.
f. Das ist zu wenig, da dem Arbeitnehmer Just 24 Tage nach dem Bundesurlaubsgesetz und als Schwerbehindertem zuzüglich 5 Tage nach dem SGB zustehen, mithin insgesamt 29 Tage.

1.6 Grundsätze des Wettbewerbsrechts

Aufgabe 1
Wettbewerbsbeschränkendes Verhalten zwischen Wettbewerbern liegt vor bei Preis- und Konditionenabsprachen, Marktaufteilung, Einkaufskooperationen – sie können vom Kartellverbot freigestellt sein, z.B. wenn es sich um Kooperationen kleiner und mittlerer Unternehmen (Mittelstandskartelle; § 3 GWB) handelt – und Verkaufskooperationen, die mit Preisfestlegungen einhergehen. Beschränken sich die Vereinbarungen auf den gegenseitigen Vertrieb der Produkte oder auf gemeinsame Werbung, können sie vom Kartellverbot freigestellt sein.

Aufgabe 2
Wettbewerbsbeschränkungen zwischen Lieferanten und Kunden sind z.B. Ausschließlichkeitsbindungen, Höchstpreisbindungen/unverbindliche Preisempfehlungen (diese sind verboten, falls der Lieferant zu ihrer Durchsetzung Anreize gewährt oder Druck ausübt) und Preisbindungen (sind absolut verboten, Ausnahme: Preisbindung bei Zeitungen und Zeitschriften, Buchpreisbindung).

Aufgabe 3
Es muss eine unmittelbar oder mittelbar erkennbare Bezugnahme auf Mitbewerber bzw. dessen Ware vorliegen (eine namentliche Nennung ist nicht nötig, es reicht, wenn die angesprochenen Kundenkreise die Bezugnahme als solche erkennen).

Aufgabe 4
Vergleichende Werbung ist stets unzulässig, wenn sie unwahre Behauptungen enthält. Aber auch wahre Angaben sind unlauter, wenn der Vergleich z.B. nicht auf wesentliche, relevante und nachprüfbare und typische Eigenschaften bezogen ist oder die Leistungen oder persönlichen bzw. geschäftlichen Verhältnisse eines Mitbewerbers herabsetzt/verunglimpft.

2 Steuern

Aufgabe 1
- Steuern sind Geldleistungen, die keine Gegenleistung für eine besondere Leistung darstellen und von einem öffentlich-rechtlichen Gemeinwesen allen auferlegt werden, bei denen der Tatbestand zutrifft, an den das Gesetz die Leistungspflicht knüpft; die Erzielung von Einnahmen kann Nebenzweck sein. **Beispiele:** Einkommensteuer, Umsatzsteuer
- Gebühren sind Zahlungen für besondere Leistungen einer öffentlichen Körperschaft oder für die (freiwillige oder erzwungene) Inanspruchnahme von öffentlichen Einrichtungen. Beispiele: Nutzungsgebühren wie Müllabfuhr, Verwaltungsgebühren wie Beurkundungsgebühren
- Beiträge werden zum Ausgleich einer indirekten Leistung erhoben und stellen einen Aufwandsersatz für die mögliche Inanspruchnahme einer konkreten Leistung einer öffentlichen Einrichtung dar. **Beispiele:** Straßenanliegergebühren

Aufgabe 2
- Sozialstaatsprinzip: Die Besteuerung soll so gestaltet werden, dass im Sinne der sozialen Marktwirtschaft ein sozialer Ausgleich geschaffen wird und auf wirtschaftlich schwächere Steuerpflichtige Rücksicht genommen wird.
- Gesetzmäßigkeit der Besteuerung: Es dürfen nur Steuern erhoben werden, für die es auch ein zutreffendes Gesetz gibt.

Aufgabe 3
- Steuerpflichtiger: Unternehmer, der den Tatbestand der Umsatzsteuerpflicht erfüllt, der also z.B. Leistungen im Inland gegen Entgelt erbringt
- Steuerschuldner: ebenfalls der Unternehmer, bei dem die erhobene Umsatzsteuer die verauslagte Vorsteuer übersteigt, d.h., bei dem eine Zahllast ermittelt wird

- Steuerzahler: der Unternehmer, der die Zahllast an das Finanzamt abzuführen hat
- Steuerträger: der Endverbraucher, der letztlich mit dem gesamten Umsatzsteuerbetrag einer Ware belastet wird
- Steuergläubiger: das Finanzamt, das die Umsatzsteuer erhebt und zwischen Bund und Ländern aufteilt

Aufgabe 4
- Umsatzsteuer: Steuerobjekt sind die getätigten Umsätze, Bemessungsgrundlage ist das Entgelt für die jeweiligen Waren oder Dienstleistungen.
- Versicherungsteuer: Steuerobjekt ist der Versicherungsvertrag, Bemessungsgrundlage ist die Versicherungsprämie.
- Grundsteuer: Steuerobjekt ist das Grundstück, Bemessungsgrundlage ist der Einheitswert.

Aufgabe 5
Bei einem einheitlichen Steuersatz, z. B. bei der Körperschaftsteuer von 15 %, ist der Durchschnittssteuersatz gleich dem Grenzsteuersatz, weil jeder zusätzliche Euro mit 15 % versteuert wird.
Bei einem gestaffelten Steuertarif sind diese Beträge unterschiedlich

Beispiel: Werden die ersten 1.000,00 EUR mit 20 % versteuert, die darüber hinausgehenden Beträge mit 30 %, so wäre bei einem zu versteuernden Betrag von 1.100,00 EUR die Steuerschuld 20 % von 1.000,00 EUR = 200,00 EUR und 30 % von 100,00 EUR = 30,00 EUR, zusammen also 230,00 EUR. Der Grenzsteuersatz für den letzten Euro dieser Summe wäre 30 %, der Durchschnittssteuersatz bei dem gesamten Betrag wäre 230,00 EUR : 1.100,00 EUR · 100 = 20,91 %.

Aufgabe 6

a.	Grunderwerbsteuer	4
b.	Kfz-Steuer	2
c.	Versicherungsteuer	2
d.	Umsatzsteuer	1
e.	Grundsteuer	2
f.	Gewerbesteuer	2
g.	Körperschaftsteuer	4

Aufgabe 7

	Beispiele
Besitzsteuer	Einkommensteuer, Erbschaftsteuer
Verkehrssteuer	Umsatzsteuer, Kraftfahrzeugsteuer
Verbrauchssteuer	Mineralölsteuer, Zuckersteuer
Direkte Steuer	Kfz-Steuer, Einkommensteuer
Indirekte Steuer	Umsatzsteuer, Tabaksteuer
Personensteuer	Schenkungsteuer, Einkommensteuer
Realsteuer	Grundsteuer, Kfz-Steuer
Quellensteuer	Lohnsteuer, Kapitalertragsteuer
Veranlagungssteuer	Gewerbesteuer, Körperschaftsteuer

Aufgabe 8
a. Manfred Schnell ist unbeschränkt einkommensteuerpflichtig, da er einen Wohnsitz in Deutschland hat.
b. Xaver Sinn ist für die zwei Jahre unbeschränkt einkommensteuerpflichtig, da er hier seinen ständigen Aufenthaltsort hat.
c. Fabienne Grocier ist beschränkt einkommensteuerpflichtig, da sie nur einen Wohnsitz in Frankreich hat.
d. Jan Olafsson ist nicht einkommensteuerpflichtig, da er ausländischer Unternehmer ist.
e. Tonio Tomasso ist unbeschränkt einkommensteuerpflichtig, da er einen Wohnsitz in Deutschland hat.

Aufgabe 9
- Einkünfte aus selbstständiger Tätigkeit: Gewinneinkunftsart, da hier durch eine Ein- und Ausgabenrechnung ein Gewinn ermittelt wird
- Einkünfte aus unselbstständiger Tätigkeit: Überschusseinkunftsart, da hier der Überschuss der Einnahmen über die Werbungskosten als Einkünfte zu versteuern ist

Aufgabe 10
- Summe der Einkünfte: Addition der sieben einzelnen Einkunftsarten
- Gesamtbetrag der Einkünfte: Summe der Einkünfte abzüglich diverser Entlastungsbeträge (Altersentlastungsfreibetrag, Entlastungsbetrag für Alleinerziehende und Freibetrag für Landwirte)

Aufgabe 11
a. Werbungskosten sind Aufwendungen zum Erwerb, zur Sicherung und zur Erhaltung von Einnahmen.
   Beispiele:
   - Einkünfte aus nichtselbstständiger Arbeit: Beiträge zu Berufsverbänden, Arbeitsmittel
   - Einkünfte aus Vermietung und Verpachtung: Zinsen, Hausverwaltergebühren
   - Einkünfte aus Kapitalvermögen: Sparerfreibetrag von 801,00 EUR pro Person
   - Sonstige Einkünfte: Rechtsberatungskosten, Prozesskosten
b. Sonderausgaben sind Aufwendungen der privaten Lebensführung, die weder Betriebsausgaben noch Werbungskosten noch außergewöhnliche Belastungen sind, die jedoch aus wirtschaftlichen, politischen oder kulturellen Gründen zu einem bestimmten Teil vom Gesamtbetrag der Einkünfte abgesetzt werden können. Sonderausgaben können nur im Rahmen bestimmter Grenzen abgezogen werden. So sind sonstige Vorsorgeaufwendungen nur bis zu einem Höchstbetrag von 1.900,00 EUR abzugsfähig.
c. Außergewöhnliche Aufwendungen allgemeiner Art sind z.B. Krankheitskosten, die nicht von der Kasse übernommen werden, sowie Scheidungskosten. Außergewöhnliche Belastungen in besonderen Fällen sind z.B. Unterhaltsleistungen, Sonderbedarf für Kinder in der Ausbildung, Pauschbeträge für behinderte Menschen, Hinterbliebene und Pflegepersonen.

Aufgabe 12
a. Bei der Kuhn GmbH fallen Körperschaftsteuer, Solidaritätsbeitrag und Gewerbesteuer an.
b. Kapitalertragsteuer im Rahmen der Einkommensteuer, Solidaritätsbeitrag und u.U. Kirchensteuer

Aufgabe 13

	Einkommensteuer	Körperschaftsteuer
Steuerpflichtig:	natürliche Personen	juristische Personen
Tarif:	Grundfreibetrag mit ansteigendem Steuersatz in Abhängigkeit vom zu versteuernden Einkommen	Einheitstarif von 15 %, unabhängig von der Höhe des zu versteuernden Einkommens
Einkommensermittlung	nach verschiedenen Einkünften unter Berücksichtigung der persönlichen Verhältnisse des Steuerpflichtigen	nach der Höhe des erzielten Gewinns in der Steuerbilanz

Aufgabe 14

Gewinn aus Gewerbebetrieb (Gewinn)
+ Hinzurechnungen
− Kürzungen
= maßgebender Gewerbeertrag (vor Verlustabzug)
− Gewerbeverlust aus Vorjahren
= Gewerbeertrag (abzurunden auf volle 100,00 EUR)
− Abzug des Freibetrages
= gekürzter Gewerbeertrag
· Steuermesszahl von 3,5 %
= Gewerbesteuermessbetrag
· Hebesatz
= Gewerbsteuerschuld

Aufgabe 15

a. Kursgewinn von 15,00 EUR · 200 Stück = 3.000,00 EUR; hinzu kommt die Dividende von 4,00 EUR · 200 Stück = 800,00 EUR sowie der Zinsertrag von 680,00 EUR = insgesamt 4.480,00 EUR
b. Die Hausbank berücksichtigt zunächst den Freistellungsauftrag über den Sparerpauschbetrag in Höhe von 1.602,00 EUR. Es verbleibt ein Rest von 2.879,00 EUR. Darauf entfällt eine Kapitalertragsteuer in Höhe von 25 % = 719,75 EUR.
c. Auf die Kapitalertragsteuer von 719,75 EUR entfällt ein Solidaritätsbeitrag von 5,5 % = 39,59 EUR.
d. Da Herr und Frau Moos zusammen nur 1.400,00 EUR · 12 = 16.800,00 EUR Rente beziehen, von der nur der Ertragsanteil zu versteuern ist, also ein wesentlich geringerer Betrag, bleibt die Summe der Einkünfte vermutlich unter dem Grundfreibetrag für zusammen veranlagte Personen in Höhe von 16.010,00 EUR. Es ist Herrn Moos deswegen anzuraten, seine Kapitaleinkünfte einschließlich der gezahlten Abgeltungssteuer und dem Solidaritätszuschlag in seiner Steuererklärung anzugeben. Er wird dann die gesamten gezahlten Beträge zurückerstattet bekommen.

Aufgabe 16

Die Timmen AG erhebt auf den Umsatz gegenüber Kern 19 % Umsatzsteuer = 2.850,00 EUR. Dies ist aus diesem Geschäft ihre Steuerschuld gegenüber den Finanzbehörden. Für Kern stellt dieser Betrag Vorsteuer dar, die er gegenüber dem Finanzamt geltend machen kann. Andererseits verkauft er die Waren einschließlich Umsatzsteuer von 28.560,00 EUR an Endverbraucher. Die darin enthaltene Umsatzsteuer errechnet sich wie folgt: 28.560,00 EUR : 1,19 = 24.000,00 EUR (Warennettowert), davon 19 % = 4.560,00 EUR. Dieser Betrag ist seine Umsatzsteuerschuld aus dem Geschäft mit den gelieferten Möbeln.

Kern berechnet nun seine „Zahllast" aus diesem Geschäft, indem er von der vereinnahmten Umsatzsteuer die verauslagte Vorsteuer von 2.850,00 EUREUR abzieht. Es verbleibt ein Betrag von 1.710,00 EUR. Isoliert für dieses Geschäft betrachtet, erwirtschaftet Kern einen Mehrwert von 24.000,00 EUR − 15.000,00 EUR = 9.000,00 EUR. Berechnet man darauf die 19 % USt., so kommt man wieder auf seine „Zahllast" aus diesem Geschäft von 1.710,00 EUR.

Den gesamten Steuerbetrag muss wirtschaftlich der Endverbraucher tragen.

Aus diesem Beispiel lassen sich drei Erkenntnisse ziehen:

1. Der Unternehmer wird mit der Umsatzsteuer nicht belastet.
2. Die Umsatzsteuer ist ein durchlaufender Posten.
3. Die Umsatzsteuer ist eine Allphasensteuer, weil jeder Unternehmer in der Kette von der Urproduktion bis zum Endverbraucher beteiligt ist und die Umsatzsteuer auf seinen Mehrwert an das Finanzamt abführt.

Aufgabe 17

a. Nicht steuerbar, weil Geschäft unter Privatpersonen; Stein handelt nicht als Unternehmer.
b. Steuerbar und steuerpflichtig, da hier eine Leistung im Inland gegen Entgelt vorliegt
c. Nicht steuerbar, da entgeltlose Leistung, es sei denn, Stein stellt seiner Mutter die Arbeit in Rechnung
d. Nicht steuerbar, da Leistung im Ausland
e. Nicht steuerbar, da zu aktivierende Eigenleistung
f. Steuerbar und steuerpflichtig, da Einfuhr eines Gegenstandes aus dem Ausland (Einfuhrumsatzsteuer)
g. Nicht steuerbar, da unentgeltliche Leistung

Aufgabe 18
a. Grunderwerbsteuer und Grundsteuer
b. Grunderwerbsteuer: Kaufpreis; Grundsteuer: Einheitswert, Grundsteuermesszahl und Hebesatz der Gemeinde bilden die Grundlagen für die Steuerberechnung.

Aufgabe 19
a. Steuerschuldner sind im Normalfall die am Erwerbsvorgang beteiligten Personen. Zahlt der Erwerber nicht, kann sich das Finanzamt an den Verkäufer halten. Außerdem werden für verschiedene Umstände, unter denen ein Grundstück erworben werden kann (z. B. Erwerb kraft Gesetzes, Meistgebot bei Versteigerung) die jeweiligen Steuerschuldner genannt.
b. Die Unbedenklichkeitsbescheinigung des Finanzamts ist die Voraussetzung für die Eigentumsumschreibung im Grundbuch. Das bedeutet, dass der Erwerber des Grundstücks nichts damit anfangen kann, solange er nicht im Grundbuch eingetragen ist. Er wird also ein großes Interesse daran haben, dass diese Bescheinigung ausgestellt wird, und dafür sorgen, dass die Steuer bezahlt wird.

Aufgabe 20
Die Schenkungssteuer ergänzt die Erbschaftsteuer, weil im Normalfall Vermögensübertragungen im Familienkreis oder unter Freunden stattfinden. Um zu verhindern, dass vor dem Tod des Erblassers durch Vermögensübertragungen in großem Umfang die Erbschaftsteuer gemindert wird, gelten für Schenkungen im Wesentlichen die gleichen Steuerpflichten wie für Erbschaftsangelegenheiten.

Aufgabe 21
Dieser Kritik können verschiedene Regeln aus dem Gesetz entgegengehalten werden:
Zunächst gibt es eine Reihe von Steuerbefreiungen. Sodann bleibt die Vererbung von selbst genutztem Wohneigentum (Familienheim) an Ehegatten oder Kinder unter bestimmten zu erfüllenden Voraussetzungen steuerbefreit. Ferner werden für Ehegatten, Kinder und Enkelkinder sowie eingetragene Lebenspartnerschaften relativ großzügige Freibeträge vorgesehen.
Bereits diese Regelungen dürften dazu führen, dass das Vermögen von ca. 95 % der Bevölkerung eine weitgehende Steuerbefreiung im Erbschafts- oder Schenkungsfall erfahren dürfte.
Für die Vererbung oder Schenkung bestehender Gewerbebetriebe hat das Gesetz aus Motiven der Arbeitsplatzsicherheit ebenfalls großzügige Regelungen geschaffen, immer unter der Voraussetzung, dass die Arbeitsplätze weitgehend erhalten bleiben.
Schließlich sind die Steuersätze in drei Steuerklassen so gestaltet, dass nach Abzug der Freibeträge mit ggf. folgender Versteuerung immer noch eine erhebliche Summe des Vermögens übrig bleibt.
Eine Härtefallregelung bietet bei der Tarifgestaltung die Gewähr, dass sich eine geringfügige Erhöhung der Erbschaftssumme nicht zu Ungunsten des Erben auswirkt.

Aufgabe 22
a. Die Aufgabe der Abgabenordnung enthält grundlegende und für alle Steuerarten geltende Reglungen über die notwendigen Grundbegriffe des Steuerrechts, die handelnden Personen, das Besteuerungsverfahren und andere wichtige Verfahrensvorschriften, die grundsätzlich für alle Steuerarten gelten. Damit soll verhindert werden, dass diese Sachverhalte in jedem Steuergesetz neu geregelt werden müssen. Insofern gilt die Abgabenordnung auch als das „Grundgesetz" des Steuerrechts.
b. In den einleitenden Vorschriften werden die wichtigsten Grundbegriffe des Steuerrechts geklärt, z. B. der Steuerbegriff, die steuerlichen Nebenleistungen, Wohnsitz, gewöhnlicher Aufenthalt, Angehörige, etc.
c. Hier wird – ähnlich wie im Zweiten Buch des BGB – geklärt, wer Steuerschuldner ist und wer Steuerpflichtiger, das Steuerschuldverhältnis von seinem Entstehen bis zu seinem Erlöschen sowie die Haftung aus der Steuerschuld.

Aufgabe 23
- Stundung: Die Finanzbehörden können Ansprüche aus dem Steuerschuldverhältnis ganz oder teilweise stunden, wenn die Einziehung bei Fälligkeit eine erhebliche Härte für den Schuldner bedeuten würde und der Anspruch durch die Stundung nicht gefährdet erscheint.
- Aufrechnung: Ein Steuerschuldner kann Ansprüche aus einer festgestellten Zurückerstattung mit Steuerschulden aus einer anderen Steuer aufrechnen. Für die Aufrechnung mit Ansprüchen aus dem Steuerschuldverhältnis sowie für die Aufrechnung gegen diese Ansprüche gelten sinngemäß die Vorschriften des bürgerlichen Rechts.

- Erlass: Die Finanzbehörden können Ansprüche aus dem Steuerschuldverhältnis ganz oder zum Teil erlassen, wenn deren Einziehung nach Lage des einzelnen Falls unbillig wäre; unter den gleichen Voraussetzungen können bereits entrichtete Beträge erstattet oder angerechnet werden.
- Säumniszuschlag: Wird eine Steuer nicht bis zum Ablauf des Fälligkeitstages entrichtet, so ist für jeden angefangenen Monat der Säumnis ein Säumniszuschlag von 1 % des abgerundeten rückständigen Steuerbetrags zu entrichten.

Aufgabe 24
a. Der Steuerbescheid ist ein Verwaltungsakt. Dagegen kann Klein einen Einspruch beim zuständigen Finanzamt einlegen.
b. Die Frist beträgt einen Monat.
c. Die Einspruchsfrist beginnt mit dem Tag der Zustellung des Bescheids.
d. Sofern eine Rechtsbehelfsbelehrung im Steuerbescheid enthalten war, welche die obigen Regelungen dem Steuerpflichtigen mitteilen, tritt nach Ablauf der Frist die Rechtskraft ein, d.h., es gibt keine weitere Möglichkeit für Franz Klein, den Bescheid ändern zu lassen.
e. Sein Einspruch muss mit Begründung in Bezug auf seine Einspruchsargumente abgelehnt werden. Gegen diese Ablehnung des Einspruchs besteht die Möglichkeit der Klage.

Modul 4: Unternehmensführung

1 Betriebsorganisation

Aufgabe 1
a. Während das Unternehmensleitbild die zumeist schriftliche Erklärung der Grundprinzipien eines Unternehmens darstellt mit den Inhalten Mission, Vision und Grundwerten, bildet die Unternehmensphilosophie das schriftlich oder implizit verfolgte Verhältnis des Unternehmens zu seiner Umwelt (Gesellschaftsbild, Menschenbild). Die Unternehmenskultur ist i. d. R. nicht schriftlich fixiert und stellt das täglich gelebte Wertesystem dar.
b. Der dargestellte Text ist nur in Fragmenten ein Leitbild. Dargestellt sind im ersten Absatz die Eckpfeiler des Wertesystems. Im dritten Absatz folgen dann weitere Vorstellungen, die sich offenbar auf das tägliche Handeln in Bezug auf Kunden und Mitarbeiter beziehen. Leider fehlen Aussagen sowohl über die Mission des Unternehmens als auch über die Vision.
c. Da die Aussagen darüber fehlen, was die Mission des Unternehmens ist (Was ist unsere Aufgabe? – Wozu gibt es uns? – Was wollen wir besonders machen?), fehlt die Verbindung zu den Grundwerten. Die Werteangaben sind beliebig (Ehrlichkeit, Glaubwürdigkeit, Verlässlichkeit) und sollten im eigentlichen Sinne im Geschäftsleben sogar selbstverständlich sein. Praktikabel ist ein Leitbild erst dann, wenn die Inhalte möglichst konkret sind und sich auf betriebliches Handeln, z. B. auf Produktqualität, Werbeaussagen, Mitarbeiterführung etc., beziehen lassen.
d. Das Leitbild müsste in jedem Fall die Mission des Unternehmens enthalten. Ferner sollte eine eigenständige Vision der Unternehmensleitung (Wie sehen wir uns und wo sehen wir unser Unternehmen in der Zukunft?) formuliert werden, um den Kunden und Lieferanten klare Ziele aufzuzeigen.

Aufgabe 2
a. Corporate Identity ist die unverwechselbare und eigenständige Identität eines Unternehmens.
b. • Akzeptanz als unverwechselbare Unternehmenspersönlichkeit am Markt;
   • hoher Wiedererkennungseffekt bei den anderen Marktteilnehmern;
   • Erhöhung der Mitarbeiterzufriedenheit;
   • Herausstellen der Stärken des Unternehmens
c. Es ist der Bereich, der das Unternehmen am stärksten nach außen hin vertritt und deshalb von der Umwelt am stärksten wahrgenommen wird.
d. Firmenname, Firmenlogo, Firmenslogan, einheitliches Layout von Werbemitteln, Hausfarben, Hausschriften, einheitliches Briefpapier, Visitenkarten, Firmenfahrzeugbeschriftung, Firmenkleidung, Auftritt auf Messen

Aufgabe 3
a. Planung macht eine rationale Durchdringung der betrieblichen Zukunft erforderlich, sie stellt einen Leitfaden für betriebliches Handeln dar und ist schließlich ein notwendiger Vergleichsmaßstab, um den Erfolg des Handelns an den gesetzten Zielen zu messen.
b. Tatsächlich kostet Planung etwas und bindet Mitarbeiterkapazität, keinesfalls verhindert sie aber Spontaneität, denn die in der Planung enthaltenen Ziele werden die Mitarbeiter anspornen, diese Ziele zu erreichen und möglichst zu übertreffen. Jede gute Planung gibt auch Raum für Improvisationen durch Alternativpläne.

Aufgabe 4
a. Strategische Planung: 3 bis 5 Jahre, in Großunternehmen bis zu 10 Jahren; operative Planung: bis zu einem Jahr
b. Strategische Planung: Geschäftsfelder, Laufbahnpläne; operative Planung: Absatzplanung nach Produkten, Weiterbildungsplanung für das kommende Jahr
c. Strategische Planung: Oberste Leitungsebene, wie Vorstand oder Geschäftsführung; operative Planung: mittlere und untere Leitungsebene, wie Abteilungsleitung, Gruppenleitung
d. Strategische Planung: Grobplanung mit steigendem Unsicherheitsgrad, je weiter der Planungshorizont in die Zukunft geht; operative Planung: Detailpläne und Budgets mit relativ geringem Unsicherheitsgrad

Aufgabe 5
a. Auf das ganze Unternehmen und seine Geschäftsfelder, das Verhalten des Unternehmens im Markt, die Bindung von Ressourcen, die Investitionstätigkeit
b. Potenzialanalyse, Produktlebenszyklus-Analyse, Portfolio-Analyse, Benchmarking, Balanced Scorecard

Aufgabe 6
a. Die SWOT-Analyse ist eine Analyse der Stärken, Schwächen, Chancen und Risiken eines Unternehmens und damit ein geeignetes Instrument der strategischen Planung.
b. In der internen Analyse werden die Stärken und Schwächen analysiert, in der externen Analyse die Chancen und Risiken.
c. Die interne Analyse bezieht sich auf Know-how, Erfindungen, Finanzen, Personal, Kostenstruktur; die externe Analyse bezieht sich auf die technologische Entwicklung, die politische Situation, den Wettbewerb, Markt- und Produkttrends.
d.

	Stärken	Schwächen
Chancen	Verfolgen von neuen Chancen, die gut zu den Stärken des Unternehmens passen	Schwächen eliminieren, um neue Chancen zu nutzen, also Risiken in Chancen umwandeln.
Risiken	Stärken nutzen, um Risiken bzw. Gefahren abzuwehren.	Verteidigungsstrategien entwickeln, um vorhandene Schwächen nicht zum Ziel von Bedrohungen werden zu lassen.

Aufgabe 7
a. Einführungs-, Wachstums-, Reife-, Sättigungs- und Rückgangphase
b.
- Einführungsphase: Das Produkt wird mit großem Engagement des Vertriebs und hohem Kommunikationsaufwand in den Markt gebracht. Die Umsätze steigen allmählich an, übersteigen jedoch nicht die bisherigen Aufwendungen, sodass auch in dieser Phase weiterhin Verluste auflaufen.
- In der Reifephase steigt der Umsatz auch noch an und erreicht gegen Ende sein Maximum. Das Produkt ist jetzt technisch ausgereift. Die Herstellkosten sind niedrig. Das Produkt wirft in dieser Phase die höchsten Gewinne ab. Allerdings wird der Wettbewerb härter, weil Konkurrenten mit vergleichbaren Produkten auf den Markt drängen.

c. In der Rückgangsphase nehmen die Umsätze stark ab, die Deckungsbeiträge sinken durch Preiszugeständnisse, das Produkt gelangt in die Verlustzone.
d. In der Nachlaufphase muss das Unternehmen noch je nach Produkt eine Reihe von Aufwendungen erbringen. Dazu gehören z. B. Garantieleistungen, Versorgung der Altkäufer mit Ersatzteilen, Entsorgung von Altgeräten und die Umschichtung oder der Abbau von Produktionsanlagen.

Aufgabe 8
a. Marktwachstum in Prozent und relativer Marktanteil
b.

Question Marks/Fragezeichen: Hohes Marktwachstum bei einem niedrigen relativen Marktanteil	Stars: Hohes Marktwachstum bei einem hohen relativen Marktanteil
Poor Dogs/„arme Hunde": Niedriges Marktwachstum bei einem niedrigen Marktanteil	Cash Cows/Melkkühe: Niedriges Marktwachstum bei einem hohen relativen Marktanteil

c.
- Question Marks: Investieren und weiterentwickeln
- Stars: Investieren
- Cash Cows: Position halten und abschöpfen
- Poor Dogs: entweder Innovation oder eliminieren

d. Die einzelnen Phasen des Produktlebenszyklus durchlaufen die vier Felder der Boston-Matrix in folgender Weise: Einführungs- und Wachstumsphase bewegen sich im Feld der Question Marks, Wachstums- und Reifephase bewegen sich im Feld der Stars, die Sättigungsphase befindet sich im Feld der Cash Cows und die Rückgangphase bewegt sich im Feld der Poor Dogs.

Aufgabe 9
a. Benchmarking ist eine Vergleichsanalyse von Produkten, Prozessen und Methoden des eigenen Unternehmens mit denen des besten Wettbewerbers.
b. Ziel eines Benchmarkings ist es, vorhandene Leistungslücken zu identifizieren und zu schließen.
c. Produktionsprozesse, Dienstleistungsprozesse, Produkte, Verwaltungsprozesse; Benchmarking kann erfolgen im Vergleich mit anderen Bereichen des Unternehmens, mit Wettbewerbern oder mit branchenfremden, aber strukturähnlichen Unternehmen.
d. Auswahl des Objekts, Festlegen der zu überprüfenden Vergleichswerte, Datengewinnung, Diagnose der Leistungslücken, Schließen der Leistungslücken
e. Es besteht das Risiko, dass internes vertrauliches Datenmaterial in die Hände der Mitbewerber gelangt. Aus diesen Gründen fällt es häufig schwer, Benchmarking-Partner zu finden. Das mangelnde Vertrauen in die Benchmarking-Partner kann u. U. dazu führen, dass manipulierte Daten verteilt werden.

Aufgabe 10
a. Planungsgegenstand der operativen Planung ist die Umsetzung der strategischen Planung in kurzfristige Teilpläne.
b. Welche Leistungsziele muss ich mit meinen Mitarbeitern in diesem Jahr/Monat erfüllen? Wie viel Personal steht mir zur Verfügung? Wie hoch sind meine Kostenvorgaben für diesen Zeitraum?
c. Absatzplan: Menge der zu verkaufenden Produkte; Produktionsplan: Art und Menge der zu produzierenden Teile und Produkte; Personalplan: Art und Menge des Personalbedarfs, der notwendigen Einstellungen/Einschränkungen; Kostenplan: Budgets der einzelnen Kostenstellen

Aufgabe 11
a. Das Top-Management beginnt mit der Formulierung der Gesamtziele für die kommende Planperiode. In mehreren Schritten werden diese Ziele als Teilpläne bis zur unteren Ebene heruntergebrochen. In der unteren Ebene findet dann ein Prozess der Prüfung, Identifikation und Plausibilitätsprüfung statt. Anschließend erfolgt eine Verdichtung der so geprüften Teilpläne stufenweise nach oben, um zu sehen, ob die Gesamtzielsetzungen tatsächlich erreicht werden. Ggf. erfolgt ein zweiter Durchgang.
b. Beim Gegenstrom-Verfahren erfolgt ein Prozess von oben nach unten und wieder zurück. Hierbei werden alle Beteiligten eingebunden. Die beiden anderen Verfahren gehen jeweils nur in eine Richtung und ermöglichen so wenig Austausch über die Teilpläne.

Aufgabe 12
a. Managementsysteme schaffen einen Ordnungsrahmen und geben den Unternehmen Orientierung. Die Festlegung von Strukturen und die Beschreibung von Soll-Abläufen fördern die effiziente Abwicklung von Geschäftsprozessen und Aktivitäten.
b. Qualität, Umweltschutz, Arbeitsschutz
c. Handbuch, Anweisungen, Dokumentationen, Schulungen, Audits

Aufgabe 13
a. Beim nachsorgenden Umweltschutz wird eine Produktionsanlage oder ein Produktionsprozess so verändert, dass sich ihre/seine Auswirkungen auf die Umwelt verringern. Der vorsorgende Umweltschutz setzt bereits bei der Planung der Produktionsprozesse und der Produktionsanlagen an. Im Idealfall entstehen durch diesen vorausschauenden Umweltschutz Abfälle und Emissionen erst gar nicht.
b. Energieeinsparung, Verpackungsvermeidung, Rohstoffausbeute maximieren, Vermeidung oder Verringerung von Emissionen
c. Stetige Verbesserung der umweltbezogenen Aspekte im betrieblichen Ablauf, interne und externe Kommunikation des Engagements im Umweltschutz, Vermeidung von Strafen durch Einhaltung aller umweltrelevanten Rechts- und Verwaltungsvorschriften, Verhinderung von Umweltunfällen

Aufgabe 14
a. Qualität selbst ist definiert als das Maß, in dem ein betrachtetes Produkt oder ein betrachteter Prozess den gestellten Anforderungen genügt. Die Anforderungen können ausdrücklich definiert sein, sie können aber auch implizit vorausgesetzt werden.
b. Reduzierung der Reklamationen und der damit verbundenen Kosten; Verbesserung des Produktimages; Absatz- und Umsatzsteigerungen; Optimierung der Produktionsprozesse
c. Produkte, Dienstleistungen, Verwaltungs- und Produktionsprozesse
d. ISO 9000 ff. ist eine internationale und branchenübergreifende Normengruppe, die Forderungen an ein kunden- und prozessorientiertes Qualitätsmanagementsystem definiert zum Nachweis der Fähigkeit, ein Produkt oder eine Dienstleistung zu entwickeln und liefern zu können. Sie zielt einerseits auf die Verhütung von Fehlern (durch Prozessnormierung), andererseits auf das Erreichen einer kontinuierlichen Verbesserung ab.

e. Die Zertifizierung erfolgt nach einem Audit, d.h. nach einer Präsentation der im Unternehmen vorgenommenen Änderungen. Das Zertifikat wird erteilt von unabhängigen Zertifizierungsunternehmen. Vorteil ist, dass die Zertifizierung an sich gegenüber Kunden und Lieferanten publiziert werden kann.

Aufgabe 15

a. Arbeitsschutz beinhaltet alle Maßnahmen zur Verhinderung bzw. Senkung der Arbeitsunfälle und Verbesserung der gesundheitlichen Situation der Mitarbeiter im Produktionsprozess.
b. Erstellung von Leitlinien für eine Arbeitsschutzpolitik, Planung entsprechender Maßnahmen, Verwirklichung der Maßnahmen im Betrieb, Überprüfung und Überwachung der Maßnahmen, Bewertung der Maßnahmen und Zertifizierung.
c. Es gibt noch zahlreiche Länder, in denen die Kinderarbeit zugelassen oder geduldet wird und in denen z.T. unwürdige Arbeitsbedingungen vorherrschen. Diese Länder können aus politischen Gründen den internationalen Abkommen und Normen nicht beitreten, weil ihre Unternehmen dann u.U. von Unternehmen aus anderen Ländern darauf verpflichtet werden könnten.

Aufgabe 16

	Aufgabe/Tätigkeit	Aufbauorganisation	Ablauforganisation
a.	Neuregelung des Einstellungsverfahrens für die Personalabteilung		x
b.	Zuordnung des Bereichs „Haushaltswaren" zur Abteilung „Non-food-Artikel"	x	
c.	Regelung der Vertretungsbefugnis eines Abteilungsleiters	x	
d.	Prüfung des Prozesses Auftragsbearbeitung und ggf. Anbringung von Korrekturen		x
e.	Bildung mehrerer neuer Stellen aufgrund der Erweiterung der Verkaufsgebiete	x	
f.	Erstellen eines Organisationsdiagramms des Betriebs	x	

Aufgabe 17
- Verrichtung: Prüfen auf rechnerische Richtigkeit;
- Objekt: Eingangsrechnungen;
- Rang: ausführende Tätigkeit;
- Phase: kontrollierende Tätigkeit;
- Zweckbeziehung: verwaltende Tätigkeit

Aufgabe 18
a. Höhere Mengenrabatte, Nutzung von Spezialkenntnissen, bessere Übersicht über die Marktlage
b. Marktnähe, kürzere Wege, Nähe zum Verwender der Teile, direkte Verantwortlichkeit

Aufgabe 19

	Vorteile für die Aufgabenträger	Mögliche Auswirkungen auf die Kosten
Zentralisation nach Funktionen	• Spezialisierung auf gleichartige Verrichtungen • Leistungssteigerung möglich • Nutzung von Spezialwissen	• niedrigere Stückkosten durch hohe Auslastung • niedrige Personalkosten durch Einsatz angelernter Arbeitskräfte
Zentralisation nach Objekten	• Spezialisierung auf ein Objekt • höhere Motivation • Verringerung der Arbeitsmonotonie	• höhere Personalkosten durch Einsatz spezialisierter Fachkräfte • niedrigere Sachmittelkosten

Aufgabe 20
a. Kunden erhalten Beratung „aus einer Hand" und haben es nur mit einem Mitarbeiter zu tun, der das gesamte Sortiment kennt.
b. Höhere Kundenzufriedenheit, klare Verantwortungsbereiche der zuständigen Kundenbetreuer
c. Nach Gebieten, nach Verrichtungen

Aufgabe 21
a. Sie beschreibt die Stelle, indem sie die Aufgaben und Ziele, die Anforderungen und Befugnisse sowie die organisatorische Einordnung festlegt.
b. Ausschreibung der Stelle, Zeugniserteilung, Handreichung für neue Mitarbeiter, Einstellungsgespräche, Jahresgespräche
c. Die Klausel könnte so lauten: „Der Stelleninhaber ist verpflichtet, Tätigkeiten, die hier nicht im Detail aufgeführt sind, aber im weiteren Sinn zu seinem Aufgabenbereich gehören, auf besondere Anweisung hin zu erledigen."

Aufgabe 22
- Leitungssystem: Es beschreibt die Weisungsbeziehungen zwischen den einzelnen Stellen bzw. Abteilungen und deren Verhältnis zueinander.
- Betriebspyramide: Sie zeigt in Schichten die Anzahl der einzelnen Rangstufen des Unternehmens.
- Organigramm: Es ist die grafische Darstellung des Leitungssystems eines Unternehmens.

Aufgabe 23
Je größer die Kontrollspanne eines Unternehmens im Durchschnitt ist, desto flacher ist die Hierarchie, weil relativ wenig Rangstufen vorhanden sind. Bei gleicher Mitarbeiterzahl ist die Anzahl der Rangstufen umso höher, je kleiner die Kontrollspanne im Durchschnitt ist.

Aufgabe 24
a. Der Dienstweg bezeichnet die von übergeordneten zu den untergeordneten Stellen laufenden Verbindungslinien. Auf dem Dienstweg werden Anordnungen von oben nach unten gegeben und Berichte von unten nach oben geleitet.
b. Der Mitarbeiter hätte den Weg über seinen vorgesetzten Abteilungsleiter zum Bereichsleiter wählen müssen. Das wird hier moniert.
c. Der Vorgesetzte ist nicht anwesend und hat keinen Abwesenheitsvertreter. Sehr dringende Angelegenheiten machen ein sofortiges Handeln erforderlich, während der Abteilungsleiter kurzfristig nicht greifbar ist.

Aufgabe 25
a. Eine Instanz ist eine Stelle mit Leitungsbefugnis.
b. Einliniensystem
c. Nach dem Funktionsprinzip
d. Vorteile: genaue Kompetenzabgrenzung, Eindeutigkeit der Anordnungsbefugnis, genaue Kontrolle möglich; Nachteile: zu langer und schwerfälliger Dienstweg, starke Belastung der Instanzen, insbesondere der oberen Instanzen, Gefahr der Erstarrung und Bürokratisierung
e. Einführung von Kommunikationsbrücken zwischen Stellen, die viel miteinander zu tun haben, sowie Berater oder Assistenten, die die Instanzen entlasten

Aufgabe 26
a. Entlastung der Instanzen, bessere Entscheidungsvorbereitung, Konzentration der Instanzen auf die Kernaufgaben
b. Organisation, Revision, Recht, Steuern, Public Relations, Vertriebsplanung
c. Sie müssen sich von Aufgaben trennen und ihren Stäben vertrauen können. Zudem müssen sie in der Lage sein, beratungsrelevante Tätigkeiten von entscheidungsrelevanten Tätigkeiten zu trennen.
d. Der Einfluss der Stäbe auf die Linieninstanzen kann dominierend werden, wenn diese die Ratschläge der „Fachleute" übernehmen, ohne diese zu hinterfragen („Macht der Experten"). Spezialisten laufen Gefahr, die Gesamtsicht und damit die Interessen des gesamten Unternehmens aus dem Auge zu verlieren. Stäbe bestehen zumeist aus Spezialisten/Akademikern, die hohe Personalkosten verursachen.

Aufgabe 27
a. Er ist Sachbearbeiter einer Stabsabteilung (Fertigungsplanung).
b. Stab-Linien-System
c. Er kann als Stabsmitarbeiter keine Weisungen erteilen.
d. Fertigungsplanung – Leiter Abteilung Fertigung – Geschäftsführung – Leiter Abteilung Materialwirtschaft

Aufgabe 28
a. Verbesserte Problemlösungen, Betonung der Teamarbeit, Entlastung der Unternehmensleitung
b.

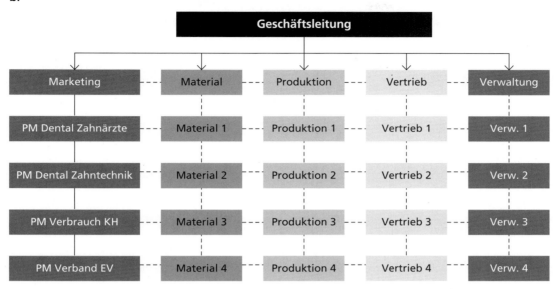

PM = Produktmanager

c. Die Mitarbeiter und Vorgesetzten müssen einerseits konfliktfähig, andererseits kompromissfähig sein, denn in diesem System sind Konflikte vorprogrammiert.
d. Konflikte werden persönlich genommen, entstehende Kompetenzprobleme wegen überlappender Arbeitsgebiete, hoher Kommunikationsaufwand (viele Meetings).

Aufgabe 29
a. Die Spartenorganisation berücksichtigt die Tatsache, dass viele Großunternehmen inzwischen eine nahezu unüberschaubare Struktur mit sehr verschiedenen Produkten haben. Hierbei wird das das Unternehmen in verschiedene Geschäftsbereiche zerlegt, das sind entweder große eigene Bereiche oder aber tatsächlich Teilunternehmen eines Konzerns. Dabei bilden gleiche oder verwandte Produkte (Objekte) jeweils eine Sparte.
b. Die einzelnen Sparten verfügen über eine große Marktnähe. Sie können autonom handeln. Es gibt eine klare Zuordnung der Verantwortung, die vorwiegend über den erzielten Gewinn erfolgt.
c. Die verschiedenen Bereiche verfolgen u. U. gleiche Ziele, ohne voneinander zu wissen, damit werden Ressourcen verschwendet. Es besteht die Gefahr, dass der Gesamtleitung die Übersicht und damit die Kontrolle über die Sparten entgleitet.
d. Ein Profit-Center ist ein Geschäftsbereich oder eine Abteilung, die über den Gewinn gesteuert wird. Das Profit-Center berechnet innerbetrieblich erbrachte sowie externe Leistungen (als Umsatz) und rechnet dagegen eigene Kosten und empfangene innerbetriebliche Leistungen. Das Ergebnis ist der Gewinn als Erfolgsgröße. Der Leiter des Profit-Center kann nach dem Erfolg honoriert werden.

Aufgabe 30

a.	Die Urlaubszeiten der Mitarbeiter sollen aufeinander abgestimmt und grafisch dargestellt werden.	2
b.	Für ein Bauprojekt sind die einzelnen Vorgänge gleichzeitig und nacheinander aufzuführen und mit ihren zeitlichen Abhängigkeiten darzustellen.	2, 3
c.	Der Arbeitsplatz einer Sekretärin ist neu zu organisieren. Die bisherigen Arbeitsabläufe sind zunächst zu erfassen und mit ihrer zeitlichen Inanspruchnahme darzustellen.	1
d.	Die einzelnen Tätigkeiten eines Arbeitsprozesses werden durch unterschiedliche Symbole gekennzeichnet.	1, 4
e.	Die unterschiedliche Inanspruchnahme und Auslastung von Maschinen und Betriebsmitteln ist zu planen und darzustellen.	2

f.	Die Bearbeitung eines Einkaufsvorgangs soll logisch nachvollziehbar und grafisch dargestellt werden.	1, 4
g.	Die Geschäftsprozesse eines Unternehmens sollen mit den Zuständigkeiten für Teilprozesse dargestellt werden.	5
h.	Ein Luxusliner soll in einer Werft generalüberholt werden. Es sind 4.500 Einzelvorgänge zu planen.	3

Aufgabe 31

a.

Maschine	Stunden								
	1	2	3	4	5	6	7	8	9
M 1	A 20			A 40			A 60		
M 2	A 60		A 20			A 40			
M 3	A 40			A 60			A 20		

b. An Maschine 1 in der 3. und 6. Stunde

c. Überstunden müssen an den Maschinen 1 und 3 gemacht werden, da hier die Aufträge bis zur 9. Stunde reichen.

Aufgabe 32

a. 1
b. 1
c. 9
d. 1
e. 1
f. 1
g. 9
h. 1

Aufgabe 33

a. Interview und Dokumentenanalyse:

b. Intensive Befragung mit der Möglichkeit, nachzuhaken und Unklarheiten sofort auszuräumen. Der Interviewer kann sich so ein genaues Bild von den Abläufen machen. Die Dokumentenanalyse ermöglicht die genaue Erfassung von Formularen, Abrechnungsunterlagen, Arbeitsanweisungen und Vorschriften.

c. Im Rahmen der Befragung können noch die Fragebogenmethode und die Selbstaufschreibung eingesetzt werden, im Rahmen der Beobachtung die Dauerbeobachtung und die Multi-Moment-Aufnahme.

Aufgabe 34

Während der Verkaufsverhandlungen: Verkaufsberichte, Verkäuferbefragungen, Befragungen des Kunden;
Nach dem Abschluss der Verhandlungen: Verkäuferbefragung, Verkaufsbericht, briefliche und telefonische Befragung des Kunden

Aufgabe 35

a. Kostensenkungen, Problemlösungen, Erhöhung des Nutzens für den Käufer

b. Mit einer ABC-Analyse, weil sie in der Lage ist, 80 % der wertmäßig relevanten Materialien/Teile zu identifizieren

c. Vertrieb, Materialwirtschaft, Controlling, Produktion, ggf. je 1 Vertreter von Lieferanten und 1 Vertreter von Kunden

d. Da es hier um Maschinen geht, spielt der Gebrauchswert eine große Rolle. Wesentliche Attribute sind hier die Zweckmäßigkeit, die Sicherheit, die Zuverlässigkeit, der Wirkungsgrad und die Angemessenheit des Preises.

2 Personalführung

Aufgabe 1
Die Ziele der Personalpolitik sind wirtschaftlicher und sozialer Natur. Angenommen, ein Mitarbeiter hat eine Reihe von persönlichen Problemen, verbunden mit einem starken Leistungsabfall. Der Vorgesetzte hat im Rahmen der Personalführung die Aufgabe, diese Problem zu erkennen und mit dem Mitarbeiter erste Gespräche darüber zu führen. Stellt sich heraus, dass der Mitarbeiter über einen längeren Zeitraum durch eine Kur oder durch Krankheit ausfällt oder sogar in den vorzeitigen Ruhestand geht, hat das Personalmanagement die Aufgabe, diese Vorgänge verwaltungstechnisch zu begleiten und für einen Ersatz zu sorgen, ggf. für eine Umbesetzung und Verwendung an anderer Stelle im Unternehmen oder durch Personalentwicklung den Mitarbeiter zu stärken oder sogar eine Neueinstellung zu organisieren. Dies alles geschieht vor dem Hintergrund des Führungsleitbilds des Unternehmens. Ist dies durch ein positives, fürsorgliches Menschenbild geprägt, wird das so geschehen, wie beschrieben. Ist das Führungsleitbild eher auf die wirtschaftlichen Aspekte der Arbeit gerichtet, wird die Behandlung des Mitarbeiters anders ausfallen.

Aufgabe 2
- Zielsetzung: Der Vertriebsleiter formuliert gemeinsam mit der Geschäftsleitung die Absatzziele für die kommende Periode.
- Planung: Der Vertriebsleiter setzt die Ziele mit seinen Mitarbeitern in Planzahlen um.
- Entscheidung: Der Vertriebsleiter entscheidet über zusätzliche vertriebsfördernde Maßnahmen, um die gesetzten Ziele zu erreichen.
- Organisation: Der Vertriebsleiter organisiert für ein neues Vertriebsgebiet einen Vertriebsstützpunkt.
- Kontrolle: Der Vertriebsleiter vergleicht anhand aktueller Absatzstatistiken die Planwerte mit den Istwerten.

Aufgabe 3
Der Führungsstil kennzeichnet das grundsätzliche, konsistente Verhalten eines Vorgesetzten gegenüber seinen Mitarbeitern. Dazu setzt er unterschiedliche Führungsmittel ein, z.B. Kommunikation, Delegation, Beurteilung. Die Führungstechniken stellen eine Reihe von Verfahren zur konkreten Ausgestaltung von Führung dar. So kann ein kooperativer Führungsstil durch ein Management by Objectives zum Ausdruck kommen.

Aufgabe 4
a. Intrinsische Motivation: Die Motivation kommt von innen, aus dem Mitarbeiter heraus. Extrinsische Motivation: Die Motivation des Mitarbeiters bedarf externer, von außen kommender Reize und Impulse, um den Mitarbeiter dazu zu bewegen, eine Leistung zu erbringen.
b. Intrinsische Motivation: Die Art der Arbeit, Herausforderungen, Zufriedenheit über eine bewältigte Aufgabe; extrinsische Motivation: Lob und Anerkennung, Respekt, Wertschätzung durch den Vorgesetzten
c. Der Ansatz von F.W. Herzberg besagt, dass die Befriedigung von Bedürfnissen, die sich auf die extrinsische Motivation (durch sogenannte „Hygienefaktoren") richten, zunächst erfüllt sein muss, bevor die intrinsische Motivation (durch „Motivatoren") überhaupt greifen kann.

Aufgabe 5
a. Nein, weil der Führungsstil im Wesentlichen durch den persönlichen Hintergrund des Vorgesetzten, seine Erfahrungen und sein Menschenbild geprägt ist sowie durch das Führungsleitbild des Unternehmens
b. Sie muss in der Lage sein, auch komplexe und schwierige Aufgaben an Mitarbeiter abzugeben, auf deren Leistungsfähigkeit zu vertrauen, ihnen den Lösungsweg zu überlassen und ihnen die Kompetenzen und die Verantwortung für die Aufgabe zu übergeben.
c. Die Vorgesetzten werden sich zunächst sperren, weil MbO im Prinzip dem autoritären Führungsstil widerspricht. Ihr Misstrauen in die Fähigkeiten der Mitarbeiter wird sich nicht ad hoc beseitigen lassen. Sie werden zunächst weiter versuchen, im Rahmen von MbO den Mitarbeitern vorzuschreiben, was wie und bis wann erledigt werden muss.

Aufgabe 6
Aufgabe; Person, die die Aufgabe erledigen soll, und Gründe für diese Auswahl; notwendige Zusatzinformationen über Regeln und Vorschriften; Information über die notwendigen Sachmittel; zeitlicher Rahmen

Aufgabe 7
a.

Merkmal	autoritärer Führungsstil	kooperativer Führungsstil
Entscheidungsfindung	Vorgesetzter entscheidet allein	Vorgesetzter entscheidet zusammen mit Mitarbeitern
Entscheidungsdurchsetzung	Vorgesetzter ordnet an	Mitarbeiter erhalten Entscheidungsbefugnisse
Art der Kontrolle	Vorgesetzter kontrolliert alle Details	Mitarbeiter kontrollieren selbst, Vorgesetzter kontrolliert die Zielerreichung
Einstellung Vorgesetzter	Vorgesetzter ist grundsätzlich misstrauisch	Vorgesetzter hat Vertrauen gegenüber den Mitarbeitern
Einstellung Mitarbeiter	Mitarbeiter sind skeptisch gegenüber dem Vorgesetzten	Mitarbeiter setzen Vertrauen in Vorgesetzten

b. Der kooperative Führungsstil setzt die möglichen Potenziale der Mitarbeiter frei. Die Aufgaben werden sachgerechter und kreativer gelöst und auch komplexe Aufgaben werden bewältigt. Der Vorgesetzte ist von Routine entlastet und kann sich stärker auf inhaltliche, die ganze Abteilung betreffende Aufgaben und Ziele konzentrieren. Das Unternehmen wird insgesamt mehr leisten können, was sich letztlich in einem besseren Ergebnis auswirken wird.

c. Der Vorgesetzte ist eine „primus inter pares", ein Erster unter Gleichen. Er muss sich nicht vordringlich durch seine Fachkenntnisse beweisen, sondern durch seine Art, mit den Mitarbeitern umzugehen. Gefordert sind eine hohe persönliche Kompetenz, Kritikfähigkeit, Kommunikationsfähigkeit und Vertrauen. Kooperativ handelnde Vorgesetzte müssen echte „Teamplayer" sein und Werte vermitteln können.

d. Kooperative Führung setzt bei den Mitarbeitern die Fähigkeit voraus, eigenverantwortlich zu handeln, eigene Lösungsansätze für die gestellten Aufgaben zu finden, gut kommunizieren zu können und kritikfähig zu sein.

e. Situationen, in denen Entscheidungen in sehr kurzer Zeit gefällt werden müssen, Situationen, bei denen Gefahr im Verzuge ist und Situationen, in denen Routineentscheidungen zu fällen sind

Aufgabe 8

a. Mitarbeiterorientierte Dimension: Die Bedürfnisse der Mitarbeiter nach Zuwendung und Vermeidung von Stress stehen hier im Vordergrund.

Aufgabenorientierte Dimension: Die zu lösende Aufgabe unter ökonomischen Erfordernissen steht hier im Vordergrund.

b.
- „Glacehandschuh-Management": Eine sorgfältige Beachtung der zwischenmenschlichen Beziehungen führt zu einer angenehmen Arbeitsleistung und einem niedrigen Arbeitstempo. Den Mitarbeitern geht es gut, die betrieblichen Ziele sind untergeordnet.
- „Befehl-Gehorsam-Management": Eine hohe Arbeitsleistung wird erwartet, ohne viel Rücksicht auf die zwischenmenschlichen Beziehungen zu legen. Die zwischenmenschlichen Beziehungen beschränken sich nur auf die Erreichung der betrieblichen Ziele.
- „Team-Management": Eine hohe Arbeitsleistung wird von begeisterten Mitarbeitern erbracht. Die Verfolgung des gemeinsamen Zieles motiviert und führt zu guten zwischenmenschlichen Beziehungen und einem guten Betriebsklima.

Aufgabe 9

a. Eine Gruppe im arbeitssoziologischen Sinn zeichnet sich durch eine Anzahl von Menschen aus, die ein gemeinsames Ziel verfolgen, gemeinsame Normen und Werte haben, einen mehr oder weniger ausgeprägten Zusammenhalt haben und in denen die Mitglieder bestimmte Rollen übernehmen.

b. Die Orientierungsphase ist die Entstehungsphase der Gruppe. Die Mitglieder finden aufgrund bestimmter Erwartungen ihre Rolle. Diese Phase ist geprägt durch eine vorsichtige Orientierung, das Streben nach Sicherheit und gegenseitiges Kennenlernen. Die Gruppenmitglieder entwickeln noch kein Vertrauen zueinander und vermeiden Konfrontationen.

Die Konfrontationsphase ist eine Entscheidungsphase, die für das weitere Bestehen von großer Bedeutung ist: Entweder das Team besteht weiter oder es zerfällt aufgrund unüberbrückbarer Differenzen. In dieser Phase kommt es zu Machtkämpfen zwischen einzelnen Gruppenmitgliedern um die informelle Führung und um den Status in der Gruppe. Dazu müssen Meinungen und Gefühle

ausgedrückt werden, jedes Gruppenmitglied stellt sich gewissermaßen selbst dar und damit den anderen vor. Danach hat sich ein Gruppenkonsens gebildet.
c. Zusammensetzung der Gruppe, Zusammenhalt, Art der Gruppe, Außenverhältnis, Gruppengröße, Gruppennormen und -werte
d. Attraktivität der Gruppe nach außen, Art der Aufgabe, Beziehung der Mitglieder untereinander
e. Eine Rolle ist die Gesamtheit der einem Gruppenmitglied innerhalb der Gruppe zugeschriebenen Erwartungen, Werte und Verhaltensweisen. Diesen Anforderungen muss sich ein Gruppenmitglied entsprechend seiner Rolle stellen.
   - Der informelle Gruppenführer hat die Aufgabe, die Gruppe auch in schwierigen Situationen zusammenzuhalten. Er ist meistens der Beliebteste.
   - Der Mitläufer orientiert sich am Gruppenführer, nimmt keine tragende Rolle ein und sucht die soziale Umgebung.
   - Der Clown macht sich durch Späße und Fröhlichkeit beliebt, er lockert in Stresssituationen das Gruppenklima auf.
f. Beziehungskonflikt: Hier erleben die Beteiligten störende zwischenmenschliche Spannungen in der Zusammenarbeit. Ursachen für Beziehungskonflikte sind Vorurteile, Antipathie aufgrund bestimmter persönlicher Merkmale sowie vorausgegangene andere Konflikte.

Aufgabe 10
a. Es wird zu einem stetigen Abfluss von Know-how kommen, den die älteren Arbeitnehmer sich erworben haben. Hinzu kommt, dass sich aufgrund des hohen Fachkräftemangels die betroffenen Stellen teilweise nicht in gleichem Maße wieder besetzen lassen.
b. Die Personalplanung muss die zu erwartenden Abgänge in den kommenden fünf Jahren antizipieren und Gegenmaßnahmen in quantitativer und qualitativer Sicht ergreifen. Dazu wird gehören, zunächst die älteren Arbeitnehmer stärker in Teams einzubinden, in denen eine Wissens- und Erfahrungstransfer auf jüngere Arbeitnehmer stattfinden kann. Sodann sind Maßnahmen der langfristigen Personalentwicklung zu ergreifen, ferner Maßnahmen zur langfristigen Laufbahn- und Nachfolgeplanung.

Aufgabe 11
a. Die quantitative Personalbedarfsplanung hat die Aufgabe, den mengenmäßigen Bedarf an Arbeitnehmern zu ermitteln und im Rahmen der Personalbeschaffungsplanung festzulegen, auf welchen Wegen diese Arbeitnehmer beschafft werden sollen. Die qualitative Personalplanung hat die Aufgabe, den aufgrund der künftigen Ziele des Unternehmens erforderlichen Bedarf hinsichtlich des gewünschten Ausbildungsstandes zu ermitteln und die Wege aufzuzeigen, auf denen diese Ausbildung erfolgen kann.
b. Quantitative Personalplanung: Berechnung des Personalbedarfs anhand von Kennzahlen auf der Basis anderer Teilpläne, Personaleinsatzplanung; qualitativer Personalbedarf: Planung von Aus- und Fortbildungsmaßnahmen, Planung der innerbetrieblichen Fördermaßnahmen

Aufgabe 12
a. 15.000 Stück · 10 Min. = 150.000 Min. : 60 = 2500 = notwendige Mitarbeiterstunden
   160 − 5 % = 152 Stunden Anwesenheit der Mitarbeiter
   2500 : 152 = 16,4 Vollzeitstellen Bruttopersonalbedarf
b. 15 − 2 = 13 Mitarbeiter voraussichtlich vorhanden. Der Nettopersonalbedarf für März wird damit 3,4 Mitarbeiter betragen.

Aufgabe 13
a. Die Abgangs-Zugangs-Tabelle stellt dem gegenwärtigen Personalbestand, die voraussichtlichen Abgänge und voraussichtlichen Zugänge für den Beginn der kommenden Planungsperiode dar und ermittelt auf diese Weise den voraussichtlichen Anfangsbestand. Dieser wird mit dem Bruttopersonalbedarf zu diesem Zeitpunkt verglichen und ergibt den Nettopersonalbedarf.
b. Bei einem Personalbestand von weniger als 100 Mitarbeitern kann jeder Abteilungsleiter selbst übersehen, welchen Mitarbeiterbestand er am Beginn der kommenden Planungsperiode hat und ob dieser Bedarf ausreicht. Hier eine aufwendige Tabelle für jede Abteilung zu führen, würde ein zusätzliche bürokratische Belastung der Führungskräfte bedeuten.

Aufgabe 14
a. Muss-Anforderungen sind unabdingbar für die Erledigung der Aufgaben. So benötigt eine Chefsekretärin perfekte Sprachkenntnisse, ein Berufskraftfahrer den entsprechenden Führerschein. Soll- und Kann-Anforderungen erweitern das mögliche Leistungsspektrum und eine u. U. bessere Erfüllung der Aufgaben, z. B. weitere Sprachkenntnisse oder betriebswirtschaftliche Kenntnisse bei der Sekretärin, Kenntnisse als Kraftfahrzeugmechaniker bei dem Kraftfahrer.

b. Muss-Anforderungen: Erstausbildung in einem kaufmännischen Beruf, Pkw-Führerschein, perfekte Produktkenntnisse, Verhandlungsgeschick; Wunschanforderungen: Sprachkenntnisse, berufliche Weiterbildung zum Fachwirt

Aufgabe 15
a. Informationen über das suchende Unternehmen, über die freie Stelle, über die erforderlichen Voraussetzungen seitens des Bewerbers, über die Leistungen des Unternehmens und über die erwünschten Bewerbungsunterlagen
b. 1. Sichtung und Vorauswahl der eingegangenen Bewerbungen; 2. Vorauswahl unter intensiver Prüfung der Bewerbungsschreiben, der Lebensläufe und der Zeugnisse, Einladung zu Tests und ggf. Assessment-Center; 3. Vorauswahl anhand der Testergebnisse, Einstellungsgespräche, Auswertung der Einstellungsgespräche und ggf. zweites Einstellungsgespräch, Entscheidung
c. Form, Stil, Fehlerfreiheit, Logik, Grund für Bewerbung, Kenntnisse über das Unternehmen
d. Intelligenz- und Wissenstests, Leistungs- und Belastungstests, Konzentrationstests, psychologische Tests
e. Fehlbesetzungen, die aufgrund des Bewerbungsverfahrens und der Einarbeitungszeit hohe Kosten verursachen.

Aufgabe 16
a. Genauere Informationen, als sie über die Bewerbungsunterlagen, die allgemeinen Testverfahren und das Einstellungsgespräch zu erhalten sind.
b. • Präsentation: Fähigkeit zur Darstellung von Problemen und deren Lösungen
   • Postkorbübung: Fähigkeit zur Entscheidung unter Zeitdruck
   • Gesprächsrunden: Fähigkeit zur Kommunikation in Gruppen, Überzeugungsfähigkeit
c. Kritiker führen als Argument an, dass häufig nicht der – stellenbezogen – „beste" Bewerber herausgesucht wird, sondern derjenige, der die beste Außendarstellung hat, und ggf. derjenige, der ein solches Assessment-Center vorher trainiert hat.

Aufgabe 17
a. Fachvorgesetzter und Personalreferent, damit sowohl die fachliche Seite als auch die persönliche Seite sinnvoll ausgelotet werden kann.
b. Begrüßung, Schilderung des persönlichen Werdegangs des Bewerbers, danach des beruflichen Werdegangs, Klärung der beruflichen Entwicklung durch Nachfragen und Motive für die Bewerbung, Informationen über die Stelle, die Abteilung, die Branche und das Unternehmen, Diskussion über die Vertragsbestandteile und Konditionen, Abschluss des Gesprächs
c. Der Bewerber sollte nicht den Eindruck erhalten, dass man sich ihm „nur am Rande" widmet, sondern dass er wichtig genommen wird. Die Art und Weise, wie im Bewerbungsverfahren mit dem Bewerber umgegangen wird, signalisiert ihm auch, wie später mit ihm umgegangen wird, wenn der die Stelle antritt.
d. Standardisierte Gesprächsprotokolle, in denen Fachvorgesetzter und Personalreferent in Kurzform oder durch Ankreuzen von beobachteten Merkmalen das Gespräch festhalten. Diese Protokolle können später miteinander verglichen werden. Abweichende Beobachtungen sollten unmittelbar nach dem Gespräch zwischen den gesprächsführenden Personen geklärt werden.

Aufgabe 18
Der neue Mitarbeiter muss später zur Gruppe passen, das kann in Ansätzen durch ein längeres Gespräch in der Arbeitsgruppe geklärt werden. Im Idealfall sollte die Gruppe mitentscheiden, wer eingestellt werden soll.

Aufgabe 19
a. Dauer der möglichen Unterauslastung, Anzahl und Qualifikation der betroffenen Mitarbeiter
b. Die Personalanpassung kann ohne oder mit Reduzierung des Personalbestandes erfolgen.
c. Zunächst sollte geprüft werden, welche Maßnahmen ohne Reduzierung des Mitarbeiterbestandes ergriffen werden können, damit nicht unnötig Know-how aus dem Unternehmen abfließt. Erst wenn diese Maßnahmen erschöpft sind, sollte geprüft werden, in welchem Umfang welche Mitarbeiter freigesetzt werden sollten.
d. Ohne Reduzierung des Personalbestandes sollte geprüft werden, ob im Produktionsbereich Überstunden abgebaut werden können, ggf. sollte Insourcing geprüft und Kurzarbeit angemeldet werden. Im Verwaltungsbereich könnte Urlaub vorgezogen werden, es könnten Angebote für Teilzeit oder Sabbatical gemacht werden oder innerbetrieblich nach anderen Verwendungsmöglichkeiten gesucht werden.
Mit Reduzierung des Personalbestandes könnte im Produktionsbereich ein vorzeitiger Ruhestand, Angebot für Aufhebungsverträge und Ausnutzung der natürlichen Fluktuation geprüft werden. Gleiches gilt hier auch für den Verwaltungsbereich.

Aufgabe 20
a. Beim Zeitlohn erhält der Mitarbeiter seinen Lohn für die im Betrieb geleistete Arbeitszeit, beim Leistungslohn wird nach der erbrachten Leistung bezahlt.
b. Vorteile des Zeitlohns: einfache Abrechnung, Überschaubarkeit und Planbarkeit für Arbeitnehmer und Arbeitgeber; Nachteile des Zeitlohns: fehlender Leistungsanreiz, Risiko der Minderleistung liegt beim Unternehmer
c. Qualitätsarbeit und Dauerleistung bei niedrigem Arbeitstempo, sicherheitsrelevante Tätigkeit, Fließbandtätigkeit, weil hier die Leistung vorgegeben wird
d. In der Produktion ist der Leistungslohn gegenwärtig nicht einsetzbar, es sei denn, das Unternehmen stellt auf Gruppenfertigung um, dann wäre der Gruppenakkord zu prüfen. Die Reisenden könnten umgestellt werden auf eine Entlohnung, die sich aus einem garantierten niedrigen Grundgehalt und einer Provision für die getätigten Umsätze zusammensetzt.
e. Die Fließfertigung müsste aufgelöst werden und auf eine andere Organisationsform umgestellt werden, in der die Arbeitnehmer ihre Leistung selbst beeinflussen können. Die Reisenden müssten davon überzeugt werden, dass sie bei entsprechenden Umsätzen mehr verdienen können. In beiden Fällen kann die Änderung der Entlohnung nur mit dem Einverständnis des Betriebsrats erfolgen. Zudem muss eine Besitzstandsklausel vereinbart werden, die verhindert, dass die Mitarbeiter nach Änderung des Lohnsystems schlechter gestellt sind als vorher.

Aufgabe 21
a. Lohn von Manfred Meier:

Mindestlohn je Stunde	10,90 EUR
+ Akkordzuschlag 15 %	1,64 EUR
= Akkordrichtsatz	12,54 EUR
Minutenfaktor (12,54 : 60)	0,2089 EUR
Berechnung der im vergangenen Monat geleisteten Zeit	

Stückzahl	Minuten/Stück	Gesamtzeit
680	7,5	5.100 min
1.050	2,6	2.730 min
780	3,8	2.964 min
	Summe	10.794 min

Bruttoentgelt = Summe geleistete Zeit · Minutenfaktor (10.794 · 0,2089)	2.255,05 EUR

b. Leistungsgrad von Manfred Meier:
Leistungsgrad = (Istleistung in Vorgabeminuten · 100) / Anwesenheitszeit in Minuten

$$\text{Leistungsgrad Manfred Meier} = \frac{10.794 \cdot 100}{168 \cdot 60} = 107,1\,\%$$

c. Lohn für Franz Krause:

Monatslohn lt. Tarifvertrag	1.788,00 EUR
+ Überstunden · Stundenlohn (Stundenlohn TGr III)	171,68 EUR
+ Überstundenzuschlag hierauf 25 %	42,92 EUR
= Bruttoentgelt	2.002,60 EUR

d. Bruttoentgelt für den Reisenden Peter Müller:

Zeitvergütung (Grundgehalt)	1.520,00 EUR
+ Provision (1,5 % von 52.480,50)	1.049,61 EUR
Bruttoentgelt	2.569,61 EUR
im Bruttoentgelt enthaltene Lohnfortzahlung für Krankheit (1520 : 168 · 16)	144,76 EUR

Aufgabe 22

a. $\dfrac{\text{Gesamtarbeitszeit Ist}}{\text{Anzahl MA}} \cdot \text{Anzahl Arbeitstage} = \dfrac{31.833}{18} \cdot 250 = 7{,}07$ Std

b. $\dfrac{\text{Fehlzeiten gesamt} \cdot 100}{\text{betriebliche Arbeitszeit Soll}} = \dfrac{(4.320 + 1.197) \cdot 100}{36.000} = 15{,}3\,\%$

c. $\dfrac{\text{krankheitsbedingte Fehlstunden} \cdot 100}{\text{tarifliche Arbeitszeit Soll}} = \dfrac{1.077 \cdot 100}{31.680} = 12\,\%$

d. $\dfrac{\text{urlaubsbedingte Fehlzeiten} \cdot 100}{\text{betriebliche Arbeitszeit Soll}} = \dfrac{4.320 \cdot 100}{31.680} = 12\,\%$

e. $\dfrac{\text{Ausfallstunden durch PE} - \text{Maßnahmen} \cdot 100}{\text{tarifliche Arbeitszeit Soll}} = \dfrac{120 \cdot 100}{31.680} = 0{,}4\,\%$

f. $\dfrac{\text{geleistete Überstunden} \cdot 100}{\text{tarifliche Arbeitszeit Ist}} = \dfrac{1.350 \cdot 100}{30.483} = 4{,}4\,\%$

g. $\dfrac{\text{tatsächlich geleistete Arbeitszeit Ist} \cdot 100}{\text{betriebliche Arbeitszeit Soll}} = \dfrac{31.833 \cdot 100}{36.000} = 88{,}4\,\%$

3 Personalentwicklung

Aufgabe 1
a. Langfristige Sicherung des Leistungspotenzials der Mitarbeiter, Anpassung der Kompetenzen der Mitarbeiter an zukünftige strategische Ziele, demografischer Wandel mit dem damit verbundenen Abfluss von technischem und betriebswirtschaftlichem Wissen
b. Es wäre sinnvoll, die Abteilung in drei Bereiche zu gliedern:
- Ein Bereich befasst sich mit der innerbetrieblichen Erstausbildung.
- Der zweite Bereich befasst sich mit der inner- und außerbetrieblichen Fortbildung der Mitarbeiter.
- Ein dritter Bereich kümmert sich um die innerbetriebliche individuelle Förderung von Mitarbeitern.

c. Die Mitarbeiter der CTM AG dürfen für sich u.a. folgende Vorteile erwarten:
- Verbesserung und Aufrechterhaltung der fachlichen und persönlichen Qualifikation
- Ausübung einer neigungsnahen Tätigkeit
- Aktivierung bisher ungenutzter Potenziale
- Senkung des Risikos des Arbeitsplatzverlustes
- Verbesserung der Chancen am Arbeitsmarkt
- Entfaltung der Persönlichkeit
- Erhöhung des persönlichen Prestiges
- Einkommensverbesserung

Aufgabe 2
a. Die Größe des Betriebs hat mit der Eignung zur Ausbildung grundsätzlich nichts zu tun. Entscheidend sind die fachlichen und persönlichen Voraussetzungen.
b. Auszubildende darf nur einstellen, wer die fachliche und persönliche Eignung dazu nachweisen kann.

c. Heinz Kroll sollte eine geeignete fachliche Qualifikation nachweisen können, dies ist in beruflicher Hinsicht dann erfolgt, wenn er eine Ausbildung in einer dualen Berufsausbildung absolviert hat. Dies ist hier der Fall. Seine arbeitspädagogischen Fähigkeiten muss Herr Kroll oder eine seiner Mitarbeiterinnen nachweisen durch das Ablegen einer Ausbildereignungsprüfung nach AEVO. Seine persönliche Eignung kann Herr Kroll durch ein polizeiliches Führungszeugnis nachweisen.
d. Herr Kroll müsste seiner Auszubildenden alle für den Ausbildungsberuf erforderlichen fachpraktischen Kenntnisse und Fertigkeiten entsprechend der Ausbildungsordnung und dem Ausbildungsberufsbild in den verschiedenen Abteilungen/Bereichen vermitteln. Sofern sein Betrieb zu klein für bestimmte Ausbildungsbereiche ist, muss er diese in überbetrieblichen Ausbildungsmaßnahmen vermitteln lassen.
e. Ausbildungsdauer, Berufsbild, Ausbildungsrahmenplan, Ausbildungsplan, Prüfungsanforderungen

Aufgabe 3
- Erhaltungsfortbildung: Jelena Batic war bis zur Geburt ihres Kindes vor vier Jahren Sachbearbeiterin im Einkauf. Ihr letzter Arbeitgeber will sie wieder einstellen, hat aber inzwischen auf eine neue Software umgestellt. Frau Batic nimmt an einem entsprechenden Lehrgang teil.
- Erweiterungsfortbildung: Gisela Potthoff ist Verwaltungsleiterin eines kleinen Unternehmens mit 60 Mitarbeitern. Der Geschäftsführer würde gerne verstärkt Controllling-Instrumente im Rechnungswesen installieren und finanziert ihr einen einwöchigen Controller-Lehrgang bei einem lokalen Bildungsträger.
- Anpassungsfortbildung: Der Bilanzbuchhalter Fatih Özmen wird von seinem Arbeitgeber jedes Jahr zu einem einwöchigen Seminar bei der IHK über steuerliche Neuerungen und Veränderungen geschickt.

Aufgabe 4
a.
- Training on the Job: Die Förderung der Fach- und Sozialkompetenzen findet am Arbeitsplatz des betreffenden Mitarbeiters im gewohnten Umfeld statt.
- Training near the Job: Die Weiterbildung findet im Unternehmen, zumeist aber in Verbindung mit der Arbeit des Mitarbeiters statt. Hier steht nicht nur der Qualifizierungsprozess im Vordergrund, sondern zumeist auch eine konkrete Problemlösung und das Erarbeiten von Verbesserungsvorschlägen.
- Training off the Job: Hierzu werden alle Methoden der Personalentwicklung gezählt, die außerhalb des Arbeitsplatzes durchgeführt werden. Sie dienen der Vermittlung von tätigkeitsbezogenem theoretischen Wissen sowie leistungsbezogenem Verhalten.

b.
- Training on the job: Typische Maßnahmen sind Job-Enlargement, Job-Enrichment, Mentoring, Coaching.
- Training near the Job: Typische Maßnahmen dieser organisierten Weiterbildungen sind Workshops, Projektgruppen, Wertanalysearbeitsgruppen und Lernstätten.
- Training off the Job: Typisch dafür sind Lehrgänge, Seminare, Planspiele, Fallbearbeitung, Rollenspiele.

Aufgabe 5
a.
- Job-Enrichment: Die bisherige Tätigkeit eines Mitarbeiters wird um Arbeitsumfänge auf höherem Anforderungsniveau erweitert. Dies wird zumeist durch eine vorherige Weiterbildung des Mitarbeiters ermöglicht.
- Job-Enlargement: Ein Mitarbeiter, der bislang auf eine Tätigkeit beschränkt war, führt nun mehrere verschiedene Tätigkeiten mit demselben Anforderungsniveau durch.
- Job-Rotation: Mitarbeiter eines Bereichs wechseln sich mit den Tätigkeiten, die sie ausführen, regelmäßig ab, um ihren Horizont zu erweitern oder um die Eintönigkeit der Arbeit zu verringern.

b.
- Ein Beispiel für Job-Enrichment im Bereich Verkauf wäre, dass ein Mitarbeiter, der bisher nur Aufträge bearbeitet, nun auch Absatzstatistiken erstellt oder die Budgetkontrolle übernimmt.
- Ein Beispiel für Job-Enlargement im Bereich Verkauf wäre es, wenn ein Mitarbeiter, der bisher nur Angebote erstellt hat, nun auch die daraufhin eingehenden Aufträge bearbeitet.
- Ein Beispiel für Job-Rotation im Verkauf wäre es, wenn ein Kundenbetreuer und ein Reklamationssachbearbeiter die Plätze für eine gewisse Zeit oder regelmäßig tauschen würden.

Aufgabe 6
- Der Counseler hat die Aufgabe, gemeinsam mit dem Mitarbeiter dessen Potenziale zu erschließen, vorhandene und neu gewonnene Erkenntnisse zu realisieren und neue Optionen zu entwickeln. Der Fokus liegt dabei auf der Aufgabe, anhand derer eine Weiterentwicklung des Einzelnen oder einer Gruppe erfolgt.

- Der Coach hat die Aufgabe, durch eine individuelle Betreuung der Mitarbeiter auf deren Leistungsverhalten einzuwirken. Hierdurch soll ein Ausgleich zwischen den Anforderungen des Unternehmens und den Bedürfnissen der Mitarbeiter erreicht werden. Coaching ist zwar lösungs- und zielorientiert, jedoch steht hier im Gegensatz zum Counseling der Mitarbeiter oder das Team im Fokus.
- Der Mentor hat die Aufgabe, einen neuen Mitarbeiter oder eine angehende Führungskraft mit speziellem Wissen über das Unternehmen und seine Strukturen zu versorgen, um seine beruflichen, betrieblichen und persönlichen Entwicklung zu unterstützen.

Aufgabe 7
a. Einmaliges Vorhaben, Dauer zeitlich begrenzt, Ungewissheit über die Lösung, hohe Komplexität
b. Leistungsorientierung, Engagement und Kommunikation der Teammitglieder sowie ihre Fähigkeit, Verantwortung zu übernehmen, die organisatorische Einbettung im Unternehmen und die Teamführung
c. Je nach Umfang des Projekts werden die Teammitglieder für eine bestimmte Zeit miteinander auskommen müssen. Je besser das Team zusammenarbeitet, desto größer ist der Erfolg.
d. Inhalte zur Beschleunigung der Forming- und Storming-Phase; dazu gehören Übungen, Spiele und Trainingsinhalte, um Vertrauen untereinander zu schaffen, um die Spielregeln festzulegen, um die Zusammenarbeit zu fördern, um die Zuordnung von Aufgaben und Verantwortlichkeiten zu klären und um die Erwartungen der Teammitglieder untereinander und an die Führung zu klären

Aufgabe 8
a. Die Aufgabe einer Potenzialanalyse ist es, die in einem Mitarbeiter vorhandenen persönlichen und fachlichen Fähigkeiten freizulegen und seine persönlichen und beruflichen Ziele zu erfassen.
b. Der Arbeitgeber verfolgt damit das Ziel, die vorhandenen und zukünftig noch möglichen Kompetenzen des Mitarbeiters zu erheben, um geeignete Personalentwicklungsmaßnahmen zu definieren, die diese Potenziale fördern.
c. Der Mitarbeiter kann sich seine Ziele bewusst machen und erkennen, welche beruflichen Entwicklungsmöglichkeiten er noch hat.
d. Intelligenztests, Persönlichkeitstests, Assessment-Center, Interview/Fördergespräche, Leistungserfassung, Leistungsbewertung, systematische Beurteilungsverfahren

Aufgabe 9
a. Fachkompetenz, Methodenkompetenz, Sozialkompetenz, Reflexionskompetenz, Veränderungskompetenz
b. Fachkompetenz: Erlangung von Controlling-Kenntnissen; Methodenkompetenz: rationelles Lesen; Sozialkompetenz: Kritikfähigkeit erlernen; Reflexionskompetenz: Selbstkritik, Veränderungskompetenz: Innovationsfreude

Aufgabe 10
a. Vergleichbarkeit der Beurteilungssysteme, Einhaltung der Regeln zur Beurteilung von Mitarbeitern, Periodiziät, d.h. regelmäßige Beurteilungen
b.
- Arbeitsgüte: Genauigkeit der Arbeit, fehlerlose Briefe und E-Mails, geringe Abweichungen von den Planzahlen, präzise Ausführung von Vorgängen
- Arbeitsmenge: Anzahl von bearbeiteten Vorgängen, Menge der beantworteten E-Mails und Briefe, Anzahl der Telefonate
- Organisation und Planung: Planung des Tagesablaufs, Organisation der eigenen Arbeitsabläufe, übersichtliche Terminplanung
- Engagement/Selbstständigkeit: liefert Anregungen für Verbesserung von Arbeitsabläufen, ergreift die Initiative, stellt selbstständig Verbindungen her, ist vernetzt

c. Beispiel Werbetexter und Buchhalter: Für den Werbetexter zählen Kriterien wie Kreativität, Originalität, Teamarbeit, Ergebnis des Arbeitsbereiches; für den Buchalter wäre Kreativität eher schädlich, bei ihm zählen Kriterien wie Arbeitsmenge, Genauigkeit, Organisation und Planung.
d.
- Fehler des ersten Eindrucks: Der erste Eindruck, den der Vorgesetzte von dem Mitarbeiter hatte, ist so stark, dass die anderen Eigenschaften übersehen werden.
- Tendenzfehler: Der Beurteiler selbst hat eine Tendenz zur Milde, eine Tendenz zur Strenge oder eine Tendenz zur Mitte.
- Egoismus des Vorgesetzten: Der Vorgesetzte will nicht wahrhaben, dass ein Mitarbeiter in bestimmten Kategorien besser ist als er selbst.

- Situative Beurteilungsfehler: Der Vorgesetzte hat eine Situation beobachtet, die er falsch eingeschätzt hat, und es folgt eine falsche Beurteilung.
- Selektive Wahrnehmung: Der Vorgesetzte registriert nur bestimmte Verhaltensweisen oder Leistungen, andere werden „selektiert", d.h. gar nicht wahrgenommen.

Aufgabe 11
a. Das Beurteilungsgespräch bietet dem Vorgesetzten die Möglichkeit, dem Mitarbeiter das Ergebnis der Beurteilung detailliert mitzuteilen, mit ihm darüber zu reden und ggf. Personalentwicklungsmaßnahmen zu besprechen. Der Mitarbeiter hat die Gelegenheit, positive und negative Kritik kommentiert zu bekommen, aus seiner Sicht gegebene Fehleinschätzungen zu hinterfragen und zu kritisieren. Außerdem kann er selbst mit dem Vorgesetzten über seine beruflichen Ziele und seine Wünsche in Bezug auf Fördermaßnahmen sprechen.
b. Es geht auch hier wieder um die Wertschätzung des Mitarbeiters. Ein Mitarbeiter wird ein gut vorbereitetes Gespräch als positiv empfinden und merken, dass sein Vorgesetzter sich mit seiner Person gründlich auseinandergesetzt hat. Zudem sollte der Vorgesetzte gewappnet sein, wenn der Mitarbeiter die Beurteilung kritisch hinterfragt und nach Details der beobachteten Leistungen fragt.

Musterklausuren

Modul 1: Volks- und Betriebswirtschaft

1 Aufgaben

Aufgabe 1 (20 Punkte)
Der Logistik kommt in einer arbeitsteiligen globalisierten Wirtschaft eine immer größere Bedeutung zu. Vor allem in Großunternehmen ist die Logistik inzwischen ein eigenständiger Funktionsbereich.
a. Erläutern Sie ausführlich den Funktionsbereich Logistik. (6 Punkte)
b. Nennen Sie vier wesentliche Aufgabenbereiche der Logistik. (4 Punkte)
c. Erklären Sie anhand eines Beispiels aus der betrieblichen Praxis, warum der Funktionsbereich Logistik einen wesentlichen Beitrag zum Erfolg eines Unternehmens leistet und wie sich ein Unternehmen über den Funktionsbereich Logistik einen Wettbewerbsvorteil verschaffen kann. (6 Punkte)
d. Nennen Sie vier weitere Funktionsbereiche eines Unternehmens. (4 Punkte)

Aufgabe 2 (15 Punkte)
Peter Flimm ist gelernter Handwerker und Hobbygärtner. Er hat festgestellt, dass viele Haus- und Grundstückseigentümer gerne einen Hausmeisterservice aus einer Hand wünschen und will sich mit dieser Geschäftsidee selbstständig machen.
a. Beschreiben Sie zwei wesentliche wirtschaftliche Fragestellungen bzw. Vorüberlegungen, die Peter Flimm vor dem Eintritt in die Selbstständigkeit beantworten bzw. untersuchen sollte. (4 Punkte)
b. Als Peter Flimm ein erstes Gespräch mit dem Berater seiner Hausbank führt, empfiehlt dieser ihm, einen Businessplan aufzustellen. Was versteht man allgemein unter einem Businessplan? (2 Punkte)
c. Zu welchen fünf wesentlichen Punkten/Fragestellungen sollte ein Businessplan Auskunft geben? (5 Punkte)
d. Erläutern Sie zwei Vorteile, die Herrn Flimm die Aufstellung eines solchen Plans bietet. (4 Punkte)

Aufgabe 3 (10 Punkte)
Zahlreiche Unternehmen bestehen in der Rechtsform der GmbH & Co. KG.
a. Erläutern Sie die Rechtsform der GmbH anhand der Kriterien
- Gründungsvoraussetzungen
- Geschäftsführung und Vertretung
- Haftung
- Gewinn- und Verlustverteilung
(8 Punkte)
b. Beschreiben Sie, welche Schritte unternommen werden müssen, damit eine GmbH & Co. KG entstehen kann. (2 Punkte)

Aufgabe 4 (10 Punkte)
Grundsätzlich beschreibt die Volkswirtschaftslehre das marktwirtschaftliche Wirtschaftssystem. Dabei wird unterstellt, dass es Tatbestände und Wirkungszusammenhänge gibt, die jeder Wirtschaftsaktivität zugrunde liegen.
a. Was ist der grundsätzliche Antrieb für jede wirtschaftliche Aktivität? (3 Punkte)
b. Was versteht man unter dem ökonomischen Prinzip und welche Bedeutung hat dieses für die wirtschaftliche Aktivität? (3 Punkte)
c. Welche Rolle spielt die Arbeitsteilung für die wirtschaftliche Entwicklung? (4 Punkte)

Aufgabe 5 (15 Punkte)
Die Haushalte reagieren auf Preis- oder Einkommensveränderungen, indem sie ihre nachgefragten Gütermengen verändern.

a. Nennen Sie vier Faktoren, die eine Erhöhung der nachgefragten Menge nach Jeans zur Folge haben können. (4 Punkte)
b. Beschreiben Sie drei Funktionen des Gleichgewichtspreises. (6 Punkte)
c. Nennen Sie fünf Faktoren, die zu einer Verschiebung der Angebotsfunktion nach rechts führen. (5 Punkte)

Aufgabe 6 (14 Punkte)
Ein Wirtschaftswissenschaftler sagt: „Das BIP ist ein wichtiger Indikator, der der Politik die notwendigen Signale gibt, um die Wirtschaft zu steuern."
Ein Politiker sagt: „Die Politik darf sich nicht ausschließlich auf das Wirtschaftswachstum als Allheilmittel gesellschaftlicher Probleme verlassen."
a. Definieren Sie die Größe „Bruttoinlandsprodukt" (BIP). (4 Punkte)
b. Wieso gilt das BIP als Zielgröße der Wirtschaftspolitik? (4 Punkte)
c. Aus welchen Gründen wird die Orientierung der Wirtschaftspolitik an der Größe des Bruttoinlandsprodukts zunehmend kritisiert? Nennen Sie drei Gründe. (6 Punkte)

Aufgabe 7 (16 Punkte)
Ein Maschinenhersteller tätigt eine Überweisung in Höhe von 52.500,00 GBP.
a. Mit welchem Betrag wird das Konto eines Unternehmens belastet, wenn die nachfolgende Kurstabelle gilt? (2 Punkte)

			Sortenkurse		Devisenkurse	
Land	ISO-Code	Währung	Ankauf	Verkauf	Geld	Brief
England	GBP	Pfund	0,695	0,651	0,6676	0,6716

b. Die Kursnotierung erfolgt als Mengennotierung. Welcher Unterschied besteht zu einer Preisnotierung? (4 Punkte)
c. Unterscheiden Sie zwischen Sorten- und Devisenkurs. (4 Punkte)
d. Angenommen, die Kurse verändern sich wie nachfolgend dargestellt:

			Sortenkurse		Devisenkurse	
Land	ISO-Code	Währung	Ankauf	Verkauf	Geld	Brief
England	GBP	Pfund	0,595	0,551	0,5676	0,5716

1. Wie kann man die Kursänderung bezeichnen? (2 Punkte)
2. Welche Folgen hat diese Kursänderung für die deutsche Wirtschaft? (4 Punkte)

2 Lösungen

Aufgabe 1
a. Die Logistik befasst sich mit der integrierten Planung, Organisation, Steuerung und Optimierung derjenigen betrieblichen Prozesse, die sich auf die Beschaffung, den Transport, die Lagerung und den Umschlag von Gütern beziehen. Die Logistik hat die Aufgabe, die richtigen Güter in der richtigen Menge in der richtigen Art und Güte am richtigen Ort zur richtigen Zeit zum richtigen Preis (= minimalen Kosten) zur Verfügung zu stellen.
b. Die Logistik hat folgende Aufgabenbereiche:
   - Beschaffungslogistik
   - Lagerlogistik
   - Produktionslogistik
   - Absatzlogistik
   - Transportlogistik
   - Entsorgungslogistik
   - Informationslogistik
c. Zum Beispiel
   - Ein Unternehmen, dem es gelingt, die benötigten Güter in möglichst kurzer Zeit zu beschaffen und zu produzieren und andererseits möglichst rasch zum Kunden zu bringen, verschafft sich einen Wettbewerbsvorteil durch kurze Lieferzeiten.
   - Ein Unternehmen, dem es gelingt, durch eine intelligente Logistik die Lagerkosten drastisch zu senken, hat einen Kosten- und damit einen Wettbewerbsvorteil gegenüber anderen Unternehmen.

d. Zum Beispiel
- Personalwesen
- Rechnungswesen
- Controlling
- Absatz/Vertrieb
- Marketing
- Produktion

Aufgabe 2

a. Es können folgende Punkte überlegt werden:
- Es sollten zunächst die Marktchancen erkundet werden, d.h., Herr Flimm sollte sich über das mögliche Marktpotenzial informieren und ggf. die Konditionen prüfen, die Hausbesitzer für solche Dienstleistungen zu zahlen bereit sind.
- Sodann sollte sich Herr Flimm darüber informieren, ob und welche Unternehmen als Mitbewerber am Markt tätig sind und zu welchen Konditionen diese ihre Leistungen anbieten.
- Eine dritte wirtschaftliche Überlegung ist die über den Kapitalbedarf und die Finanzierung. So sollte eine Grobschätzung darüber erfolgen, wie viel und welche Maschinen und Ausstattungsgegenstände er für seine Aufgaben benötigt und mit welchen laufenden Personal- und Sachkosten zu rechnen ist.
- Die Standortfrage sollte auch geklärt werden, d.h., wo Herr Flimm sein Geschäft eröffnen will.

b. Der Businessplan (zu Deutsch: Geschäftsplan) ist eine umfangreiche Darstellung eines unternehmerischen Vorhabens und baut auf der Geschäftsidee auf. Er gibt Auskunft zu wesentlichen Bereichen des zu gründenden Unternehmens.

c. Es sollten Angaben gemacht werden
- zum Produkt bzw. zur Dienstleistung,
- zu Vertrieb und Marketing,
- zum Kapitalbedarf und zur Finanzierung,
- zu Organisation und Personalbedarf,
- zu der Person des Unternehmensgründers,
- zu Chancen und Risiken des Vorhabens.

d. Zum Beispiel
- Der Businessplan zwingt dazu, die gesammelten Fakten, Ideen und Pläne systematisch zu ordnen und zu überdenken.
- Anhand des Businessplans kann der Gründer seine Gesprächspartner leichter davon überzeugen, dass er sein Vorhaben mit Nachhaltigkeit verfolgt.
- Der Businessplan ist eine wichtige Voraussetzung für die Finanzierung des Vorhabens.
- Je besser und detaillierter der Businessplan ist, desto größer die Wahrscheinlichkeit, dass das Vorhaben gelingt.
- Ein „Best case"- und ein „Worst case"-Szenario in einem Businessplan helfen, die Risiken bei der Umsetzung der Geschäftsidee besser einzuschätzen.

Aufgabe 3

a.
- Gründungsvoraussetzungen: Eine Person; es muss eine Satzung erstellt werden; die Gesellschafter haben die Stammeinlage vor Eintragung in das Handelsregister mit mindestens 25% auf ihren Geschäftsanteil zu leisten, insgesamt mindestens 12.500,00 EUR.
- Geschäftsführung und Vertretung: Sie erfolgt durch die Geschäftsführer der GmbH. Sofern die Satzung nicht etwas anderes bestimmt, vertreten die Geschäftsführer die GmbH gemeinschaftlich.
- Haftung: Die Haftung ist auf das Stammkapital begrenzt.
- Gewinn- und Verlustverteilung: entsprechend dem Verhältnis der Geschäftsanteile

b. Zur Gründung einer GmbH & Co. KG bedarf es im ersten Schritt der Gründung einer GmbH, weil diese juristische Person entstehen muss, bevor die zweite Unternehmung, die KG, gegründet werden kann. Sodann kann die GmbH & Co. KG in einem zweiten Schritt von der GmbH als Vollhafter und einer natürlichen Person gegründet werden.

Aufgabe 4

a. Hinter jeder wirtschaftlichen Aktivität stehen Bedürfnisse der Menschen. Dazu gehören z.B. Bedürfnisse nach Nahrung, Kleidung oder nach sicherer und warmer Unterkunft, die befriedigt werden können. Andere Bedürfnisse, z.B. der Wunsch nach sozialer Anerkennung oder Selbstverwirklichung, können nicht endgültig gestillt werden. Die Bedürfnisse der Menschen sind also unbegrenzt. Andererseits sind die Ressourcen, die den Menschen zur Verfügung stehen, begrenzt. Aus diesem Spannungsfeld zwischen unbegrenzten Bedürfnissen und knappen Ressourcen resultiert der Antrieb, zu wirtschaften.

b. Das ökonomische Prinzip wird in zwei Normen gefasst:
- Erreiche ein bestimmtes Ziel mit minimalem Einsatz von Mitteln (Minimalprinzip) oder
- erreiche mit einem bestimmten Mitteleinsatz das größtmögliche Ergebnis (Maximalprinzip).

Mit der Umsetzung des ökonomischen Prinzips erfüllt die wirtschaftliche Aktivität die Forderung nach Effizienz und löst damit bestmöglich den Konflikt zwischen Bedürfnissen und Knappheit der Mittel.

c. In geringem Maße hat der Mensch immer arbeitsteilig gewirtschaftet, d. h., bestimmte Personen waren auf bestimmte Tätigkeiten spezialisiert (Jäger und Sammler). Die wirtschaftliche Entwicklung erhielt jedoch einen entscheidenden Impuls durch die verstärkte Arbeitsteilung, die in der Phase der Industrialisierung (19. Jahrhundert) stattfand. Erstmals wurden nicht nur verschiedene Produkte arbeitsteilig hergestellt, sondern die Produktion eines Gutes wurde in einzelne Arbeitsschritte aufgeteilt, die durch unterschiedliche Personen durchgeführt wurden. Damit konnten diese sich spezialisieren, sodass die Produktion deutlich gesteigert werden konnte.

Aufgabe 5

a. Preis für Jeans sinkt, weil
- Einkommen der Nachfrager steigt,
- Zahl der Nachfrager steigt,
- Preis von Stoffhosen (Substitutiongut) sinkt,
- der Nutzen (Mode) von Jeans steigt.

b. Entscheidungen der Marktsubjekte richten sich im Wesentlichen nach dem Marktpreis. Dabei erfüllt der auf einem Markt mit vollständiger Konkurrenz gebildete Gleichgewichtspreis folgende Funktionen:
- Lenkungsfunktion (Allokationsfunktion):
  Der Preis dient der Verteilung der Produktionsfaktoren auf die einzelnen Wirtschaftsbereiche, da diese dort eingesetzt werden, wo sie am produktivsten bzw. am rentabelsten sind. Ein steigender Preis führt zu zunehmender Produktion und damit zu zusätzlichem Einsatz der Produktionsfaktoren und umgekehrt. Außerdem führt die steigende Rentabilität zu steigenden Primäreinkommen, was zum Ausgleich des gestiegenen Preises notwendig ist.
- Markträumungsfunktion (Ausschaltungsfunktion, Ausgleichsfunktion):
  Der Gleichgewichtspreis führt zu einer Räumung des Marktes, da nicht kaufkräftige Nachfrage oder Nachfrager, die nicht bereit sind, zu diesem Preis zu kaufen und nicht konkurrenzfähiges Angebot, d. h. Anbieter, für die der Gleichgewichtspreis zu niedrig ist, ausgeschaltet werden. Somit kommt es bei der Preisbildung zu einem Ausgleich der gegensätzlichen Interessen von Anbietern und Nachfragern. Zum Gleichgewichtspreis wird die gesamte angebotene Menge eines Gutes abgesetzt und die gesamte Nachfrage befriedigt.

Beispiel: Auf dem Devisenmarkt bildet sich ein Devisenkurs, bei dem alle Devisenanbieter, die bereit sind, zu diesem Wechselkurs ihre Devisen anzubieten, ihre Devisen verkaufen können und alle Devisennachfrager, die zu diesem Wechselkurs Devisen kaufen wollen, diese auch erhalten.

- Signalfunktion:
  Der Gleichgewichtspreis signalisiert die Knappheitssituation eines Gutes. Veränderungen der Nachfrage führen zu Preiserhöhungen, die den Anbietern zeigen, dass das Angebot zu gering ist, oder sie führen zu Preissenkungen, welche ein zu hohes Angebot kennzeichnen. Die Unternehmen werden ihre Ausbringungsmenge der geänderten Knappheitssituation anpassen.

c.
- Kosten der Produktionsfaktoren sinken
- Zahl der Anbieter steigt
- Preis eines Substitutionsgutes steigt
- Preis eines Komplementärgutes sinkt
- Veränderung der Unternehmensziele mit angebotserhöhender Wirkung
- Stand des technischen Wissens steigt
- Zahl der Anbieter steigt

Aufgabe 6

a. Das Bruttoinlandsprodukt (Abkürzung: BIP) gibt den Gesamtwert aller Güter (Waren und Dienstleistungen) an, die innerhalb eines Jahres innerhalb der Landesgrenzen einer Volkswirtschaft hergestellt wurden und dem Endverbrauch dienen.

b. Ziel der Wirtschaftspolitik ist es, die Lebensqualität der Bevölkerung zu erhöhen. Da das BIP (insbesondere das BIP pro Kopf) als Indikator für den Wohlstand einer Volkswirtschaft gilt, wird die Höhe des BIP bzw. sein Wachstum oftmals als die dominierende Zielgröße der Wirtschaftspolitik verwendet. Grundgedanke ist, dass eine Erhöhung des realen BIP eine verbesserte Güterversorgung darstellt und dies zu einer erhöhten Bedürfnisbefriedigung führt.

c. Aus folgenden Gründen besitzt das BIP in den Augen der Kritiker nur eine eingeschränkte Aussagekraft bezüglich des Wohlstandsniveaus einer Volkswirtschaft:
- Das BIP erfasst nur die Waren und Dienstleistungen, die am Markt gehandelt werden; die Produktion in den Haushalten wird zum Beispiel nicht erfasst (konzeptionelles Problem).
- Manche Waren und Dienstleistungen (wie z.B. Schwarzarbeit oder selbst verbrauchte Güter) werden aus erfassungstechnischen Gründen nicht erfasst (Erfassungsproblem).
- Negative Aspekte des Produktionsprozesses wie z.B. Umweltverschmutzung oder Lärm werden nicht als Minderung des Wohlstands berücksichtigt.
- Die zur Vermeidung oder Beseitigung dieser negativen Größen notwendig werdenden Maßnahmen führen teilweise sogar zu einem Anstieg des BIP.

Aufgabe 7
a. 52.500 / 0,6676 = 78.639,904 EUR
b. Die Mengennotierung („indirect quotation") gibt den Preis einer Einheit der inländischen Währung in Einheiten der ausländischen Währung an (am Beispiel Europas: Dollar je Euro).
Dagegen gibt die Preisnotierung („direct quotation") den Preis einer Einheit der ausländischen Währung in Einheiten der inländischen Währung an (am Beispiel Europas: Euro je Dollar). Die Preisnotierung ist somit definitionsgemäß der Kehrwert der Mengennotierung.
c. Devisen sind buchgeldmäßige Zahlungsmittel, die auf ausländische Währungseinheiten lauten, wie z.B. Guthaben bei ausländischen Banken. Zu den Sorten zählen ausländische Banknoten und Münzen. Banken handeln jedoch nur mit Banknoten oder Goldmünzen. Devisen werden offiziell an der Devisenbörse bzw. am Devisenmarkt gehandelt.
d. 1. Aufwertung
2. Export sinkt, da inländische Produkte teurer angeboten werden müssen.
Import steigt, da Importgüter günstiger werden.
(Gefahr der Zahlungsunfähigkeit bei starren Wechselkursen, Arbeitslosigkeit nimmt zu)

Modul 2: Rechnungswesen

1 Aufgaben

Aufgabe 1 (8 Punkte)
Jeder Geschäftsvorfall verändert in bestimmter Weise die Bilanz.
Ordnen Sie den folgenden Geschäftsfällen zu, ob es sich dabei um
(1) einen Aktiv-Tausch
(2) einen Passiv-Tausch
(3) eine Aktiv-Passiv-Mehrung
(4) eine Aktiv-Passiv-Minderung
handelt.
Gehen Sie davon aus, dass das Bankkonto immer einen Guthaben-Saldo aufweist.

a.	Bezahlung einer gebuchten Eingangsrechnung per Banküberweisung
b.	Zielverkauf von Fertigerzeugnissen
c.	Barkauf von Büromaterial
d.	Barabhebung vom Bankkonto
e.	Kauf einer Computeranlage auf Ziel
f.	Umwandlung einer Lieferantenschuld in ein langfristiges Darlehen
g.	Bezahlung des Fensterputzers bar
h.	Zieleinkauf von Hilfsstoffen, die nicht sofort verbraucht werden

Aufgabe 2 (10 Punkte)
Eine Einzelunternehmung hat am Ende des abgelaufenen Geschäftsjahres folgende zusammengefasste Bilanz:

Aktiva		Bilanz zum 31.12.20..	Passiva
Anlagevermögen	400.000	Eigenkapital	400.000
Umlaufvermögen	600.000	Fremdkapital	600.000
	1.000.000		1.000.000

Die Gesamtkapitalrentabilität betrug 10 %.
Die Umsatzerlöse betrugen 3.000.000,00 EUR.
a. Ermitteln Sie, wie hoch die Eigenkapitalrentabilität in diesem Unternehmen war, wenn auf das ausgewiesene Fremdkapital ein durchschnittlicher Fremdkapitalzinssatz von 8 % gezahlt wurde. (3 Punkte)
b. Ermitteln Sie die Umsatzrentabilität des vergangenen Jahres. (1 Punkt)
c. Das Eigenkapital soll im folgenden Jahr um 400.000,00 EUR, das Fremdkapital um 200.000,00 EUR aufgestockt werden. Ermitteln Sie die neue Eigenkapitalrentabilität, wenn die Gesamtkapitalrentabilität und der Fremdkapitalzinssatz als unverändert angenommen werden. (4 Punkte)
d. Interpretieren Sie das Ergebnis. (2 Punkte)

Aufgabe 3 (9 Punkte)
Erläutern Sie drei Verfahren der Inventur und nennen Sie dazu je einen Vorteil für das Unternehmen, das dieses Verfahren anwendet.

Aufgabe 4 (4 Punkte)
Geben Sie einen Überblick aus handels- und steuerrechtlicher Sicht über die Pflicht, Bücher zu führen.

Aufgabe 5 (11 Punkte)
Bei der Bilanzierung ist eine Reihe von Grundsätzen zu beachten.
a. Erläutern Sie das Vorsichtsprinzip und die Konsequenzen, die sich daraus für die Bilanzierung ergeben. (4 Punkte)
b. Was besagt das Prinzip der Bilanzidentiät? (2 Punkte)
c. Nennen Sie fünf Grundsätze der ordnungsgemäßen Buchführung. (5 Punkte)

Aufgabe 6 (18 Punkte)
Ein Unternehmen fertigte in den vergangenen zwei Perioden unterschiedliche Stückzahlen. Vervollständigen Sie dazu die folgende Tabelle. Gehen Sie dabei davon aus, dass sich die angegebenen Kostenwerte bzw. Preise von einer zur anderen Periode nicht verändert haben:

		Periode 1	Periode 2
Menge in Stück	x	200.000	250.000
Stückkosten	k		
fixe Stückkosten	k_f		
variable Stückkosten	k_v	4,00 EUR	
Gesamtkosten	K		
gesamte Fixkosten	K_f	800.000,00 EUR	
gesamte variable Kosten	K_v		
Umsatzerlöse	U		
Preis pro Stück	p	9,00 EUR	
Stückdeckungsbeitrag	db		
Gesamtdeckungsbeitrag	DB		
Betriebsergebnis	BE		

Aufgabe 7 (20 Punkte)
Für ein Industrieunternehmen, das in der Unternehmensform einer Personengesellschaft geführt wird, soll eine Abgrenzungsrechnung für die aktuelle Abrechnungsperiode durchgeführt werden.
a. Grenzen Sie die Begriffe Anders- und Zusatzkosten voneinander ab. (4 Punkte)
b. Aus der Finanzbuchhaltung liegen die im Lösungsblatt vorhandenen Informationen vor. Für die Abgrenzungsrechnung ist zu berücksichtigen:
  1. Die sonstigen Erlöse enthalten Eigenleistungen in Höhe von 40.000,00 EUR.
  2. Im Personalaufwand sind Nachzahlungen für Vorperioden in Höhe von 60.000,00 EUR zu berücksichtigen.
  3. Aus verschiedenen technischen und organisatorischen Gründen wurde in der aktuellen Abrechnungsperiode nur die Hälfte der dem Betrieb zur Verfügung stehenden Maschinen eingesetzt.
  4. Äußerst spekulative Wertpapiergeschäfte führten in der aktuellen Abrechnungsperiode zu Verlusten in Höhe von 380.000,00 EUR.
  5. Die unternehmerische Tätigkeit des Gesellschafters soll mit 80.000,00 EUR berücksichtigt werden.
  6. Für Privaträume, die der Gesellschafter für betriebliche Zwecke zur Verfügung stellt, müssen 10.000,00 EUR angesetzt werden.

Ermitteln Sie anhand des beiliegenden Aufgabenblatts das Gesamtergebnis, das neutrale Ergebnis sowie das Betriebsergebnis und interpretieren Sie die Ergebnisse. (16 Punkte)

Aufgabenblatt zu Aufgabe 7b

	Rechnungskreis I (Angaben in EUR)			Rechnungskreis II (Angaben in EUR)					
	Zahlen der Geschäftsbuchhaltung			Abgrenzungsbereich				KLR-Bereich	
				Unternehmensbezogene Abgrenzung		Kostenrechnerische Korrekturen		Betriebsergebnisrechnung	
Pos.	Bezeichnung	Aufwendungen	Erträge	Aufwendungen	Erträge	Aufwendungen Fibu	Verrechnete Kosten	Kosten	Leistungen
01	Umsatzerlöse		1.340.000,00						
02	Sonstige Erlöse		60.000,00						
03	Werkstoffaufwand	600.000,00							
04	Personalaufwand	340.000,00							
05	Abschreibung Sachanlagen	80.000,00							
06	Sonstiger Aufwand	500.000,00							
	Summe (1)								
	Saldo								
	Summe (2)								

Aufgabe 8 (10 Punkte)
Ein Industrieunternehmen setzt im Rahmen seiner Kostenstellenrechnung einen Betriebsabrechnungsbogen (BAB) ein.
a. Beschreiben Sie, wodurch sich Haupt- und Hilfskostenstellen voneinander unterscheiden. (2 Punkte)
b. Nennen Sie drei Ziele, die mit dem betriebswirtschaftlichen Instrument des Betriebsabrechnungsbogens (BAB) verfolgt werden. (4 Punkte)
c. Formulieren Sie für die nachstehend aufgeführten Gemeinkostenarten jeweils einen möglichst verursachungsgerechten Verteilungsschlüssel zur Verteilung der genannten Gemeinkosten auf die Kostenstellen. (4 Punkte)
   1. Fuhrparkkosten
   2. Pförtnerkosten
   3. Mietkosten
   4. Energiekosten

Aufgabe 9 (10 Punkte)
Ein Industrieunternehmen produziert in der zu betrachtenden Abrechnungsperiode 10 Stück eines hochwertigen Produkts, das zum Verkaufspreis von 52.000,00 EUR verkauft wird.
Die Gesamtkosten der Produktion belaufen sich auf 420.000,00 EUR, von denen 80 % variable Kosten sind.
a. Bestimmen Sie die kurzfristige (absolute) und langfristige Preisuntergrenze. (2 Punkte)
b. Bei entsprechend freien Produktionskapazitäten soll die Entscheidung getroffen werden, ob eine Anfrage über einen einmaligen Zusatzauftrag über 3 Stück des hochwertigen Produkts zum Verkaufspreis von 33.100,00 EUR angenommen werden soll. Bereiten Sie die Entscheidung mit entsprechenden Zahlen und einer Entscheidungsargumentation vor. (4 Punkte)
c. Berechnen Sie die Gewinnschwellenmenge für die Situation, dass die Produktionskapazität durch entsprechende Anlageninvestitionen um 20 % ausgeweitet, die fixen Kosten dadurch um 25 % gestiegen, die variablen Kosten um 15 % und der Verkaufspreis um 8 % gesunken sind. Runden Sie das Ergebnis auf die nächstgrößere ganze Zahl. (4 Punkte)

2 Lösungen

Aufgabe 1

a.	4
b.	3
c.	4
d.	1
e.	3
f.	2
g.	4
h.	3

Aufgabe 2
a. Die Gesamtkapitalrentabilität ermittelt sich nach der Formel

$$R_{GK} = \frac{(\text{Gewinn} + \text{Erwerbslose}) \cdot 100}{\text{Gesamtkapital}}$$

Wenn die Gesamtkapitalrentabilität 10 % beträgt, so beträgt die Summe aus Gewinn und Fremdkapitalzinsen = 100.000,00 EUR (= 10 % von 1.000.000,00 EUR). Zieht man davon die Fremdkapitalzinsen in Höhe von 48.000,00 EUR (600.000,00 EUR · 8 %) ab, ergibt sich ein Gewinn nach Zinsen von 52.000,00 EUR.
Den Gewinn setzt man in die Formel für die Eigenkapitalrentabilität ein und erhält 13 %.

$$R_{EK} = \frac{\text{Gewinn} \cdot 100}{\text{Eigenkapital}}$$

b. Die Umsatzrentabilität lässt sich wie folgt ermitteln: 52.000 · 100 : 3.000.000 Sie beträgt 1,73 %.
c. Eigenkapital und Fremdkapital wachsen beide auf je 800.000 EUR, das Gesamtkapital beträgt folglich 1.600.000 EUR. Die Fremdkapitalzinsen betragen 8 % von 800.000 EUR = 64.000 EUR. Gewinn und Fremdkapitalzinsen betragen zusammen 10 % (Gesamtkapitalrentabilität) von 1.600.000 EUR, also 160.000 EUR. Zieht man hiervon die Fremdkapitalzinsen von 64.000 EUR ab, erhält man als Gewinn 96.000 EUR. Diesen in ein prozentuales Verhältnis zum neuen Eigenkapital von 800.000 EUR gesetzt, ergibt eine Rentabilität des Eigenkapitals von 12 %.
d. Die Eigenkapitalrentabilität ist um ein Prozent gesunken. Die Ursache dafür liegt im Leverage-Effekt. Er besagt, dass, sofern die Gesamtkapitalrentabilität größer ist als der durchschnittliche Fremdkapitalzinssatz, sich der vermehrte Anteil von Fremdkapital lohnt. Hier wurde jedoch anders verfahren. Während in der Ausgangssituation der Eigenkapitalanteil nur 40 % betrug, wurde er im darauf folgenden Jahr auf 50 % erhöht. Dies hat zu einer leichten Verschlechterung der Eigenkapitalrentabilität beigetragen.

Aufgabe 3
- Stichtagsinventur: Die Bestandsaufnahme erfolgt zum Bilanzstichtag am Ende des Geschäftsjahres. Die Aufnahme muss dabei zeitnah erfolgen, d. h. innerhalb einer Frist von 10 Tagen vor oder nach dem Bilanzstichtag.
Vorteil: korrekte Erfassung aller Vermögens- und Schuldteile stichtagsgenau.
- Verlegte Inventur: Die mengenmäßige Erfassung der Vorräte erfolgt auch zu einem Stichtag, der jedoch „verlegt" wird auf einen Zeitpunkt innerhalb der letzten drei Monate vor oder der ersten zwei Monate nach dem Bilanzstichtag. Das setzt allerdings eine Fortschreibung bzw. eine Rückrechnung der Vorräte voraus.
Vorteil: Inventur kann an einem Termin durchgeführt werden, der umsatzschwach ist oder an dem die Bestände besonders niedrig sind.
- Permanente Inventur: Zum Bilanzstichtag wird auf die Ergebnisse der Lagerbuchführung zurückgegriffen. Es werden also keine Ist-Bestände, sondern Buchbestandsmengen erfasst bzw. übernommen. Dazu besteht jedoch die Verpflichtung, jede Buchposition mindestens einmal pro Geschäftsjahr auf ihre Übereinstimmung mit dem Ist-Bestand zu überprüfen.
Vorteil: Die Inventur kann über das gesamte Geschäftsjahr verteilt werden, durch die Inventur erfolgen keine Umsatzausfälle.

Aufgabe 4
Buchführungspflichtig nach dem Handelsrecht sind alle Kaufleute, ob sie im Handelsregister eingetragen sind oder nicht. Eine Ausnahme gilt für die Kleinunternehmer, die nicht im HR eingetragen sind, sowie alle Einzelkaufleute, die die Voraussetzungen des § 241a HGB erfüllen.
Dazu zählen alle Einzelkaufleute, die an den Abschlussstichtagen von zwei aufeinander folgenden Geschäftsjahren nicht mehr als 500.000,00 EUR Umsatzerlöse und 50.000,00 EUR Jahresüberschuss aufweisen.
Buchführungspflichtig nach dem Steuerrecht sind alle Kaufleute, die
- entweder bereits nach dem HGB Bücher führen müssen oder
- Gewerbetreibende und Land- und Forstwirte sind, die mehr als 500.000,00 EUR Umsatz machen oder einen Gewinn von mehr als 50.000,00 EUR im Wirtschaftsjahr ausweisen.

Die Angehörigen der freien Berufe und die Kleingewerbetreibenden (mit Einkünften aus selbstständiger Tätigkeit) sind generell von der Buchführungspflicht ausgenommen, für sie gilt eine vereinfachte Überschussrechnung (Überschuss der Einnahmen über die Ausgaben), also ein Wegfall der doppelten Buchführung und anderer Pflichten.

Aufgabe 5
a. Dieses Prinzip soll insbesondere die Gläubiger und Anteilseigner schützen. Von einem Unternehmen, das dem Grundsatz der kaufmännischen Vorsicht folgt, wird erwartet, dass es bei der Aufstellung des Jahresabschlusses alle bis dahin erkennbaren Risiken und drohenden Verluste berücksichtigt. Zu diesem Zweck sollen die Vermögenspositionen möglichst niedrig (gemildertes oder strenges Niederstwertprinzip), die Schulden hingegen möglichst hoch (Höchstwertprinzip) bewertet werden. Damit sollen Verluste bereits ausgewiesen werden, wenn sie zwar noch nicht realisiert sind, aber drohen. Zugleich sollen Gewinne erst dann ausgewiesen werden, wenn sie entstanden sind.
b. Die Werte der Eröffnungsbilanz eines Unternehmens müssen mit den Werten der Schlussbilanz des vorhergehenden Jahres identisch sein.

c. Die Grundsätze ordnungsgemäßer Buchführung sind folgende:
- Sämtliche Geschäftsfälle sind fortlaufend und vollständig, zeitgerecht und sachlich geordnet zu buchen. Dazu gehört auch eine lückenlose Inventur.
- Die Buchführung muss klar und übersichtlich sein. Dazu gehört, dass die Organisation der Buchführung sachgerecht und überschaubar ist, der Jahresabschluss mit Bilanz und GuV übersichtlich gegliedert ist, Buchungen nicht verrechnet werden (Saldierungsverbot), ein Kontenplan existiert, die Aufzeichnungen in einer lebenden Sprache gemacht werden, eindeutige Abkürzungen verwendet werden und Buchungen nicht unleserlich gemacht werden dürfen.
- Die Buchungen müssen zeitnah, d.h. in einer angemessenen Zeit erfolgen.
- Die Buchführung muss periodengerecht sein, d.h., Aufwendungen und Erträge müssen den Geschäftsjahren zugeordnet werden, in denen sie auch tatsächlich entstanden sind.
- Die Buchungen müssen richtig sein, d.h. inhaltlich und formal der Wahrheit entsprechen.
- Jeder Buchung muss ein Beleg zugrunde liegen, die Belege müssen laufend nummeriert sein und nachvollziehbar aufbewahrt werden.
- Die Buchführung muss nachprüfbar sein. Das bedeutet, dass sich ein sachkundiger Dritter (Steuerprüfer, Wirtschaftsprüfer) innerhalb eines angemessenen Zeitraums einen Überblick über die Buchführung verschaffen kann. Zu diesem Zweck müssen die Belege vollständig sein und die Buchführungsunterlagen den gesetzlichen Fristen entsprechend ordnungsgemäß aufbewahrt werden.

Aufgabe 6

		Periode 1	Periode 2
Menge in Stück	x	200.000	250.000
Stückkosten	k	8,00 EUR	7,20 EUR
fixe Stückkosten	k_f	4,00 EUR	3,20 EUR
variable Stückkosten	k_v	4,00 EUR	4,00 EUR
Gesamtkosten	K	1.600.000,00 EUR	1.800.000,00 EUR
gesamte Fixkosten	K_f	800.000,00 EUR	800.000,00 EUR
gesamte variable Kosten	K_v	800.000,00 EUR	1.000.000,00 EUR
Umsatzerlöse	U	1.800.000,00 EUR	2.250.000,00 EUR
Preis pro Stück	p	9,00 EUR	9,00 EUR
Stückdeckungsbeitrag	db	5,00 EUR	5,00 EUR
Gesamtdeckungsbeitrag	DB	1.000.000,00 EUR	1.250.000,00 EUR
Betriebsergebnis	BE	200.000,00 EUR	450.000,00 EUR

Aufgabe 7

a.
- Anderskosten sind Kosten, denen zwar in der Finanzbuchführung Aufwendungen gegenüberstehen, die jedoch in der Kosten- und Leistungsrechnung anders behandelt werden. Dazu zählen z.B. kalkulatorische Abschreibungen und kalkulatorische Zinsen.
- Zusatzkosten sind Kostenansätze in der KLR, denen in der Finanzbuchhaltung keine Aufwandsposten gegenüberstehen. Sie werden deshalb auch als aufwandslose Kosten bezeichnet. Dazu gehören z.B. der kalkulatorische Unternehmerlohn und die kalkulatorischen Wagnisse.

b. (siehe Lösungsblatt)

Lösungsblatt zu Aufgabe 7b

	Rechnungskreis I (Angaben in EUR)			Rechnungskreis II (Angaben in EUR)					
	Zahlen der Geschäftsbuchhaltung			Abgrenzungsbereich				KLR-Bereich	
				Unternehmensbezogene Abgrenzung		Kostenrechnerische Korrekturen		Betriebsergebnisrechnung	
Pos.	Bezeichnung	Aufwendungen	Erträge	Aufwendungen	Erträge	Aufwendungen Fibu	Verrechnete Kosten	Kosten	Leistungen
01	Umsatzerlöse		1.340.000,00						1.340.000,00
02	Sonstige Erlöse		60.000,00		20.000,00				40.000,00
03	Werkstoffaufwand	600.000,00						600.000,00	
04	Personalaufwand	340.000,00				340.000,00	280.000,00	280.000,00	
05	Abschreibung Sachanlagen	80.000,00				80.000,00	40.000,00	40.000,00	
06	Sonstiger Aufwand	500.000,00		380.000,00				120.000,00	
07	Kalkulatorischer Unternehmerlohn						80.000,00	80.000,00	
08	Kalkulatorische Miete						10.000,00	10.000,00	
	Summe (1)	1.520.000,00	1.400.00,00	380.000,00	20.000,00	420.000,00	410.000,00	1.130.000,00	1.380.000,00
	Saldo		120.000,00		360.000,00		10.000,00	250.000,00	
	Summe (2)	1.520.000,00	1.520.000,00	380.000,00	380.000,00	420.000,00	420.000,00	1.380.000,00	1.380.000,00

Die Abstimmung der Ergebnisse ergibt (Angaben in EUR):

Gesamtergebnis Rechnungskreis I	−120.000,00
Ergebnis aus unternehmensbezogener Abgrenzung	−360.000,00
Ergebnis aus kostenrechnerischen Korrekturen	−10.000,00
Neutrales Ergebnis	−370.000,00
Betriebsergebnis	250.000,00
Gesamtergebnis Rechnungskreis II	−120.000,00

- Die Ergebnisabstimmung zeigt, dass das Ergebnis der unternehmerischen Tätigkeit (Unternehmensergebnis des Rechnungskreises I) −120.000,00 EUR ist: Aus unternehmerischer Tätigkeit wurde ein Verlust erwirtschaftet.
- Im Bereich der unternehmensbezogenen Abgrenzung ist, bedingt durch die Spekulationen mit Wertpapieren, ein Verlust in Höhe von 360.000,00 EUR zu verzeichnen. Ohne diese hohen Verluste wäre das Unternehmensergebnis positiv ausgefallen.
- Bis auf 10.000,00 EUR sind im Rahmen der kostenrechnerischen Korrekturen alle Aufwendungen der Finanzbuchhaltung als Kosten in der Betriebsergebnisrechnung verrechnet worden.

Insgesamt fällt das neutrale Ergebnis mit −370.000,00 EUR negativ aus.
Die Ergebnisabstimmung zeigt, dass das Ergebnis der betrieblichen Tätigkeit (Betriebsergebnis des Rechnungskreises I) mit 250.000,00 EUR positiv ist: Der betriebliche Leistungsprozess erwirtschaftete einen Gewinn.
Dieser Gewinn aus der eigentlichen betrieblichen Tätigkeit reicht aber nicht aus, um das spekulative Fehlverhalten aufzufangen.
Die betriebliche Tätigkeit ist wirtschaftlich:
Wirtschaftlichkeit = Leistungen : Kosten = 1.380.000 : 1.130.000 = 1,22. Die Unternehmung erwirtschaftet aus betrieblicher Tätigkeit je 1,00 EUR Kosten 0,22 EUR Gewinn.

Aufgabe 8
a. Hauptkostenstellen sind die Kostenstellen, die unmittelbar am Wertschöpfungsprozess beteiligt sind, z. B. Materialbereich, Produktion oder Vertrieb. Hilfskostenstellen erbringen innerbetriebliche Leistungen für nachgelagerte Hauptkostenstellen, z. B. Arbeitsvorbereitung für Fertigungskostenstellen, Vertriebscontrolling für Vertriebskostenstellen.
b. Ziele, die mit dem Instrument des Betriebsabrechnungsbogens verfolgt werden, sind:
  - Verteilung der Gemeinkosten auf die Allgemeinen Kostenstellen, die Hilfs- und Hauptkostenstellen,
  - innerbetriebliche Leistungsverrechnung,
  - Ermittlung von Gemeinkostenzuschlagssätzen für die Kalkulation und
  - Wirtschaftlichkeitsanalysen.
c. Möglichst verursachungsgerechte Verteilungsschlüssel:
  1. Fuhrparkkosten für die je Kostenstelle gefahrenen Kilometer, die mithilfe von Fahrtenbüchern dokumentiert werden.
  2. Pförtnerkosten zu gleichen Teilen auf die Kostenstellen, da der Aufwand der Buchführung, wann die Pförtner für welche Kostenstelle welche Zeit benötigt haben, zum Nutzen im Betriebsabrechnungsbogen in keinem wirtschaftlichen Verhältnis steht.
  3. Mietkosten für die je Kostenstelle genutzten Quadratmeter.
  4. Energiekosten über Zwischenzähler je Kostenstelle.

Aufgabe 9
a. Die kurzfristige (absolute) Preisuntergrenze liegt bei den variablen Stückkosten: $p = k_v$
  $p = k_v = 420.000,00$ EUR $\cdot 0,80 : 10$ Stück $= 33.600,00$ EUR pro Stück
  Die langfristige Preisuntergrenze liegt bei den Stückkosten: $p = K_f : x + k_v$
  $p = K_f : x + k_v = 420.000,00$ EUR $\cdot 0,20 : 10$ Stück $+ 33.600,00$ EUR pro Stück $=$
  $(8.400,00$ EUR $+ 33.600,00$ EUR$)$ pro Stück $= 42.000,00$ EUR
  Einfache Rechnung: Gesamtkosten : Produktionsmenge

b. Die vorliegende Anfrage über einen einmaligen Zusatzauftrag von drei Stück des hochwertigen Produktes geht von einer Preisvorstellung von 33.100,00 EUR aus.
Die variablen Stückkosten liegen bei 33.600,00 EUR; daraus resultiert ein Stückdeckungsbeitrag des Zusatzauftrags von -500,00 EUR. Daraus ergibt sich ein Gesamtdeckungsbeitrag des Zusatzauftrages von −1.500,00 EUR.
Dies spricht für die Ablehnung des Zusatzauftrages, da dieser keinen Beitrag zur Deckung der fixen Kosten leistet.

c. Neue Kapazität = 10 Stück · 1,20 = 12 Stück
Neue fixe Kosten K_f = 84.000,00 EUR pro Stück · 1,25 = 105.000,00 EUR
Beachten Sie bei der Berechnung der neuen variablen Kosten, dass es ausreicht, die neuen variablen Stückkosten, basierend auf den bekannten variablen Stückkosten, zu berechnen. Die Kapazitätsausweitung hat keine Auswirkung auf die variablen Stückkosten; hier geht es um die Verringerung der variablen Kosten.
k_v = 33.600,00 EUR pro Stück · 0,85 = 28.560,00 EUR pro Stück
Neuer Preis p = 52.000,00 EUR pro Stück · 0,92 = 47.840,00 EUR pro Stück
Die Gewinnschwellenmenge berechnet sich nach der Formel:
x_{BEP} = K_f : db
db = p − k_v = 47.840,00 EUR pro Stück − 28.560,00 EUR pro Stück = 19.280,00 EUR pro Stück
x_{BEP} = 105.000,00 EUR : 19.280,00 EUR pro Stück = 6 Stück

Modul 3: Recht und Steuern

1 Aufgaben

Aufgabe 1 (10 Punkte)
Das Handelsrecht wird auch als „Sonderprivatrecht der Kaufleute" verstanden.
a. Erläutern Sie ausführlich, wer Kaufmann im Sinne des HGB ist. (6 Punkte)
b. Grenzen Sie den Unternehmer im Sinne des BGB vom Kaufmann im Sinne des HGB ab. (4 Punkte)

Aufgabe 2 (17 Punkte)
Die Nova-GmbH benötigt für eine Umbaumaßnahme ein Darlehen. Zur Sicherung des Kredites verlangt die Hausbank der Nova-GmbH neben einer Bürgschaft des Gesellschafters weitere Sicherheiten.
Die Bilanz der Nova-GmbH weist als Vermögensgegenstände u. a. zwei Grundstücke (eines davon ist vermietet), Maschinen, Firmen-Lkw, Forderungen gegenüber Kunden und einige Wertpapiere aus.
a. In welcher Weise können diese Vermögensgegenstände zur Kreditsicherung genutzt werden? (5 Punkte)
b. Welche Vorteile hat die Sicherungsübereignung im Vergleich zur Verpfändung sowohl für die Bank als Gläubiger als auch für die Nova-GmbH als Schuldner? (4 Punkte)
c. Welche Nachteile/Gefahren für die Bank bringt die Sicherungsübereignung mit sich? (4 Punkte)
d. Welche Vorteile hat eine dingliche Absicherung der Kreditforderung für die Bank im Falle der Insolvenz der Nova-GmbH? (4 Punkte)

Aufgabe 3 (14 Punkte)
Am 1. März 2012 stellt der Verkäufer einer Ware fest, dass sein Kunde noch nicht bezahlt hat. Im Kaufvertrag wurde für die Zahlung vereinbart: „4 Wochen nach Rechnungsdatum". Die Rechnung datiert vom 15.12.2011.
a. Welche Ansprüche hat der Verkäufer, und wie sind die gesetzlichen Voraussetzungen dieser Ansprüche? (8 Punkte)
b. Wann verjähren die Ansprüche? (3 Punkte)
c. Was kann der Gläubiger tun, wenn ein Zahlungsanspruch zu verjähren droht? (3 Punkte)

Aufgabe 4 (10 Punkte)
Der in Ihrem Unternehmen beschäftige 17-jährige Auszubildende Lucas erzählt Ihnen, dass er in der letzten Woche ein neues Smartphone erworben hat, es sei „unglaublich günstig" gewesen und außerdem könne er den Kaufpreis in 3 Raten abbezahlen. Leider sind seine Eltern strikt gegen diesen „neumodischen Kram" und verlangen, dass er das Smartphone zurückbringt.
a. Unterscheiden Sie Rechtsfähigkeit und Geschäftsfähigkeit. (4 Punkte)
b. Klären Sie die Rechtslage in dem vorliegenden Fall. (6 Punkte)

Aufgabe 5 (9 Punkte)
Ein Arbeitgeber kann einen Arbeitnehmer aus personen-, verhaltens- oder betriebsbedingten Gründen kündigen. Erläutern Sie die folgenden Kündigungen jeweils anhand eines selbst gewählten Beispiels:
a. personenbedingte Kündigung (3 Punkte)
b. verhaltensbedingte Kündigung (3 Punkte)
c. betriebsbedingte Kündigung (3 Punkte)

Aufgabe 6 (10 Punkte)
Arbeitgeber müssen die Regeln des „Allgemeinen Gleichbehandlungsgesetzes" (AGG) beachten.
a. Erläutern Sie die arbeitsrechtliche Zielsetzung des AGG. (4 Punkte)
b. Beschreiben Sie zwei Situationen, in denen dennoch eine Ungleichbehandlung von Arbeitnehmern zugelassen werden muss. (6 Punkte)

Aufgabe 7 (14 Punkte)
Der Möbelhersteller Schubert KG ist ein Unternehmen im Sinne von § 2 Umsatzsteuergesetz.
a. Nennen Sie drei mögliche steuerfreie Umsätze, die die Schubert KG im Rahmen ihres Unternehmens tätigen kann. (6 Punkte)
b. Prüfen Sie bei den folgenden Sachverhalten, ob hier ein steuerbarer und steuerpflichtiger Umsatz im Sinne des UStG vorliegt. (8 Punkte)
   1. Die Schubert KG verkauft 10 Esstische an die Fresno Inc. mit Sitz in Seattle/USA.
   2. Die Schubert KG stellt ihrem Vertriebsleiter unentgeltlich einen Firmen-Pkw für Geschäfts- und Firmenfahrten zur Verfügung.
   3. Die Schubert KG verkauft 5 Wohnzimmerschränke an die Möbelhandlung Fischer GmbH in Freiburg zum Netto-Preis von 2.000,00 EUR/Stück.
   4. Die Schubert KG bezieht von einem Lieferanten aus Spanien 200 Klapptüren mit Schließmechanismus. Beide Unternehmen weisen ihre Umsatzsteuer-ID aus.

Aufgabe 8 (16 Punkte)
Bestimmen Sie in der nachfolgenden Tabelle durch Ankreuzen, ob die dort getroffenen Feststellungen richtig oder falsch sind. (je richtiges Kreuz 2 Punkte)

		richtig	falsch
a.	Werbungskosten sind Aufwendungen, die bei jeder Einkunftsart entstehen können und dann dort in Ansatz gebracht werden müssen.		
b.	Aufwendungen für die Steuerberatung können im Rahmen der Steuererklärung als Sonderausgaben geltend gemacht werden.		
c.	Ob Gewinne einer AG ausgeschüttet werden oder nicht, hat auf die Höhe des Körperschaftsteuertarifs keinen Einfluss.		
d.	Die Einkommensteuer ist eine Steuer für natürliche und juristische Personen.		
e.	Einkünfte aus landwirtschaftlicher Tätigkeit gehören nicht zu den Einkunftsarten des Einkommensteuergesetzes.		
f.	Die gezahlte Abgeltungsteuer ist im Prinzip eine Vorauszahlung auf die Einkommensteuer für Einkünfte aus Kapitalvermögen.		
g.	Gewerbesteuerzahlungen sind als Betriebsausgabe abzugsfähig.		
h.	Die Umsatzsteuer ist eine Verkehrsteuer.		

2 Lösungen

Aufgabe 1
a. Kaufmann i.S.d. HGB ist jeder, der ein Gewerbe betreibt, das nicht ein Kleingewerbe ist (Istkaufmann).
Unter Gewerbe versteht man jede erlaubte, auf Gewinn ausgerichtete, auf gewisse Dauer angelegte, selbstständige Tätigkeit mit Ausnahme der freien Berufe, wozu z.B. die Rechtsanwälte oder Steuerberater zählen. Die Eintragung in das Handelsregister ist für die Eigenschaft als Istkaufmann ohne Belang, da sie nur kundtut, dass die Kaufmannseigenschaft vorliegt (deklaratorische, d.h. rechtsbezeugende Wirkung). Trotzdem ist der Istkaufmann zur Eintragung verpflichtet.
Ein Kleingewerbe liegt vor, wenn der Gewerbebetrieb keinen in kaufmännischer Weise eingerichteten Geschäftsbetrieb erfordert, Beurteilungskriterien dafür sind z.B. Umsatzvolumen, Zahl der Beschäftigten u.Ä. Kleingewerbetreibende werden nach § 2 HGB erst durch die freiwillige Eintragung in das Handelsregister zum Kaufmann; die Eintragung ist also konstitutiv, d.h. rechtserzeugend.
b. Unternehmer ist nach § 14 BGB eine natürliche oder juristische Person oder eine rechtsfähige Personengesellschaft, die bei Abschluss eines Rechtsgeschäfts in Ausübung ihrer gewerblichen oder selbstständigen beruflichen Tätigkeit handelt. Daher ist nicht Kaufmann, aber Unternehmer
  • der nicht eingetragene Kleingewerbetreibende (gewerbliche Tätigkeit),
  • der Angehörige eines der freien Berufe (kein Gewerbe, aber selbstständige berufliche Tätigkeit).

Aufgabe 2
a. Grundstücke: Belastung mit einer Hypothek oder Grundschuld, Abtretung der Mietforderungen; Firmen-Lkw und Maschinen: Sicherungsübereignung; Forderungen gegenüber Kunden: Abtretung; Wertpapiere: Verpfändung
b. Bei der Sicherungsübereignung bleibt der Schuldner im Gegensatz zur Verpfändung Besitzer des Sicherungsgutes. Vorteile gegenüber der Verpfändung sind, dass für den Gläubiger keine Lagerung erforderlich ist, und für Gläubiger und Schuldner, dass der Schuldner das Sicherungsgut weiter nutzen kann zur Umsatzerzielung (wichtig für die Darlehenstilgung).
c. Nachteile/Gefahren für den Gläubiger (gegenüber der Verpfändung) sind der höhere Wertverlust durch Gebrauch (Abnutzung) und die Tatsache, dass es zu einem Verlust des Sicherungsguts durch Unfälle, Brand, Diebstahl u. Ä. kommen kann, sofern dies nicht versichert ist. Außerdem könnten Dritte das Sicherungsgut gutgläubig erwerben. Das Sicherungsgut kann auch schon an einen anderen Gläubiger sicherungsübereignet worden sein.
d. Verpfändung, Sicherungsübereignung, Hypothek und Grundschuld würden der Bank in der Insolvenz der Nova-GmbH ein Recht auf Absonderung gewähren, d.h. eine bevorzugte Befriedigung der betreffenden Forderungen: Das Sicherungsgut geht nicht in Insolvenzmasse ein, es wird vorweg verwertet (= zu Geld gemacht) und der Erlös geht in Höhe der gesicherten Forderung an den Gläubiger; ein Mindererlös ist allerdings eine normale Tabellenforderung.

Aufgabe 3
a. Bei Verspätungen der Zahlung kann der Gläubiger zum einen vom Schuldner Erfüllung (beim Kaufvertrag z.B. aus § 433 BGB) und daneben Ersatz des Verzugsschadens (z.B. etwaiger Mahnkosten) verlangen aus §§ 280 (1), (2) u. 286 BGB.
Voraussetzungen dafür ist die schuldhafte Nichterbringung einer fälligen Leistung (hier der Zahlung); wobei von einem Verschulden des Schuldners ausgegangen wird. Außerdem muss der Verzug eingetreten sein. I.d.R. tritt der Verzug durch eine Mahnung ein, diese ist aber hier nicht nötig, da es sich um einen berechenbaren Leistungszeitpunkt nach § 286 (2) Nr. 2 BGB handelt.
Außerdem ist während des Zahlungsverzugs, hier also vom Verzugseintritt (= Tag der Fälligkeit, also 13.1.2012) bis zum Eingang der Zahlung, die Geldschuld zu verzinsen. Wenn Schuldner und Gläubiger Unternehmer sind, liegt der gesetzliche Zinssatz p.a. bei 8% über dem Basiszinssatz, ist ein Verbraucher beteiligt, bei 5% über dem Basiszinssatz. Sind konkret höhere Verzugszinsen angefallen (z.B. durch eine Kreditaufnahme), sind diese zu ersetzen.
Zum anderen ist es möglich, nach § 323 (1) BGB zurückzutreten und die Leistung (z.B. die gelieferte Ware) nach § 346 BGB zurückzuverlangen. Ebenso kann Schadensersatz statt der Leistung nach § 280 (1), (3) und § 281 BGB verlangt werden, z.B. wenn die zurückgeforderte Ware nur noch mit Abschlägen verkäuflich ist. Erforderlich ist jedoch in beiden Fällen, dass dem Käufer eine angemessene Nachfrist zur Zahlung gesetzt wurde, die erfolglos abgelaufen ist.
b. Die Ansprüche verjähren gemäß §§ 195, 199 BGB mit Ablauf von 2 Jahren, beginnend ab dem Schluss des Jahres, in dem der Anspruch entstanden bzw. fällig ist, d.h. hier mit Ablauf des 31.12.2015.
c. Er kann eine Hemmung der Verjährung herbeiführen, indem er Rechtsverfolgungsmaßnahmen wie z.B. die Klageerhebung oder die Zustellung eines gerichtlichen Mahnbescheids ergreift oder indem er versucht, einen Neubeginn der Verjährung herbeizuführen. Das gelingt ihm, wenn er den Kunden (beweisbar) zu irgendeiner Anerkennung des Anspruchs bewegt, z.B. durch Zahlung eines Teilbetrags.

Aufgabe 4
a. Rechtsfähigkeit ist die Fähigkeit, Träger von Rechten (z.B. Eigentumsrecht) und Pflichten (z.B. Steuerpflicht) zu sein. Rechtsfähig sind alle natürlichen Personen ab Geburt und alle juristischen Personen ab der Gründung. Geschäftsfähigkeit ist dagegen die Fähigkeit natürlicher Personen, rechtswirksame Willenserklärungen abgeben und somit Rechtsgeschäfte tätigen zu können, sie ist vom Alter und dem Geisteszustand der natürlichen Person abhängig.
b. Lucas ist mit 17 Jahren beschränkt geschäftsfähig, das bedeutet, dass er zum Abschluss eines Rechtsgeschäfts die Einwilligung seiner Eltern als gesetzliche Vertreter benötigt, es sei denn, dass eine der gesetzlichen Ausnahmen vorliegt, wobei hier das Vorliegen lediglich rechtlicher Vorteile (§ 107 BGB) oder der Taschengeldkauf (§ 110 BGB) infrage käme. Ein Kaufvertrag ist jedoch nicht lediglich rechtlich vorteilhaft, da Lucas die Verpflichtung zur Zahlung des Kaufpreises eingegangen ist. Dass der Preis „unglaublich günstig", also wirtschaftlich vorteilhaft ist, spielt hier keine Rolle. Die Ausnahme Taschengeldkauf kommt, unabhängig davon, ob die Höhe des Taschengelds den Kaufpreis abdeckt, grundsätzlich nicht in Frage, da Ratenzahlungen nicht unter die Taschengeldregelung fallen. Die Eltern müssen daher dem Kauf zustimmen, sonst ist er nicht wirksam.

Aufgabe 5
a. Eine personenbedingte Kündigung liegt dann vor, wenn es zum Zeitpunkt der Kündigung und voraussichtlich für die Zeit danach Gründe in der Person des Arbeitnehmers gibt, die ihn daran hindern, die geschuldete Arbeitsleistung ganz oder teilweise zu erbringen. Dazu gehört z.B. bei einem Bäcker eine nachhaltige Mehlallergie, eine Erblindung bei einem Werkzeugschlosser oder der nachhaltige Führerscheinentzug bei einem Berufskraftfahrer.
b. Eine verhaltensbedingte Kündigung liegt dann vor, wenn der Arbeitnehmer durch sein schuldhaftes Verhalten (Vorsatz und grobe Fahrlässigkeit) es dem Arbeitgeber unmöglich gemacht hat, weiterhin mit ihm zusammenzuarbeiten. Dazu gehört z.B. grob unbilliges Verhalten gegenüber dem Arbeitgeber (Beschimpfungen, Tätlichkeiten), wiederholtes Fehlverhalten trotz Abmahnung (Zuspätkommen, Schlechtleistung, Produktion von übermäßigem Ausschuss) und schwere Treuwidrigkeiten (bewusst falsche Reisekostenabrechnung, Betrug bei Gleitzeit).
c. Eine betriebsbedingte Kündigung erfolgt dann, wenn der Arbeitgeber aus dringenden betrieblichen Erfordernissen Personal abbauen muss. Dazu zählen die Schließung von Abteilungen oder Betriebsteilen, allgemeine Personalreduzierung wegen Auftragsrückgang, Verlegung der Betriebsstätte an einen anderen Ort.

Aufgabe 6
a. Die Zielsetzung des AGG besteht darin, jegliche Benachteiligung von Arbeitnehmern in Beschäftigung und Beruf zu verhindern oder zu beseitigen, sofern diese in
 • Rasse oder ethnischer Herkunft,
 • Geschlecht,
 • Religion oder Weltanschauung,
 • Behinderung,
 • Alter,
 • sexueller Identität
 begründet liegen. (§ 1 AGG)
b. Eine Ungleichbehandlung von Arbeitnehmern muss dann zugelassen werden, wenn z.B.
 • eine Sozialauswahl bei betriebsbedingten Kündigungen erfolgen muss,
 • eine Mindestdauer der Berufsausbildung stellenbedingt bei Einstellungen verlangt werden muss,
 • eine Stelle nur geschlechtsspezifisch besetzt werden kann (z.B. ein weibliches Model).

Aufgabe 7
a. Folgende steuerfreie Umsätze sind im Rahmen eines Unternehmens denkbar:
 • Vermietung und Verpachtung von Grundstücken und Gebäuden,
 • Ausfuhr von Gegenständen aus dem Inland in das Drittlandgebiet,
 • innergemeinschaftliche Lieferung.
b. 1. steuerbare, aber nicht steuerpflichtige Ausfuhr
 2. steuerbarer und steuerpflichtiger Sachlohn gegen Arbeitsleistung nach § 1 (1) Nr. 1 UStG
 3. steuerbare und steuerpflichtige Leistung im Inland gegen Entgelt im Rahmen des Unternehmens nach § 1 (1) Nr. 1 UStG
 4. steuerbarer und steuerpflichtiger innergemeinschaftlicher Erwerb im Inland gegen Entgelt nach § 1 (1) Nr. 5 UStG

Aufgabe 8

	richtig	falsch
a.		x
b.	x	
c.	x	
d.		x
e.		x
f.	x	
g.	x	
h.		x

Modul 4: Unternehmensführung

1 Aufgaben

Aufgabe 1 (12 Punkte)
Als besonders effektiver Führungsstil wird häufig der Führungsstil 9.9 (Team-Führungsstil) des Führungsgitters nach Blake und Mouton empfohlen.
a. Erläutern Sie anhand einer Skizze das Grid-Modell nach Blake und Mouton und beschreiben Sie die beiden relevanten Parameter bzw. Dimensionen. (8 Punkte)
b. Begründen Sie, warum der Führungsstil 9.9 in diesem Gitter als besonders zeitgemäßer Führungsstil empfohlen wird. (4 Punkte)

Aufgabe 2 (20 Punkte)
Ein Lebensmittelhersteller hat 300 Mitarbeiter und stellt Fette und Öle für den Küchenbedarf, Backzutaten sowie fertige Müslimischungen her. Zur Erfüllung der Sachziele des Unternehmens sind folgende Aufgaben zu lösen:
- Material und Logistik,
- Fertigung,
- Vertrieb,
- Marketing,
- Rechnungswesen,
- Controlling und Planung,
- Personalwirtschaft,
- Organisation und IT-Service.
    a. Nennen Sie drei mögliche Leitungssysteme für die Aufbauorganisation des Unternehmens. (6 Punkte)
    b. Erläutern Sie das nach Ihrer Meinung optimal auf die dargestellten Aufgaben zutreffende Leitungssystem und begründen Sie Ihre Auswahl. (8 Punkte)
    c. Stellen Sie das von Ihnen gewählte Leitungssystem in einem Organigramm grafisch dar, ggf. unter Hinzufügung von notwendigen verbalen Ergänzungen. (6 Punkte)

Aufgabe 3 (18 Punkte)
Am Beginn des unternehmerischen Führungsprozesses steht die Formulierung der unternehmerischen Ziele.
a. Nennen Sie je zwei
  - ökonomische Ziele,
  - soziale Ziele,
  - ökologische Ziele. (6 Punkte)
b. In den meisten Unternehmen wird nicht nur ein Ziel, sondern mehrere Ziele nebeneinander verfolgt. Dabei stehen die Ziele in unterschiedlichen Beziehungen zueinander. Erläutern und unterscheiden Sie anhand von selbst gewählten Beispielen
  - komplementäre Zielbeziehungen,
  - konkurrierende Zielbeziehungen,
  - indifferente Zielbeziehungen. (12 Punkte)

Aufgabe 4 (20 Punkte)
Ein Unternehmen will für eine neue Aufgabe eine Projektgruppe zusammenstellen.
a. Stellen Sie in Grundzügen die Prozesse zur Bildung einer Gruppe dar. (8 Punkte)
b. Erläutern Sie im Zusammenhang mit einer Gruppe die Begriffe Rolle, Status und Position. (6 Punkte)
c. Von welchen wesentlichen Faktoren ist der Zusammenhalt einer Gruppe anhängig? Nennen Sie drei Faktoren. (6 Punkte)

Aufgabe 5 (14 Punkte)
Im Rahmen der Personalentwicklung wird unter anderem der Bildungsbedarf festgelegt. Andererseits müssen die Methoden und Einrichtungen festgelegt werden, mit denen dieser Bedarf gedeckt werden kann. Sie werden beauftragt, geeignete externe Weiterbildungsanbieter auszusuchen.

a. Stellen Sie in einer Checkliste acht wesentliche Kriterien zusammen, die Sie für die Auswahl von externen Weiterbildungsanbietern prüfen müssten. (8 Punkte)
b. Erläutern Sie drei Vorteile, die für den Einsatz externer Weiterbildungsanbieter sprechen. (6 Punkte)

Aufgabe 6 (8 Punkte)
In Ihrem Unternehmen ist absehbar, dass in dem kommenden Quartal durch zwei Großaufträge ein zusätzlicher Personalbedarf entsteht.
Erläutern Sie vier mögliche Maßnahmen zur kurzfristigen Personalanpassung, um sicherzustellen, dass die Aufträge termingerecht ausgeliefert werden können.

Aufgabe 7 (8 Punkte)
Zu einem sinnvollen Beurteilungssystem gehören sowohl eine periodisch wiederkehrende Beurteilung als auch das dazu notwendige Beurteilungsgespräch.
a. Nennen Sie vier wesentliche Ziele eines Beurteilungsgesprächs. (4 Punkte)
b. Erläutern Sie darüber hinaus zwei wesentliche Vorteile, die sich für einen Mitarbeiter aus einem Beurteilungsgespräch ergeben können. (4 Punkte)

2 Lösungen

Aufgabe 1
a. Das Führungsgitter nach Blake und Mouton ermöglicht die Darstellung verschiedener Führungsstile anhand der Kombination von zwei Führungsdimensionen:
  - Die Dimension Aufgabenorientierung gibt an, wie ziel- und leistungsorientiert sich ein Vorgesetzter verhält. Eine starke Aufgabenorientierung trägt zum ökonomischen Erfolg des Unternehmens bei. Der Vorgesetzte kann sich mehr oder weniger intensiv um die Erledigung der Aufgaben durch seine Mitarbeiter kümmern. Diese Intensität kann auf einer Skala von 1 bis 9 dargestellt werden.
  - Die Orientierung an den Mitarbeitern stellt die zweite Dimension dar. Auch sie ist ein wesentliches Element des unternehmerischen Erfolgs, denn nur zufriedene und motivierte Mitarbeiter tragen zur Zielerreichung bei. Die Intensität, mit der sich ein Vorgesetzter um seine Mitarbeiter kümmert, kann ebenfalls auf einer Skala von 1 bis 9 dargestellt werden.

Dimension: Mitarbeiterorientierung	1	2	3	4	5	6	7	8	9
9	1.9								9.9
8									
7									
6									
5					5.5				
4									
3									
2									
1	1.1								9.1

Dimension: Aufgabenorientierung

b. Der Führungsstil 9.9 (Team-Management/kooperativer Führungsstil) ist dadurch gekennzeichnet, dass eine hohe Arbeitsleistung von begeisterten Mitarbeitern erbracht wird. Die Verfolgung des gemeinsamen Ziels motiviert und führt zu guten zwischenmenschlichen Beziehungen und einem guten Betriebsklima. Die Ziele der Mitarbeiter und die Ziele des Vorgesetzten bzw. des Unternehmens sind weitgehend in Übereinstimmung.

Aufgabe 2
a. Für die dargestellte Unternehmung kommen grundsätzlich folgende Leitungssysteme in Frage:
  - Einlinienorganisation
  - Stab-Linien-Organisation
  - Matrixorganisation
  - Spartenorganisation

b. Als optimales Leitungssystem wird sich die Matrixorganisation eignen.

Begründung: Die konsequente Trennung der Objektbereiche (Produktgruppen) von den Funktionsbereichen führt dazu, dass weder ein eindimensionaler „Funktionsegoismus" noch ein „Objektegoismus" Raum greifen kann. Die Trennung des Wertschöpfungsprozesses in Objekte und Funktionen ermöglicht die Konzentration auf das Kerngeschäft, d.h. die Einheiten, die die Wertschöpfung erbringen.

Zudem führt die doppelte Unterstellung der Mitarbeiter unter die Produktgruppenmanager einerseits und die Funktionsmanager andererseits zu gewollten Konflikten mit Einigungszwang und dem daraus entstehenden Kreativitätspotenzial. („Vier Augen sehen mehr als zwei!")

Hinweis: Andere in sich schlüssige Lösungen sind auch in Ordnung. Wesentlich ist die logische Begründung der Auswahl. So würde sich – mit geeigneten Begründungen – auch die Spartenorganisation oder das Stab-Linien-System eignen.

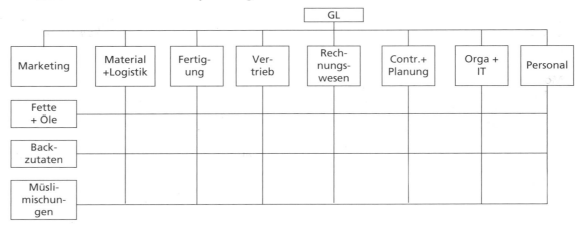

Aufgabe 3

a.
- Ökonomische Ziele: Rentabilität, Erhöhung des Umsatzes oder des Marktanteils, Kostensenkung
- Soziale Ziele: Verbesserung des Betriebsklimas, Senkung des Krankenstandes, Personalentwicklung
- Ökologische Ziele: Senkung des Energieverbrauchs, Senkung der Emissionen, Reduzierung des Materialverbrauchs

b.
- Komplementäre Ziele: Die Verfolgung des einen Ziels führt gleichzeitig zur Unterstützung der Zielerreichung des anderen Ziels.
  Beispiel: Ziel 1: Kostensenkung; Ziel 2: Verbesserung der Rentabilität
- Konkurrierende Ziele: Die Zielerreichung eines Ziels führt zur Behinderung der Zielerreichung des anderen Ziels.
  Beispiel: Ziel 1: Verkürzung der Durchlaufzeiten; Ziel 2: Auslastung der Kapazitäten
- Indifferente Ziele: Die Erreichung dieser Ziele unterliegt keinem gegenseitigen Einfluss.
  Beispiel: Ziel 1: Verminderung der Ausschussquote; Ziel 2: Verbesserung der PR

Aufgabe 4

a. Der Gruppenbildungsprozess läuft im Prinzip in den folgenden vier Stufen bzw. Phasen ab:
- Forming: Gründungsphase, in der die Gruppe sich konstituiert, ihre Aufgabe sichtet, ihre Ziele definiert und in der die Gruppenmitglieder einander kennen lernen
- Storming: Konfrontationsphase, in der es zu Konflikten und Statuskämpfen kommt, Spannungen und Meinungsverschiedenheiten treten auf und werden diskutiert
- Norming: Kooperations- oder Regelphase, in der die „Wir"-Orientierung" beginnt; Ideen und Gedanken werden offen ausgetauscht. Es entsteht langsam Vertrauen untereinander. Interaktion findet in der ganzen Gruppe statt.
- Performing: Wachstums- oder Arbeitsphase, in der die Teamenergie sich auf die Lösung der Probleme oder die Bewältigung der gestellten Aufgaben konzentriert. Die Gruppe entwickelt eine mehr oder weniger starke Gruppenidentität und eine Gruppenkohäsion. Alle Mitglieder haben ihre Rolle und Position gefunden.

b.
- Rolle: Summe der Erwartungen, die an einen Rolleninhaber gestellt werden und die er zumeist auch erfüllt.
- Status: Ansehen, das ein Gruppenmitglied in der Gruppe genießt, wird teilweise durch bestimmte Symbole verstärkt (Statussymbole).
- Position: Stellung des Gruppenmitglieds innerhalb der Gruppe, i.d.R. von der Rolle und dem Status abhängig

c. Der Gruppenzusammenhalt ist von folgenden Faktoren abhängig:
- Attraktivität der Gruppe nach außen,
- Art der Aufgabe (z.B. kreativ oder repetitiv),
- Beziehungen der Gruppenmitglieder untereinander,
- Klima in der Gruppe.

Aufgabe 5
a. Zu den wesentlichen Kriterien gehören
- Güte der Lehr- und Seminarprogramme,
- Ruf des Weiterbildungsanbieters,
- Qualifikation der Referenten,
- Seminarort,
- Unterrichtsräume,
- Lehrmittel und Medien,
- Seminargebühren,
- Kursunterlagen, Handouts,
- Formalitäten.

b. Mögliche Vorteile:
- Eigene Mitarbeiter können sich mit Mitarbeitern anderer Unternehmen fachlich austauschen, die Bildung von Netzwerken ist möglich.
- Referenten sind nicht betriebsblind und genießen bei den Mitarbeitern u. U. eine höhere Akzeptanz.
- Die Mitarbeiter werden für die Zeit der Teilnahme am Seminar oder der Weiterbildungsmaßnahme nicht durch berufliche Vorgänge abgelenkt oder gestresst.
- Die Lernziele sind überbetrieblich ausgerichtet und inhaltlich und methodisch optimal gestaltet.

Aufgabe 6
Unter rechtzeitiger Einbeziehung des Betriebsrats könnten im Rahmen der gesetzlichen und tariflichen Möglichkeiten folgende Maßnahmen ergriffen werden:
- Anordnung von Überstunden,
- kurzfristige Erhöhung der Arbeitsintensität (z.B. durch Verringerung der Taktzeit),
- kurzfristige Umbesetzungen und Versetzungen zwischen Abteilungen mit unterschiedlicher Beanspruchung,
- Einsatz von Zeitarbeitnehmern oder Aushilfen,
- Abschluss von befristeten Arbeitsverträgen,
- verlängerte Werkbank (Fremdvergabe von Auftragsteilen).

Aufgabe 7
a. Ziele des Beurteilungsgesprächs:
- Mitteilung des Ergebnisses der Beurteilung, getrennt nach positiven und negativen Aspekten
- dem Mitarbeiter eine Reaktion und Erläuterung der einzelnen Punkte ermöglichen
- die Einschätzung des Mitarbeiters über seine eigenen Fähigkeiten erfahren
- persönliches Feedback für den Mitarbeiter geben
- Besprechung von Entwicklungsmöglichkeiten des Mitarbeiters

b.
- Das Gespräch kann dem Mitarbeiter die Möglichkeit geben, sein Verhältnis zum Vorgesetzten zu klären.
- Der Mitarbeiter kann grundlegende persönliche oder fachliche Problem mit dem Vorgesetzten besprechen.
- Vorgesetzte und Mitarbeiter können zum Zweck der Personalentwicklung fachliche und persönliche Ziele für die kommende Periode besprechen und festlegen.